KINDLERS KULTURGESCHICHTE DES ABENDLANDES

in 22 Bänden

Herausgegeben von Friedrich Heer

KINDLERS KULTURGESCHICHTE
DES ABENDLANDES

Band II

CECIL MAURICE BOWRA

Griechenland

Von Homer bis zum Fall Athens

verlegt bei Kindler

Aus dem Englischen übertragen von Paul Baudisch
Die Originalausgabe erschien im Verlag Weidenfeld & Nicolson, London,
unter dem Titel THE GREEK EXPERIENCE

© Copyright 1974 dieser deutschsprachigen Ausgabe by Kindler Verlag GmbH, München
Gesamtherstellung May & Co., Darmstadt
Printed in Germany
ISBN 3-463-13702-X

Inhalt

IN DIESEM BUCH wird keineswegs der Versuch unternommen, die Griechen und ihre Leistungen umfassend und erschöpfend zu schildern. Es sollen nur ihre auffälligsten und wesentlichsten Eigenschaften erörtert werden. Deshalb enthält das Buch auch nur meine eigenen Auffassungen, trägt in diesem Sinn subjektiven Charakter und wird vielleicht nicht überall Zustimmung finden. Wenn wir uns aber von den Griechen, wie sie wirklich waren, eine allgemeine Vorstellung machen wollen, müssen wir uns auf unser eigenes Urteil verlassen und hoffen, daß andere bis zu einem gewissen Grad mit uns übereinstimmen. Daß das eine lohnenswerte Aufgabe ist, braucht nicht erst bewiesen zu werden. Es besteht heute die Gefahr, daß wir durch die wachsende Spezialisierung der Altertumswissenschaften das Gesamtbild der antiken Welt aus den Augen verlieren; aus diesem Grund müssen wir uns von Zeit zu Zeit die Mühe machen, ihre Konturen klar zu umreißen. Ich habe mich auf die Periode zwischen der Entstehung der Homerischen Epen und dem Fall Athens im Jahr 404 v. Chr. beschränkt, nicht weil mich die späteren Ereignisse nicht interessierten oder ihre Bedeutung mir unbekannt wäre, sondern weil ich mich lieber mit einer Epoche beschäftigen wollte, die in sich geschlossen ist und eine einheitliche Behandlung erlaubt.
Ich bin zahlreichen meiner Freunde, Lehrer und Kollegen zu

Dank verpflichtet, deren Gedanken ich mir in Diskussionen oder aus ihren Schriften angeeignet und so gründlich verarbeitet habe, daß ich nicht mehr genau weiß, was von ihnen und was von mir stammt. Ich muß mich damit begnügen, ihnen ganz allgemein meinen Dank auszusprechen, und bitte um Entschuldigung, daß ich mir ausführlichere Hinweise erspart habe.

Cecil Maurice Bowra

Erstes Kapitel

DIE GRIECHISCHE EINHEIT

DIE GRIECHEN, die der Menschheit ihre phantasievollsten Mythen geschenkt haben, sind selber schon fast zum Mythos geworden. Neben ihrem gesicherten Platz im Ablauf der europäischen Zivilisation besitzen sie eine zweite historische Wirklichkeit in einer olympischen Isoliertheit, umgeben von Geheimnis und Glanz, durch die ihre Bedeutung weit über die anderer Völker hinausgehoben wird. Obwohl ihre Leistungen in den Geschichtsbüchern verzeichnet stehen, führen sie ein zweites, von der Zeit unberührtes und ungetrübtes Leben. Obwohl sie selber in ihrer realen Mittelmeerwelt existierten, ist ihre Welt durch hochfliegende Phantasie und Wunschträume aller Zeiten dermaßen glorifiziert worden, daß sie auf unserem alltäglichen Planeten keine Stätte mehr zu finden scheint. Fast alles Hellenische ist in den Jahrhunderten andächtiger Bewunderung so weit verklärt worden, daß es uns heute schwerfällt, die Griechen mit klarem Blick zu sehen oder sie uns so vorzustellen, wie sie in Wirklichkeit waren. Dieser Prozeß nahm seinen Anfang, als die Römer, im Bewußtsein ihrer eigenen primitiven Ursprünge, begannen, die Griechen als ein Geschlecht von Künstlern und Philosophen zu begönnern, ohne jedoch zu begreifen, daß Kunst und Philosophie ohne die Voraussetzungen, denen sie ihre Entstehung verdanken, nicht voll erfaßt werden können. Während das frühe und das spätere Mittelalter der Fata Morgana, die Rom bezaubert hatte, nur wenig Beachtung schenkte, bedeutete die Wiederentdeckung Roms durch die Renaissance auch die Neugeburt des Bildes, das die alten Römer sich von Griechenland gemacht hatten. Hinter der Macht und dem Prunk Roms spürte man, freilich zuerst nicht sehr deutlich oder bewußt, doch mit Ehrfurcht und neugierigem Staunen, eine dämonische Triebkraft, ein sonnbeglänztes Ideal, eine Vollendung, Momente, die nicht eigentlich römisch waren, wenngleich sie auch die bedeutsamsten Züge römischen Wesens erklärten. Diesen spiritus rector bis an seine Quellen zurückzuverfolgen, ihn einzufangen und ihm seine magischen Geheimnisse zu entreißen, ist seit dem 15. Jahrhundert der beflügelnde Ehrgeiz zahlloser Schriftsteller, Künstler und Denker gewesen. So mächtig war die Anziehungskraft Griechenlands, so heftig die Hingabe, die es in den Menschen wachrief, daß es kaum eine Sphäre geistiger Tätigkeit gibt, die nicht von seiner lebendigen Flamme berührt worden wäre. Wahrhaft unübersehbar sind die philosophischen und naturwissenschaftlichen Bestrebungen, die Geheimnisse des Seins zu enträtseln; vielfältig und reich sind auch die glühenden Hoffnungen der Künstler, mit Wort, Farbe oder Marmor die verlorene Jugend der Welt, die Vision eines einheitlichen, ungeteilten Universums, das Gefühl für die unsichtbaren Kräfte, die noch nicht entfalteten Möglichkeiten des Menschengeistes und Menschenherzens, eine hinter dem Schein der Dinge verborgene ideale Ordnung wieder heraufzubeschwören. Die in den rund fünf Jahrhunderten entstandenen Werke der Griechen beeinflußten die Menschen aller späteren Jahrhunderte und bildeten die Grundlage aller weiteren Erkenntnisse und Entwicklungen.

Dieses Fazit ist wahrhaft eine Huldigung an die befruchten-
den Kräfte des griechischen Vorbildes. Es zeigt, wie die Errungenschaften eines kleinen und armen Volkes – in einigen
wenigen Jahrhunderten vor Christi Geburt – unabschätz-
baren Einfluß auf eine im Glauben, im Milieu, in der Sprache,
der Ethik, den Gebräuchen und Werkzeugen völlig fremde
Nachwelt auszuüben vermocht haben. Es beweist, daß Glaubenssätze und philosophische Anschauungen, die allem Anschein nach durch eine so welterschütternde Umwälzung wie
den Triumph der christlichen Kirche für immer hinweg-
gefegt worden waren, es fertiggebracht haben, sich am Leben
zu erhalten, das neue Weltbild zu humanisieren und auf
neuen Gebieten ihre alte Macht bis zu einem gewissen Grad
wiederaufzurichten. Wir können nicht umhin, uns die Frage
vorzulegen, welche besonderen Eigenschaften es den Griechen
ermöglicht haben, einen so weitreichenden und befreienden
Einfluß auszuüben, was ihnen letzten Endes die Fähigkeit
verliehen habe, Menschen späterer Jahrhunderte ihrem er-
erbten Glauben abtrünnig zu machen, ihnen ein ihrer Meinung nach echt hellenisches Weltbild aufzudrängen und ihre
schöpferischen Bemühungen Regeln zu unterwerfen, die in
fernen Zeitaltern unter einem ganz anderen Himmel aufgestellt worden waren. Um diese Fragen beantworten zu können, müssen wir andere Fragen stellen, die uns zu den
Anfängen führen. Was haben die Griechen getan? Welche
waren ihre wesentlichen, ihre einzigartigen Eigenschaften?
Worin bestanden die Grundlagen ihres Denkens und die
geistigen Richtlinien ihres Lebens? Welche Impulse und welche
Hemmungen führten sie auf den Weg zu ihren Experimenten
und Triumphen und zwangen sie, ihn bis ans Ende zu gehen?
Was waren sie für Menschen, als sie lebten?
Um die Griechen zu verstehen, müssen wir versuchen, ihre

Erfahrungen zu rekonstruieren, und uns fragen, welchen
Gewinn sie ihnen eingebracht und was sie gekostet haben.
Ein solches Unternehmen kann niemals ganz glücken. Die
Vergangenheit ergründen zu wollen, ist immer eine riskante
Sache, und keinerlei Dokumente, keinerlei Monumente können uns restlos für den Verlust so vieler Dinge schadlos halten,
die es uns im allgemeinen ermöglichen, Menschen so zu sehen,
wie sie wirklich waren. Wir können sie nicht mehr einfangen,
die leicht hingeworfenen Bemerkungen, die bunten Bilder
des Alltags in den Straßen, auf den Äckern und in den Häusern, den unmittelbaren, ungezwungenen Bereich der Gedanken und Gefühle, den die Lebenden miteinander teilen, die
Farben und Geräusche einer Gemeinschaft von Menschen,
die ihren täglichen Aufgaben nachgehen; wir haben nicht die
Fähigkeit, eine Gesellschaft nach ihren eigenen Maßstäben
zu beurteilen und sie so zu begreifen, wie sie sich selber begriffen hat. Immer und überall stößt der Historiker auf
solche Hindernisse, aber bei den Griechen sind sie besonders
groß. Obwohl wir ihre Sprache so gut kennen, wie man nur
je eine tote Sprache zu kennen vermag, bleibt sie trotzdem
eine tote Sprache. Wir wissen nicht genau, wie die Akzente
gesetzt oder wie gewisse Laute ausgesprochen wurden, ganz
zu schweigen vom Rhythmus und Tonfall der Umgangssprache. Die Musik der Griechen, die sie selber als die wichtigste ihrer Künste betrachteten und die unzertrennlich mit
der Dichtkunst verbunden war, ist uns fast völlig verlorengegangen. Von etwa fünfzehn mehr oder weniger fragmen-
tarischen Niederschriften stammt eine einzige aus der Zeit
vor dem 4. Jahrhundert, und dieses Bruchstück besteht aus
vier sehr unvollständigen Notenzeilen aus dem »Orestes«
des Euripides. Selbst wenn uns von der griechischen Musik
mehr erhalten geblieben wäre, würde sie wahrscheinlich mit

ihren verschiedenartigen Skalen, ihren ungleichförmigen Tönen und Halbtönen und ihrem Mangel an harmonischer Struktur unserem ungewohnten Ohr seltsam und unbeholfen klingen. Auch unsere wichtigste Informationsquelle, das geschriebene Wort, ist überaus unvollständig. Uns fehlt der größte Teil der einstmals so reichen lyrischen Schätze, der frühen Philosophie und Geschichtsschreibung, der alten Epik mit Ausnahme Homers, der Tragödien und Komödien. Wir besitzen kaum ein Zehntel von dem, was die drei großen attischen Dramatiker geschrieben haben, und obwohl aus den Ruinen des alten Ägypten in den letzten Jahren kostbare Bruchstücke verlorengegangener Werke geborgen werden konnten, sind es eben doch nur Fragmente, die uns erst recht zum Bewußtsein bringen, daß die griechische Literatur reicher und vielfältiger gewesen sein muß, als die vorhandenen Reste zu verstehen geben. Die Überreste der bildenden Künste bereiten uns noch schlimmere Tantalusqualen. In dem ungleichen Kampf gegen die Unbilden der Zeit und gegen die Barbarei der Menschen sind sie uns fast nur durch Zufall erhalten geblieben. Wir besitzen kein Gemälde aus klassischer Zeit in seiner Originalgröße, keine der Statuen aus Gold und Elfenbein, die einstmals der Stolz eines Phidias waren. Von den zahlreichen Tempeln sind nur wenige übriggeblieben, und auch diese ohne Dächer, halb zerstört, schon längst ihrer Einrichtung und ihrer Schätze beraubt. Neuere Funde haben freilich unser Wissen und unseren Gesichtskreis erweitert, aber wir müssen uns von Anfang an darüber im klaren sein, daß unser Material unvollständig ist und uns leicht irreführen kann. Doch sogar die Bruchstücke üben eine so gewaltige Anziehungskraft aus und atmen eine so üppige Vitalität, daß sie uns zu der Frage zwingen, welchen Erfahrungen sie wohl ihre Geburt verdanken.

Die Lebensbedingungen eines Volkes werden weitgehend von seiner geographischen Lage bestimmt. Was die Natur ihm als Heimat und Milieu gibt, ist das dauerhafteste Element in der Geschichte jeder Nation. Der Typus des Körperbaus kann durch neue Spielarten und Kreuzungen bis zur Unkenntlichkeit verändert werden, Sprachen können unter politischem Druck oder den gesellschaftlichen Lockungen neuer Zungen verfallen; Bräuche, die man für unzerstörbar hielt, verschwinden zuweilen angesichts unerwarteter Drohungen oder berauschender Neuheiten. Die Natur aber ist am Ende dieselbe wie zu Anfang, eine Schule, die ihre Kinder durch Belohnungen und Strafen nach einem bestimmten Muster formt. Von dem Tage an, da die ersten griechischen Stämme aus dem Norden in das Land hinabzogen, in dem heute noch ihre Nachfahren leben, waren Form und Charakter der Landschaft von bestimmendem Einfluß auf die Geschicke des griechischen Volkes. Freilich hat sich einiges verändert. Die einstmals bewaldeten Berge sind nun zum größten Teil kahl, vor allem deshalb, weil die gefräßigen Ziegen die Schößlinge fressen, bevor sie heranwachsen können, und weil die winterlichen Regengüsse das karge Erdreich wegspülen, das durch keine Wurzeln festgehalten wird. Doch das war schon zu Platons Zeiten so, der darüber klagt, daß im Vergleich zu früher »nur der hagere Leib des Landes zurückblieb«. An einigen Stellen, so zum Beispiel bei den Thermopylen, hat der Schlamm der Wildbäche das Meer zurückgedrängt und den Umriß der Küste verändert. Im Gebirge und in der Wildnis streifen keine Wölfe, Eber, Löwen oder Bären umher. Hier und dort, wie in Böotien, sind Sümpfe drainiert worden, um Äckern oder Obstgärten Platz zu machen. Im großen und ganzen aber sieht Griechenland äußerlich heute ziemlich genauso aus wie vor viertausend Jahren: ein Gebirgsland, dessen Gipfel sich nicht in häßlichen Klumpen zusammendrängen, sondern stolz und frei in den Himmel ragen – ein Inselland, dessen Inseln gleichfalls Berge sind, verwurzelt in den Tiefen des Meeres. Es bietet dramatische Kontraste zwischen kahlen Marmor- oder Kalksteinmassen und bewässerten Tälern, zwischen winterlichem Regen und Schnee und dem beständigen Sonnenschein des Sommers, zwischen der beispiellosen Pracht wilder Blumen und blühender Bäume im März und April und der ausgedorrten, rissigen Erde von Juni bis Oktober. Obwohl Griechenland dort anfängt, wo das Massiv des Balkangebirges schmäler wird und ins Mittelmeer vorstößt, gehört es nicht zum Balkan, sondern hat seine spezifische Eigenart mit seinen Landschaftsformen, seinem Klima, seiner ewigen Vertrautheit mit dem Meer.

Griechenland ist ein Land der Kontraste, aber nicht der Extreme. Selbst im Winter scheint oft die Sonne. Im Sommer ist die Hitze groß, aber ohne die Feuchtigkeit, die jede Energie und Tatkraft hemmt. Bezirke, die in der Luftlinie nahe beieinanderliegen, sind durch fast unpassierbare Bergketten getrennt, haben jedoch oft bequeme Schiffsverbindung. Die meisten griechischen Flüsse, im Sommer unscheinbare, kleine Rinnsale, verwandeln sich zur Winterszeit in reißende Ströme, deren Wasser in Teichen und Brunnen gesammelt wird. Selbst an den unwirtlichsten Küsten finden sich sichere Häfen oder Sandstrande, an denen Schiffe vertäut werden können. Freilich ist Griechenland ein karges Land, das nur eine kleine Bevölkerung zu ernähren vermag, aber wenn diese Bevölkerung entschlossen an ihre Aufgaben herangeht, wird sie sich belohnt sehen. Noch immer kann das Land keine großen Viehherden ernähren. Olivenöl ersetzt Butter, Kochfett und Konservierungsmittel. Obst und Getreide gedeihen nur in einigen wenigen fruchtbaren Ebenen oder auf Terrassen und

in Mulden, die man aus dem Berg gehauen und mit Stein-
mauern umhegt hat. Das Meer bietet nicht annähernd so
viele und verschiedene Fischsorten wie die nördlichen Meere.
Auch Fleisch ist rar. Es gibt mehr Ziegenfleisch als Rinder oder
Hammel. Doch die Natur sorgt für Ausgleich: Wein gibt
es in Hülle und Fülle. In dem blumenreichen Land liefert
der Honig reichliche Zuckermengen, und die Ziegen liefern
Milch und Käse. Die Berge haben ihre Hasen und Wildvögel,
das Meer seine Barben, Hummer und Tintenfische. Trotz der
kargen Nahrung waren die Griechen immer gesund und
kräftig, und gerade die Schwierigkeiten, die mit der
Beschaffung der Lebensmittel verbunden sind, haben Tatkraft und Scharfsinn angespornt.
Ein solches Land verlangt von seinen Einwohnern Zähigkeit, Beweglichkeit, Unternehmungsgeist und Verstand.
Wenn die alten Griechen unerwünschte Kinder bei der Geburt aussetzten, zeigten sie damit, wie ernst sie die harten
Lebensbedingungen nahmen. Sie folgten dem Beispiel der
Natur, die ihre eigene Auslese dadurch trifft, daß sie nur die
Stärksten am Leben läßt. Die körperliche Tüchtigkeit der
Griechen zeigt sich deutlich an ihren zahlreichen Männer-
statuen, die sowohl stämmige, muskulöse Torsi und Glieder
als auch schlanke Taillen und sehnige Hände besitzen. Aber
um unter solchen Umständen das Leben zu fristen, brauchten
sie mehr als die üblichen Qualifikationen eines Landmannes,
da ein großer Teil der Arbeit an steilen Hängen oder in
schwer erreichbaren Bergtälern zu besorgen war. Sie mußten
gute Bergsteiger sein, imstande, schwere Lasten bergauf und
bergab zu schleppen, mit geschickter Hand Steine zu wälzen
und zu behauen, lange Strecken zu Fuß zurückzulegen, den
Pflug durch widerspenstiges, steiniges Erdreich zu treiben,
Pferde und Maulesel zu zähmen, die Angriffe wilder Tiere

abzuwehren und sowohl Sonne wie Sturm zu ertragen. Diese physischen Voraussetzungen mußten ergänzt werden durch unermüdlichen Fleiß, sorgfältige Planung, handwerkliches Geschick und all die uralten Fähigkeiten des Bauern, der eine karge Scholle bestellt. Wie die Feldarbeit Ausdauer und Körperkraft fördert, so erfordert die Schiffahrt flinken Blick und flinke Finger, gewandte und leichte Bewegungen, rastlose Wachsamkeit und rasche Entschlußkraft. Die geographischen Bedingungen formten den griechischen Volkscharakter durch die Forderung, in dem harten Kampf mit der Erde und den Elementen seine natürlichen Anlagen auf das beste zu entwickeln.

Die besondere Lage Griechenlands in der südöstlichen Ecke Europas hat vieles im Ablauf seiner Geschichte bestimmt. Eigentlich bildet Griechenland eine Sackgasse, und wenn Einwanderer sich hier erst einmal angesiedelt haben, werden sie kaum wieder abziehen, es sei denn auf dem Seeweg. Außerdem ist es zu Land schwer zu erreichen. Es führt keine Heerstraße über das Balkanmassiv ins nördliche Griechenland, und der Eindringling kann sich im Gebirge nur langsam vorwärts bewegen, denn obschon Pässe hinüberführen, sind diese oft nicht leicht zu bezwingen, und die engen Täler verlaufen meist in anderer Richtung. Die Natur schützt Griechenland vor rascher und unerwarteter Eroberung zu Lande; sogar für moderne, motorisierte Armeen ist es schwierig, das ganze Land erfolgreich zu kontrollieren. Andererseits leistet gerade die geographische Beschaffenheit des Landes einer allmählichen, schrittweisen Durchdringung Vorschub. Es bietet viele bequeme Schlupfwinkel, in denen einzelne Einwanderungsgruppen, ohne gestört oder auch nur beachtet zu werden, ihre Kräfte sammeln können, bevor sie den nächsten Vorstoß wagen. Obgleich die Ureinwohner, die wir auf den Fresken des minoischen Kreta sehen, mit dem Mittelmeer-Typ verwandt waren, kamen die Griechen, die sie verdrängten, aus dem Norden, wahrscheinlich in aufeinanderfolgenden Wellen. Sie brachten ihre Sprache mit, deren nördlicher und binnenländischer Ursprung sich darin zeigte, daß sie aus der einheimischen Sprache Griechenlands Wörter für Meer, Olivenbaum, Bohne, Feige, Zypresse, Hyazinthe, Wein, Zinn und Bad entlehnen mußte. Sie absorbierten die Ureinwohner, von denen auf dem Festland nur sehr unbestimmte Erinnerungen unter dem Sammelbegriff »pelasgisch« erhalten geblieben sind. Die Griechen übernahmen von ihnen eine Reihe von Ortsnamen, religiösen Gebräuchen und sogar Gottheiten. Aber diese verschiedenen Elemente wurden bereits frühzeitig zu einem Ganzen verschmolzen, außer auf einigen Inseln, vor allem auf Kreta, wo noch im 5. Jahrhundert v. Chr. die alte ägäische oder »minoische« Sprache gesprochen wurde. Die Griechen aus historischer Zeit waren ein Mischvolk, und Verfechter der »Rassenreinheit« werden bei ihnen keine Argumente für ihren Standpunkt finden.

Die Griechen waren nicht die blonden Riesen teutonischer Phantasie. In ihrer Mehrzahl dürften sie, genauso wie heute, dunkelhaarig und braunhäutig gewesen sein; aber unter ihnen gab es damals wie jetzt einige wenige, deren helle Haarfarbe bewundernde Kommentare hervorrief, wie zum Beispiel Homers Menelaos, der *xanthos* (gelbbraun) genannt wird und so aussieht, als hätte er hellbraunes Haar. Da das gleiche Epitheton nicht nur anderen Helden, sondern auch der Göttin Demeter beigelegt wird, läßt sich kaum bezweifeln, daß damit ihre außergewöhnliche Erscheinung gemeint war. Zeus, der den Mannesmut der Griechen verkörpert, soll blauschwarze Brauen gehabt haben, und obwohl wir der

Dichterphantasie einiges zugute halten müssen, erkennen wir in ihm sogleich einen Typ, der auch heutzutage in Griechenland häufig anzutreffen ist.

Griechenland ist auf dem Landweg nicht leicht zu überfallen, doch bietet es einem Feind, der das Meer beherrscht, manchen vielversprechenden Angriffspunkt. Zu Wasser kann man ihm an zahlreichen Stellen beikommen, und es ist nicht schwierig, Brückenköpfe zu errichten, von denen aus Teile des Landesinneren zu erobern und bis zu einem gewissen Grad zu beherrschen sind. Etwa zwei Generationen vor dem Trojanischen Krieg hatte Minos, der König von Kreta, diese Möglichkeiten erkannt. Seine Flotte beherrschte das Ägäische Meer und eroberte die Kykladen, die er dem Regime seiner Söhne unterwarf. Seine Hauptstadt Knossos ließ er unbefestigt, so sehr war er davon überzeugt, daß ihr vom Meer her kein Angriff drohe. Sechs verschiedene Orte auf den Inseln oder an der Küste des griechischen Festlandes, die den Namen Minoa trugen, dürften seine Stützpunkte gebildet haben. Es ist unwahrscheinlich, daß es ihm gelungen sein sollte, das Festland zu erobern, obgleich er sich gewisse Landstriche tributpflichtig gemacht hat. Aber er hatte einen wesentlichen Zug der politischen Geographie Griechenlands erfaßt, und kurz nach dem Jahr 1200 v. Chr. erfolgte vom Nordwesten her die erste ernsthafte Eroberung Griechenlands – zum Unterschied von langsamer Infiltration – durch einen den Griechen verwandten Volksstamm, welcher der Nachwelt unter dem Namen Dorer oder Dorier bekannt ist. Es läßt sich kaum bezweifeln, daß die Dorier auf dem Seeweg erschienen sind, und bezeichnend ist, daß unter den letzten im Palast von Pylos vor seiner Zerstörung verfaßten Dokumenten sich eines befindet, das die Entsendung von Ruderern nach Pleuron an der Mündung des Golfes von

Patras vermerkt. Nun kam es zu einer verheerenden Invasion. Sie bedeutete den Todesstoß für die gesamte mykenische Zivilisation, die bereits durch allzu gewagte auswärtige Abenteuer und durch innere Zwistigkeiten geschwächt sein mochte, und den Beginn einer düsteren Periode, aus der das Griechenland, das wir kennen, erst etwa vier Jahrhunderte später in die Geschichte eintrat. Eine ähnliche Gefahr brachten die beiden persischen Invasionen in den Jahren 490 und 480 v. Chr. Beide Male wurde ein gewaltiges Heer auf dem Landweg an der Ostküste entlang herangeführt und gleichzeitig fast an allen Punkten durch eine hauptsächlich mit phönizischen Seeleuten bemannte Flotte unterstützt, die nicht nur den Nachschub sicherte, sondern bei Gelegenheit auch Truppen befördern konnte. Die Griechen besiegten die Perser zuerst zu Wasser und dann zu Lande. Doch hätte die Schlacht bei Platää im Jahre 479 den Griechen wohl kaum den endgültigen Sieg über die Perser gebracht, wenn diese nicht durch die vorherige Vernichtung ihrer Flotte und die damit verknüpfte Drosselung des Nachschubs schwer behindert gewesen wären. Griechenland war dem Meer auf Gnade und Ungnade ausgeliefert, und im 5. Jahrhundert begann es, sich die Seeherrschaft zu sichern. Die Griechen wurden nun zu einem Volk, weil sie in einem geschlossenen Raum mit klaren, natürlichen Grenzen lebten. Solange sie nicht vom Meer her angegriffen wurden, konnten sie sich in relativer Freiheit ohne fremde Einmischung auf ihre eigene Weise entwickeln.

Die Nähe des Meeres und eine seemännische Schulung, die bis in die Anfänge des zweiten Jahrtausends zurückreicht, lenkten den Blick und das Begehren der Griechen auf die jenseits des Wassers gelegenen Länder. Schon im mykenischen Zeitalter hatten sie an den West- und Südküsten Kleinasiens, auf Zypern und sogar in Syrien ihre Siedlungen

errichtet. Die dorische Invasion trieb frühere Kolonisten über
das Ägäische Meer in Gebiete, die unter den Namen Äolien
und Ionien die ehrwürdigen Traditionen einer großen Vergangenheit pflegten und ihre eigene hervorragende und
zweifellos hellenische Kultur entwickelten. Vom 8. Jahrhundert an segelten abenteuerlustige Scharen immer weiter in die
Ferne, westwärts bis Marseille, nordwärts bis zur Krim, wo
griechische Städte gegründet wurden und sich behaupten
konnten. Aber die beliebtesten und aussichtsreichsten Nut-
zungsgebiete waren Süditalien und Sizilien. Trotz der feindseligen Haltung der Ureinwohner und der bedrohlichen
Nähe mächtiger Rivalen, wie der Etrusker und der Kartha-
ger, ergriffen die Griechen der »magna graecia« (Groß-
griechenland) von diesen Gebieten Besitz, die einen Reichtum bargen, wie er ähnlich in der Heimat nicht existierte,
um sich ein abwechslungsreiches und glanzvolles Dasein zu
schaffen. Trotz der großen Entfernung bewahrten sie den
Kontakt mit dem Mutterland, beteten die gleichen Götter
an, feierten die gleichen Feste, hielten an den gleichen Gebräuchen fest und sprachen dieselbe Sprache. Auch wenn sie
sich mit Einheimischen verheirateten, beeinträchtigte das in
keiner Weise ihre Überzeugung, vollblütige Griechen zu zeugen.
Ihre Gesetzgebung zählt zu den ältesten und berühmtesten
der Erde. Als die erste persische Invasionswelle ionische Griechen zwang, sich neue Wohnsitze zu suchen, wurden sie im
Westen freudig empfangen. Dort erreichten Philosophie und
Mathematik einige ihrer bedeutsamsten Entwicklungsstufen.
Die westeuropäischen Griechen beharrten auf ihrem Hel-
lenentum, und dazu waren sie berechtigt, da sie ihm mit unerschütterlicher Treue anhingen und durch die Bekanntschaft
mit mehr als nur einem »barbarischen« Stamm gelernt hatten, was es bedeutete, Grieche zu sein. In entfernten Kolo-

nien, etwa auf der Krim mit ihren skythischen Nachbarn,
dürften die Griechen mit der einheimischen Bevölkerung
engere Berührung gehabt haben. Aber sie waren dabei der
gebende Teil, und die bemerkenswerten Goldarbeiten, die
man in skythischen Gräbern gefunden hat, zeugen von der
Macht ihres Beispiels. Ja, die griechischen Kolonien haben
durch den Export schöner Kunst- und Gebrauchsgegenstände
in ferne Gegenden viel dazu beigetragen, den Ruf des griechischen Handwerks zu verbreiten. Ein bemerkenswertes Beispiel ist der große Bronzekrug (krater), den man in Vix in
Mittelfrankreich gefunden hat und der ein peloponnesisches
Erzeugnis aus dem 6. Jahrhundert v. Chr. ist.
Wir wissen nicht, warum und wie er diesen Fundort erreicht
hat, aber er zeigt uns, wie hochgeschätzt griechische Hand-
werkserzeugnisse waren und wie die Griechen den örtlichen
Bedürfnissen entgegenkamen, ohne den örtlichen Methoden
oder Geschmacksrichtungen Konzessionen zu machen. Im
Grunde genommen waren die griechischen Kolonien vorge-
schobene Handelsniederlassungen; aber zugleich mit ihren
Waren brachten sie auch ihre Zivilisation mit, und sie hielten
um so bewußter an der griechischen Lebensweise fest, als
sie sich ja an den Grenzen der damals bekannten Welt befan-
den. Das Meer, das die griechische Gesellschaft in weitver-
streute und vereinzelte Trümmer hätte zerschlagen können,
hielt sie vielmehr zusammen und verlieh ihr eine ganz besondere Einheit: Entlegene Gemeinden blieben mit dem
Mutterland in Verbindung und fühlten sich ihm in jeder
Hinsicht zugehörig.
Im griechischen Mutterland prägte die geographische Beschaffenheit des Landes weitgehend die Formen politischen
Lebens. Wenn sich auch, was wahrscheinlich ist, die Griechen
im 13. Jahrhundert v. Chr. unter dem König von Mykene

zu einer losen Föderation zusammengeschlossen hatten, wurden sie erst wieder ein geeinigtes Volk, als Alexander von Makedonien sie gegen die Perser führte. Das ausgeprägteste Merkmal griechischer Politik war die Zersplitterung des Landes in eine Anzahl kleiner Staaten, die alle ihre eigenen unabhängigen Regierungen und ihren eigenen Lokalcharakter besaßen. Von Zeit zu Zeit mochten einzelne dieser Staaten unter das Zepter aggressiver und mächtiger Nachbarn geraten oder zu einem Bündnis gezwungen werden – trotzdem behielten sie in gewissem Ausmaß ihre politische Selbständigkeit und viele ihrer Einrichtungen bei.

Es ist üblich, die politischen Einheiten des griechischen Gemeinwesens als Stadtstaaten zu bezeichnen, doch sollte man sich dessen bewußt sein, daß ein solcher Staat durchaus nicht nur aus einer Stadt bestehen mußte. Während die meist mit einer Mauer umgebene Stadt der Sitz der Regierung, der Gerichtsbarkeit, des Handels und des Handwerks war, lag der Schwerpunkt der Landwirtschaft naturgemäß außerhalb der Stadtmauern. Waren die umliegenden Ebenen fruchtbar, dann wohnten die Menschen in Dörfern, um dem Arbeitsplatz näher zu sein. Jenseits der Ebenen lag ansteigendes, meist mit Strauchwerk bedecktes Gelände, das mit Ausnahme einiger Hochebenen oder Mulden schwer zu bearbeiten war und hauptsächlich als Weideplatz für die Ziegenherden diente. Weiter oben ragten die Berge mit ihren unwirtlichen Hängen, hier und dort ein isoliertes Dörfchen umschließend, zum größten Teil jedoch menschenleer, im Sommer von Jägern durchzogen, im Winter mit Schnee bedeckt. Da viele griechische Städte dicht am Meer lagen, hatten sie Häfen, in denen Schiffe gebaut und verankert wurden und wo eine maritime Bevölkerung ansässig war. Im allgemeinen setzte sich die Einwohnerschaft eines Stadtstaates aus Bauern, Handwerkern

und Seeleuten zusammen, und so mancher Bürger vereinigte
in seiner Person zwei oder sogar drei dieser Berufe. Da sämtliche Mitglieder eines Stadtstaates in einem mehr oder weniger umgrenzten Bereich dicht beieinander lebten, entwik-
kelte sich in ihnen ein starkes Einheits- und Verwandtschafts-
gefühl. Das bewahrte sie freilich nicht vor mörderischen Fehden und Klassenkämpfen, aber die Achtung vor ihren eigenen
lokalen Traditionen veranlaßte sie, in dem Bewohner eines
anderen Staates einen Fremdling zu sehen. Obgleich die
Hauptrollen in der griechischen Geschichte von einigen wenigen Staaten gespielt wurden, können wir auch heute noch an
den Überresten zahlreicher, fast völlig vergessener Orte merken, wie sehr sich auch diese in ihrer Lebensweise voneinander
unterschieden haben müssen. Ihrer natürlichen Umgebung ge-
horchend, entwickelten die Bewohner der verschiedenen Staaten besondere Eigenschaften und individuelle Charakterzüge,
ohne auf das übrige Griechenland besonderen Einfluß auszuüben; doch paßten sie sich einem beinahe unbewußten, die
verschiedenen Einzelentwicklungen umfassenden Vorbild der
Sitten und Gebräuche an.
Schon seinem Wesen nach schuf der Stadtstaat eine eigene
und ganz besondere Gesellschaftsschichtung. Die Regierungs-
formen mochten wechseln, von der Herrschaft des einzelnen
zur Herrschaft der vielen: Da jedoch die Lebensbedingungen sehr einfach und gleichförmig waren, müssen sich die
Sitten und Anschauungen mehr dem Grade als der Art
nach voneinander unterschieden haben – je nach dem Umfang und den Machtbefugnissen der wohlhabenden Klassen.
Keine Stadt barg gottähnliche Monarchen in geheimnisvoller
Isolierung oder ließ die Priesterschaft als eine abgesonderte
Kaste bestehen. Die meisten Menschen hatten dieselben Interessen, dieselben Betätigungen. Auch die Stadtbewohner, die

ihrem Handwerk oder ihrem Gewerbe nachgingen, und die
Fischer und Seefahrer, deren Einkommensquelle das Meer
war, wuchsen in enger Berührung mit dem Landleben auf
und kannten seinen Gang. Folglich neigten sie alle dazu,
einander als gleichberechtigt anzusehen, weil sie einem gemeinsamen Milieu entstammten, gemeinsame Ziele verfolgten und trotz unterschiedlicher Vermögensverhältnisse ungefähr das gleiche Leben führten. Da sie ständig Kontakt
miteinander hatten und die Schwächen und Eigenheiten ihrer
Nachbarn kannten, entwickelten sie in ihren sozialen Beziehungen eine bemerkenswerte Freimütigkeit. Mochten sie
auch Herkunft und Bildung respektieren, scheint es doch
zwischen Personen verschiedenen Ranges nur selten solche
formalen Schranken gegeben zu haben, wie wir sie in organi-
sierteren Gemeinwesen antreffen, in denen die verschiedenen
Berufe isolierte Gruppen von Fachleuten schaffen. Wie in den
meisten Mittelmeerländern spielte sich, zumindest für die
Männer, alles Tun und Treiben vorwiegend auf der Straße
oder auf dem Marktplatz ab: Dort wurden alle Tagesneuig-
keiten, besonders die politischen, mit Offenheit, Beredsamkeit und einer gewissen Sachkenntnis erörtert. Solche Gewohnheiten fördern nicht nur ein bestimmtes Maß von Anstand und Höflichkeit, sie begünstigen auch heftige Zänke-
reien, derben Witz und gemeine Beschimpfungen. Hierarchi-
sche Steifheit wird man hier ebenso vermissen wie geschäfts-
tüchtige Servilität. Man interessiert sich für die kleinen
Schwächen seines Nachbarn mit lebhafter Neugierde, die
ein Verstecken hinter der Fassade eines Amtes oder edler Abstammung unmöglich macht; auch hindern ihre guten Manieren
die Menschen nicht daran, einander ehrlich die Meinung zu
sagen. Hier wächst ein offenes, aufgeschlossenes Geschlecht
heran, das sich seiner Umwelt und seiner staatsbürgerlichen

Pflichten restlos bewußt ist. Der Stadtstaat hat keineswegs
immer und überall die Demokratie gefördert, aber er hat einen
freien Umgangston, persönliches Selbstbewußtsein und einen
gesellschaftlichen Rahmen geschaffen, in dem der Mensch
zwar stets der Kritik seines Nachbarn ausgesetzt war, was
ihn jedoch von der Wahrung seiner Eigenart nicht abhielt.
Nicht weniger stark war der Einfluß der Landschaft auf das
Auge und Denken der Griechen. Der Reisende, der zum
erstenmal aus dem Westen oder dem Norden nach Griechenland kommt, wird vielleicht beim Anblick der kahlen Konturen und angesichts des Mangels an satten, kräftigen Farben
eine gelinde Enttäuschung verspüren, doch er wird auch sehr
bald die bezwingende Schönheit entdecken, die nicht bereit-
willig seinem Geschmack entgegenkommt, sich ihm jedoch allmählich und unvergeßlich aufdrängt. Vor allem ist das Licht
von ganz besonderer Art. Nicht nur an wolkenlosen Sommer-
tagen, sondern auch im Winter ist es völlig anders als in irgendeinem anderen europäischen Land: heller, reiner und kräftiger.
Es schärft die Kanten der Berge am Himmel, ob sie nun aus den
Tälern oder aus dem Meer emporsteigen, es webt aus den Klüf-
ten und Mulden, sie mit seinen Schatten betastend, ein ewig
wechselndes Muster; es färbt das Meer im Morgengrauen
opalblau, um die Mittagsstunde saphirgrün und vor Einbruch
der Nacht in rascher Folge golden, silbern und bleigrau; es
setzt das dunkle Grün der Olivenbäume in scharfen Kontrast
zu dem rost- oder ockerfarbenen Boden, es zaubert aus unbe-
hauenem Fels und behauenem Gestein zahllose Farb- und
Formspiele hervor. Die Schönheit der griechischen Landschaft
beruht vor allem auf dem Licht, und dieser Umstand hat das
griechische Weltbild stark beeinflußt. Gerade weil das Licht
hier durch seine Kraft und Schärfe die gleitenden, schmelzen-
den, transparenten Wirkungen ausschließt, die der franzö-

sischen oder italienischen Landschaft ihren zarten Reiz verleihen, fördert es eine Art der Anschauung, die mehr dem
Bildhauer als dem Maler eigen ist: eine Anschauung, weniger
durch feine, ineinander übergehende Farbmischungen bedingt als vielmehr durch die Klarheit der Umrisse; ein Gefühl für Masse, einen Blick für betont im Raum stehende
Körper und einen Sinn für die Kraft und Dichte, die sich hinter natürlichen Konturen verbirgt. Eine solche Landschaft und
solches Licht zwingen dem Auge ihre geheime Disziplin auf
und zeigen ihm die Dinge eher in den Konturen und im
Relief als in mysteriöser Perspektive oder in flächigen Raum-
zusammenhängen. Daraus erklärt sich, warum die Griechen
große Bildhauer und Baumeister hervorgebracht haben und
warum auch in ihren Malereien die exakte und eindeutige
Linie die Grundlage jeder Komposition bildet.

Vielleicht ist auch der Gedanke nicht allzu phantastisch, daß
das griechische Licht bei der Gestaltung griechischer Denkweise eine Rolle gespielt haben mag. So wie der umwölkte
Himmel Nordeuropas die ungeheure amorphe Brut nor-
discher Mythologie oder deutscher Metaphysik genährt hat,
so hat zweifellos das griechische Licht die klare Begriffsbildung
der griechischen Philosophie beeinflußt. Wenn die Griechen
insofern die ersten echten Philosophen waren, als sie für abstrakte Ideen ein einfaches und in sich geschlossenes Vokabular
schufen, hing das hauptsächlich damit zusammen, daß ihr Geist
und ihr Auge von Natur aus nach dem Klaren und dem Deutlichen trachteten. Das kräftige Licht belebte die Sinne, und
wenn die Sinne sich lebhaft regen, folgt ihnen der Geist
nicht weniger kühn und versucht zu ordnen, was sie ihm
bieten. So wie Platon auf seiner Suche nach transzendentalen
Prinzipien (Ideen) hinter dem Gewirr der Erscheinungen dazu neigte, diese Ideen als Einzeldinge aufzufassen, und das

von ihm angenommene zentrale Prinzip, die Idee des Guten und Schönen, mit der Sonne verglich, welche die gesamte sichtbare Welt beleuchtet und ihre Farben und Formen enthüllt, so gibt kein griechischer Philosoph sich zufrieden, bevor er nicht einen Gedanken mit einer klaren Definition ausdrücken und seine Konturen verständlich machen kann. Daß solche Erwägungen bei den Griechen eine Rolle spielten, ist daraus zu ersehen, daß sie die Wörter *eidos* und *idea* für die Begriffe »Vorstellung« oder »Idee« verwenden. Ursprünglich bedeuteten sie weiter nichts als »Form« und wurden auf die durchaus greifbaren Formen des menschlichen Körpers bezogen. Die Übertragung des Wortes aus dem Konkreten ins Abstrakte, aus dem Sichtbaren ins Unsichtbare, zeigt, wie das griechische Denken arbeitete, wenn es von den Gegebenheiten der Sinne zu den übergeordneten Prinzipien voranschritt.

Wenn das Licht das erste Element der griechischen Landschaft ist, dann ist das zweite das Meer. Wasserwege, wie Homer sie nennt, verbinden die meisten Bezirke Griechenlands miteinander, ob diese auf dem Festland oder auf Inseln liegen. Das Meer spielt dort eine größere Rolle als in jedem anderen europäischen Land, weil es für die meisten Gegenden der beste und für viele der einzige Verbindungsweg ist. Es gibt nur wenige Landstriche, von denen aus das Meer nicht irgendwo sichtbar wäre. Oft hat man auf einsamen Bergeshöhen das Gefühl, man habe es aus dem Auge verloren – aber gleich um die Ecke ist es wieder zu sehen. Das Meer zu beherrschen war eine Lebensbedingung, und war erst einmal die Seeherrschaft befestigt, lockten neue Horizonte zu neuen Abenteuern.

Die Griechen sind von den frühesten Zeiten an Seefahrer gewesen, und da sie für die Schiffahrt erzogen wurden, blie-

Bronzestatue des Poseidon oder Zeus (Höhe 2,09 m; Spannweite der Arme 2,10 m), gefunden im Meer beim Kap Artemision an der Nordküste Euböas. Um 460 v. Chr. Athen, Nationalmuseum.

ben sie davor bewahrt, in einen stumpfen provinziellen Kreislauf zu verfallen, der sonst das Los der in ihren kleinen Stadtstaaten lebenden Menschen geworden wäre. Das Meer lockte zur gleichen Zeit die Gewinnsüchtigen und die Abenteuerlustigen und war für die Griechen das Hauptinstrument, um ihre Kenntnis der Menschen und Sitten zu erweitern. Aber es war noch mehr. Sein besonderer Zauber, »das mannigfaltige Gelächter der Meereswellen«, von dem Aischylos spricht, bemächtigte sich des griechischen Denkens und trug dazu bei, einige seiner eigenartigsten Anschauungen zu gestalten. Zuweilen kann kein Meer verführerischer sein als das Ägäische mit seinen Kräuselwellen oder seiner friedlichen Ruhe, und da liefert es dann wirklich ein Abbild jener himmlischen Heiterkeit, welche die Griechen als den erstrebenswertesten Zustand des Menschen betrachteten. Aber auch dann, wenn es am freundlichsten lächelt, wechselt es plötzlich die Laune und droht mit Tod und Untergang an verborgenen Riffen in unbarmherzigen Winden und sich bäumenden Wogen. Durch seine unberechenbaren Stimmungen und seine heftigen Launen belehrt es uns über die Unsicherheit des menschlichen Daseins, das just in dem Augenblick, da alles in goldenen Frieden gehüllt zu sein scheint, von unvorhergesehenem Unheil ereilt wird. Es ist nicht verwunderlich, daß Sophokles, wenn er die einzigartigen Leistungen des Menschen besingt, die Seefahrt hervorhebt:

> Vom Winterwind läßt er sich tragen
> über die düstere graue Meerflut,
> durch die Täler ragender Wogen.

Die Herrschaft über das Meer erfüllte die Griechen zu Recht mit Stolz und hat dem Charakter dieses außergewöhnlichen

Volkes bereits von frühester Zeit an einen unauslöschbaren Stempel aufgeprägt.

Die durch diese Natur geformte Bevölkerung war zwar politisch keine Einheit, aber trotzdem stolz darauf, daß alle ihre Mitglieder Griechen und deshalb von der restlichen Menschheit verschieden seien. Diese Überzeugung stützte sich auf vernünftige Argumente, wie wir aus den Worten ersehen, die Herodot zu den Athenern sprach, als sie den Vorschlag des Königs von Makedonien ablehnten, die griechische Front gegen Persien zu verlassen: »Es wäre nicht gut getan, daß die Athener zu Verrätern am griechischen Volke würden, welches von gleichem Blut und gleicher Zunge ist und gemeinsame Gotteshäuser und gemeinsame Opfer hat und auch dieselben Sitten.« Herodot, der die Grundzüge der Anthropologie vorausahnte, führt vier Kriterien an, die den Griechen zu einem Griechen machen: Gemeinsamkeit der Abstammung, Sprache, Religion und Kultur. Dessen waren sich die Griechen bewußt, das alles machten sie immer dann geltend, wenn sie ihre innere Einheit und ihre Andersartigkeit gegenüber fremden Völkern betonen wollten. Die gemeinsame Abstammung kannte man aus den Sagen des Heldenzeitalters, dessen berühmte Gestalten so manche Ahnentafel einleiteten und in ganz Griechenland in Dichtung und Plastik gefeiert wurden. Die gemeinsame Sprache war eine unbestreitbare Tatsache. Obwohl das Griechische in vier Dialektgruppen zerfällt und jede dieser Gruppen zahlreiche Verzweigungen hat, gehören sie doch alle einer einzigen, äußerst individuellen Sprache an, und die Menschen konnten sich trotz beträchtlicher Verschiedenheiten in Wortschatz und Aussprache untereinander verständigen. Dagegen kamen ihnen fremde Sprachen wie Schwalbengezwitscher vor. Die gemeinsame Religion äußerte sich nicht

nur in den Namen und Eigenschaften der olympischen Götter, sondern auch in dem Vorhandensein einzelner Heiligtümer, zum Beispiel des Zeustempels in Olympia und des
Apollontempels in Delphi, wo Griechen aus allen Teilen des
Landes sich zu Opfern und Wettspielen zusammenfanden
und über dem Bewußtsein hellenischer Einheit ihre örtlichen
Unterschiede vergaßen. Die gemeinsame Kultur brauchte bei
einem Volke, in dem ein so starkes Nationalbewußtsein
herangereift war, nicht erst begründet zu werden; am wichtigsten aber war ihnen dabei die Freiheit. Sie wollten sowohl
von Fremdherrschaft wie von der Willkür unverantwortlicher Autokraten frei sein, und gerade das überzeugte sie
mehr als alles andere davon, daß kein fremdes Volk ihnen
ähnlich sei.

Den Fremden nannten die Griechen *barbaros,* und davon
stammt unser Wort »Barbar«. In der Frühzeit aber hatte das
griechische Wort nicht unbedingt einen verächtlichen oder
feindseligen Klang und bedeutete kaum mehr als »Fremdling«. Wie zu erwarten ist, wechselte die griechische Haltung gegenüber den Fremden von Epoche zu Epoche und von
Person zu Person. Obwohl Homer von einem langwierigen
und blutigen Krieg zwischen Griechen und Trojanern erzählt, sind bei ihm die Trojaner in allen Mannestugenden den
Griechen ebenbürtig, und nie deutet er an, daß ihnen die
Fremdlinge unterlegen gewesen wären. Im 7. und 6. Jahrhundert schämten sich die Griechen in Kleinasien keineswegs, von ihren lydischen Nachbarn neue Lebensgenüsse zu
übernehmen. Der weitgereiste Herodot fand an den Persern
vieles bewundernswert, und Xenophon kämpfte an ihrer
Seite. Aber solch bewundernde Anerkennung wurde oft durch
eine belustigte Geringschätzung ausländischer Sitten modifiziert. Auch Herodot gestattet sich ein verschmitztes Lächeln,

wenn er gewisse Ingredienzien fremdländischer Kost aufzählt, wie zum Beispiel Läuse, Affen und ältere Anverwandte;
und wenn man sich eine lebhafte Vorstellung davon machen
will, wie der Durchschnittsgrieche über die Ägypter dachte,
braucht man sich nur auf der Vase des Pan-Malers anzusehen, wie Herakles mit Busiris und dessen stupsnäsigen
Vasallen verfährt. Nachdem die Perserkriege gezeigt hatten,
welch abscheuliche Verwüstungen barbarische Eindringlinge
anzustellen vermochten, verhärtete sich die Haltung der
Griechen, und das Wort *barbaros* begann ähnlich in ihren
Ohren zu klingen wie heute in den unseren.

Man war der Meinung, die Fremden, die keine Freiheit kennen, stünden im besten Falle auf dem Niveau von Sklaven
und würden sich nur allzu leicht zu Gewalttaten hinreißen
lassen, die lediglich wilden Tieren anstehen. So wie die Griechen an ihrer eigenen Tradition nichts höher schätzten als die
Freiheit, so beklagten sie bei fremden Völkern vor allem den
Hang, unter dem Niveau freier und verantwortungsvoller
Männer zu verharren. Mit ihrer Auffassung vom »Barbaren-
tum« huldigten die Griechen zugleich ihrem eigenen Ideal vernünftiger und selbstbeherrschter Humanität.

Wenn Herodot bemerkt, die Griechen seien durch ihre
Sprache geeint, berührt er einen äußerst bedeutsamen Punkt.
Die Sprache ist hier wahrhaft entscheidend, weil ihre Struktur und ihr Bereich ein helles Licht auf das griechische Denken werfen, auf seine Methoden, seine Leistungsfähigkeit und
seine Ausdrucksmittel. Sie ermöglicht uns ein erschöpfendes
Verständnis für gewisse, den Griechen selbst kaum bewußte
Eigenschaften, die aber wesentlich sind, wenn man sich
von ihren Leistungen einen klaren Begriff machen will. Die
Sprache war eines ihrer wertvollsten Güter. Falls sie sie aus
dem Norden nach Griechenland mitgebracht haben sollten,

waren sie unermüdlich bestrebt, sie weiterzuentwickeln und zu bereichern, bis sie zu einem meisterlichen Werkzeug wurde, das jeder Ausdrucksform gewachsen war, von der reichsten Dichtung bis zur praktischen Prosa. Trotz ihrer scheinbaren Einfachheit ist sie sehr ausgereift und hat gar keinen Zusammenhang mehr mit primitiven Sprachformen, die sich durch ihre Kompliziertheit charakterisieren, durch ihr Unvermögen, von einzelnen Wahrnehmungen auf allgemeine Begriffe zu schließen, und dadurch, daß sie mehr an den Eindrücken als an den Ideen haften. Gerade die Zucht der griechischen Sprache ist ein Beweis für ihre Reife. Ihre Syntax, die demjenigen, der in einer losen, analytischen Sprache erzogen worden ist, als eine unnötige Last erscheinen mag, war ein Sieg des ordnenden Geistes über den widerspenstigen Stoff des Bewußtseins.

Die Vorzüge der Sprache werden ersichtlich, wenn man sie mit modernen europäischen Sprachen vergleicht. Ihre auffälligste Eigenschaft ist ihre Klarheit. Die Regeln der Grammatik mögen noch so kompliziert sein, sie sind doch nie ungenau und unzureichend. Die Fähigkeit des Griechischen, auch das präzise auszudrücken, was wirklich gemeint ist, verdankt es vor allem seiner Syntax. Einige der ursprünglichen indogermanischen Kasus, wie der Ablativ, der Vokativ oder der Genitivus instrumentalis, sind zwar verschwunden, aber der weite Bereich der Verbalformen hat sich erhalten, soweit diese erforderlich sind, eine Sache zu verdeutlichen. Dies bezieht sich vor allem auf gewisse Formen, die heute vielleicht als unnötig oder gekünstelt erscheinen mögen, wie zum Beispiel die Beibehaltung des Konjunktivs und des Optativs. Beide drücken begriffliche Möglichkeiten aus, aber diese Unterscheidung macht die Sprache klarer. Das gleiche Ergebnis hätte man vielleicht auch mit Hilfszeitwörtern erzielen können, doch würde dies Klarheit und Genauigkeit beeinträchtigt haben. Die Griechen scheuten nie vor komplizierten Formen zurück, wenn diese einem echten Ausdrucksbedürfnis dienten. Ihre Anhänglichkeit an eine sorgfältig durchkonstruierte Syntax zeugt von ihrem Bestreben, die Dinge knapp und ohne Umschreibung auszudrücken. Wenn Konjugationen und Deklinationen an sich bereits für Klarheit sorgten, wurde diese noch durch die spezifische Art des griechischen Wortschatzes unterstrichen. Jedes einzelne Wort hat einen zentralen, genau definierbaren Sinn, und selbst dann, wenn es neuen Zwecken dienen muß, wird es nie unklar. Das Vokabular der Griechen enthält auffallend wenige Wörter, die ihre Bedeutung aus dem Satzzusammenhang beziehen und selbst ungenau oder ausdrucksarm sind.

Dies will jedoch nicht heißen, daß jedes griechische Wort durch ein einziges entsprechendes Wort ins Deutsche, Französische oder Englische übersetzt werden könnte. Im Gegenteil, eine der Hauptschwierigkeiten beim Übersetzen aus dem Griechischen in eine moderne europäische Sprache ist die, daß es oft kein einziges wirkliches Äquivalent für Wörter gibt, die im Griechischen vollkommen klar und eindeutig sind. Wörter z. B., die den Unterschied zwischen gut und böse oder zwischen häßlich und schön ausdrücken, haben wohl in keiner modernen Sprache eine eindeutige Entsprechung, die wirklich genau das gleiche beinhaltet wie das griechische Wort. Sobald wir jedoch einmal wissen, welche Bedeutung ihnen zukommt, gibt es bei der Übersetzung keine großen Schwierigkeiten mehr – selbst dann nicht, wenn man sie an verschiedenen Stellen durch verschiedene Wörter ersetzen muß.

Egon Friedell schreibt hierzu in seiner »Kulturgeschichte Griechenlands«:
Mit dem Deutschen teilt das Griechische den Vorzug, daß es über alle drei bestimmten Artikel verfügt, während zum Beispiel der ganz un-

persönliche Römer überhaupt keinen und der ungeschlechtliche Engländer nur einen einzigen besitzt. Hingegen fehlt der unbestimmte, was vielleicht in der Abneigung des Griechen gegen alles Nichtumgrenzte seinen Grund hat. Von den alten indogermanischen Kasusformen ist der Ablativ und der Instrumentalis verlorengegangen, der Lokativ nicht ganz, die anderen sind reich entwickelt. Man vergleiche damit die romanischen Sprachen, die überhaupt nur einen Kasus haben, indem der Akkusativ gleich dem Nominativ ist und Genitiv und Dativ mit Präpositionen umschrieben werden, die vom lateinischen de und ad abgeleitet sind. Mit welcher einzigartigen Subtilität, und dabei stets klar und knapp, das Griechische durch die Genera, Tempora und Modi seiner Verba die Nuancen der Möglichkeit und Notwendigkeit, Verstärkung und Einschränkung, Wünschbarkeit und Reziprozität in ihren jeweiligen Zeitlagen und Dauergraden auszudrücken weiß, ist allbekannt. Ein großes Fördernis bietet auch die Freiheit in der Wortstellung (ermöglicht durch die scharf und eindeutig geprägten Endungen) und in der Bildung verkürzter Satzformen (infinitivischer, partizipialer, des absoluten Genitivs und Akkusativs). Am erstaunlichsten aber ist die Kraft der griechischen Wortbildung, die in ihren tausendfachen Ableitungen und Zusammensetzungen einen unerschöpflichen Schatz an Sprachgut zur Verfügung stellt: sie gestattet es, einen Stammbegriff in alle seine Verzweigungen zu verfolgen und mit einem einzigen Wort Zusammenhänge wiederzugeben, für die andere Sprachen eines ganzen Satzes bedürfen. Diesen Grad von Beweglichkeit, der dem Lateinischen und seinen Tochtersprachen völlig fehlt, besitzt sonst nur noch das Deutsche, doch sind die deutschen Formen weder so wohltönend noch so handlich und plastisch wie die griechischen.

Die Klarheit der griechischen Sprache verdankt sowohl in ihrer Struktur wie auch in ihrem Vokabular einiges dem gesprochenen Wort. Denn selbst die erhabenste Literatur war nicht für den Leser, sondern für den Zuhörer bestimmt. Jeder Satz mußte daher eindrucksvoll sein, seinen gewichtigen Sinn haben und durfte keinerlei Zweifel an dieser Bedeutung aufkommen lassen.

Eine weitere bemerkenswerte Eigenschaft des Griechischen ist seine Wendigkeit. Es gibt anscheinend kein Thema und keinen Anlaß, denen die Sprache nicht mühelos gerecht werden konnte. Als die griechische Zivilisation neue Gedankenwelten entwickelte, bildete sich damit auch die Sprache, paßte sich

den neuen Erfordernissen an und fand die adäquaten Ausdrucksmittel. So wie von Anfang an die Lyrik ihren Wortschatz durch die Bildung zusammengesetzter Adjektiva und
die Aufnahme zahlreicher Synonyma bereicherte, genauso
erfinderisch und einfallsreich war die Prosa, die vor dem gewaltigen Problem stand, eine Sprache für die Philosophie
und die anderen abstrakten Wissenschaften zu schaffen. Wenn
es ihr gelang, aus adjektivischen Stämmen abstrakte Substan-
tiva zu bilden, benützte sie diese und andere Mittel mit treff-
sicherem Geschick und hat es nie versäumt, ihre theoretischen
Feststellungen einfach und klar zu gestalten.
Die Griechen legten ein außerordentliches Vermögen an den
Tag, Wörtern neue Pflichten aufzubürden, ohne ihnen ihre
Frische und Kraft zu rauben. Das ist um so bemerkenswerter,
als es einen völligen Bruch mit der alten mythischen und
bildhaften Denkweise bedeutete; wahrscheinlich verstärkte sie
ihren Wortschatz mit Hilfe von Gebräuchen und Gewohnheiten, indem sie dem Sinn vertrauter Wörter neue Bedeu-
tungsinhalte verliehen. Den frühen griechischen Denkern ist
es gelungen, ganz neue Gedanken leicht verständlich zu machen. Dies war eine entscheidende Verstandesleistung, und in
ihr spiegelt sich die Fähigkeit, den durch neue Spekulationen
eröffneten Perspektiven gerecht zu werden. Die Sprache
wächst, weil der Mensch das dringende Bedürfnis empfindet,
gewissen geistigen Erfordernissen nachzukommen, und seine
Rede zwingt, sich anzupassen. Hier zeigt sich ein energischer,
aktiver Verstand, den die wachsende Erfahrung und die Geburt neuer Ideen veranlassen, neue Wörter zu finden; dieser
Verstand, der die feinen Unterscheidungen liebt und auf ihnen
besteht, der die Nuancen des gesprochenen Wortes zu schätzen
weiß und wirksame Mittel anwendet, um sie richtig heraus-
zuarbeiten, bahnt sich seinen Weg über die gewohnten Kon-

zepte hinaus zu abstrakteren und sublimeren und büßt da weder seine Kraft noch seinen Halt ein.

Auch innerhalb der durch die Tradition für die verschiedenen Literaturgattungen vorgeschriebenen Normen konnten die Dichter ihrem eigenen Geschmack und ihrem Temperament freien Lauf lassen. Nie besteht im Griechischen die Gefahr – wie das zuweilen im Lateinischen der Fall ist –, daß das Satzgefüge steif wird oder sich, wie das Französisch der Klassik, auf einen begrenzten und standardisierten Wortschatz beschränkt. Bei all seiner Kraft und Majestät bleibt es geschmeidig, sehnig und leicht zu handhaben. Durch seinen Wortreichtum und seine ihm innewohnende Findigkeit ist es stets imstande, den Kern einer Sache zu treffen, was zu sagen ist, klar und mutig zu sagen, und uns mit Verwunderung darüber zu erfüllen, daß so vieles so kurz auszudrücken sei. Dies scheint eine unkultivierte und ungeschulte Einfachheit vorauszusetzen. Das aber ist keineswegs der Fall. Die Einfachheit beruht auf der Kraft, und gerade weil Ausdruck so unmittelbar auf die Sache zielt, gibt er um so nachdrücklicher die Gefühle wieder, die ihn inspiriert haben.

Die griechische Einheit umfaßte eine Vielfalt lokaler Verschiedenheiten. Während Athen und die ionischen Städte die größte Abenteuer- und Unternehmungslust entfalteten, hielten Sparta und die ihm verwandte Insel Kreta hartnäckig an den Traditionen der Vergangenheit fest. Aber Athen pflegte darum nicht weniger seine eigenen Sagen und Bräuche, und Sparta entwickelte im 7. und 6. Jahrhundert einen heiteren und reizvollen Kunststil mit den verschiedensten Arbeiten aus Metall, Elfenbein und Steingut. Um die Mitte des 6. Jahrhunderts war die Insel Samos führend in Mathematik, Technik, Dichtkunst und Bildhauerei, verlor jedoch ihren Vorrang, als sie von den Persern erobert wurde. Die Kaufherren

von Ägina und Korinth waren großzügige Gönner der schönen Künste, und sogar das bäurische Böotien hatte eine altehr-
würdige Volksliedtradition. Auch abgelegene oder unbedeu-
tende Gegenden lieferten dafür Beweise, daß sie die Bildhauerei und Baukunst als lebendige Künste zu bewahren und
ihre örtliche Besonderheit zu entwickeln wußten. Die Regie-
rungssysteme wechselten von einem Ort zum anderen und
umfaßten Erbmonarchie, Landadelsherrschaft, merkantile
Oligarchie und kampflustige Demokratie. Diese Verschiedenheiten repräsentierten Unterschiede im Lokalcharakter: Den
Spartanern sagte man nach, sie hätten ungewöhnliche Scheu
vor jeglicher Veränderung, den Athenern, sie seien allzu sehr
auf Veränderungen aus. In entfernten Gebieten, wie zum
Beispiel in Arkadien und Thesprotien, mochten Riten erhalten geblieben sein, die anderswo nicht mehr gebräuchlich
waren, und es muß viele Gegenden gegeben haben, die durch
umwälzende Denkprozesse wenig berührt wurden. Aber
Griechenland ist ein kleines Land, und mit der Zeit reagierten auch die entlegensten Orte auf herrschende Moden. Ein
neuer Mal- oder Skulpturstil fand fruchtbare Böden und
veranlaßte die ortsansässigen Künstler, ihn nachzuahmen.
Ganz kleine Städtchen setzen ihren Stolz darein, durch den
Entwurf und die Ausführung ihrer Münzen mit reicheren
Rivalen zu wetteifern. Die Dichtkunst, die vielleicht unter
der Verschiedenheit der Dialekte zu leiden gehabt hätte,
überwand diese Schwierigkeit dadurch, daß sie eine besondere
Dichtersprache entwickelte, die auf den Epen fußte und in
allen Teilen des Landes verstanden wurde. Dichter, Philosophen und Ärzte zogen umher und wurden von Königen,
Tyrannen, Adelsherren und Demokraten gleich freundlich
empfangen. Das Leben war sehr abwechslungsreich, ruhte jedoch auf einem sicheren Fundament: den Traditionen und

Sitten, die das gemeinsame Erbe des griechischen Volkes bildeten.

Die Anfänge der griechischen Geschichte verlieren sich in undurchdringlicher Dunkelheit, und obwohl die ersten entzifferbaren Aufzeichnungen aus der Zeit um 1400 v. Chr. stammen, beginnt die eigentliche Geschichte, soweit wir ihren Verlauf aus den Vorstellungen der Griechen selbst rekonstruieren können, in der zweiten Hälfte des 8. Jahrhunderts mit den Homerischen Epen. Hier sehen wir nun, freilich durch die Augen des Genies, wie die Menschen lebten und starben, hier finden wir den Anfang ziemlich alles dessen, was wir als echt hellenisch bezeichnen. Etwa dreihundert Jahre lang machten die Griechen stete Fortschritte und reiften heran, wurden immer mehr sie selbst, immer weniger anderen Völkern gleich. Das ist ihr großes, ihr klassisches Zeitalter. Nach der Unterwerfung Athens durch Sparta im Jahr 404 v. Chr. erlosch für immer ein Feuer. Das galt nicht nur dem starken Lebensdurst und der kühnen Lust zum Experimentieren, sondern auch gewissen Grundlagen, an welchen nie ernsthaft gezweifelt worden war, die aber ihre Autorität und ihre Stütze verloren. Die griechische Zivilisation beruhte in ihrer Hochblüte auf einem feinen Kräftegleichgewicht, auf der Balance zwischen Tradition und Neuerung. Als dieses Gleichgewicht gestört wurde, begannen die alte Kraft und die alte Fülle zu verfallen, und obwohl freilich auch das 4. Jahrhundert seine großen Leistungen aufzuweisen hat, fehlt ihm die frühere Zuversicht. Trotzdem behielt es viele wichtige und charakteristische Züge bei, bis Alexander der Große seine griechischen Heerscharen quer durch Asien bis an den Hindukusch führte und den Griechen so viele neue Möglichkeiten bot, daß das Heimatland durch die Lockungen neuer Reiche und ständig weichender Horizonte geschwächt

und entkräftet wurde. Aber in der Epoche zwischen Homer
und dem Fall Athens legten die Griechen bei all der Vielfalt
und dem Umfang ihrer Unternehmungen eine bemerkenswerte Einheitlichkeit an den Tag. Sie mochten verschiedenen
Herrschaftsformen anhängen, blutige Kriege miteinander
führen oder aus privatem Eigennutz mit den Barbaren pak-
tieren – die Umrisse ihrer Leistungen treten klar hervor. Hier
lebt ein Volk, das in dem unübersehbaren Gewirr lokal-
historischer Vorgänge neue Werkzeuge der Zivilisation
schmiedet und von Höhe zu Höhe, in steter Entwicklung
voranschreitet. Doch hinter dieser raschen Wechselfolge können wir die dauerhaften Elemente unterscheiden: Überzeugungen und Vermutungen, ein widerstandsfähiges Temperament, politische Leidenschaften und Ansichten, das Bild der
Götter und die neugierige Frage nach dem Menschen und
seinem Platz im Universum.

ZWEITES KAPITEL

DAS HEROISCHE WELTBILD

OBWOHL die aus der grauen Vorzeit auftauchende neue Welt der Griechen sich ziemlich stark von der mykenischen unterschied, hegte und pflegte sie die Sagen jener glorreichen Vergangenheit. Mit der sehnsüchtigen Bewunderung, die Menschen immer für eine Größe empfinden, die sie nicht mehr zurückrufen und mit der sie nicht rivalisieren können, sahen die Griechen in dieser entschwundenen Gesellschaft etwas Heroisches und Übermenschliches, das verkörperte Ideal dessen, was der Mensch zu sein, zu tun und zu erdulden habe. Ihre Phantasie entzündete sich an den uralten Schilderungen gewaltiger Wagnisse und unvergleichlicher Helden, von Göttern, die als Freunde des Menschen auf Erden wandeln, von edlem Glanz im täglichen Leben und höfischen Sitten, und sie machten sich von einer heroischen Welt ein Bild, das sie als eines ihrer kostbaren Güter bewahrten. Aus diesem Bild leiteten sie die Vorstellung ab, der Mensch müsse sein Leben der Ehre und dem Ruhm weihen und unter seinesgleichen mit Haltung und gebührendem Stolz seine edle Rolle spielen. Von alldem hatten sie durch eine lange dichterische Tradition erfahren, die ihre Stoffe und ihre Charaktere ebenso wie die Technik und Sprache aus der mykenischen Periode bezog und durch mündliche Überlie-

ferung von Generation zu Generation vererbt worden war.
Uns ist diese Tradition in den Homerischen Epen erhalten
geblieben, die freilich erst gegen Ende der mykenischen
Zeit entstanden, aber mit ihrer großzügigen Weltanschauung
und ihrem ausgeprägten Sinn für menschliche Werte den ursprünglichen Geist bewahrt haben. Da die Homerischen Epen
von frühen Zeiten an die Grundlage griechischer Erziehung
bildeten, förderten sie einen Begriff von Männlichkeit, in
dessen Mittelpunkt die persönliche Würde stand, und unter-
mauerten ein Ideal, das bereits durch andere Umstände begünstigt worden war. Die Kleinheit und Selbstgenügsamkeit
der Stadtstaaten ermöglichte einen Grad von Unabhängigkeit, wie er in den zentralisierten Theokratien Ägyptens und
Asiens undenkbar war. Ein seefahrendes Volk verfügte über
Möglichkeiten, die einem reinen Bauernvolk versagt geblieben wären. Der Individualismus, den die Umstände dem
griechischen Leben aufzwangen, und der ererbte Kult heroischer Mannhaftigkeit blieben auch in historischen Zeiten als
auffälligste Elemente der Anschauungen und des Verhaltens
bestehen.

Der Kernpunkt des heroischen Weltbildes ist das Bestreben,
durch Taten Ehre einzulegen. Ein großer Mann ist derjenige,
der, mit überlegenen Körper- und Geistesgaben ausge-
stattet, diese bis zum äußersten nützt, um den Beifall seiner
Mitmenschen zu ernten, der weder Anstrengung noch Gefahr scheut, sich auszuzeichnen. Die Ehre ist der Mittelpunkt
seines Daseins, und wird sie verletzt, muß der Grieche unver-
züglich Rache üben. Gern stürzt er sich in Gefahren, weil er
dann am ehesten Gelegenheit hat zu zeigen, aus welchem Holz
er geschnitzt ist. Eine solche Überzeugung und das dazuge-
hörende Verhalten stützen sich auf den Begriff, den ein
Mann sich von sich und von seinen Verpflichtungen macht,

Die Akropolis von Athen, vom Philopappos-Hügel (Südwesten) aus gesehen.
Mit dem Parthenon-Tempel (447–432 v. Chr. (Mitte) und dem Erechtheion
(421–406 v. Chr., links daneben). Im Vordergrund links die Fassade des unter
Herodes Atticus im 2. Jh. n. Chr. erbauten Odeions.

und wenn er noch weiterer Bestätigung bedarf, findet er sie
in dem Maßstab, den Männer seinesgleichen an ihn anlegen.
Seine Kühnheit und sein Ruhm schenken ihm erhöhtes Selbstbewußtsein und Wohlbefinden, durch sie gewinnt er in den
Augen der Menschen ein zweites Leben, das ihm bezeugt,
er habe seine wichtigste Aufgabe nicht versäumt. Ruhm ist
der Lohn der Ehre, und nach ihm strebt mehr als nach allem
anderen der Held. Diese Auffassung durchzieht die griechische Geschichte von Homers Achilles bis zum historischen
Alexander. Sie wird bestritten, abgeändert und modifiziert,
aber sie bleibt bestehen und überträgt sich mit der Zeit sogar
vom einzelnen auf das ganze Volk. Dieses Glaubensbekenntnis paßte für Tatmenschen und gab den Griechen die Rechtfertigung für ihr leidenschaftliches Streben, den Rahmen
ihres Daseins durch einfallsreiche und unermüdliche Unternehmungen aufzulockern. Obwohl es in den Anfangsstadien,
wie wir bei Homer sehen, vieles mit ähnlichen Idealen anderer heroischer Gesellschaftsformationen gemeinsam hat, ist
es in Griechenland weit elastischer als anderwärts und behauptet sich mit unerwarteter Zähigkeit auch dann noch, als
bereits der Stadtstaat mit all den Anforderungen an seine
Bewohner und all den Verpflichtungen, die er ihnen auferlegt, festbegründet ist und der neue Begriff des Bürgers ein
Ideal auszuschließen scheint, das so hohen Wert auf den einzelnen und seine Ansprüche legt.
Die Stärke dieses Heldenideals ist an der Art und Weise zu
ermessen, wie die griechischen Philosophen es behandeln.
Man konnte wohl kaum von ihnen erwarten, daß sie mit
ihrer Liebe zu einem beschaulichen Leben und zu dem Wissen um seiner selbst willen ein System begünstigen sollten,
das der Tat einen solchen Vorrang einräumt. Aber obwohl
sie ein aktives Leben nicht für die höchste Daseinsform

hielten, zollten sie ihm dennoch ihren Tribut. Pythagoras teilte die Menschen in drei Kategorien ein: die Wissensdurstigen, die Ehrsüchtigen und die Gewinnsüchtigen, und indem er das Leben mit den Olympischen Spielen vergleicht, ordnet er die erste Klasse den Zuschauern, die zweite den Wettkämpfern und die dritte den Hökern zu. Das sollte kein besonders großes Kompliment für die Ehrbesessenen sein, aber die Griechen würden die Parallele nicht lächerlich gefunden und es ihm angerechnet haben, daß er die Ehre zumindest für achtenswerter hielt als den Gewinn. So hält offenbar auch Heraklit, wenn er den allgemeinen Mangel an Weisheit unter den Menschen beklagt, mehr von denjenigen, welche »vor allem eines gewählt haben, nämlich unsterblichen Ruhm unter Sterblichen«, als von der Mehrheit, die »sich wie Tiere vollschlingt«. Selbst im 4. Jahrhundert, nachdem die Katastrophe des Peloponnesischen Krieges dem Selbstvertrauen Athens einen entscheidenden Schlag versetzt hatte, nahm in der Philosophie die Jagd nach Ehre noch immer einen angesehenen Platz ein. In der Psychologie, die Platon auf der dreiteiligen Natur der Seele aufgebaut hat, übt das anmaßende Prinzip, das durch die Tat nach Ehre strebt, eine wichtige Funktion aus, und es heißt von ihm, daß es sich wahrscheinlich eher auf die Seite der Vernunft schlagen als gegen sie auftreten wird; während Aristoteles sich einer traditionelleren Auffassung anschließt, wenn er die Jagd nach Ehre deshalb billigt, weil sie »der für die edelsten Taten ausgesetzte Preis«, »das höchste aller äußeren Güter« und letztlich der Tribut sei, den wir den Göttern zollen. Was immer die Philosophen von der Ehrsucht halten mochten, sie konnten sie nicht mehr außer acht lassen. Als unveräußerlicher Bestandteil des griechischen Lebens bedeutete sie dem Durchschnittsmenschen mehr als jede philosophische Sittenlehre.

Das heroische Weltbild, das auf dem Ehrbegriff beruht, hat vieles mit anderen Verhaltensweisen gemeinsam. Seine Anhänger fühlen sich an gewisse Verpflichtungen gebunden, die sie erfüllen müssen, und gewisse Handlungen, die als schändlich gelten, sind ihnen untersagt. Dagegen gibt es ebensowenig ein Berufungsrecht wie gegen den strengsten kategorischen Imperativ, und viele dieser Gebote unterscheiden sich auch nicht von den Vorschriften gewöhnlicher Sittengesetze. Die Ermordung Agamemnons durch seine Frau und ihren Liebhaber wird von dem Ehrenkodex der Griechen genauso streng verurteilt wie von jeder anderen Morallehre. Aber Ehre und Moral unterscheiden sich in wichtigen Prinzipfragen voneinander: Erstens ist die Ehre eher positiv als negativ bedingt, die Gebote rücken gegenüber den Verboten in den Vordergrund. Vom Menschen wird erwartet, daß er sich unaufhörlich bemühe und seine Möglichkeiten aufs beste nütze, ja sie sogar oftmals selbst schaffe.
Darin spiegelt sich der Ursprung einer Gesellschaftsordnung, deren Hauptinteresse der Krieg war, denn im Krieg sind Initiative und Wagemut von entscheidender Bedeutung. Die Griechen übertrugen diese Lehre aber auch auf die Friedenszeit. Viele von ihnen empfanden es als wenig ehrenvoll, sich mit ihrem Los zu begnügen, sie fühlten sich verpflichtet, eine Besserung zu erkämpfen, aus sich selbst und aus den gegebenen Umständen mehr herauszuholen. Perikles wendet das sogar aufs Geldverdienen an: »Was die Armut betrifft, braucht niemand sich ihrer zu schämen; eine wahre Schande ist es nur dann, wenn man keine praktischen Maßnahmen trifft, um ihr zu entrinnen.« So spielt die Ehre eine Rolle, die der Moral nicht immer zufällt: Sie wird ein Ansporn zu kraftvollem Handeln in verschiedenen Lebensbereichen. Zweitens ist der endgültige Prüfstein der Ehre die Menschenwürde.

Was sie herabsetzt, ist unehrenhaft, was sie erhöht, ehrenvoll.
Das ist zugleich ein subjektives und ein strenges System:
subjektiv, weil der Begriff der Würde nicht scharf umrissen
ist und sehr leicht von einem Menschen zum anderen variie-
ren kann; streng, weil er im Lauf der Zeit eher weiter als
enger wird. Freilich prägt die Ehre selbst ihre Gesetze; in dem
Maß aber, wie die Präzedenzfälle entstehen und Geltung
gewinnen, neigt sie dazu, immer fordernder und kritischer
zu werden. Drittens ist letzten Endes das Gewissen des Menschen die einzige Berufungsinstanz. Dagegen den Zorn der
Götter oder die Mißbilligung der Menschen anzurufen, ist
sinnlos, denn der Held ist seiner selbst so sicher, daß er sich
seine endgültigen Entschlüsse von nichts anderem vorschrei-
ben läßt als von dem Gedanken an die eigene Ehre. Wenn
also Achilles, erzürnt, weil man ihn in seiner Ehre gekränkt
hat, sich weigert, vor Troja an der Seite seiner Gefährten zu
kämpfen, ist es aussichtslos, ihm gut zureden zu wollen. Ihre
Bedürfnisse sind ein weit weniger zwingendes Argument als
seine eigene Gekränktheit, und ihre Notlage bestärkt ihn nur
in seiner Überzeugung. Eine solche Verhaltensweise ist unberechenbar und führt zu so mancher unvorhergesehenen
Krise sowie auch zu Konflikten zwischen Menschen gleicher
Denkungsart, sobald ihre persönliche Würde auf dem Spiele
steht. In den verworrenen Zwistigkeiten der griechischen
Politik war die Ehre stets ein Faktor, mit dem man rechnen
mußte, und hat auch sehr oft anscheinend einfache Fragen
kompliziert.

Das heroische Weltbild der Griechen bekräftigte ihre Freude
am Krieg und wurde vice versa durch diese Vorliebe unterbaut. Im Krieg hatten die berühmten Heroen alter Zeit ihre
Überlegenheit bewiesen, und die Nachfahren wollten es ihnen
gleichtun. Daß griechische Staaten gegeneinander Krieg führ-

ten, gehörte fast schon zur politischen Routine, und es ist bedeutsam, daß weder Platon noch Aristoteles dies ungewöhnlich oder unerwünscht fanden oder Gegenmittel vorschlugen. Zweifellos waren verschiedenartige Motive am Werk: Gier nach Beute, Land oder neuen Märkten, Abenteuerlust, die Angst, unter ein fremdes Joch zu geraten, der Neid auf Ansehen, Reichtum oder Einfluß anderer. Die Griechen bekämpften einander aus den gleichen Gründen, von denen andere Menschen sich leiten lassen, und ihre Einstellung zum Krieg war nicht weniger zweideutig. So wie Homer den Krieg als »hassenswert«, »beweinenswert«, »verderblich« und dergleichen bezeichnet, aber auch von der Schlacht spricht, »die den Menschen Ruhm beschert«, und von der »Kampfeslust«, so beklagen und preisen auch andere Griechen in einem Atem den Krieg. Sie bedauern, daß er die Besten dahinrafft und die Schlechten übrigläßt, daß er Gewalttaten begünstigt, daß er Anstand und Moral herabmindert, daß er die Anmut des Lebens zerstört und Seuchen und Hungersnot bringt, daß er die Besiegten ihrer Freiheit und ihres Glücks beraubt.

Wenn wir sehen wollen, wie gut sie die Schrecken der Niederlage begriffen haben, brauchen wir nur einen Blick auf die »Troerinnen« des Euripides zu werfen. Das Stück wurde im Jahr 415 v. Chr. aufgeführt, zu einem Zeitpunkt, als Athen in wilder Eroberungslust die verhängnisvolle Expedition nach Sizilien einleitete, und es zeigt, daß sogar in einem solchen Augenblick sich der Lust am Kriege das Grauen vor seiner gefühllosen Brutalität entgegenstellt. Während des Peloponnesischen Krieges setzte sich Aristophanes, den niemand als einen Querkopf bezeichnen konnte, offen für den Frieden ein und richtete seine satirischen Sticheleien gegen die Generäle und Politiker, die sich am Kriege bereicherten.

Die Griechen waren mit seinen Greueln wohl vertraut, trotzdem fanden sie, daß er auch seine lohnenden und tröstlichen
Seiten habe. Sie berauschten sich an seinen Sensationen, sie
betrachteten den Sieg als die größte aller Glorien und eine
ehrenvolle Niederlage nur um ein geringes weniger ruhm-
reich. Im Krieg konnten sie wie niemals sonst jenes harmo-
nische Zusammenspiel von Körper und Geist, das ihnen soviel Freude bereitete, entfalten, und aus dem lähmenden
Trott des täglichen Schaffens in etwas Aufregendes, Abwechslungsreiches und oft auch Lohnenswerteres flüchten. In ihrer
Einstellung zum Krieg bewahrten die Griechen den alten
Heldengeist, der gegen die Grenzen, die dem menschlichen
Streben gesetzt sind, aufbegehrt und sie durch eine gewaltige
Anstrengung und Leistung durchbrechen will.

Obwohl das Hauptgewicht heroischen Ideals auf kriegerischen Tugenden liegt, ist es darum nicht engherzig in der
Wahl der Werte, die man anzustreben hat und die Ehre
einbringen. Der größte der Helden, die nach Troja ziehen,
Achilles, ist nicht nur der stärkste und schnellste Krieger,
sondern auch der schönste Mann, der seine übrigen Vorzüge
durch Beredsamkeit, Höflichkeit, Großmut und Klugheit
ergänzt. Sein Ziel ist, dem Befehl seines Vaters zu gehorchen,
»immer der Erste zu sein und vorzustreben vor andern«,
aber er legt das sehr großzügig aus und ist in jeder Hinsicht
ein echter Held. So versuchten die Griechen auch in anderen
Bereichen als nur im Krieg, dem heroischen Ideal nachzu-
streben und wenn auch nicht gerade ein moralisches Äquivalent so doch zumindest gewisse Tätigkeiten zu finden, welche
die gleichen Eigenschaften erforderten und förderten. Von
den frühesten Zeiten an erörterten sie die wahre Vollkommenheit des Menschen – die *aretê* –, und sogar im Sparta des
7. Jahrhunderts schenkt Tyrtaios, der zu der Schlußfolge-

rung gelangt, dem Feind im Kampf zu begegnen, sei die
höchste Vollendung, ernsthafte Beachtung auch den rivalisie-
renden Ansprüchen athletischen Könnens, körperlicher Schönheit und königlicher Macht. Zumindest gaben die Griechen
zu, daß das Problem offen diskutiert werden müsse und daß
auch noch andere als kriegerische Tugenden mit Recht Geltung beanspruchen dürfen. Obwohl der Gedanke an den
Krieg die Griechen fast nie verließ und die Tapferkeit vor
dem Feind stets gelobt wurde, war das keineswegs ein ex-
klusives oder intolerantes Ideal. Es ließ Raum für geistige,
moralische und physische Vorzüge, die freilich in Kriegszeiten von Nutzen sein mochten, aber auch in Friedenszeiten
genügend Spielraum fanden.

In seinen Anfängen blieb das heroische Ideal auf einige
wenige Auserwählte beschränkt. Bei Homer beherrschen die
großen Helden die Szene, und die gewöhnlichen Soldaten
werden kaum erwähnt. Die wenigen Personen von niederer
Herkunft, die in Erscheinung treten, wie Thersites und Dolon,
werden mit Geringschätzung übergangen. Ein solches Ideal
in einen Stadtstaat einzugliedern, erforderte große Geschmei-
digkeit. In einem aristokratischen Regime, dessen Träger
sich als Nachkommen der alten Heroen betrachteten und
überzeugt waren, das Blut der Götter fließe noch in ihren
Adern, konnte der einzelne sich wie ein homerischer Krieger
benehmen, persönlichen Ruhm anstreben und trotzdem bei
seinen Landsleuten angesehen sein, denn er machte ja auch
seiner Stadt, seiner Klasse und seiner Familie Ehre. So zeigt
uns eine Grabschrift in Korkyra aus dem Jahre 600 v. Chr.,
wie ein in der Schlacht Gefallener als ein Held alter Prägung
betrachtet wird: »Hier liegt Arniades begraben. Der blitz-
äugige Ares erschlug ihn, als er an den Schiffen auf dem
Fluß Aratthus focht, und er war bei weitem der Beste im

bejammernswerten Schlachtgetöse.« Und solche Ehrungen
wurden nicht unbedingt nur von Freunden und Verwandten
erwiesen. Ein Zweizeiler, der dem Archilochos zugeschrieben
wird und vielleicht aus dem 7. Jahrhundert stammt, gibt zu
verstehen, daß das Vaterland gern seine edlen Söhne ehren
will: »Zwei ragende Säulen von Naxos, Megatimos und Ari-
stophon, o mächtige Erde, birgst du in deinem Schoß.« In den
Aristokratien mit ihrem Persönlichkeitskult war dem einzelnen die Möglichkeit gegeben, durch seine Leistungen berühmt
zu werden, aber wir sollten erwarten, daß die Demokratien
weniger tolerant sein und den Nachdruck, den man von
alters her auf die persönliche Ehre gelegt hat, ein wenig ver-
ringern würden. In Athen jedoch, der einzigen Demokratie,
über die wir genau unterrichtet sind, wurde allen gleich viel
Ehre zuteil durch die Annahme, das ganze Volk sei heroischer Haltung fähig und verdiene Dankbarkeit und Lob,
wenn es Herausforderungen annimmt und seine Überlegenheit beweist. Wenn also Perikles von Athenern spricht,
die in der Schlacht gefallen sind, bezieht er sich nicht auf
einige wenige bevorzugte Personen, sondern auf die namen-
losen Toten und zollt ihnen allen den gleichen Tribut: »Im
Kampfe hielten sie es für ehrenvoller, standzuhalten und den
Tod zu erleiden, als zu weichen und das Leben zu retten.
Also entrannen sie den Vorwürfen der Menschen, erduldeten
mit Leib und Leben die Hitze der Schlacht und wurden uns
entrissen in einem kurzen Augenblick, auf dem Höhepunkt
ihres Daseins, auf dem Gipfel des Ruhmes, aber nicht der
Furcht.« Das ist eine Sprache, wie sie der Demokratie geziemt, und ihrer würdig, aber sie beruht auf der alten Vorstellung, ein Mann, der in der Schlacht fällt, habe alles getan,
was von ihm zu verlangen sei.
Daß das heroische Ideal in Griechenland erhalten blieb, hatte

unter anderem auch seinen Grund darin, daß es mit dem
Dienst an der Heimatstadt verknüpft wurde. Im echten
Heldenzeitalter kämpfte Achilles nicht für seine Stadt, nicht
einmal für seine achäischen Landsleute, sondern nur für den
eigenen Ruhm. Der Held ist eine isolierte, ganz auf sich selbst
bezogene Gestalt, er lebt und stirbt so, wie es ihm selber
paßt. Aber so wie Homer dem Achilles die antithetische Gestalt des Hektor gegenüberstellt, der für Troja kämpft und
mit dessen Leben die Existenz Trojas unlösbar verknüpft ist,
so gewinnt in der griechischen Geschichte das heroische Ideal
einen neuen Sinngehalt, sobald es einer Stadt dient. Auch
hier wieder lieferte der Krieg die Kriterien. Eine Stadt mochte
einen einzelnen ehren, so wie Abdera den Agathon: »Um
den mächtigen Agathon, der für Abdera starb, trauerte die
ganze Stadt an seinem Scheiterhaufen.« Weit häufiger aber
gedenkt eine Stadt einer ganzen Schar von Toten, weil sie
ihre würdigen Vertreter und Verteidiger waren und durch ihre
vereinten Bemühungen die Ziele ihrer Stadt gezeigt haben.
Keinerlei Einzelheiten werden über die Korinther mitgeteilt,
die auf Salamis starben: »Fremdling, ehemals weilten wir in
der wohlbewässerten Stadt Korinth, nun aber birgt uns
Salamis, die Insel des Aias«; oder über die Spartaner, die in
den Thermopylen fielen: »Fremdling, melde den Lakedämo-
niern, daß wir hier liegen, ihrem Worte getreu.« (Schiller:
»Wanderer, kommst du nach Sparta, verkündige dorten, du
habest uns hier liegen gesehn, wie das Gesetz es befahl.«) So
weiß auch Perikles, der mehr Gefühl dafür hat, was solch
ein Opfertod für eine Demokratie bedeutet, daß Menschen
in treuer Hingabe an ihr Athen zu Helden werden können:
»Mich dünkt, daß das Ende, das diese Männer ereilt hat, uns
den Sinn der Mannhaftigkeit in seiner höchsten Offenbarung
und in seiner letzten Bewährung enthüllt.« Die Griechen ver-

knüpften das heroische Mannesideal mit einer Stadt, die Menschen des Mittelalters mit dem Christentum: Das eine war
nicht schwieriger als das andere. Wenn ein Mensch sich von
einer Sache begeistern läßt, wird er seine ganze Kraft einsetzen, und wenn auch das heroische Ideal anfangs das Vorrecht einer zahlenmäßig kleinen Elite gewesen ist, läßt es sich
dennoch auf ein ganzes Volk ausdehnen und kann dessen Leben beeinflussen, kann es veranlassen, der Stadt zu schenken,
was es sonst vielleicht für sich behalten haben würde.

Eine Gesellschaft, deren Grundlage das heroische Ideal, wenn
auch in noch so verfeinerter Form, bildet, muß in ihrer
Einstellung zur Frau nicht immer den glücklichsten Standpunkt einnehmen. Eine wilde Heldenwelt wie die der islän-
dischen Sagas mag Frauen ehren, die sich in vieler Hinsicht
wie Männer aufführen und an Gefahr und Blutvergießen
Gefallen finden. Die homerischen Griechen waren von anderem Schlag. Ihre Frauen bewegen sich zwar frei und ungezwungen in ihrer Mitte, nehmen jedoch weder am Krieg
noch am öffentlichen Leben teil und sind von allen Regie-
rungsämtern ausgeschlossen. Das scheint im großen und
ganzen zumindest in historischer Zeit der normale Zustand
gewesen zu sein. Die griechischen Frauen, alte wie junge,
beteiligten sich lebhaft an örtlichen Zeremonien und an
Gesang und Tanz, aber man scheint ihnen keinerlei politischen Einfluß eingeräumt zu haben. Eine Ausnahme ist Arte-
misia, die Königin von Halikarnassos, die im Persischen
Krieg die Flotte Xerxes' durch fünf Schiffe verstärkte und
der Herodot einen klugen Verstand nachrühmt. Aber wir
dürfen vermuten, daß Herodot, der aus Halikarnassos
stammte, durch seinen Lokalpatriotismus veranlaßt wurde,
ihre Bedeutung zu übertreiben. Ansonsten scheinen die Grie-
chinnen eine erhebliche Bewegungsfreiheit genossen zu haben,

vorausgesetzt, daß sie sich nicht mit Dingen beschäftigten, die
den Männern vorbehalten waren. Athen – das muß man zu-
geben – ist dafür berüchtigt, daß es seine Frauen zu einem
abgesonderten und unterwürfigen Dasein zwang. Auch betonen manche Aussprüche, meist sind es Sprichwörter, daß
die Frau ins Heim gehöre und daß ihre edelste Eigenschaft das
Stillschweigen sei. Aber solche Behauptungen braucht man nicht
allzu wörtlich zu nehmen, da sie offensichtlich ein Wunsch-
traum sind und man sich schwerlich eine Griechin vorstellen
kann, die längere Zeit hindurch den Mund nicht aufgemacht
hätte. Nicht nur in der attischen Tragödie sehen wir Frauen
schwerwiegende Entscheidungen treffen und harte Pflichten
übernehmen – und das konnte wohl kaum den alltäglichen
Erfahrungen zuwiderlaufen –, sondern auch in der weit reali-
stischeren Komödie spielt die Frau eine große Rolle. In Aristophanes' »Lysistrata« ist die Hauptfigur eine Frau, die flie-
ßende Beredsamkeit und einen bemerkenswerten Mangel an
Hemmungen an den Tag legt. Zweifellos mußten die Frauen,
während die Männer schwatzten, die meiste Arbeit verrich-
ten, und in bescheideneren Haushalten hatten sie Dinge zu
tun, die anderswo von Sklaven besorgt wurden; doch hinderte sie das sicher nicht daran, offen ihre Meinung zu äußern
und in ihrem eigenen Bereich das Zepter zu führen. Auf
attischen Grabsteinen und Grabvasen finden sich Motive, die
erkennen lassen, daß die Männer Athens ihren Frauen gegenüber ebenso tiefer Gefühle mächtig waren wie anderswo,
aber es fehlte nicht nur ein bewußter oder künstlicher Frauen-
kult, wie er im Mittelalter existiert hat, sondern auch jeder
öffentliche oder ausgesprochene Liebesbeweis. Die Frauen
wie die Männer hatten ihre gesonderten Sphären. Die Beziehungen des Mannes zur Frau waren naturgemäß stets
vorhanden, als ein wesentliches Element des täglichen Lebens,

aber streng gesondert von Politik, Staatsgeschäften und dem
Aufruf zur Tat. Selbst in der Dichtkunst spielt die Liebe zur
Frau eine weit geringere Rolle, als wir erwarten sollten, und
keine Darstellung der griechischen Gesellschaft darf an ihrem
entschieden maskulinen Charakter vorbeisehen. Es war das
ein unvermeidlicher Zug eines Weltbildes, das die Tat als
den Hauptzweck des Lebens betrachtete und einem Ideal
anhing, das vom Mann verlangt, seine körperlichen und geistigen Fähigkeiten auf das beste zu nützen.

Aus diesem Grund entfaltete sich in Griechenland ein
großer Teil des Gefühls, das in den meisten Ländern Mann
und Frau verbindet, zwischen Mann und Mann. Der Freundschaft widmeten die Griechen die Hingabe und Treue, die
anderswo die Liebe zur Frau begleiten. Homer gibt uns hier-
für ein klassisches Beispiel, wenn er die Freundschaft zwischen
Achilles und Patroklos zu einem Wendepunkt seiner Erzählung macht und schildert, wie Kummer und Zorn über
Patroklos' Tod Achilles bewogen, den Kampf wieder aufzunehmen, um sich an Hektor zu rächen. Das Wesentliche an
einer solchen Beziehung war, Glück und Unglück mit dem
Freunde zu teilen, ihn in Glück und Unglück aufrichtig und
treu zu unterstützen, seine Freuden und Sorgen mitzufühlen,
restlos ehrlich zu sein und sich keiner Anforderung zu entziehen. Das ist ein häufiges literarisches Thema von den
Trinkliedern des 6. Jahrhunderts an bis zu Aristoteles' sche-
matischer Analyse der Freundschaft in der »Nikomachischen
Ethik«. Die attische Tragödie schildert die Freundschaft in
dramatischer Form an Freundespaaren wie Aias und Teuker
oder Orestes und Pylades. Xenophon berichtet als selbstverständlich, daß »ein echter und guter Freund das höchste aller
Güter« sei. Freundschaften dieser Art entstanden leicht in
einer Gesellschaft, in der die Männer gemeinsame Interessen

hatten und im Beisammensein Erholung fanden, und sie haben ihre edlen und eindrucksvollen Seiten. Doch wir vermissen bei den Griechen die Sanftheit und Zärtlichkeit, die so oft das rauhe Männerleben beeinflussen, wenn Frauen am Tun der Männer teilhaben und hierbei ihre eigenen Gesichtspunkte vertreten. Die Männerfreundschaft mag ihre besonderen Gefühlsquellen haben, diese aber sind nicht leicht an die Oberfläche zu locken und werden nur allzuoft durch Scheu und Anstand zurückgedämmt; und überdies ist wohl auch ein wenig Eigennutz im Spiel, wenn Männer so vieles miteinander teilen. Wir spüren das bei Aristoteles, dessen Analyse der Freundschaft allzu großes Gewicht auf die gegenseitigen Vorteile legt. Aber das ist wahrscheinlich irreführend und einer natürlichen Zurückhaltung zuzuschreiben, da er an die Triebfedern des griechischen Gefühlslebens rührt, wenn er sagt, Freundschaft liege mehr im Lieben als im Geliebtwerden, und der Mann wünsche seinem Freund alles Gute nicht zu eigenem Nutzen, sondern um des Freundes willen. Es läßt sich nicht bezweifeln, daß die Griechen in der Freundschaft ein Ideal gefunden hatten, das ihr Liebebedürfnis weitgehend befriedigte, auch wenn es uns ein wenig streng und einseitig und allzu sehr auf männliche Interessen beschränkt erscheinen mag.

Die Zuneigung, die griechische Männer füreinander empfanden, hatte auch ihre physische Komponente. Homer leugnet sie allerdings ganz entschieden, wenn er von der Freundschaft zwischen Achilles und Patroklos spricht. Aber vom 8. Jahrhundert an spielt die Homosexualität im griechischen Leben eine beträchtliche Rolle. Der Überlieferung zufolge soll ihre Einführung auf die Dorier zurückgehen, doch scheint sie in den meisten Gegenden Griechenlands verbreitet gewesen und akzeptiert worden zu sein und nahm meist die Form der

Liebe eines älteren Mannes zu einem Jüngling an. Die Ursprünge lassen sich auf verschiedene Weise erklären: Relative
Abgeschiedenheit der Frau oder Frauenmangel, die Isoliertheit und die emotionalen Spannungen des Kriegerlebens,
der Kult, der im Sport mit dem nackten Körper getrieben
wurde, die natürliche Tendenz des Geschlechtstriebes, sich
dort geltend zu machen, wo die Zuneigung beteiligt ist. Daß
das auch seine rohen Seiten hatte, ist kaum zu bezweifeln.
Archaische Inschriften aus dem 7. Jahrhundert von der dorischen Insel Thera deuten auf gewaltsame Einweihungsriten
hin, und manche Vasenbilder schildern Liebesszenen, die an
Deutlichkeit nichts zu wünschen übriglassen. Aber dort, wo
ein so starker Instinkt am Werke ist, können sehr leicht
auch andere Elemente sich einmischen und die Oberhand gewinnen. Liebeslieder des Ibykos und Anakreon drücken
Gefühle aus, die unter anderen Umständen jungen Mädchen
dargebracht worden wären, und sogar der ernste Pindar
bemüht sich, eine Geschichte zu erfinden, in deren Verlauf
der Meeresgott Poseidon sich in den Knaben Pelops verliebt.
In Athen genossen Harmodios und Aristogeiton, die in der
Geschichtsschreibung und im Lied als die Mörder des Tyrannen Hipparchos gefeiert wurden, nicht weniger Ehren, weil
ihre Motive gegenseitiger Liebe entsprangen. Vor allem
machten sich diese Gewohnheiten auf den Gebieten geltend,
wo junge Männer zu Geschicklichkeit und Härte bei der Jagd
und im Gebrauch der Waffen erzogen wurden. In Sparta
und auf Kreta gehörten sie zu den üblichen Ausbildungs-
methoden der Jugend, in Theben wurde das Heilige Regiment
der 300 in ihnen geübt. Platon, der das Problem von Grund
auf verstand, war beunruhigt, und mit zunehmendem Alter
wurden seine Ansichten strenger. Im »Symposion« entwirft
er eine ansteigende Skala der Beziehungen, die mit körper-

licher Attraktion beginnen und über die Askese und geistige
Bemühung zu einer Art mystischer Betrachtungsweise gelangen; in der »Republik« versucht er, gegen die Unsitte aufzutreten, weil er sie roh und ungezogen findet; in den »Gesetzen« verurteilt er jede ihrer Erscheinungsformen. Aristoteles äußert sich kaum zu dem Thema, abgesehen davon, daß
er von einem krankhaften, schlechter Gewohnheit entsprin-
genden Zustand spricht, vergleichbar dem Haarauszupfen
und Nägelbeißen. Manche freilich lehnten die ganze Sache
rundweg ab, aber sie scheinen eine nicht sehr einflußreiche
Minderheit gebildet zu haben, und es besteht kein Zweifel
daran, daß die Knaben- und Männerliebe im griechischen
Leben fest verwurzelt war als das Ergebnis des vorwiegend
männlichen Charakters griechischer Zivilisation und ihres
Kultes der spezifisch maskulinen Eigenschaften.
Der verhältnismäßige Mangel des griechischen Lebens an
sanfteren und liebenswürdigeren Neigungen wurde bis zu
einem gewissen Grad durch treue Anhänglichkeit vor allem
gegenüber der Familie wettgemacht. Die Familie war eine
ältere Einheit als die Stadt und behielt im 5. Jahrhundert ihr
Ansehen und auch einige ihrer Machtbefugnisse bei. In der
Tiefe ihres Herzens fühlten die Griechen, daß die Blutsbande
stärker waren als die bürgerlichen Bindungen und letzten
Endes Verpflichtungen auferlegten, denen man sich nicht
entziehen durfte. Bei Sophokles sehen wir, was das bedeutete,
wenn Antigone den Bruder begräbt, obwohl es ihr ausdrücklich verboten worden ist: Um den Preis ihres eigenen
Lebens trotzt sie dem Staat. Das Gesetz mochte die Familien-
pflichten stärken, zum Beispiel durch die Vorschrift, für die
alten Eltern zu sorgen oder diese Pflichten selber zu übernehmen, wie zum Beispiel in Athen, wo die Vergeltung an einem
Mörder aus den Händen der Familie in die eines öffentlichen

Gerichtshofes gelegt wurde. Aber die Hingabe an die Familie war nach wie vor stärker als die an den Staat und trug in Konflikten zwischen beiden wahrscheinlich den Sieg davon. Das harte Temperament, das so oft die griechische Politik kennzeichnet, entspringt zu einem nicht geringen Grad den Streitigkeiten und Eifersüchteleien zwischen einzelnen Familien und dem Umstand, daß ihre Mitglieder mehr am eigenen Heim als an dem Ideal nationaler Einheit hingen. Das ist kennzeichnend für das heroische Weltbild: Der Mann ist stolz auf seine Verwandten, weil sie ihm angehören, und wenn er für sie eintritt, gehorcht er einem tief in seiner Natur verankerten Impuls. Achilles schwankt keinen Augenblick lang in der Treue zu seinem alten Vater, und Hektor kämpft ebenso für Weib und Kind wie für seine Stadt. Im griechischen Familienleben ergaben sich zuweilen heftige Konflikte, die nur durch Blutvergießen unter den nächsten Anverwandten bereinigt werden konnten, so, wenn Meleagers Mutter ihren Sohn tötet, weil er ihre Brüder ermordet hat, oder Orestes seine Mutter umbringt, weil sie seinen Vater ermordet hat. Solche Konflikte gehören zu einer heroischen Gesellschaftsordnung. Wenn die Menschen einander übertrumpfen wollen, entspringt einer ihrer stärksten Impulse der Überzeugung, sie müßten dem Vorbild der Ahnen gerecht werden und sich als würdig des Blutes erweisen, dem sie entstammen.

Aber diese Achtung vor intimen Bindungen und Verpflichtungen hatte ihre finstere und schädliche Kehrseite. Wenn ein Mensch von seinem Freund oder eine Familie von ihren Mitgliedern fordert, unter allen Umständen ihre Interessen zu den seinen zu machen und unverbrüchliche Treue zu wahren, wird der Haß beinahe zu einer Tugend und die Rache zu einer Pflicht. Die Griechen verlangten vom Freunde,

Oben: Hera-Tempel I (sogen. Basilika, um 540 v. Chr.) und Hera-Tempel II (sogen. Poseidon-Tempel, um 450 v. Chr., links) in Paestum (Poseidonia), Süditalien. Unten: Der Parthenon auf der Akropolis in Athen, von Nordwesten gesehen. Erbaut von 447–432 v. Chr.

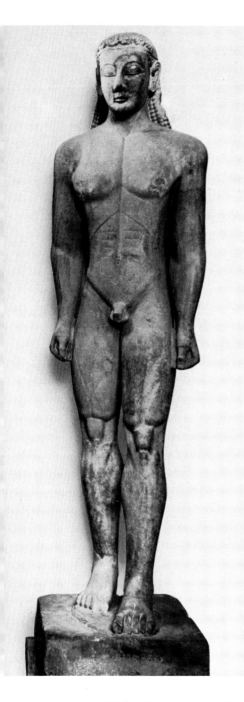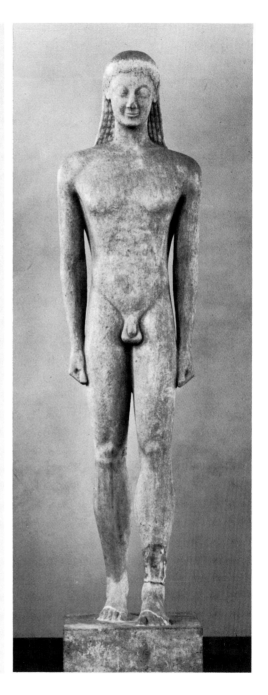

Links: Marmorstatue eines Jünglings (Kuros) aus Sunion (Höhe 3,05 m).
Um 600 v. Chr. Athen, Nationalmuseum.
Rechts: Marmorner Kuros aus Melos (Höhe 2,14 m). Um 550 v. Chr. Athen,
Nationalmuseum.

daß er nicht nur an der Liebe, sondern auch am Haß beteiligt
sei, und wenn ihm das unmöglich war, galt er als Feigling
oder als Verräter. Sie sahen nichts Unrechtes in wohlbegrün-
detem Haß, der meist aus gekränktem Stolz resultierte. Empfand ein Mann erst einmal diese Kränkung und war er überzeugt, im Recht zu sein, dann gab es nur noch eine Lösung:
blutige Rache. Die wenigen Ausnahmen bestätigen die Regel,
wie z. B. die Pythagoräer, wenn sie sagten: »Der Mensch soll
nicht absichtlich mit solchen in Feindschaft geraten, die nicht
durch und durch böse sind, aber wenn die Feindschaft begonnen hat, soll er edlen Mutes den Kampf bis zum Ende
weiterführen, bis der Charakter seines Gegners sich ändert
und durch guten Willen ersetzt wird.« Eindrucksvoller ist
auf den ersten Blick die Bemerkung, die Pittakos, der Tyrann
von Mytilene, seinem eingefleischten Gegner Alkaios gegenüber gemacht haben soll: »Verzeihung ist besser als Rache.«
Aber das war vermutlich mehr ein Ausdruck politischer
Berechnung als der Überzeugung, daß Rache an sich unerwünscht sei. Doch das sind Ausnahmefälle. Die Griechen
hielten es nie für möglich oder wünschenswert, ihre Feinde
zu lieben, und Verzeihung ist ein seltenes Wort in ihrem
Vokabular, sofern es sich nicht um geringfügige oder unab-
sichtliche Vergehen handelt. Weit häufiger fanden sie ein
richtiges Vergnügen daran, ihre Feinde zu hassen, und freu-
ten sich auf die kommende Rache. Sie hätten an einem dem
Theognis zugeschriebenen Gedicht nichts auszusetzen gehabt:
»Denk an meinen Haß und an mein Ungestüm und wisse
in deinem Herzen, daß ich mich für dein Vergehen rächen
werde, so gut ich kann.« Diese Auffassung begann mit der
Familie und war der Quell grausamer Fehden, aber sie er-
faßte später auch den Klassenkampf und die Kriege zwischen
verschiedenen Stadtstaaten. Der einzelne mochte in seiner

eigenen oder in einer anderen Klasse oder in anderen Städten
Feinde haben: In jedem Fall fühlte er sich verpflichtet, sie
so hart wie nur möglich anzufassen. Er war überzeugt, daß es
seine Ehre beeinträchtigen würde, wenn er ihnen nicht ebensoviel Schaden zufügte, wie sie seiner Meinung nach ihn zu
schädigen trachteten. Das Verhältnis war gegenseitig und un-
auflöslich. Jeder Racheakt zog einen neuen nach sich, und ob
die Fehde nun zwischen Einzelpersonen oder zwischen Städten raste, sie mußte stets dazu herhalten, die unbarmherzige
Behandlung des Feindes zu rechtfertigen. Da viele Kriege angeblich dadurch verursacht wurden, daß der eine Teil den anderen beleidigt hatte, wurden sie nur selten in einem »ritter-
lichen Geiste« ausgefochten, und wenn der Unterlegene sich das
Verdammungsurteil des Siegers zugezogen hatte, wurden
nicht selten alle Männer erschlagen und die Frauen und Kinder in die Sklaverei verkauft. Der auf diese Weise angewandte
Ehrbegriff war eine ständige Quelle nicht nur der Brutalität,
sondern auch der Unsicherheit und Angst. Da zeigte sich, wie
hart das heroische System wird, wenn sein Stolz verletzt ist,
und wie gewalttätig der Tatendurst sich in einer Krise äußert,
in der seine Ansprüche auf dem Spiel stehen.
Das heroische Weltbild räumte unerwarteterweise dem Verstand einen hervorragenden Platz ein. Während die »Ilias« in
Achilles den heldischsten aller echten Helden porträtiert,
zeigt uns die »Odyssee« in Odysseus einen Mann, der freilich
bis zur Tollkühnheit tapfer, aber vor allem für seine Klugheit und seine List berühmt ist. Die Griechen liebten und bewunderten den Verstand, den praktischen wie den theoretischen, und fühlten sich darin zweifellos anderen Völkern
überlegen, aber sie hegten gewisse Bedenken gegen seinen
hemmungslosen Einsatz und meinten, er müsse durch andere
Charaktereigenschaften und durch Selbstbeherrschung ausge-

wogen werden. Wenn der Mensch sich in erster Linie oder ausschließlich auf den Verstand verlasse, sei zu befürchten, daß er durch überschlaues Verhalten seine eigenen Ziele durchkreuzen und vielleicht sogar vieles nicht begreifen werde, das einem gewöhnlichen Menschen sonnenklar ist. Im Stadtstaat mit seiner Vorliebe für innere und äußere Auseinandersetzungen und besonders in den Demokratien mit ihren öffentlichen Debatten und ihrer Empfänglichkeit für rhetorische und komödiantische Fertigkeiten war der gewandte Politiker sehr im Vorteil und hatte oft größeren Einfluß, als er wegen seiner staatsmännischen Fähigkeiten verdient hätte. Das wurde dann im Peloponnesischen Krieg recht gefährlich, als gewisse Führer der athenischen Demokratie, wie Kleon und Hyperbolos, auf schlaue Weise die Leidenschaften der Masse aufzupeitschen wußten, selbst aber keinen klaren Überblick über die Ereignisse hatten. Durch ihre eigenen Spitzfindigkeiten hinters Licht geführt, täuschten sie auch die anderen, und verantwortungsbewußte Männer mißbilligten ihren Leichtsinn und Mangel an Einsicht. Genauso wie Thukydides Kleon als eine Karikatur des Perikles hinstellt, bemühen sich auch Sophokles und Euripides zu zeigen, daß reine Pfiffigkeit in der Beweisführung oder in der Politik schändlich und schädlich werden könne. Dank einer seltsamen Ironie der Literaturgeschichte war die Gestalt, deren sie sich bedienten, um ihre Ansicht zu verdeutlichen, Odysseus, den Euripides in seiner »Hekuba« (etwa 425 v. Chr.) und Sophokles in seinem »Philoktet« (409 v. Chr.) zum Prototyp des bedenkenlosen und kaltblütigen Intriganten machten, der bestechende Argumente benützt, um unedle Ziele zu rechtfertigen. Ihre Darstellung ist um so bemerkenswerter, als Odysseus bei ihnen zwar keinen Anstand, kein Mitleid, keine Rechtschaffenheit besitzt, aber auf seine Art dennoch

ein Patriot ist. Die Sicherheit oder zumindest der Erfolg
seines Landes liegt ihm wirklich am Herzen und liefert
ihm den Vorwand für seine unsaubere Handlungsweise. Auch
Sophokles und Euripides waren Patrioten, aber auf andere
Art und ohne Gefahr für das innere Gleichgewicht und die
Reinheit des heroischen Ideals. Ihrer Meinung nach stellte
zwar die Heimatstadt zahlreiche Ansprüche an den einzelnen, durfte aber nicht von ihm verlangen, ihr sein Anstandsgefühl zu opfern. Sie vertraten eine ältere Auffassung, der-
zufolge der Mensch dem Staate am besten dadurch diene, daß
er sich selbst verwirklicht und nicht dadurch, daß er seinen
Adel einer abstrakten Vorstellung von politischer Macht oder
Zweckdienlichkeit opfert. Der Respekt vor der Schlauheit
mochte an tiefe Wurzeln im griechischen Volkscharakter rüh-
ren; aber in den Augen mancher unabhängiger Beobachter
warfen die Griechen damit Werte, die teuer waren, über Bord,
und eine Seite der Menschennatur wurde zugunsten anderer
Seiten, die nicht weniger wichtig sind, betont, obschon die
eine ohne die andern an Wert und Würde verliert.

Das waren nicht die einzigen Widersprüche, die sich einstell-
ten, als das heroische Ideal vom Stadtstaat absorbiert wurde.
Es gibt auch noch andere Gelegenheiten, wo der Mann, dessen
Richtschnur die Ehre ist, seinen Ehrbegriff mit der angeb-
lichen Pflicht gegenüber seinen Landsleuten oder seinem
Volk nicht vereinbaren kann. Das Heldenzeitalter liefert
uns dafür ein hervorragendes Beispiel in Achilles, der sich,
weil Agamemnon ihn beleidigt hat, aus der Schlacht zurückzieht und seinem eigenen Lager entwürdigende Verluste verursacht; und er denkt auch nicht daran, sich jemals für seine
Handlungsweise zu entschuldigen. Wenn er den Kampf wieder aufnimmt, geschieht dies nur, um den Tod des Patroklos
zu rächen, und ohne Zögern nimmt er als sein gebührendes

Teil die reichliche Entschädigung entgegen, die Agamemnon ihm anbietet. Für Achilles bedeutet die Ehre mehr als alles andere, sie ist die eigentliche Triebfeder seines wahren Wesens; aber man sollte erwarten, daß in späteren Zeiten bei einem so patriotischen Volke wie den Griechen ähnliche Erscheinungen seltener würden. Trotzdem gab es erstaunliche Vorfälle. In den Perserkriegen schlossen der verbannte König von Sparta, Demaratos, und der entthronte Tyrann von Athen, Hippias, sich den Persern an, in der Hoffnung, dadurch wieder an die Macht zu gelangen. Kurze Zeit später trat Themistokles, der Sieger von Salamis, nachdem die Athener ihn verbannt und in seiner Abwesenheit zum Tode verurteilt hatten, in die Dienste der Perser. Im Jahre 415 v. Chr. wurde Alkibiades, der damals bereits als athenischer Heerführer in Sizilien fungierte, in Abwesenheit wegen Religionsfrevels zum Tod verurteilt, flüchtete jedoch und schloß sich den Spartanern an, zum größten Schaden der Athener. Diese Männer ließen sich aus verletzter Ehre dazu verleiten, die Feinde gegen ihr eigenes Land zu unterstützen.

Die Einstellung der Griechen zu diesem Problem ersieht man aus dem Bericht, den Herodot von König Demaratos und dem Perserkönig Xerxes liefert. Demaratos macht kein Hehl aus seinem Groll gegen Sparta, sondern erklärt offen: »Du weißt sehr gut, wie wenig mein Herz jetzt für jene schlägt, die mir meine Ehre und die Rechte meiner Vorväter geraubt und aus mir einen heimatlosen Mann gemacht haben, der in der Verbannung leben muß.« Trotzdem lobt er seine Landsleute und prophezeit, daß sie sich nicht besiegen lassen werden. Herodot sah keinen Zwiespalt in der Haltung eines Mannes, der fast im gleichen Atemzug seinem Land eine beschämende Schlappe wünscht und es für besser hält als alle anderen. An heroischen Maßstäben gemessen, war ein solches Paradoxon durch-

aus erklärlich, und auch im 5. Jahrhundert war diese Anschauungsweise noch stark genug, um ernsthafte Probleme zu
schaffen. Noch bemerkenswerter sind die Worte, mit denen
Alkibiades in Sparta seinen Verrat am Vaterlande recht-
fertigt: »Das Athen, das ich liebe, ist nicht das, welches mir
jetzt Unrecht getan hat, sondern jenes, in welchem ich früher
einmal meine Bürgerrechte unangefochten besitzen durfte.
Das Land, das ich angreife, scheint mir nicht mehr das meine
zu sein; es ist eher so, daß ich ein Land zurückzuerobern versuche, welches aufgehört hat, das meine zu sein.« Darin liegt
eine Spur von Spitzfindigkeit, aber der Durchschnittsgrieche
dürfte wahrscheinlich der Meinung gewesen sein, Alkibiades'
Standpunkt habe doch etwas für sich, da man ihn ungerecht
behandelt hatte. Obgleich die Ehrsucht für den einzelnen
ein mächtiger Ansporn war, seiner Heimatstadt zu dienen,
konnte sie zuweilen entarten und Situationen schaffen, aus
denen es keinen anderen Ausweg gab als den Verrat.
Dieser Widerstreit zwischen Ehre und Treue ist nur ein
Bestandteil eines umfassenderen Konflikts, der durch die gesamte griechische Geschichte läuft. Mit ihrer stürmischen,
selbstherrlichen Vitalität und ihrem Bestreben, alles zu leisten, was ein Mensch nur leisten kann, stürzten sich die Griechen als einzelne und als Volk mutwillig in die größten Gefahren. Genauso wie legendäre Helden, wie Achilles und
Herakles, sich das Äußerste zumuten und weit mehr leisten
als andere Menschen, so wagten sich griechische Städte an
schwierige und gefährliche Unternehmungen heran und ern-
teten entweder unvergleichbare Erfolge, wie die vereinigten
Griechen gegen Persien, oder sie scheiterten katastrophal wie
die Athener 454 v. Chr. in Ägypten und 413 v. Chr. in Sizilien. So wie der Held sich vom Durchschnittsmenschen durch
den ungewöhnlich hohen Grad seiner *dynamis,* seiner ihm

innewohnenden Kraft, unterscheidet, so beweist eine Stadt
ihre Vitalität dadurch, daß sie anderen Städten ihren Willen
aufzwingt. Der Wunsch, sich hervorzutun, zehrt von der
Erniedrigung des anderen, und griechische Männer wie griechische Städte befriedigten auf diese Weise ihren Ehrgeiz. Sowohl die griechische Parteipolitik, in deren Verlauf der ver-
lierende Teil häufig verbannt oder hingerichtet wurde, wie
auch die internationalen Beziehungen, die zur Unterwerfung
schwächerer Nachbarn unter starke Mächte wie Athen und
Sparta führten, erhielten dadurch ihren erbarmungslosen Anstrich. Dieses in der Seele verwurzelte, anmaßende Prinzip
der Selbstbehauptung sollte, wie Platon sagt, auf seiten der
Vernunft stehen, aber oft genug stachelte es seine Opfer zur
Machtgier und Herrschsucht an.

Darüber waren die Griechen sich im klaren, und sie haben
ernstlich davor gewarnt. Dichter und Philosophen betonten
die Vorzüge der »Mitte« (des »Maßes«), des Mittelweges
zwischen Bedeutungslosigkeit und übertriebener Machtfülle,
und forderten, der Mensch solle sich an diese Regel halten,
um glücklich zu werden. Während die Dichter diese Ansicht
in Bildern ausdrückten, wie: der Mensch dürfe nicht den
Himmel erklimmen oder Aphrodite heiraten oder über die
Herkulessäulen hinaussegeln wollen, bildete für die Philosophen der Begriff der »Mitte« den Grundstein moralischer
Systeme. Aber wenn Aristoteles die verschiedenen Tugenden
als die »Mitte« zwischen entgegengesetzten Extremen zu erklären versucht, kann er uns weder logisch noch erfahrungs-
gemäß überzeugen. Die Lehre von der »Mitte« bewährt sich,
wenn wir bereits von der Vortrefflichkeit eines ruhigen
Lebens überzeugt sind, aber sie wird kein Hemmschuh sein
für einen Menschen, der die Tat um ihrer selbst willen liebt
und der Ansicht ist, je größer das Risiko, desto größer der

Ruhm. Die Aufmerksamkeit, welche die Griechen dem Begriff der »Mitte« schenkten, deutet nicht so sehr darauf, daß sie sich nach ihm gerichtet hätten, sondern daß sie in ihrer Vollblütigkeit das Bedürfnis nach einer Zügelung ihrer heftigen Ambitionen und tollkühnen Wagnisse empfanden. Zumindest hatte die »Mitte« das Gute an sich, in der Niederlage Trost zu spenden, weil sie erklärte, man habe sich überfordert; aber als Leitfaden der praktischen Lebensführung wurde sie ebensooft vernachlässigt wie befolgt. Reiche Oligarchien wie Korinth und Ägina mochten behaupten, daß sie zum Unterschied von ihrem Nachbarstaat Athen jenes Prinzip befolgten, und das stimmt vielleicht auch, weil ihnen jenes Ungestüm mangelte, das Athen zu seinen wilden Abenteuern trieb. Aber die zweideutige Haltung der Griechen gegenüber der »Mitte« läßt sich nicht durch Klassenunterschiede oder die Besonderheiten einer Herrschaftsform erklären. Sie war viel tiefer verwurzelt und entsprang einem sehr realen Zwiespalt in der griechischen Einstellung zur Tat und zur Ehre.

Man könnte hier einen Konflikt zwischen der Moralität des gesunden Menschenverstandes, der gefährliche Wagnisse bedauert und das stille Glück für das beste aller denkbaren Ziele hält, und dem hochfliegenden Ehrgeiz der heroischen Denkungsart sehen, die über alle Moral hinaus an die Instinkte und Begierden appelliert und das Glück als ein wertloses oder unwichtiges Ziel betrachtet. Die Moralisten arbeiteten ein Schema aus, in dem die Menschen sich durch ihren Stolz verblenden lassen, sich den Haß ihrer Nachbarn zuziehen und daran, daß sie sich allzuviel vornehmen, zugrunde gehen. Dieses Schema ließ sich auf die Lokalpolitik anwenden, wie z.B. Solon gegenüber den Reichen im noch unreformierten Athen, oder auf die internationale Politik, wie

Herodot gegenüber den imperialistischen Absichten Persiens.
Es hat seinen Wahrheitsgehalt, spricht das Gewissen an und
gewann eifrige Fürsprecher in einflußreichen Kreisen. Was es
für manche Menschen bedeutete, geht aus den Worten hervor, die Pindar im Jahr 446 v. Chr. an einen Bewohner von
Ägina richtete, als Hoffnung zu bestehen schien, daß Ägina
sich aus dem athenischen Joch befreien könne. Stillschweigend verurteilt er Athen, wenn er an die »Gütige Stille, die
Tochter des Rechts« appelliert:

> Auch du, wenn irgendwer
> unschönen Zorn in sein Herz einprägt,
> wirst dein Antlitz verhärten
> gegen die Macht deiner Feinde und
> den Frechen in die Grube stoßen.
> Porphyrion wußte dies nicht,
> als er sie allzu sehr erzürnte.
> (Die Gabe, die mir am liebsten ist,
> kommt aus williger Hand –
> die Gewalt aber bringt zuletzt auch
> den lautesten Prahler zu Fall.)
> – Der kilikische Typhon, mit hundert Köpfen,
> konnte ihr nicht entrinnen,
> nein, noch nicht der Gigantenkönig.
> Sie wurden zunichte
> unter dem Blitz und den Pfeilen der Artemis.

So sieht Pindar auf seine allegorische Art den Untergang
Athens voraus, weil es sich gegen die »Mitte« vergangen hat.
Den Gegensatz dazu bildet die Auffassung, die die Athener selber von sich hatten. Als Perikles nach den Schrecken
der Pest sein Volk aufmuntern wollte, bot er ihm eine Alter-
native zur »Mitte«:

»Alle, die es auf sich genommen haben, andere zu beherrschen, haben sich für eine gewisse Zeit Haß und Unbeliebt-
heit zugezogen; aber wer ein großes Ziel anstrebt, muß diese
Bürde des Neides hinnehmen; und es ist klug, sie hinzunehmen. Haß währt nicht lange, aber der Glanz von heute
ist der Ruhm von morgen, im Gedächtnis der Menschen für
ewige Zeiten bewahrt. An euch liegt es, diesen künftigen
Ruhm zu sichern und nichts zu tun, das unehrenhaft wäre.«
In diesen Worten wird der heroische Standpunkt rückhaltlos
dargelegt und die »Mitte« restlos verleugnet. Sicherlich konnten beide Standpunkte in Theorie und Praxis oft miteinander
vereinbar sein; dennoch blieb ein endgültiger Zwiespalt bestehen, den die Griechen nie ganz überwunden haben.
Wie ernst das Problem war und wie ernsthaft man es behandeln konnte, zeigt uns Sophokles, der Freund des Perikles,
der mehrere seiner Tragödien auf diesem Thema aufgebaut
hat. Seine abschreckendsten Helden, Aias und Herakles, repräsentieren den heroischen Typus, wie die Athener im
5. Jahrhundert ihn sahen. Beide unterscheiden sich vom
Durchschnittsmenschen durch ihre Stärke und ihre Unnah-
barkeit, sie nehmen auch beide ein schreckliches und sogar
erniedrigendes Ende, weil sie einfache menschliche Bedenken
beiseite schieben: Aias wegen seiner Verachtung für die Götter, Herakles ob seiner völligen Geringschätzung seiner zärt-
lichen, allzumenschlichen Gattin; beide werden nicht nur von
den Verfechtern der »Mitte« verurteilt, sondern von allen,
welche die wärmeren und sanfteren Instinkte der Menschheit bewundern; und beide werden zuletzt gerechtfertigt,
Aias wegen seiner edlen Taten im Felde, Herakles wegen seiner heldenhaften Taten zum Wohle der Menschheit. Sophokles zeigt uns den heroischen Typus in seiner erschreckenden
Unmenschlichkeit und seiner unglaublichen Stärke. Er er-

spart uns auch nicht seine am wenigsten ansprechenden Seiten: Aias läßt sich durch die Bitten seiner Konkubine nicht erweichen, auch Herakles weigert sich, seiner Frau zu verzeihen, die unabsichtlich seinen Tod verursacht hat. Dem stellt er den unbeugsamen Mut des Aias entgegen, der zu sterben beschließt, weil er seine Ehre verloren hat, und die vollendete Selbstbeherrschung, mit der Herakles seine letzten gräßlichen Martern erduldet, während sein herrlicher Leib von einem brennenden Gift verzehrt wird. Sophokles schildert in dramatischer Form, was in Athen das heroische Ideal bedeutet hat. Er sah dessen Mängel und seine Grenzen ein und bemühte sich, sie in ihrer furchtbaren Wirklichkeit aufzuzeigen, aber er deutet an, daß sie gerechtfertigt seien durch den Adel, der mit ihnen Hand in Hand geht und sie von jedem irdischen Makel befreit. Diese Stücke zeigen uns, was das Heldentum für das perikleische Zeitalter bedeutete und warum die Athener es so hoch bewerteten.

Der Held vollendet sich im Tod. So wie die Verfechter der »Mitte« und des Glücks erklären, keiner sei vor seinem Tod glücklich zu preisen, weil man nicht wissen könne, wieviel Unheil er noch erleben wird, so betrachten die Vertreter des heroischen Ideals den Tod als den Höhepunkt und die Vollendung des Lebens, die letzte und strengste Feuerprobe, die der Mensch durchzumachen hat, und den wahren Prüfstein seines Wertes. Im Tod bringt der Grieche das größte Opfer, dessen er fähig ist; er opfert sein Leben, das ihm mehr bedeutet hat als den meisten Menschen und das er zuletzt mit einer großartig trotzigen Geste hinwirft. Wer die Tat für einen Endzweck hält, kann sein Leben nicht tatenreich genug gestalten, und es kommt nur darauf an, wie fest er zupackt, mit welchem Eifer er sich seinen Aufgaben widmet. Seine Laufbahn mit tapferem Tun erfüllen heißt, die Gaben, welche die Götter ihm bei seiner Geburt beschert haben, aufs beste zu nützen. Ein solches Leben darf nicht verebben, wenn die Kräfte nachlassen, es verlangt nach einem dramatischen Finale, in welchem der Held seine letzte und größte Tat vollbringt. Dann erst enthüllt er sich in seiner ganzen Pracht und beendet sein reiches Dasein mit einem letzten Ruf nach dem Ruhm, der sein rechtmäßiges Erbe ist. So wie die großen Gestalten der Sage, ein Aias, ein Herakles, einen gewaltsamen und schrecklichen Tod erleiden, so waren viele Menschen froh, in der Schlacht sterben zu dürfen, weil das die Krönung ihres Lebens bildete und einen Beweis dafür, daß sie in der Stunde der Prüfung vor nichts zurückschraken, um ihren Wert zu beweisen. Gemächlich und behaglich zu sterben, wäre eine Konzession an ein Glück gewesen, das die Griechen niemals angestrebt hatten, und eine Herabminderung ihrer Ehre.

Den Griechen war der Tod vertraut, und statt ihn zu fürchten, suchten sie ihn sehr oft freiwillig als die Vollendung dessen, was sie am höchsten bewerteten, die Selbstverwirklichung, die der Mensch erreicht, wenn er alles opfert, was er besitzt, und damit von einem Vorrecht Gebrauch macht, das nur dem Menschen zusteht.

Was diesen Standpunkt adelt, ist die Rolle, die er dem Opfer einräumt. Ob ein Mensch sein Leben für die Familie oder für seine Freunde oder für seine Heimatstadt hingibt, immer bringt er damit das größte Opfer, das man von ihm verlangen kann, und seine Handlungsweise bedeutet, daß er selber, mag er noch so kühn seinen eigenen Wert behaupten oder noch so eifrig nach Ruhm lechzen, ihre Früchte nicht ernten wird. Die Griechen wußten sehr gut, was solch ein Opfer besagt und was es in seiner unerbittlichen Endgültigkeit kostet. In einem für ihn gar nicht charakteristischen Augenblick der

Unschlüssigkeit fragt sich Achilles, ob der Krieg alle die Mühen wert sei, die er ihm widmet:

> Erbeutet man doch im Kriege gemästete Rinder und Schafe,
> heilige Dreifüße auch und braunmähnige Rosse;
> aber des Menschen Seele kehrt nicht zurück, weder erbeutet,
> noch auch erhascht, nachdem sie des Sterbenden Lippen
> entflohn ist.

Kein Grieche würde bestritten haben, daß darin eine gewisse Wahrheit liegt, aber die meisten dürften nicht mit der Lehre einverstanden gewesen sein, die Achilles daraus zieht. Gerade weil das Opfer unwiderruflich ist, lohnt es sich. Den Zweifeln des Achilles können wir die Stimmung gegenüberstellen, in der Hektor diesem begegnet. Hektor weiß genau, daß Achilles ihn töten wird, weil er schneller und stärker ist als er, aber er nimmt den Kampf mit ihm auf, weil er sich seiner Stadt, seiner Frau und seinem kleinen Sohn gegenüber dazu verpflichtet fühlt. Diese Überzeugung, daß ein Mann seinem Volk ein letztes Opfer schulde, lag tief im griechischen Charakter verankert und ist ein leuchtendes Beispiel für die Anpassung des heroischen Ideals an eine bürgerliche Umgebung. Weil der Mensch unter anderen Menschen lebt und mit ihnen durch Bande verknüpft ist, die er weder erklären noch abschätzen kann, gilt seine erste Sorge ihrem Schutz und ihrer Sicherheit. In diesem Sinn und bis zu diesem Grad war die Stadt wichtiger als der einzelne. Wenn sie, wie alle Griechen meinten, ihm das Leben ermöglichte und angenehm machte, war es nur recht und billig, daß er zum Dank keine Anstrengung scheute, um anderen die gleichen Vorteile zu sichern. Diese Pflicht schuldete er nicht den Göttern, sondern seinen Mitmenschen, sie gehörte zu den unlösbaren Bindungen zwischen ihm und seiner Umwelt, sie besagte, daß

er trotz aller persönlichen Ansprüche ein Bestandteil einer
größeren und beständigeren Einheit sei. Es zählt zu den bemerkenswertesten Leistungen der Griechen, daß sie es verstanden, eine großzügige Auffassung von den Rechten des
Individuums mit einem starken Gefühl für die Verpflichtungen gegenüber dem Staatswesen zu verbinden. Dieses Gleichgewicht zwischen den beiden Standpunkten hat es nicht nur
dem alten heroischen Wertbegriff ermöglicht, im Stadtstaat
eine neue Bedeutung zu erlangen, sondern ihm sogar einen
ehrenhafteren Platz angewiesen als zu der Zeit, da nur der
einzelne für seinen eigenen Ruhm lebte und starb. Letzten
Endes waren Verwandtschaft und Blutsbande die stärksten
Bindungen, welche die Griechen kannten, und wenn diese
Bindungen ihre Ansprüche geltend machten, war man froh
und stolz, sein alles geben zu dürfen.

Dieses Gefühl der Vollendung wurde noch durch die Art
und Weise verstärkt, wie die Griechen sich die Geschehnisse
nach dem Tod vorstellten. Natürlich gab es da nicht nur
eine einzige herrschende Ansicht. Manche glaubten freilich, in
der Nachwelt würden die Menschen für ihre Handlungen zur
Lebenszeit belohnt oder bestraft; andere wieder schränkten
diese Auffassung dahin ein, daß einige wenige auserwählte
Helden nach dem Tode auf eine Insel ewigen Frühlings im
westlichen Ozean versetzt würden. Aber der Mangel an
formulierten Glaubensbekenntnissen und Dogmen brachte
es mit sich, daß alle diese Vorstellungen unklar und ungewiß
blieben. Weit allgemeiner verbreitet und weit einflußreicher
war die Ansicht, daß die Welt nach dem Tod, falls der
Mensch überhaupt weiterlebte, nur ein Schattenreich sei und
wenig Ähnlichkeit mit der festen Erde besitze, die er verlassen hat. Viele akzeptierten bis zu einem gewissen Grade die
heroische Konzeption, die man bei Homer findet, wenn er

berichtet, wie alle die Toten ohne Unterschied in eine graue
Welt eingehen, wo selbst die Größten nur Schatten sind fast
ohne Verstand und das Bewußtsein nur wiedererlangen, wenn
sie Blut trinken. Ihr Elend schildert dem Odysseus der Geist
seiner Mutter:

> Sondern dies ist das Los der Menschen, wann sie gestorben.
> Denn nicht Fleisch und Gebein wird mehr durch Nerven
> verbunden,
> sondern die große Gewalt der brennenden Flammen verzehrt
> alles, sobald der Geist die weißen Gebeine verlassen.
> Und die Seele entfliegt wie ein Traum zu den Schatten der Tiefe.

Die Toten sind wie Fledermäuse, die in einer Höhle schwir-
ren und flattern, und es ist nicht verwunderlich, wenn der
Geist des Achilles erklärt, er möchte lieber der Tagelöhner
eines armen Mannes auf Erden sein, als die ganze Heerschar
der Toten zu beherrschen. Die Griechen haben diese Vorstellung nie völlig vergessen. Im schlimmsten Fall mochten
sie sich einbilden, daß es im Grab überhaupt kein Leben
gibt und daß zuletzt der Mensch ein Gewand aus Lehm an-
legt, im besten Fall, daß die Tugendhaften oder die Eingeweihten eine elysische Glückseligkeit genießen. Aber angesichts der bedrückenden Majestät des Todes verharrten die
meisten in einer scheuen Ungewißheit.

Das paßt zu ihrem Glauben an den hohen Wert des Lebens
und die Notwendigkeit, es mit edlen Taten auszufüllen. Da
der Tod alles Wesentliche vernichtet, ist das Leben nur um so
wertvoller und muß bis zum äußersten ausgefüllt werden.
Achilles beklagt sich nicht darüber, daß ihm bestimmt sei,
jung zu sterben, sondern darüber, daß ein zu großer Teil
seines Lebens durch Mißgeschicke verdorben worden sei, die
sein Streben nach Ruhm behinderten. Im Gedanken an den

Nachruhm fanden viele Griechen einen Trost angesichts des
Schattendaseins, das im Grab auf sie wartete. Ohne genauer
nachzuforschen, was es bedeute, tot zu sein, sahen sie in der
Erinnerung an vergangene Wirklichkeit ein Gegengewicht
gegen die Vernichtung, die der Tod bringt. Sie folgten nur
ihrer heroischen Tradition, wenn sie diesen Gedanken auf die
gefallenen Krieger übertrugen, zum Beispiel auf jene, die
während des Vormarsches der Perser in Thessalien gefallen
waren und deren Aischylos gedenkt: »Auch diese Männer,
standhaft im Speerregen, hat das finstere Schicksal vernichtet,
da sie ihr an Schafen reiches Land verteidigten; obwohl sie
tot sind, lebt ihr Ruhm weiter, der ihre Gebeine bewahrt
und in den Staub des Ossa gehüllt hat.« Perikles spricht im
gleichen Ton von den athenischen Toten, zieht jedoch die
Grenzen viel weiter und äußert sich zuversichtlicher: »Denn
berühmten Männern ist die ganze Erde ein Denkmal; sie
preist nicht nur die Inschrift auf den Gräbern der Heimat,
nein, auch in fremden Ländern, unsichtbar, aber in den Herzen der Völker, bleibt ihr Andenken bestehen und wächst.«
Was immer auch ein solches Andenken den Toten bedeuten
möge, die Griechen waren überzeugt, es sei wohlverdient
und würde zumindest ein Ansporn für noch ungeborene Geschlechter sein.

Wenn diejenigen, die eines ruhmreichen Todes gestorben
waren, im Gedächtnis der Allgemeinheit fortlebten, hatten
sie ihre bescheideneren Gefährten in zahlreichen sonst un-
beachteten Toten, deren Epitaphe, Grabsteine und *lekythoi*
(in den Grüften aufgestellte bemalte Vasen) einen bleiben-
den Versuch bilden, die wesentlichen Züge eines Toten zu
bewahren, so wie er zu seinen Lebzeiten ausgesehen hat.
Auch darin finden wir eine Huldigung an die Bedeutung,
die der Verstorbene seiner irdischen Laufbahn verliehen hat,

Der Kalbträger, ein Weihegeschenk für die Göttin Athene von der Akropolis (Marmor von Hymettos; Höhe 1,65 m). Um 570 v. Chr. Athen, Akropolis-Museum.

*Marmorne Sphinx der Naxier aus Delphi, die auf einer ionischen Säule
aufgestellt war. Um 560 v. Chr. Delphi, Museum.*

an seine Persönlichkeit und an seine Leistungen. Die Grab-
inschriften sind meistens kurz und nennen oft nur einen Namen und einen Ort und vielleicht einen Beruf; manchmal aber
sagen sie mehr und vermitteln ein lebendigeres Bild wie zum
Beispiel die Inschrift auf einem Grabstein in Athen: »Sein
Vater Kleobulos hat dieses Monument dem toten Xenophan-
tos gesetzt ob seiner Tapferkeit und seiner Bescheidenheit.«
Glanzvollere Worte, die dem Simonides zugeschrieben werden, gedenken der Tochter des ehemaligen Tyrannen von
Athen, Hippias: »Dieser Staub birgt Archedike, die Tochter
des Hippias, des ersten unter den Männern von Hellas zu
seiner Zeit. Obgleich ihr Vater, ihr Gatte, ihre Brüder und
ihre Kinder fürstlichen Geblütes waren, erhob sie nicht ihre
Seele in Hochmut.« Das Wesentliche wird kurz und einfach
formuliert, und die Tote lebt fort in der knappen Schilderung ihres Charakters. Auch die Grabmäler geben den Toten
in charakteristischen oder vielsagenden Stellungen wieder.
Der Krieger Aristeion steht groß da und schlank, den Speer
in der Hand; ein Jüngling steht hinter seiner kleinen Schwester; ein kleines Mädchen hätschelt Tauben; einer sitzenden
Frau bringt ihre Magd eine Schatulle.
Es kommt stets darauf an, das Leben so darzustellen, wie
es war, zu schildern, was es dem Toten gab und was er
aus ihm machte. Auf den *lekythoi* wird der Gegensatz zwischen Leben und Tod oft durch ein Todessymbol inmitten le-
bender Gestalten betont. Eine Frau bringt Opfergaben zu
einem Grab, während ein hochgewachsener junger Mann,
vielleicht ihr Gatte, mit einem Speer bewaffnet, in der vollen
Kraft seiner Mannheit daneben steht; ein kleiner Junge mit
seinem Spielzeugwägelchen steht auf einer Uferböschung und
winkt seiner Mutter zu, während Charon, der Fährmann der
Unterwelt, mit seinem Kahn auf ihn wartet; ein junger Mann

sitzt auf einem Grab, während ein Freund mit ihm spricht
und eine Frau seine Rüstung bereithält. Die Nebeneinander-
stellung von Todesemblemen und lebenden Gestalten zeigt
uns, wie die Griechen die Welt des Lichts stets vor einem
düsteren Hintergrund sahen, ohne deshalb das Leben weniger
zu lieben. Dem Geheimnis und der Ungewißheit setzten sie
die positiven Leistungen der Lebenden entgegen, und sie wußten, sie würden um ihrer selbst willen geehrt werden.

Auf solche Weise hat das heroische Weltbild, das die Griechen
von einer fernen Vergangenheit erbten, einen großen Teil
ihres Denkens und Handelns bestimmt. Sie paßten es dem
Rahmen des Stadtstaates und seinen Erfordernissen und im
gegebenen Falle auch der weiteren Struktur des Hellenismus
an, der nie ganz in Vergessenheit geriet. Wenn sie behaupteten, den Barbaren überlegen zu sein, weil sie nach edleren
Tugenden strebten, hatten sie nicht unrecht. Im Gegensatz
zu den Herdenmenschen Ägyptens und Asiens und den primi-
tiveren Völkern an ihren eigenen Grenzen hatten die Griechen ein Prinzip gefunden, das dem Leben einen Sinn gab
und sie zu erstaunlichen Leistungen befähigte. Da sie überzeugt
waren, daß sie anders geartet seien als andere Menschen, daß
sie die anderen stets übertreffen müßten, daß der Mann
seine Mannesehre nur durch unermüdliche Bemühung und
unerschrocken Wagemut erringen könne, sprengten sie die
Fesseln der statischen Gesellschaftsordnungen, die in anderen Ländern ihr Zeitalter beherrschten, und begründeten
eine Lebensführung, nach deren Normen der Lorbeer dem
Tapferen und Strebsamen winkte und die Tat in allen ihren
Formen als die natürliche Bestimmung des Menschen angestrebt und geehrt wurde.

Drittes Kapitel

DIE GÖTTER

JEDES VOLK hat die Götter, die es verdient. Die launischen und unergründlichen Dämonen, die den primitiven Menschen plagen, sind die Ausgeburten namenloser Ängste und lähmender Unwissenheit. Die grinsenden, hämischen Oger der Azteken spiegeln eine Rasse wider, die durch unaufhörliche Kriege verroht war und sich vor unbekannten Entbehrungen fürchtete. Bevor die Römer durch griechische Einflüsse veranlaßt wurden, ihre bäurische Plumpheit aufzugeben, waren ihre Götter prosaisch, funktionalistisch und robust. Die Leidenschaft der Juden für streng geregelte Disziplin in allen Bereichen des Lebens und ihr provinzieller, exklusiver Nationalismus fanden in Jehova den geeigneten Verfechter. So tragen auch die griechischen Götter ganz deutlich und aufschlußreich einige auffällige Züge des griechischen Charakters und sind so eng mit ihm verknüpft, daß wir uns die Griechen kaum ohne sie vorstellen könnten.

Die griechische Religion ist von Grund auf etwas Besonderes, weil ihr jegliches System mangelt, jede Ordnung, wie wir sie in den herrschenden Religionen der modernen Welt antreffen. Sie hat keinen bestimmten Anfang, und ihre Wurzeln reichen endlos in eine durch keinerlei Dokumente bezeugte Vergangenheit zurück. Sie besitzt keinen hervorragenden

Propheten oder Gesetzgeber, der das Wesen der Götter aus-
legt, keine heiligen Schriften, deren Autorität in dogmati-
schen oder moralischen Dingen bindend ist, keine zentral
geordnete Hierarchie, keine geoffenbarte Kosmologie, keinen Begriff frommer Lebensführung, keinen Zwang zur
Orthodoxie, keine allgemeingültige Eschatologie, keine an-
erkannte Heilslehre. Die griechische Religion erweist ihre
griechische Eigenart durch ihre großzügige Freiheit und allumfassende Toleranz und dadurch, daß sie sich keinem System
fügt. An die griechischen Götter kann man nicht mit Hilfe
von Dogmen und Glaubenssätzen herankommen, sondern
nur über die faktischen Anschauungen und Gebräuche ihrer
Anbeter. Unser Ziel ist es nicht so sehr, eine Religion zu studieren, als vielmehr eine religiöse Erfahrung zu rekonstruieren, zu untersuchen, was die Götter den Menschen, die
an sie glaubten, bedeuteten, was sie dem Herzen und der
Phantasie zu bieten hatten, wie sie in ein Lebensschema paßten, das bereits bis zum Überfluß mit menschlichen Bestrebungen und Begierden angefüllt war.

Um festzustellen, was den Griechen ihre Religion bedeutete,
brauchen wir uns nicht um ihre Ursprünge zu kümmern.
Wichtig ist ihre Beschaffenheit in historischer Zeit, und darüber sind wir ausführlich, wenn auch nicht erschöpfend
unterrichtet. Auf den ersten Blick scheinen die griechischen
Gottheiten einem geordneten System anzugehören: Sie hau-
sen auf dem Olymp mit Zeus an der Spitze, und jede Gottheit hat ihr mehr oder weniger anerkanntes Tätigkeitsgebiet.
Diese scheinbare Ordnung, die Herodot dem Homer und
dem Hesiod zuschreibt, mag einiges der durch hervorragende
Dichter geheiligten Tradition verdanken. Dahinter aber verbirgt sich eine verwirrende Vielfalt von Riten und Glaubenssätzen. Freilich waren in ganz Griechenland die Namen der

Hauptgötter dieselben, viele von ihnen hatten überall, wo
sie verehrt wurden, die gleichen Funktionen auszuüben, während andere zwar von Ort zu Ort ihren Charakter änderten,
aber dennoch eine gewisse Identität behielten; die Göttersagen waren gemeinsamer Besitz – aber dieser scheinbaren
Einheitlichkeit stehen weniger gefügige Elemente gegenüber,
die nicht in das allgemeine Schema hineinpassen, weil sie
nichts mit den Olympiern zu tun haben, sondern aus einer
älteren, weniger vernunftmäßig geordneten Welt stammen:
uralte Totenkulte, Austreibung böser Geister, Fruchtbarkeits-
riten, zeremonielle Reinigungsprozeduren, Tabus, die dem
Geschlechtsverkehr und gewissen Speisen gelten, Opfer, die
ganz und gar anders aussehen als im olympischen Bereich,
Götter und Göttinnen, die man sich nicht mehr zur Gänze
in Menschengestalt vorstellt, wie zum Beispiel ein vierarmi-
ger Apollon und eine Demeter mit Pferdekopf. All dies
existierte und hatte seinen Platz in der griechischen Religion, weil es durch unvordenkliche Überlieferungen gehei-
ligt und mit den Pflichten des Tages oder der Jahreszeit
oder mit wichtigen Wendepunkten wie Hochzeit und Tod
verknüpft war. Auch gab es gewisse Kulte, die zwar nicht
in direktem Widerspruch zu den olympischen standen, aber
durch ihre Besonderheit einen eigenen Platz beanspruchten.
Dionysos, der Gott des Weines und der Raserei, wurde auf
Kreta schon zu mykenischen Zeiten verehrt, verblieb jedoch
unter den Olympiern eine Art Außenseiter, und wenn seine
Anhänger sich in die Berge zurückzogen und lebende Tiere
in Stücke rissen, demonstrierten sie damit die Fortdauer
eines alten Kults, nach dem das warme Tierblut das Blut der
Menschen erneuern soll. Eine ganze Serie von religiösen Vorstellungen, die man aus Bequemlichkeit, jedoch fälschlicher-
weise unter dem Sammelnamen »orphisch« zusammenfaßt,

beruhte auf der Einweihung in streng gehütete Mysterien und versprach ein beständiges und erfreulicheres Fortleben nach dem Tode als die landläufigen Bekenntnisse. Heilkundige wie Epimenides sowie mystische Mathematiker und Wissenschaftler wie Pythagoras und Empedokles fügten zu vorhandenen Ideen ihre eigenen und erweckten alten Aberglauben in neuen Formen zu neuem Leben. Rationalisten versuchten, Ordnung und Sittlichkeit, die ihrer Vernunft oder ihrem Anstandsgefühl zuwiderliefen, in Systeme zu bringen. Der griechische Geist hat mehr als nur einen Zugang zu den Göttern, und wenn er in seinen Annahmen oft recht willkürlich verfährt, so ist das die Eigenheit einer religiösen Erfahrung, der mehr an den Ergebnissen als an den Voraussetzungen liegt. Aber hinter der Vielfalt und den Widersprüchen treten in allen Perioden der griechischen Geschichte und in den meisten Gegenden Griechenlands, über die wir einigermaßen unterrichtet sind, gewisse gemeinsame konstante oder dominierende Züge hervor.

Die Griechen brauchten wie alle Völker ihre Götter, um für das sonst Unerklärliche eine Erklärung zu finden. Für das vorwissenschaftliche Bewußtsein ist die Natur, die menschliche wie die physikalische, in Geheimnisse eingehüllt, die danach schreien, ergründet und gemeistert zu werden. Die Griechen lösten das Problem in einer für sie zufriedenstellenden Weise, indem sie an Götter glaubten, die nicht nur die sichtbare Welt regieren, sondern auch die Schicksale und Herzen der Menschen beeinflussen. Genauso, wie es selbstverständlich war, Gewitter, Stürme, Erdbeben oder den Pflanzenwuchs durch göttliche Eingriffe zu erklären, fand man es natürlich, die begeisternden Ideen, die Gewissensqualen oder jähen Leidenschaften, die sich des Menschen bemächtigen, auch Göttern zuzuschreiben: Beides lag außer-

halb menschlicher Macht oder Voraussicht. Wenn es vernünftig war, anzunehmen, Zeus schicke den Regen, durfte man
mit dem gleichen Recht annehmen, ein glücklicher Einfall
stamme von Athene. Auch heute noch ist das Wirken des
Menschengeistes zumindest ebenso dunkel wie das Wirken
der Natur, und man kann es den Griechen kaum verübeln,
wenn sie beides dem Willen der Götter unterstellten. Freilich
waren sie sehr stolz auf ihre eigenen Fähigkeiten, aber sie
gaben zu, daß vieles sich ihrem Einfluß entziehe und infolgedessen den Göttern gehöre. Daher war es wichtig, gute Beziehungen zu ihnen herzustellen und sich in möglichst großem Ausmaß ihre Hilfe zu sichern, nicht nur weil sonst die
natürliche Ordnung der Dinge zusammenbrechen und die
Erde keine Früchte mehr hervorbringen würde, sondern
auch weil die Beweggründe menschlichen Handelns an sich
von unvorhersehbaren Einflüssen oder Energien abhängen,
die der Mensch nicht willkürlich herbeirufen kann.

Die Griechen stellten sich ihre Götter in Menschengestalt
vor. So haben sie sie auch in ihren Skulpturen und Gemälden
dargestellt. In ferner Vergangenheit wurden sie wahrscheinlich als Vögel oder Waldtiere aufgefaßt, so wurde z. B. Zeus
Meilichios als Schlange abgebildet, in manchen Sagen erscheint er auch als Stier; Apollon wird mit Wölfen und Mäu-
sen in Verbindung gebracht, Poseidon mit Pferden und Artemis mit Bären. Ein leises Echo davon finden wir bei Homer,
wenn er der Athene das Attribut »eulenäugig« und der Hera
das Attribut »kuhäugig« verleiht (obwohl er selber wahrscheinlich diesen Wörtern eine andere Bedeutung beigelegt
hat). Obwohl solche Anschauungen in vielen lokalen Riten
angedeutet wurden, fanden sie keinen Platz in der Literatur
des klassischen Zeitalters. Wenn früher einmal der Gott ein
Tier gewesen war, zeigte er sich jetzt in Menschengestalt, und

das Tier war sein Begleiter oder sein Symbol. Diese Verwandlung der Götter in Ebenbilder des Menschen war eine gewaltige Leistung geistiger Emanzipation. Die Griechen waren so sehr von dem Bereich und den Möglichkeiten menschlichen Könnens beeindruckt, daß sie sich die Götter in keiner anderen Gestalt vorstellen konnten. Sie glaubten, die Natur sei von Wesen beherrscht, ähnlich dem Menschen, aber weit stärker als er und in vielen Sphären tätig, die ihm zwar nicht erreichbar, jedoch von der gleichen Art sind. Statt sich mit der Annahme abzufinden, die Götter seien unbegreifbar, und es sei daher am besten, ihnen die rohen Züge von Tieren oder Ungeheuern zu verleihen, versuchten sie in das gesamte Gefüge der Dinge dadurch etwas mehr Ordnung hineinzubringen, daß sie voraussetzten, dieses Gefüge entspreche – wenngleich nicht der Vernunft, so doch in einem fortgeschrittenen und erweiterten Grad – der menschlichen Natur.

Obwohl die Griechen sich vorstellten, daß ihre Götter wie Menschen aussehen und auch ähnlich geartet sind, räumten sie doch ein, daß gewaltige Unterschiede bestehen: Die Götter bleiben von Alter und Tod verschont. Sie vermögen so zu leben, wie die Menschen gerne lebten, wären sie nicht ständig von der Sorge um den morgigen Tag und von dem Bewußtsein geplagt, daß sie jeden Augenblick ins Nichts hinüberwandern können. In ihrer unvergänglichen Kraft und Schönheit besitzen die Götter etwas, das dem Menschen versagt ist, etwas, das ehrfürchtige Scheu und Verwunderung erregt. Der griechische Begriff des Heiligen beruhte weit weniger auf einem Gefühl für die Güte der Götter als vielmehr auf einer frommen Hochachtung vor ihrer unzerstörbaren Schönheit und nie versiegenden Kraft. Wenn das der Preis war, den die Griechen dafür bezahlten, daß sie sich ihre Götter in Menschengestalt vorstellten, brachte er manche

Kompensation mit sich: Die Götter waren realer als in vielen anderen Religionen, und das Selbstbewußtsein der Menschen wuchs durch das Gefühl, ihnen ähnlich zu sein. Hier war ein Ideal, dem man zwar nicht nacheifern konnte, das aber durch seine faszinierende Lockung in den Menschen das Gefühl wachrief, es sei doch schön, wenn auch nur im bescheidensten Ausmaß, Fähigkeiten zu besitzen, die man mit den Göttern teilt; und wenn sie bei ihren Mitmenschen eine ungewöhnliche Fülle solcher Eigenschaften entdeckten, war das für sie Anlaß genug, fröhlich und stolz zu sein.

Der Unterschied zwischen Menschen und Göttern reicht jedoch tiefer. Pindar, der das religiöse Temperament der Griechen aus eigenem kennt, stellt fest:

> Eines ist das Geschlecht, eines
> der Menschen und der Götter;
> eine gemeinsame Mutter hat uns beiden den Atem beschert.
> Aber uns trennt in allem
> andersgeartete Kraft.
> Denn der eine ist wie ein Nichts, aber der eherne Himmel
> bleibt immerdar eine feste Behausung.
> Doch an Größe des Geistes oder des Körpers
> können wir den Unsterblichen gleichen,
> obwohl wir nicht wissen, welchem Ziel
> bei Tag oder in den Nächten
> wir nach des Schicksals Gebot entgegengehen.

Götter und Menschen sind beide Kinder der Erde und gleichsam nach demselben Urbild geformt, aber zwischen ihnen liegt ein unermeßlicher Unterschied an Kraft. Die entscheidende Eigenschaft der Götter ist vor allem ihre Machtvollkommenheit. Sie können in großem Maßstab das schaffen, was der Mensch nur gelegentlich und in bescheidenstem

Ausmaß zuwege bringt, und vieles, das er überhaupt nicht kann. Ihnen ist immer der Erfolg sicher und die Befriedigung ihrer Wünsche – er weiß, daß es ihm bestimmt ist, in vielem zu scheitern. Ihre Macht äußert sich überall, und ihm bleibt nichts übrig, als sich ihr voller Demut zu beugen und ihren Beistand zu erhoffen. Er kann darum beten, daß ein vom Himmel gesandter Glücksfall ihm gestatten möge, für eine kurze Zeit ähnliche Gaben zu besitzen wie sie und ihnen nahezukommen. Er ist nicht durch eine grundlegende Wesensverschiedenheit von ihnen getrennt, er ähnelt ihnen in seiner Art, die freilich ihre engen Grenzen hat, aber trotzdem zuweilen erstaunliche geistige und körperliche Möglichkeiten zutage fördert.

Deshalb verliehen die Griechen ihren Götterbildern menschliche Züge in höchster Vollendung – so eindrucksvoll und schön wie nur möglich. Aristoteles bemerkt dazu: »Wenn die Menschen in ihrer bloßen Körperform so sehr voneinander verschieden wären wie die Statuen der Götter von den Menschen, wäre man allgemein der Meinung, die geringere Klasse verdiene es, zu Sklaven der körperlich vorzüglicheren gemacht zu werden.« Obgleich die berühmtesten Götterstatuen zugrunde gegangen sind und wir von solchen Meisterwerken wie dem Zeus und der Athene des Phidias oder der Hera des Polykleitos nur billige und minderwertige Kopien besitzen, ist doch genug übriggeblieben, das die Vorstellung der Künstler erkennen läßt. Diese majestätischen Figuren sind in der Tat schön, aber sie besitzen die ungewöhnliche Schönheit übermenschlicher Kraft und Selbstgenügsamkeit. Eine Bronzefigur des Poseidon, bei Artemision aus dem Meer gefischt, zeigt gewaltige Kräftespiele in dem muskulösen, leicht balancierten Körper und dem erhobenen rechten Arm, der im Begriff ist, den Dreizack zu schleudern.

Der Apollon von Olympia besitzt in seinen Gesichtszügen und seiner Gestalt alle Anmut junger Männlichkeit, aber dominierend ist die Art, wie er gelassen mit einer königlich gebieterischen Gebärde einen Kampftumult beherrscht. Münzen aus Poseidonia zeigen einen stämmigen Poseidon, der in drohender Haltung seinen Dreizack schwingt, mit einer Entschlossenheit, die sehr gut zu seinem Beinamen »Erderschütterer« paßt. Die Schönheit, in der die Griechen ihre Götter darstellten, hatte nichts Gefälliges an sich und war durchaus nicht leicht zugänglich. Es ist die Schönheit göttlicher Stärke und Macht – aufgespeicherter Kräfte, streng beherrschter Gefühle. Wenn auf einer Metope in Olympia Athene dem Herakles hilft, den Himmel zu tragen, nimmt sie ihre Aufgabe leicht und zeigt keine besondere Anstrengung. Selbst wenn die Götter zu unbarmherziger Handlung schreiten und sich den Frevlern, die sie beleidigt haben, unversöhnlich zeigen, merkt man ihren Mienen oder Gebärden keinerlei Gemütsbewegung an; ungerührt stehen sie da wie die Artemis, die auf einer Metope aus dem E-Tempel in Selinos den Tod des Aktaion dirigiert, der von seinen eigenen Hunden zerfleischt wird, oder auf einer Vase des Pan-Malers mit einem Pfeile auf Aktaion zielt.

Die Götter waren schön in einer Weise, die nicht nur dem Auge schmeichelte – durch ihre unerschöpfliche Kraft, ihr Selbstvertrauen, ihre körperliche und geistige Ausgeglichenheit. Wenn dann im 4. Jahrhundert die Künstler weniger auf dieses Ideal göttlicher Kraft hinzielten als auf rein physische Reize, war das ein Zeichen dafür, daß die Götter anfingen, weniger zu bedeuten als in einem überschwänglicheren und vollblütigen Zeitalter.

Glichen die Götter den Menschen, dann war es nur natürlich, sie mit der menschlichen Gesellschaft in Berührung zu brin-

gen. Das hatte seinen Einfluß auf die griechischen Opfer- und
Gebetsitten. Früher einmal, in ferner Vergangenheit, hatte
man Opfer gebracht, um zornige und unberechenbare Götter zu besänftigen, und in Augenblicken ängstlichen Schuld-
bewußtseins mochte man ihnen sogar Menschen geopfert
haben. So war angeblich Iphigenie von ihrem Vater Agamemnon geopfert worden, weil er Artemis beschwichtigen und
günstige Winde erflehen wollte, die ihn nach Troja bringen
sollten; ab und zu zeigten sich auch noch in historischer Zeit
Spuren des alten Brauches: Man opferte eine Puppe oder
ein als Mensch verkleidetes Tier. Aber die Opferhandlung
war buchstäblich zu einem Festmahl geworden; ein Ochse
wurde geschlachtet, ein Teil für die Götter beiseite gelegt und
der Rest von den Gläubigen verzehrt. Man nahm an, die
Götter seien zugegen und mischten sich unter die Versammelten. Solche Zeremonien konnten zu lustigen Zechereien
werden, ohne daß es dabei an gebührender Ehrfurcht fehlte.
Die Verwandlung des Sühneopfers in eine gastliche Feier ist
typisch für die Art und Weise, wie die Griechen zu ihren
Göttern standen, und unterstreicht die Vorstellung, daß die
Götter im Grunde die gleichen Freuden lieben wie die Menschen und die gleichen Höflichkeitsbezeugungen zu schätzen
wissen.
Dieselbe Unmittelbarkeit sehen wir in ihren Gebeten. Meist
zerfällt das Gebet in drei Teile: Die Anrufung, in der
die Gottheit mit ihren Titeln und Heiligtümern beschworen
wird, als ob es die Achtung gebiete, sie so anzureden; dann
folgt die Beglaubigung, in welcher der Betende sich auf
Dienste beruft, die er selber früher einmal der Gottheit erwiesen hat, die ihn sozusagen legitimieren und ihm einen Anspruch auf die Aufmerksamkeit der Gottheit gewähren; zuletzt kommt das Bittgesuch, in dem die Gottheit ersucht wird,

in dringender Not dies oder jenes zu tun. Wenn also der Priester Chryses, dessen Tochter die Achaier entführt haben, Apollon um Rache anfleht, hält er sich an die vorgeschriebene Form:

> Höre mich, Gott, der du Chrysa mit silbernem Bogen umwandelst,
> samt der heiligen Killa, und Tenedos mächtig beherrschest,
> Smintheus – Mäusegott – hab' ich dir je den prangenden Tempel
> gekränzet,
> oder hab' ich dir je von erlesenen Farren und Ziegen
> fette Schenkel verbrannt, so gewähre mir dieses Verlangen:
> Meine Tränen vergilt mit deinem Geschoß den Achaiern!

Hier wird keine Sünde gebeichtet, keine Buße versprochen, sondern schlicht und einfach um praktische Hilfe gebeten. Solch ein Ersuchen gilt nur zwischen Freunden, zwischen dem Menschen, der seine fromme Ergebenheit bewiesen hat, und den Göttern, die sie anerkennen und begrüßen. Wenn der Mensch den Beistand der Götter wünscht, muß er ihnen gebührende Aufmerksamkeit erweisen – dann wird er vielleicht dafür belohnt werden.

Man kann die Götter um Hilfe bitten, aber man kann auch ihren Rat erflehen oder sie ersuchen, ihre Absichten bekanntzugeben. Die Griechen verfügten über ein eigenes System, um die Zukunft zu erforschen, obwohl sie nicht allen seinen Formen die gleiche Bedeutung zubilligten. Die Nekromantie, die Geisterbeschwörung, galt als etwas anrüchig, war in einigen Staaten verboten und wurde in abgelegenen Winkeln von berüchtigten Leuten ausgeübt. Selbsternannte Sibyllen und Propheten mochten ihre Blütezeit gehabt haben, aber auch sie erregten leicht Mißtrauen, besonders wenn sie einen zu hohen Preis für ihre Dienste verlangten. Der Vogelflug

wurde aufmerksam beobachtet, besonders vor einer Schlacht,
aber Sokrates gibt wohl die Meinung kluger Militärs wieder,
wenn er sagt: »Der Augur soll dem Heerführer und nicht
der Heerführer dem Auguren unterstehen.« Träume wurden
ernster genommen, und es hieß, sie kämen von Zeus, aber
Homer wußte, daß man sich nicht auf alle Träume verlassen
dürfe, und daß es nicht leicht sei, zu entscheiden, welchen
man Glauben schenken könne und welchen nicht. Solche
Methoden der Prophetie wurden mit geringerer oder größerer Skepsis betrachtet: Um so bemerkenswerter ist es,
daß die Griechen den durch Priester und Priesterinnen vermittelten Orakelsprüchen der Götter große Achtung entgegenbrachten – besonders dem Orakel im Apollon-Tempel
zu Delphi. Schon die Szenerie genügte, um das Gefühl der
überwältigenden Nähe des Gottes zu erwecken. Auf einem
Felsensims unterhalb von zwei steilen Klippen, am Quell
Kastalia, wo das Auge in die mit dunkelgrünen Oliven-
bäumen und schwebenden Schatten der Adler bedeckten
Ebene und darüber hinaus bis zu den Bergen des Peloponnes
blickt, hier zwischen den Statuen und den Schatzhäusern
lag das Heiligtum, in dem Apollons Priesterin, die
Pythia, in Verzückung geriet und Worte äußerte, die von
den Deutern geordnet und den Pilgern als Antwort auf
ihre Fragen mitgeteilt wurden. Das Vertrauen und der
Respekt, die man dem Delphischen Orakel entgegenbrachte,
waren ein Tribut an seine Weisheit. Wer auch immer da-
hinterstand, er mußte viel von politischen Dingen verstehen
und wußte auch, daß die meisten privaten Sorgen sehr leicht
durch ein wenig gesunden Menschenverstand zu beseitigen
sind. Das Ansehen des Orakels überlebte sogar solch ernste
Irrtümer wie seine Unterstützung der Perser im Jahre 480
v. Chr. und beruhte auf seinen ausgezeichneten Informationen

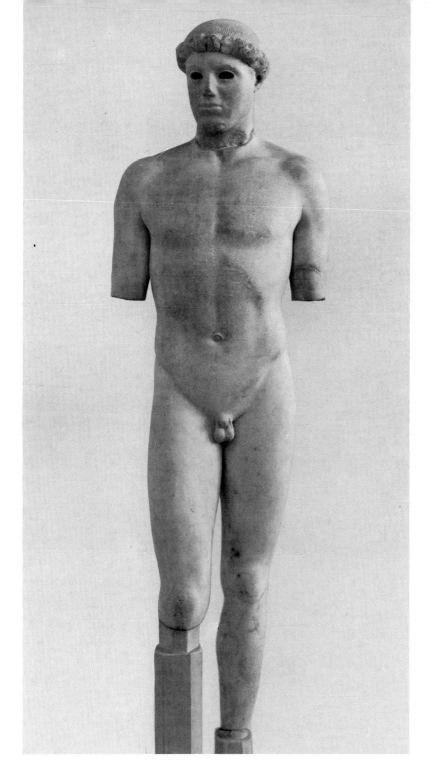

Marmorne Knabenstatue des Kritios (sogen. Kritios-Knabe, Höhe 86 cm)
von der Akropolis. Um 480 v. Chr. Athen, Akropolis-Museum.

*Marmorkopf (sogen. Blonder Jüngling 689) von der Akropolis, vielleicht
der Kopf eines jungen Athleten. Um 480 v. Chr. Athen, Akropolis-Museum.*

und seinem Einblick in die Menschennatur. Seine Prozeduren und seine Erfolge zeigen, wie die Griechen es verstanden haben, uralte Riten beizubehalten und sinnvoll zu gestalten. Die Menschen glaubten, durch das Orakel an Apollon heranzukommen, und gingen getröstet und gestärkt davon.

Die Götter mochten auf dem Olymp wohnen oder sich in die Abgeschiedenheit ihrer Lieblingstempel zurückziehen, aber sie mischten sich auch unter die Menschen und nahmen an ihren Angelegenheiten teil. Homer läßt sie nicht allein in den Trojanischen Krieg eingreifen, er bringt sie auch in enge Berührung mit seinen Helden: Pallas Athene, nur dem Achilles sichtbar, packt ihn von hinten bei den Haaren und ermahnt ihn, nicht das Schwert gegen Agamemnon zu zücken, oder sie eilt in zahlreichen Fällen dem Odysseus zu Hilfe und behandelt ihn mit einer humorvollen, bewundernden Vertraulichkeit. Das war eine herrliche Zeit, da die Götter noch auf Erden wandelten; aber auch späteren Generationen war diese Vorstellung nicht ganz fremd. Es gab zahlreiche Anlässe – Feste, zeremonielle Tänze und Gesänge, Hochzeiten und Begräbnisse –, bei denen man die Götter anwesend glaubte. In kriegerischen Zeiten traten oft die Heroen oder Halbgötter an ihre Stelle, die dann ihren Geburtsstätten zu Hilfe kamen, so wie Theseus und die Aiakiden bei Marathon und Salamis. Es fehlte auch nicht an privaten Offenbarungen. Pindar muß gewußt haben, was es bedeutete, als er berichtete, daß Iamos »nachts unterm Himmel« mit Poseidon spricht und die Stimme des Gottes antworten hört. Noch verblüffender ist es, wenn Sappho ihren Hymnus an Aphrodite auf einen früheren Vorfall stützt, als ihr die Göttin in unsterblicher, lächelnder Schönheit erschien, sie fragte, was ihr Kummer bereite, und ihr versprach, es werde alles wieder gut werden. Solche Erlebnisse waren zwar selten, aber sie zeigen, daß für

die Griechen die Götter reale Wesen waren, mit denen sie in
enge Beziehung treten konnten. Aber in diesem Verhältnis
lag keine Selbsterniedrigung oder bewußte Unterwürfigkeit.
Freilich wird der ruhmreiche Glanz der Götter anerkannt und
respektiert, aber ihre menschlichen Gefährten scheuen sich
nicht, offen und ehrlich mit ihnen zu reden. Auch auf dieser
Ebene gelten die griechischen Freundschaftsregeln, und un-
überwindbare Rangunterschiede stören nicht das Bedürfnis
nach restloser Aufrichtigkeit und Offenheit.
Diese angenehme Vorstellung vom Wesen der Götter wurde
zuweilen dadurch beeinträchtigt, daß sie es ganz offensichtlich versäumten, ihre Verpflichtungen gegenüber den Menschen zu erfüllen. Wenn sich Menschen untereinander so
etwas erlaubten, würde man sie der Treulosigkeit bezich-
tigt haben, aber gegen die Götter konnte man schwerlich
solche Vorwürfe erheben; also mußte man andere Erklärungen suchen. Das einfachste war, dem Menschen die
Schuld in die Schuhe zu schieben. Wenn er es unterließ, die
Götter zu ehren, durfte er kaum damit rechnen, gut behandelt zu werden, und mußte darauf gefaßt sein, daß es schief-
gehe. Außerdem konnten wohl nicht die Götter die gleiche
Auffassung von den Menschen und ihren Bedürfnissen haben
wie die Menschen selber. Letzten Endes war es ihr Vorrecht,
Gaben zu verweigern, ohne dies näher zu begründen. Aber
es gab auch noch andere, unangenehmere Situationen, da es
so aussah, als hätten die Götter ihre Freunde getäuscht oder
verraten. In akuter Form ergab sich dieses Problem, wenn
ein Orakel das Gegenteil von dem vorausgesagt hatte, was
dann wirklich eintraf. Der unparteiische und wissenschaftlich denkende Thukydides stellt fest, daß das im Peloponnesischen Kriege häufig der Fall war, hält es aber nicht für sehr
beachtenswert. Im 5. Jahrhundert jedoch war der Glaube an

die Orakel noch erstaunlich fest verwurzelt, und ihre schein-
baren Irrtümer lieferten nicht nur Herodot Stoff für einige
ausgezeichnete Anekdoten, sondern auch Sophokles die
Hauptthemen seiner »Trachäerinnen« und seines »König
Oedipus«; beide aber nahmen an – und bemühten sich, es
nachzuweisen –, daß ein Orakel, wenn es fehlschlug, einfach
falsch ausgelegt worden sei. Ein Exempel dafür wurde im
Jahre 447 v. Chr. öffentlich angeführt, als ein athenisches
Heer in Böotien, nachdem das Orakel ihm scheinbar den
Sieg verheißen hatte, bei Koronea vernichtend geschlagen
wurde. Die Erklärung lautete, eigentlich hätten die Götter
den Sieg der Gegenseite vorausgesagt, aber die Athener hätten
das nicht begriffen. Als in Athen den Toten ein Ehrenmal
errichtet wurde, endete die Inschrift mit den Worten:

... Der gesamten Menschheit für alle Zukunft hat er bewiesen,
daß kein Orakel jemals irrt.

Aus einem einzelnen Fall eine solche Schlußfolgerung zu
ziehen, dürfte gewagt sein, aber es zeigt uns, wie ernst
manche Griechen die Sache behandelten, und wie sie sich
lieber selbst die Schuld gaben, statt einzugestehen, daß die
Götter sie hintergangen haben könnten. Daß die Orakel sich
vieldeutig äußerten, war zu erwarten. Götter brauchen sich
nicht so klar auszudrücken wie Menschen. Wenn die Menschen den göttlichen Ratschluß erfahren wollen, müssen sie
ihre Fragen mit großer Sorgfalt stellen, und wenn etwas
fehlschlägt, haben sie es nur sich selber zuzuschreiben.
Aber obwohl die Griechen es für möglich hielten, mit den
Göttern eine Art Freundschaft zu schließen, wußten sie doch,
daß das nicht eine Freundschaft unter Gleichgestellten war,
und daß die Menschen, wenn sie sich allzusehr darauf ver-

ließen, dafür einen hohen Preis zu zahlen hatten. Die Sagen enthielten manche grausamen Beispiele göttlicher Rache an Menschen, die zu weit gegangen waren: Als Niobe sich rühmte, sie habe 12 Kinder, Leto, die Mutter der göttlichen Zwillinge, dagegen nur zwei, wurden sie ihr von Apollon und Artemis ermordet. Als Aktaion zufällig die Artemis nackt sah, ließ sie ihn von seinen eigenen Hunden zerfleischen. Als Pentheus den Dionysos verhöhnte und gefangennahm, wurde er von den Bacchantinnen, die den Gott verehrten, in Stücke gerissen. Als Marsyas in einem Flötenwettstreit mit Apollon unterlag, wurde er bei lebendigem Leibe geschunden. Die griechischen Götter ließen sich ebenso wie die griechischen Helden von der Rücksicht auf ihre persönliche Ehre zu Taten bestimmen, und wenn etwas als eine Kränkung ausgelegt werden konnte, gerieten sie in Wut und rächten sich fürchterlich. Barmherzigkeit lag ihnen nicht, und hatte ein Mensch einmal ihre Ehre beleidigt, gab es keine Entschuldigung mehr; er durfte mit keiner Gnade rechnen.

In ihrer eifersüchtigen Besorgtheit um die eigene Ehre können die Götter auch zuweilen Menschen demütigen, denen es zu gut geht und die mehr Glück genießen, als den Sterblichen ihrer Ansicht nach zusteht. In der heroischen Welt ist davon nichts zu merken. Die Götter mögen Achilles oder Hektor mit scheinbar launischer Gleichgültigkeit behandeln, aber sie beneiden sie nicht. Als jedoch die Griechen das Verhalten der Götter zu den Menschen zu klären versuchten, gelangten sie zu der Auffassung, daß jedwedes Glück und jeder Erfolg unsicher seien, weil sie den Göttern mißfallen. Eine solche These war sehr zweckdienlich, um den Sturz hochgestellter Persönlichkeiten zu begründen, und gefiel zum Beispiel Herodot, der in seinen Berichten über wichtige politische Umwälzungen die Ansicht geltend machen konnte,

daß die »Gottheit neidisch und zur Einmischung geneigt« sei
und nicht davor zurückscheue, auch Menschen zu stürzen,
die ihr mit beispielloser Hingabe gedient haben, wie der
König der Lyder, Kroisos. Diese Auffassung zeigte wenig
Vertrauen zu dem Gerechtigkeitssinn der Götter, paßte aber
den Verfechtern der »Mitte« gut in ihr Konzept, weil sie
darauf hinweisen konnten, daß die Menschen nur auf sie zu
hören brauchten, um dem Unheil zu entrinnen. Euripides,
den der Sittenverfall beunruhigte, behauptete, mangelnder
Glaube an den Neid der Götter sei nur geeignet, die Moral
zu untergraben:

> Was nützt die Maske der Bescheidenheit
> oder der Tugend,
> wenn das Unheilige an der Macht ist
> und hinfort die Tugend
> von den Menschen verschmäht wird,
> wenn Rechtlosigkeit die Gesetze beherrscht
> und die Menschen nicht mehr zusammenstehen,
> um abzuwenden den Neid der Götter?

Das war nun freilich eine Verleugnung des alten Heldenideals und öffnete der Ansicht Tür und Tor, daß der Götter-
neid sich nicht nur gegen die Erfolgreichen und Großen
wenden könne, sondern gegen alle, die frei ihren eigenen
Neigungen folgen.

Hat man das erst einmal zugegeben, ist es vielleicht müßig,
erklären zu wollen, warum die Götter Leid und Katastrophen
schicken. Trotzdem konnten die Menschen dieser Frage
schwerlich aus dem Wege gehen und mußten einen Standpunkt beziehen. Die mehr wissenschaftlich als religiös orien-
tierten Geister fanden die Frage nicht schwer zu beantworten,

so Demokrit, wenn er erklärt: »Die Götter, heute wie ehemals, schenken den Menschen alle guten Dinge. Aber alle schlechten, schädlichen oder unnützen Dinge, weder heute noch ehemals sind sie die Gaben der Götter, sondern die Menschen erhalten sie durch ihre eigene Blindheit und Torheit.« Diese Auffassung war vielleicht zu einfach und ließ allzu vieles ungeklärt. Jedenfalls gewann sie wenig Anhänger, und andere Denker suchten nach transzendentaleren Lösungen, wie zum Beispiel Heraklit: »Für Gott sind alle Dinge schön und gut und gerecht, die Menschen aber halten manches für ungerecht und anderes für gerecht.« Dabei wird vorausgesetzt, daß zu guter Letzt die Götter immer recht haben; aber auch das ist nicht unbedingt nötig. Es war möglich und sogar vernünftig, darauf hinzuweisen, daß alle diese Angelegenheiten sich dem menschlichen Verständnis entzögen, daß die Götter nicht mit menschlichen Maßstäben gemessen werden dürften, sondern so handelten, wie es ihnen gefiel. Sophokles berichtet, wie Herakles nach einem selbstloser Mühsal geweihten Leben ein gräßliches Ende nimmt. Da werden kein Trost und keine Begründung geboten; aber wenn alles vorbei ist, sagt der Sohn des Herakles, Hyllos:

> Wir haben schweren und seltsamen Tod gesehen
> und manchen Kummer unbekannter Gestalt,
> und da ist nichts in dem allen, es wäre denn Zeus.

Das Problem blieb ungelöst, vielleicht weil es unlösbar war. Die meisten würden sich mit der Feststellung begnügt haben, daß bei genauerem Zusehen die Entschlüsse der Götter sich als unerklärlich erweisen und ganz einfach hingenommen werden müssen, wie das nicht anders von Wesen zu erwarten ist, die trotz ihrer Ähnlichkeit mit den Menschen unbehindert

ihren eigenen Launen, Begierden und Leidenschaften nach-
geben dürfen.

Deshalb zögerten die Griechen, die Götter als Vorbilder
oder als Sittenrichter anzuerkennen. Obwohl Homer in der
»Ilias« andeutet, Troja verdanke seine Schwierigkeiten der
verderblichen Unzüchtigkeit des Paris, und in der »Odyssee«
die Götter die Bestrafung der Freier durch Odysseus billigen
und unterstützen, gibt doch das Bild, das er von den Göttern
entwirft, im großen und ganzen zu verstehen, daß ihnen
wenig am Guten oder Bösen liege, sei es bei sich selber, sei es
bei den Menschen. Sie tun, was ihnen paßt, und so wie ihr
soziales Gefüge aussieht, so würde die menschliche Gesellschaft aussehen, wenn die Menschen ihren Begierden nachgehen dürften, ohne eine Katastrophe befürchten zu müssen.
Deshalb haftet den Göttern zuweilen eine versöhnende Komik
an. In ihrer himmlischen Sicherheit entbehren sie zum Teil
jener Würde, die dem Menschen die Kürze des ihm zuge-
messenen Lebens verleiht, und wenn ihr vor allem dem Vergnügen gewidmetes Dasein Anlaß zum Lachen gibt, ist kein
Grund vorhanden, warum nicht auch die Menschen mit ein-
stimmen sollten. Dieses Gelächter ist in keiner Weise skeptisch und nicht einmal unehrerbietig. Es beruht auf der Liebe
zu den Göttern und einer tiefen Bewunderung für ihr glück-
liches Los. Ja, auch ein wenig Neid ist mit dabei. Gleichzeitig
aber macht sich hier die Auffassung bemerkbar, daß den
Göttern Gut und Böse ziemlich gleichgültig sei, weil für sie
selber diese Werte keinerlei Bedeutung haben. Außerdem
folgt ihr Verhalten gegenüber den Menschen keinen klaren
Prinzipien. Achilles erklärt dem Priamos ihren Standpunkt
mit einem Gleichnis von zwei Fässern, die an der Schwelle
Kronions stehen; das eine enthält Gutes, das andere Böses.
Manchen Menschen gibt Zeus eine Mischung aus beidem,

anderen nur Böses, und diese Armen verfolgt »herznagende Not auf der heiligen Erde«; sie sind »nicht Göttern geehrt noch Sterblichen«. Oft genug greifen die Götter in das Leben der Menschen ein, aber nach Achilles hängt ihre Einmischung nicht davon ab, ob die Handlungen des Menschen gut oder böse sind. Das ist der alte heroische Standpunkt, von dem die Griechen sich nie ganz befreit haben.

Die Auffassung, daß die Götter sich für das Treiben der Menschen interessierten, war nur natürlich für eine Gesellschaft, die sich immer mehr ihrer häuslichen und bürgerlichen Verpflichtungen bewußt wurde. Wenn die Menschen das Bedürfnis empfanden, Missetäter zu bestrafen, war es nur folgerichtig, anzunehmen, daß die hochgeehrten Götter das gleiche Empfinden hätten. Rationale Beweisführung nutzte da wenig, denn die Beweise mußten stets zweifelhafter Art sein, aber eine solche Anschauung kam zumindest aus der Tiefe des Menschenherzens und war nicht unvereinbar mit gewissen Elementen des Ehrenkodex. Wenn die Ehre den Mann verpflichtet, sich um seine Familie und um seine Stadt zu kümmern, darf man wohl annehmen, daß die Götter ihn dabei unterstützen werden. Bei jedem Verstoß gegen diese Verpflichtungen kann man sie zu Hilfe rufen und ihren Fluch auf das Haupt derer herabbeschwören, die sie vernachlässigen oder sich ihnen entziehen. Mochten auch sie selber die meisten dieser Fehltritte begehen, so war es nicht unmöglich, mit einem gedanklichen Salto mortale zu der Überzeugung zu gelangen, daß sie die Menschen dafür bestrafen würden.

Vor allem waren die Götter die Hüter der häuslichen und bürgerlichen Sittenreinheit. Dem Vater stand es frei, ihren Zorn auf einen ungehorsamen Sohn herabzubeschwören – wie der alte Ödipus auf den verräterischen und nachlässigen Polyneikes –, und viele dürften wie Platon der Meinung gewesen sein, daß die Götter einen solchen Wunsch unweigerlich erhören würden.

Als die Hüter der Treue forderten sie die Bestrafung jeglichen Vergehens gegen die Hausregeln: Verrat, Mord, Vernachlässigung der Eltern, Eidbruch und Betrügereien. Von solchen Axiomen konnte man leicht zu der Überzeugung gelangen, daß die Götter das Tun und Lassen der Menschen beobachteten und zuletzt die Bösen bestraften. Vom 6. bis zum 4. Jahrhundert gewinnt diese Auffassung ständig an Boden. Platon widmet in seinem System einen wichtigen Platz den Belohnungen und Strafen nach dem Tode, welche die Ungerechtigkeiten der diesseitigen Welt wiedergutmachen sollen. Er war nicht der erste und auch nicht der letzte, der diese These vertrat, und seine Gedanken trugen für viele Jahrhunderte nicht unwesentlich zur Entwicklung des christlichen Höllenbegriffs bei.

Aber auch wenn seine Ideen großen Anklang gefunden haben sollten, was zweifelhaft ist, haben sie keine sehr tiefe Wirkung auf die Sinnesart der Griechen gehabt, und nichts spricht dafür, daß jemals ein Grieche die nagende Furcht vor den Qualen des Jenseits empfunden hätte, die den Römer Lucretius verfolgte oder auf den Wandmalereien in etruskischen Gräbern so bildhafte Formen annimmt.

Aber auch damit verblieb noch vieles ungeklärt. Die Griechen sahen, daß das Leid nicht immer die Folge böser Taten ist und daß die Bösen ein beklagenswertes Talent besitzen, sich ihm zu entziehen. Sie mochten versuchen, die Bekümmernisse Unschuldiger durch ein geschicktes Spiel mit dem Begriff der Erbsünde zu erklären: Die Sünden der Väter werden an den Söhnen heimgesucht. Solon ist überzeugt, daß der Zorn des Zeus zwar nur langsam erwache, man ihm aber nicht entrinnen könne, und prophezeit seine Rache:

So rächt Zeus. Und ungleich dem Sterblichen
entbrennt er nicht schnell im Zorn ob jeder einzelnen Tat.
Nie entrinnt ihm einer mit sündigem Herzen:
Sondern am Ende wird er gänzlich offenbar.
Der eine mag heute büßen, der andere später. Die Rache,
gewiß wird sie dereinst alle ereilen, die dem Zorn Gottes
entfliehen. Unschuldige werden bestraft,
die Kinder und ihre Kinder nach ihnen.

Obwohl das nach einer theologischen Theorie aussieht, ist es
eigentlich mehr sozial und politisch gedacht. Solon beschäftigt sich mit einer bestimmten Gesellschaftsklasse, mit den
Reichen, die ihre Stellung und ihre Privilegien mißbrauchten,
und wir können nicht bestreiten, daß sein Standpunkt ein
Körnchen Wahrheit enthält: Wenn eine Klasse ihre Verpflichtungen allzu leichtfertig versäumt, besteht die Wahrscheinlichkeit, daß sie eines Tages dafür wird büßen müssen.
Eine andere Variante dieser Theorie besagte, daß in gewissen
Familien ein Fluch vererbt werde, ein angeborener Hang zu
Gewalttaten, der in aufeinanderfolgenden Generationen zu-
tage tritt und ihnen Unheil bringt. Das ließ sich gleicher-
maßen auf Ödipus anwenden, dessen Vater Laiios dem
Orakel der Götter trotzt und dessen Söhne Eteokles und
Polyneikes im Bruderkrieg umkommen, wie auf die Atriden,
in deren Geschlecht ein Verbrechen das andere ablöst, bis die
Götter eingreifen, um dem ewigen Blutvergießen ein Ende
zu machen. In diesen Geschichten bildeten die Griechen ihren
Vererbungsbegriff heraus: Manche Familien besitzen Eigenschaften, die sie nicht loswerden können und die zu ihrem
Untergang führen. Auch das hatte manches für sich, umfaßte
jedoch ebensowenig wie Solons soziale Theorie das gesamte
Problem oder alle Fälle menschlicher Not. Ja, die Griechen
scheinen vor einer solchen geschlossenen Theorie zurückge-

schreckt zu sein, vielleicht deshalb, weil sie ihrer üblichen
Überzeugung widersprach, daß der Mensch sich selber sein
Schicksal schaffe. Freilich ist er bis zu einem gewissen Grad
das Spielzeug der Götter, aber er ist keine leblose Puppe, und
die Frage, ob er aus freien Stücken handle oder nicht, hatte
schon eine gewisse moraltheoretische Bedeutung.

Wenn die Griechen es nicht besser fertigbrachten als spätere
Generationen, diese Fragen zu beantworten, heißt das nicht,
daß sie sich nicht gründlich für moralische Probleme interessiert hätten. Göttliche Bestrafung spielte in ihrer Ethik
deshalb eine gewisse Rolle, weil sie das Gefühl hatten, Recht
und Unrecht müßten auch die Götter angehen, da sie die
Menschen angehen. Insofern sie das, was sie für richtig hielten, nicht in der Hoffnung auf künftigen Lohn taten, sondern
einfach deshalb, weil ihre Natur sie dazu veranlaßte, ist das
ein Beweis für die Stärke ihrer humanitären Instinkte und
die Zulänglichkeit ihrer hauptsächlichen Annahmen und Anschauungen. Wenn Aristoteles von Dingen spricht, die »an
sich gut« sind, wiederholt er etwas, das schon längst ein
Grundzug griechischen Denkens geworden war, und obwohl
es sich auf vieles anwenden ließ, das unserer Meinung nach
außerhalb der moralischen Sphäre liegt, hatte es dennoch
eine reale Bedeutung für die damaligen Sitten. Ja, einer der
wichtigsten griechischen Beiträge zum ethischen Gedanken-
gut war gerade die Idee, daß das Gute einer Handlung in
dieser selbst begründet liege und daß man den Menschen
nach dem Ausmaß von Wahlvermögen und Entschlußkraft
beurteilen dürfe, das er ihr widmet. Diese Anschauung resul-
tiert vielleicht aus ihrem Ehrbegriff. Der Mensch war der
Meinung, daß er seiner eigenen Vorstellung von dem Ideal,
dem er zuzustreben hat, in gewissem Sinn verpflichtet sei;
wenn er diese Pflichten erfüllte, war er zufrieden und ver-

langte keine weitere Belohnung. Auch wenn er glaubte, die
Götter beobachteten sein Tun und billigten es, handelte er
trotzdem aus innerem Antrieb und fand in einem solchen
Falle den Beifall der Götter nur natürlich. Da die Griechen
sich ihrer Menschennatur bewußt waren und sie gerne in
voller Harmonie entfaltet sehen wollten, entwickelten sie
eine Morallehre, die auf menschlichen Werten beruhte und
die sie unbeschwert und zuversichtlich handhaben konnten,
ohne sich allzusehr den Kopf darüber zerbrechen zu müssen,
was die Götter davon halten mochten.
In solchen Dingen wurden die Götter als ein Ganzes behandelt, als die Verkörperung eines göttlichen Prinzips, das
gleichmäßig in ihnen allen wirkt und dem Menschen gegenüber das Göttliche an sich in Erscheinung treten läßt. Trotzdem hatten die Götter ihre eigenen Tätigkeitsbereiche und
ihre eigenen Persönlichkeiten. Wo sie auch herstammen
mögen – und es ist durchaus möglich, daß sie ganz verschiedenen Ursprungs sind, daß Zeus der Himmelsgott der indogermanischen Völker und Aphrodite die Fruchtbarkeitsgöt-
tin der ägäischen Völker ist –, wenn wir sie am Werke
sehen, bilden sie nicht nur eine Familie, sondern ein jeder
vereint die Aufsicht über einen bestimmten Naturbezirk mit
einer besonderen Aufgabe gegenüber den Menschen. Die
erste Funktion mag älter und grundlegender sein als die
zweite, aber es läßt sich leicht einsehen, wie die eine in die
andere hinübergleiten konnte. Zeus, der Herr des Himmels,
der »Wolkenballer«, ist zugleich Vater der Götter und Menschen und als pater familias auf dem Olymp genauso unberechenbar wie in seinen Ungewittern auf Erden. Apollon ist
der Gott des Lichts und daher auch der dichterischen Inspiration, die der Seele das schenkt, was das Licht der Erde
gibt. Schnell und feurig wie das Licht ist er der Meister des

Gesanges und der Weissagung, der einzelne Menschen durch
die plötzlichen Kraftströme, die er ihnen verleiht, über sich
selbst hinaushebt. Aphrodite, die Schaumgeborene, ist nicht
nur die Göttin des physischen Begehrens, das bei Göttern,
Menschen und Tieren gleich stark ist: Wie das Meer strahlt
sie eine Lockung aus, die nur allzuleicht ihre Opfer in den
Untergang treibt, und wie das Meer ist sie unberechenbar,
wenn sie Freude und Leid verteilt. Einen starken Gegensatz zu ihr stellt Artemis dar, die über die Wildnis herrscht,
über die wilden Tiere und die gesamte Tierwelt außerhalb
des menschlichen Wohnbereichs. Sie haust in den Bergen,
und ihre Jungfräulichkeit paßt zu ihrem Charakter, der die
Einsamkeit liebt. Ihr bringen junge Frauen das letzte Opfer
vor der Hochzeit, und mit verständlicher Paradoxie ruft
man sie bei Geburten zu Hilfe. Hermes ist der Herr der
Herden, er verkörpert den Übermut und die Schlauheit
primitiver Geschöpfe und beschirmt List und Findigkeit.
Poseidon ist der Beherrscher des Meeres und daher auch der
Stürme und Erdbeben, ihn ehren Städte wie Athen, die vom
Meer leben und ihm ihre Macht und ihren Reichtum verdanken. Pallas Athene, deren erste Aufgabe darin bestanden
haben mochte, die Olivenbäume zu schützen, ohne die keine
griechische Bevölkerung existieren kann, ist eine bürgerliche
Artemis, die mit ihrer Klugheit, ihrer jungfräulichen Selbständigkeit und ihrer Liebe zu schönen Dingen den National-
geist vertritt. Hera, die Königin der Götter, verblaßt neben
ihrem Gemahl, hat aber ihr mütterliches Amt als die Beschützerin der Kinder. Dionysos ist der Gott der Weintraube
und folglich auch der Ekstase und des Rausches. Es sieht so
aus, als hätten alle diese Götter ihre Laufbahn als Naturkräfte begonnen, aber von ihren Anbetern, die mehr von
ihnen verlangten als nur die Herrschaft über die Elemente

und die ihre Kräfte mit entsprechenden menschlichen Geistes-
und Körperkräften gleichsetzten, auch noch andere Funktionen und Attribute zugeteilt erhalten.

Auf einer tieferen Stufe als die Olympier existierten noch
andere Götter, die zwar nicht gleich hoch geehrt waren wie
jene, aber in Glauben und örtlichen Kulten ihren festen Platz
hatten, und die man in Dingen um Beistand ersuchte, für
die die Olympier zu erhaben oder zu fern waren. Die
animalischen Naturkräfte nährten den Glauben an Nym-
phen, deren Dasein an die von ihnen bevölkerten Bäume
oder Wasserläufe gefesselt war, an Satyrn, die mit ihrer
Menschengestalt und ihren Pferde- oder Ziegenschwänzen die
primitiven physischen Instinkte verkörperten und als die
Gefährten des Dionysos ein Symbol für Lustbarkeit und Aus-
schweifung darstellten, und an Pan, den Ziegengott, der vieles
mit ihnen gemeinsam hat, aber, nachdem er beim Einmarsch
der Perser im Jahr 490 v. Chr. dem Läufer Philippides erschienen war, in Athen einen so besonderen Platz zugewiesen
erhielt, daß man annahm, er sei auf dem Olymp zu Hause.
Diese untergeordneten Gottheiten hatten ihre eigenen Heiligtümer und Kulte; man glaubte, sie ständen den Männern
bei, die für die Ernte und das Vieh verantwortlich waren. Mit
ihrem Kraftüberschwang sorgten sie für die Paarung der
Haustiere, und man stellte sie sich infolgedessen auch tier-
ähnlich vor.

Ganz andere Wesen, aber auf eine ähnlich untergeordnete
Stufe verwiesen, waren die Heroen, große Männer aus der
Vergangenheit, die zwar göttliches Blut in den Adern haben
mochten, aber nach ihrem Tode wegen ihrer Taten, ihrer
besonderen Stärke und Vitalität zu hohen Ehren kamen. Sie
gehörten dem öffentlichen Leben an, und man glaubte, sie
wären bei Festen, bei Märschen oder Schlachten anwesend.

Ihnen wurden Kultstätten geweiht, Opfer dargebracht und Loblieder gesungen. Sie trugen dazu bei, die Welt mit Schutzgottheiten zu bevölkern, damit auch alle Bedürfnisse nach himmlischem Beistand gedeckt seien.

Die griechische Religion, die mit dem Individuum und in der Familie anfing, fügte sich mühelos in die Domäne des Stadtstaates ein, der gewisse Züge der Familie übernommen hatte und die Entwicklung des Individuellen begünstigte. Jede Stadt wurde von ihrer besonderen Gottheit beschützt, die ihren eigenen Tempel und ihre eigenen Festlichkeiten besaß. Bei diesen Festlichkeiten, bei denen Gottesdienst und Lustbarkeit sich vermischten, konnte ein ganzes Volk sich von wachsamen Augen beschützt und durch seine Bewunderung für die Beschützer – und die Zugehörigkeit zu ihnen – geeint fühlen. Ein solches Fest war die Panathenäa in Athen, die auf dem Parthenon-Fries auf der Akropolis von Athen abgebildet ist. Junge Männer reiten auf ungesattelten Pferden, Priester treiben Ochsen zum Opferaltar, Männer tragen Krüge mit Opfergaben, Frauen stehen beisammen und unterhalten sich ernst und würdig. Dies alles geschah still und friedlich mit gelassener Heiterkeit in der Nähe und unter dem Schutz der Götter. Es ist ein heiteres, gesittetes Fest mit großer Prachtentfaltung, aber ohne Pomp, gemächlich und ungezwungen.

Was die Bürger Athens miteinander verbindet, ist ihre gemeinsame Verehrung für die Gottheit, die sie groß gemacht hat und der sie den prächtigsten Tempel in ganz Griechenland errichtet haben. Die herrschende Stimmung geht aus den Worten Aischylos' hervor, die er freilich den Schutzgottheiten in den Mund legt, die jedoch mit heiterer Treue die Empfindungen der Athener und Athenerinnen widerspiegeln:

Euch sei Freude, die Freude an euren zu Recht erworbenen
Schätzen,
euch, dem ganzen Volk sei Freude, euch, die ihr gesegnet seid
mit der Liebe der Jungfrau, die
neben dem Throne des Vaters weilt.
Weisheit habt ihr endlich gelernt.
Unter den Fittichen der Pallas geborgen,
atmet ihr nun die Gnade des Zeus.

Die Gottheit, der die Geschicke einer Stadt anvertraut sind,
ist nicht nur für ihre Existenz und Sicherheit verantwortlich,
sondern auch für den inneren Frieden und die guten Sitten;
mit Recht huldigen ihr alle die Menschen, die an ihren
Segnungen teilhaben.
Dadurch, daß der Kult nationaler Schutzgötter die Treue
gegenüber der Vaterstadt betonte und heiligte, trug er zu der
Entzweiung der griechischen Staaten bei. Zwar schlossen
sich in Zeiten allgemeiner Gefahr, wie zum Beispiel anläßlich
der persischen Einmärsche, die Griechen zusammen und durften ehrlich behaupten, für gemeinsame Götter zu kämpfen.
Es stimmt auch, daß einige große Heiligtümer wie die Tempel zu Olympia und zu Delphi echt hellenischen Charakter
trugen: Der Zugang zu ihnen war durch zwischenstaatliche
Verträge gewährleistet. Aber je mehr ein Gott in seiner
eigenen Stadt geehrt wurde, desto mehr tätigen Beistand
erwartete man von ihm gegen andere. In der Theorie hätte
das zu theologischen Komplikationen führen müssen, wenn
in gewissen Fällen ein bestimmter Gott, den mehrere Städte
verehrten, gegen sich selber kämpfte. Das bereitete aber den
Griechen ebensowenig Kopfzerbrechen wie den christlichen
Völkern in späterer Zeit. Wichtig ist nur, daß diese Kulte die
Unterschiede der Zwischenstaaten hervorhoben und sich
damit als ein weiterer Hemmschuh für die griechische Einheit

Marmorstatue eines Mädchens (Kore 679, sogen. Peploskore, Höhe 1,20 m)
von der Akropolis. Um 540 v. Chr. Athen, Akropolis-Museum.

Marmorstatue des Apollon vom Westgiebel des Zeustempels in Olympia.
Um 460 v. Chr. Olympia, Museum.

erwiesen. Das Vertrauen und der Stolz, die man den Göttern entgegenbrachte, schufen das Empfinden, man sei tüchtiger als die anderen und habe größere Aussicht, einen Krieg zu gewinnen. Wenn man sich in einer offensichtlich unterlegenen Position befand, rief man gerne die Götter Hellas' gegen den Angreifer zu Hilfe und bat sie, über alle nationalen Differenzen hinwegzusehen. Das taten die Melier im Jahr 415 v. Chr. bei ihrem rührenden Versuch, die bösen Absichten Athens zu durchkreuzen: »Trotzdem hegen wir die Zuversicht, daß die Götter uns ebensoviel Glück bescheren werden wie euch, weil wir etwas Rechtes gegen das Unrechte vertreten.« Aber ein derartiger Appell blieb wirkungslos, weil das Nationalgefühl seine Voraussetzungen über den Haufen warf. Obwohl die griechischen Götter ein Teil des gemeinsamen Erbes waren, trug ihr Einfluß viel dazu bei, in vielen Kleinkriegen das Erbe zu entzweien.

Die griechische Religion beruhte auf dem Glauben an die »Kraft« im weitesten Sinne des Wortes und ganz besonders an jene Kraft, die den Menschen befähigt, seine Eigenschaften und Chancen auf das beste auszuwerten. Die Götter, die diesen Glauben verkörperten, unterstützten die Menschen, indem sie ihre Fähigkeiten auf vielen Tätigkeitsgebieten stärkten. Die Religion unterstrich die Würde des Handelns und gab ihm einen belebenden Anstoß. Dabei aber wurde etwas vernachlässigt, das wir mit dem Begriff des Religiösen verbinden und eigentlich von ihm fordern. Erst als ihre Zivilisation zu zerfallen begann, bildeten sich die Griechen eine erste vage Vorstellung von der menschlichen Brüderschaft, und auch dann noch war es mehr ein abstraktes Ideal als eine bewußte Überzeugung. Was wir in der griechischen Religion vermissen, ist die Liebe. Die Götter mögen ihre Günstlinge unter den Menschen haben, aber in Notzeiten lassen sie

sie im Stich, so wie Apollon den Hektor, als dieser endlich
dem Achilles begegnen muß, oder Artemis den Hippolyt, als
Aphrodite ihn zugrunde richtet. Die Menschen mögen die
Götter hochachten und sich mit ihnen anfreunden, aber es
existiert nichts, das man mit Recht als die Liebe zur Gottheit
bezeichnen könnte, und obwohl Aristoteles sich einer solchen
Möglichkeit dunkel bewußt war, sagt einer seiner Schüler:
»Es wäre seltsam, wenn jemand behaupten wollte, daß er
Zeus liebe.« Wenn eine derartige Beziehung zwischen Göt-
tern und Menschen fehlt, hat auch das Verhältnis der Men-
schen untereinander keine himmlische Sanktion. Der tiefe
Sinn der Griechen für die Familie und die Freunde fand
wenig Stütze an den religiösen Vorstellungen. Freilich war
Zeus der Gott des häuslichen Herdes, der Freundschaft und
der Gastlichkeit, aber er verlangte mehr Gehorsam als Liebe.
Gerade weil die Götter die Kraft und die Macht personifizier-
ten und diese Faktoren bei den örtlichen und nationalen
Bindungen eine so wichtige Rolle spielten, konnten sie sich
schwerlich ein so einigendes Prinzip wie die Liebe zu eigen
machen. Obwohl die Griechen Ordnung liebten und sie in
allen Zusammenhängen suchten, wollten sie nicht begreifen,
daß die beste Grundlage der Ordnung liebevolle Zuneigung
ist. So schuf also die Religion mit ihrem Machtkult Einflüsse,
die unvermeidlich miteinander in Konflikt gerieten, und
war außerstande, ein einheitliches und einigendes Prinzip zu
finden, das sich in den Göttern verkörperte und wert gewesen wäre, von den Menschen allgemein nachgeahmt zu
werden.
Nicht nur die kultischen Gebräuche erhielten die griechische
Religion am Leben, sondern auch ihre Fähigkeit, neue Ideen
in sich aufzunehmen, ohne ihre charakteristischen Züge zu
verlieren. Gerade weil sie kein Glaubensbekenntnis und

keine heiligen Schriften besaß, erlaubte sie weitläufige Spekulationen über das Wesen und die Befugnisse der Götter und war normalerweise sehr tolerant, vorausgesetzt, daß ihre grundlegenden Annahmen nicht in Frage gestellt wurden. Trotzdem mußte sie sich allerlei Angriffe gefallen lassen, und zumindest von der zweiten Hälfte des 6. Jahrhunderts an wurden solche Angriffe von mehr als nur einer Seite geführt. Eine der kritischen Strömungen appellierte an den Verstand und erklärte, die herrschenden Vorstellungen von den Göttern seien für intelligente Menschen unhaltbar. Ein leichtes Ziel war der anthropomorphe Charakter der Götter, und Xenophanes legte den Finger auf den wunden Punkt: »Ja, wenn die Ochsen und die Pferde und die Löwen Hände hätten und genauso wie die Menschen Kunstwerke herstellten, würden die Pferde die Götter in Pferdegestalt malen, die Ochsen ihnen Ochsengestalt verleihen und alle die verschiedenen Tiergattungen die Götterbilder nach ihrem Ebenbild formen.« An Stelle der üblichen Gottheiten schlug er vor: »Einen Gott, den größten unter Göttern und Menschen, der weder an Gestalt noch im Denken den Sterblichen gleicht.« Ein so umfassender Vorschlag dürfte wohl für die meisten Menschen untragbar gewesen sein, weil er die gesamte religiöse Konzeption dem menschlichen Verständnis entzog und sie damit hinfällig machte. Wenn ein Gott nicht einmal in seiner Denkweise den Sterblichen gleicht, können diese kaum in Beziehung zu ihm treten, und der religiöse Instinkt verkümmert, weil ihm der Umgang mit dem Göttlichen fehlt. Nur einige wenige kühne Denker begriffen diese Kritik und die wirklichen Schwierigkeiten, die mit ihr verknüpft waren. Heraklit lehnte zwar den anthropomorphen Gottesbegriff ab, behauptete jedoch, daß die Gottheit auf eine überlegene Art dennoch dem Menschen ähnlich sei:

»Der weiseste Mann ist im Vergleich zu Gott ein Affe, so wie der schönste Affe im Vergleich zum Menschen häßlich ist.« Im 4. Jahrhundert wurde dieser Gedankengang von Platon und Aristoteles mit aller Kraft wieder aufgenommen. Beide waren der Meinung, Gott sei nicht wie der Mensch beschaffen, habe jedoch eine gewisse Verwandtschaft mit ihm, entweder, wie bei Platon, durch seine tiefe Anteilnahme an der Frage nach Recht und Unrecht oder, wie bei Aristoteles, als reiner Geist und Hauptursache alles Seins. Solche Gedanken können bei den Durchschnittsmenschen keinen großen Widerhall gefunden haben, aber sie bildeten die endgültige Kritik an gewissen Ungereimtheiten der traditionellen Theologie.

Während man sich nun von der Auffassung entfernte, die Götter glichen den Menschen, suchte man gleichzeitig nach einem einzelnen Prinzip hinter der Vielfalt der Götter und bemühte sich sogar um eine Definition des spezifisch Göttlichen. So wie die Griechen oft von »Gott« sprechen, ohne näher zu erläutern, welchen besonderen Gott sie meinen, und damit zu verstehen geben, daß sämtliche Götter etwas miteinander gemein hätten, so tasteten sie sich Schritt für Schritt an den Begriff einer unteilbaren Gottesmacht heran, die sich freilich in verschiedenen Einzelgöttern offenbaren kann, aber trotzdem real ist und im Mittelpunkt der Weltordnung steht. So scheint auch Pindar, der mit den unterschiedlichen Charakteren und Obliegenheiten der Olympier wohl vertraut war, hinter ihrer Fassade etwas zu suchen, das über sie hinausgeht.

Schnell wie der Gedanke erreicht Gott sein Ziel:
Gott, der den beschwingten Adler fängt
und den Delphin im Meere einholt.

So wie dieser allgemeine Gottheitsbegriff erst einmal zur
Sprache gebracht worden war, führte er zu gewissen Spekulationen, die an sich noch nicht gotteslästerlich waren, aber
einen leicht agnostischen Anstrich hatten. Als Simonides
von Hieron nach dem Wesen und den Attributen der Götter
befragt wurde, schob er die Antwort immer wieder hinaus,
bis er schließlich, in die Enge getrieben, erklärte: Je länger
er über die Frage nachdenke, desto dunkler erscheine sie ihm.
Von diesem Ausgangspunkt gelangten denn auch manche
Denker zu dem Begriff der göttlichen Allmacht, so zum
Beispiel die Pythagoräer, die die Meinung vertraten, »es
verhalte sich nicht so, wie die Rationalisten vermuten, daß
den Göttern manches möglich und manches unmöglich sei,
sondern es sei ihnen alles möglich«, und insofern Platons
Vorläufer waren. Andererseits gab es Denker, die nicht der
Gottheit die höchste Macht zubilligen wollten, sondern hinter
den Göttern etwas anderes suchten, das mächtiger ist als sie.
Sie mochten es »Notwendigkeit« nennen wie Simonides, der
meint, auch die Götter könnten nicht gegen sie ankämpfen,
oder »Schicksal«, dem nach Herodot kein Gott entrinnen
kann, oder beide Begriffe zu einem geistreichen Muster ver-
flechten, wie Aischylos, wenn er den Prometheus sagen
läßt, Zeus könne nicht ändern, was vorausbestimmt ist, und
das Vorausbestimmte selber sei das Werk der Schicksalsgöttinnen und der Furien, welche der Notwendigkeit gehorchen. In allen diesen Fällen sehen wir, wie die Menschen sich
zu dem Begriff einer endgültigen und höchsten Ordnung
hintasten, der sogar die Götter sich zu fügen haben und
welche die Lenkung des Weltalls von jeglichem Verdacht der
Verantwortungslosigkeit oder des persönlichen Wankel-
mutes befreit. Die Griechen waren von dem Streben beseelt,
auch in den unfaßbarsten Ereignissen eine tiefere Ordnung

zu finden und die Götter einem Regime zu unterwerfen, ähnlich der Macht, die sie ihrerseits über die Menschen ausübten. Anfangs störten solche Vorstellungen nicht ernstlich den Glauben an die altvertrauten Götter, sondern machten sie nur noch mysteriöser und majestätischer. Aber sie erschlossen den Weg zu neuen Systemen, und mit der Zeit wurde ihr Einfluß immer sichtbarer.

Eine zweite Angriffsrichtung ging von moralischen Erwägungen aus. Wieder stand Xenophanes in der vordersten Reihe: »Homer und Hesiod haben den Göttern alle möglichen Handlungen zugetraut, die unter Menschen eine Schmach und Schande sind, Diebstahl, Ehebruch, Lug und Trug.« Galten die Götter erst einmal als die Wächter über Gut und Böse, dann war ein solcher Angriff durchaus berechtigt und auch für orthodoxe Köpfe keineswegs anstößig. Freilich erregte Euripides' Haltung, wenn er die Brutalität oder die Lüsternheit der Götter anprangert, besorgten Argwohn bei solchen Leuten, die befürchteten, er könnte damit den althergebrachten Glauben untergraben. Ihm dürfen wir Pindar an die Seite stellen, der zweifellos ein frommer Mann war, aber sehr oft in aller Stille Geschichten verbesserte, die den Göttern Schande machten, so zum Beispiel, wenn es hieß, Demeter habe die Schulter des Pelops verzehrt, oder Herakles habe in Pylos gegen Apollon, Poseidon und Hades gekämpft. Im darauffolgenden Jahrhundert nahm Platon den Fall wieder auf und sprach die Götter von all den Fehlern und Verbrechen frei, die man ihnen zugeschrieben hatte. Das war die logische Folge der neuen Strömung, aber die Strömung selber war unvermeidlich geworden in dem Augenblick, da man sich vorstellte, die Götter hätten mit Gut und Böse zu tun, und man müsse von ihnen erwarten, daß sie ihre eigenen Gebote befolgten.

Parallel mit diesen Strömungen machte sich eine Geistes-
haltung bemerkbar, die weit verhängnisvoller und destruk-
tiver war: Die Menschen beriefen sich auf die Willkür der
Götter, um ein Vorbild für ihr eigenes Verhalten zu haben.
Wenn Zeus im »Gefesselten Prometheus« des Aischylos sich
wie ein junger Tyrann benimmt und auf das Recht der überlegenen Stärke pocht, besteht kein Grund, warum nicht die
Menschen ihm nacheifern sollten. Mindestens einmal ist das
nun auch bei einem sehr häßlichen Anlaß passiert. Als die
Melianer die Götter Hellas' gegen die ungerechte Unter-
drückung durch die Athener um Hilfe anriefen, antworteten
die Athener:
»Was die Gunst der Götter betrifft, glauben wir auf sie
ein ebenso großes Anrecht zu haben wie sie. Unsere Ziele
und Handlungen sind durchaus mit den Vorstellungen vereinbar, die der Mensch sich von den Göttern macht, und mit
den Grundsätzen, die ihr Verhalten bedingen. Unsere Auffassung von den Göttern und unsere Menschenkenntnis lassen uns annehmen, daß wir ein allgemeines und zwangs-
läufiges Naturgesetz befolgen, wenn wir unsere Herrschaft
überall geltend machen, wo es uns nur möglich ist.«
Diese Haltung hing sicherlich bis zu einem gewissen Grad
mit dem allgemeinen Sittenverfall zusammen, den der Peloponnesische Krieg herbeigeführt hatte, aber sie zeigt, daß
zwar auf der einen Seite das griechische Denken sich dem
Monotheismus und einer moralistischen Weltanschauung
näherte, daß aber andererseits der Begriff göttlicher Machtvollkommenheit auch zu schädlichen Zwecken mißbraucht
werden konnte. Wenn die Götter engstirnige Nationalinter-
essen repräsentieren durften, zogen die Athener aus ihrem
Charakter und ihrem Beispiel durchaus berechtigte Schlußfolgerungen. Diese Situation ergab sich zu einem Zeitpunkt,

da das religiöse Leben durch politische und geistige Krisen schwer erschüttert worden war, und war zweifellos insofern abnorm, als sie unter besseren Bedingungen nicht entstanden sein würde. Aber daß sie entstand, deutet auf eine wirkliche Schwäche im religiösen Weltbild der Griechen hin. Sein Vermögen, neue Ideen in sich aufzunehmen, war dadurch begrenzt, daß man in den Göttern die Verkörperung der Macht erblickte. Solange diese Vorstellung herrschte, konnte das religiöse Gewissen keine begründeten Einwände erheben. Das schlimme aber war, daß gerade die besten Ideen der Zeit sich dieser Formel nicht fügten und nicht nur nicht absorbiert, sondern sogar in manchen Fällen mit Hohn und Feindseligkeit zurückgewiesen wurden. Der Götterglaube, einstmals, als Griechenland noch jung und gesund war, eine belebende Kraftquelle, drohte eine Gefahr zu werden, so wie die soziale Struktur, die ihn stützte, durch die demoralisierenden Folgen des Krieges erschüttert worden war.

Die griechische Religion verkörpert ein eindrucksvolles Paradoxon. Obwohl sie der Göttermacht eine wichtige Rolle zuschreibt und behauptet, die Götter schenkten den Menschen einen Teil dieser Macht, wenn auch in ganz verschiedenem Ausmaß, stellen wir oft mit Erstaunen fest, daß die Griechen sich durchaus nicht über ihre Leistungen freuen, sondern zu der melancholischen Auffassung gelangen, das Leben sei Schall und Rauch und der Mensch ein Traum. Sophokles, dessen Leben in die stolzeste Epoche Athens fällt, äußert eine allgemein vertretene Ansicht:

Nie gelebt zu haben, sei das Beste, sagen alte Dichter –
nie einen Atemzug getan, nie dem Tag ins Auge geblickt zu haben.
Das Zweitbeste aber: Ein frohes Gutenacht – und schnell den
Rücken kehren.

Das sollte man eigentlich kaum von einem Dichter erwarten, der sich als Gleichgestellter unter den großen Männern des perikleischen Zeitalters bewegte. Es genügt auch nicht, darauf hinzuweisen, daß es sich nicht um ein persönliches Bekenntnis, sondern um eine dramatische Replik handle. Wichtig ist, daß die Griechen sehr oft dergleichen Äußerungen getan haben. Zweifellos wurde ihr Lebenshunger durch das Gefühl beeinträchtigt, daß nichts der Mühe lohne und daß es am besten sei, gar nicht auf die Welt zu kommen. Es ist, als hätten sie nach ihren gewaltigen Anstrengungen sich gefragt, was sie denn damit gewonnen hätten – und die Antwort lautete: nichts. Vielleicht gehörte eine solche Gemütsverfassung zwangsläufig zu einem Weltbild, das unaufhörlich heldenhafte Taten verlangte und vom Menschen erwartete, daß er stets seine äußerste Kraft entfalte. Unweigerlich mußte er ab und zu in eine gedrückte Stimmung geraten und das Gefühl haben, man fordere zuviel von ihm. Wenn die Zukunft so völlig dunkel ist, hat es wenig Zweck, sich anzustrengen, und es könnte ein Trost sein, die Eitelkeit alles Bestehenden zu beklagen.

Das wußten die Griechen, und sie leugneten nicht, daß es ein Körnchen Wahrheit enthalte. Sie akzeptierten die traurige Tatsache, daß sehr vieles im Leben brüchig und unwesentlich ist und daß auch die größten Bemühungen oft scheitern; aber sie waren zugleich überzeugt, das Leben könne ganz plötzlich hell und groß werden, voll und wunderbar. Aber das ist nur möglich, wenn man sich aufs äußerste anstrengt und seine Kräfte harmonisch einsetzt. Zu solchen Zeiten erkennt der Mensch sein eigentliches Wesen, und wenn die Götter ihm wohlgesinnt sind, genießt er ein erhabenes Glück, das sich an himmlischer Vollkommenheit mit dem ihren messen kann. Es ist ihm nicht gegeben, einen solchen Augenblick herbei-

zurufen, er darf nur hoffen, daß er ihm auf unberechenbare
Weise vergönnt sein möge. Es mag wirklich nur ein kurzer
Augenblick sein – und auch im besten Falle wird er nicht oft
wiederkehren. Wenn er jedoch kommt, ist er über die Maßen
kostbar. Pindar spricht davon in ruhigen und bündigen
Worten:

> Des Menschen Leben ist ein Tag. Was ist er?
> Was ist er nicht? Ein Schatten in einem Traum
> ist der Mensch, aber spendet Gott sein helles Licht,
> liegt Glanz auf der Erde,
> und honigsüß ist das Leben.

Obgleich die Griechen wußten, daß sie sich keine göttlichen
Rechte anmaßen durften oder konnten und daß auch das
schwerste Bemühen oft keinen Lohn, sondern nur ein Gefühl
der Leere einbringt, wußten sie zugleich, daß ihnen zuweilen
ein nahezu himmlisches Glück vergönnt war. Diese Überzeugung stand im Mittelpunkt ihres Daseins und tröstete
sie über die trübe Ahnung hinweg, daß die Menschen-
geschlechter dahinwelken wie das Laub und daß am Ende
der Tod auf uns wartet, ein Tod, der keine Unterschiede
kennt.

Viertes Kapitel

DIE STADT UND DER EINZELMENSCH

DIE GRIECHEN hielten den Stadtstaat für die natürliche und richtige Grundzelle menschlicher Gesellschaft. Sie wußten, daß es ihn bei anderen Völkern nicht gab, aber das war nur abermals ein Zeichen für die Minderwertigkeit der Barbaren, und wenn in Griechenland selbst etwas zu seinen Gunsten gesagt werden sollte, brauchte man nur einen Vergleich mit der Vergangenheit zu ziehen, als die Menschen in kleinen Dörfern ein ständig gefährdetes Leben fristeten und kaum mehr als die nackte Notdurft des Lebens befriedigen konnten. Ihrer Meinung nach hatte sich der Stadtstaat ganz natürlich aus der Familie und sodann aus der Dorfgemeinschaft entwickelt und besaß die Vorteile beider Formen, ohne ihren Beschränkungen unterworfen zu sein. Sie richteten auch keineswegs ihre Blicke über ihn hinaus auf eine umfassendere Einheit. Noch im 4. Jahrhundert, kurz bevor Alexander ganz Griechenland und einen großen Teil Asiens unter seinem Zepter einigen sollte, betrachteten Platon und Aristoteles nach wie vor den Stadtstaat als den logischen Abschluß der sozialen Entwicklung und machten ihn zur Grundlage ihrer Vorstellungen von einer idealen Gesellschaftsordnung. Obgleich die Zukunft den Riesenreichen der hellenistischen Monarchien und Roms gehörte, haben die Griechen das

weder vorausgesehen noch herbeigewünscht, so tief waren
sie in ihrem eigenen System und dessen vielfältigen Reizen
verwurzelt. Es fiel ihnen nicht ein, daß es im Interesse des
Friedens und der Sicherheit wünschenswert sein könnte, die
kulturelle Einheit Griechenlands in eine politische zu verwandeln. Sie blieben dem Stadtstaat treu, er stand im Mittelpunkt ihres Denkens. Auch als im 5. Jahrhundert Athen und
Sparta Reiche gründeten, waren das zum größten Teil lose
Koalitionen, deren Mitglieder ein beträchtliches Maß lokaler
Autonomie behielten, und man hatte keineswegs das Gefühl
einer einheitlichen Gemeinschaft. Wenn auch der Vorrang
des Stadtstaates durch starke lokale Traditionen gestärkt
werden konnte – seine feste Position verdankte er den greifbaren Vorteilen, die er seinen Bürgern bot, und dem Umstand, daß er ihnen einen geordneten Rahmen für ihr Dasein sicherte.

Die Stärke des Stadtstaates kennzeichnet Aristoteles, wenn
er sagt: »Um des nackten Lebens willen ist er entstanden,
um des guten Lebens willen bleibt er bestehen.« Dieses gute
Leben wußten die Griechen zu schätzen, und sie waren bereit, es um jeden Preis zu verteidigen. Wenn wir fragen, worin seine besonderen Vorzüge lagen und inwiefern es anderen
Lebensformen überlegen war, lautet vorerst die Antwort:
Darin, daß Recht und Gesetz die Grundlagen der Staatsmacht
bildeten. Die Griechen waren überzeugt, daß nur sie selber
zum Unterschied von den Barbaren, die einem verantwor-
tungslosen Monarchen auf Gnade und Ungnade ausgeliefert
seien, Gesetze besäßen, die ihr Leben schützten und ihnen
erlaubten, die Laufbahn zu beschreiten, die ihren Wünschen
entsprach. Obwohl aus den babylonischen und hethitischen
Gesetzessammlungen hervorgeht, daß asiatische Monarchien
viele Jahrhunderte vor den ersten griechischen Gesetzgebern

komplizierte Rechtssysteme entwickelt hatten, wußten entweder die Griechen nichts davon, oder sie lehnten sie ab – so wie sie das Rechtswesen der Meder und Perser ablehnten, weil ihm eine andere Rechtsauffassung zugrunde lag, welche die Willkür eines einzelnen zum letzten Quell der Staatsgewalt macht. In Griechenland galt stets, um welche Regierungsform es sich auch handeln mochte, das Gesetz als die Grundlage der Gesellschaftsordnung. Genauso wie der Demokrat Perikles im Namen der Athener erklärt: »In öffentlichen Angelegenheiten verwehrt uns tiefer Respekt vor den Gesetzen, sie zu übertreten...«, so behauptet sein Gegner, König Archidamos von Sparta, sein Volk sei »allzu streng in der Selbstbeherrschung erzogen, um gegen die Gesetze verstoßen zu können«. Die Achtung vor dem Gesetz war fest im griechischen Volkscharakter verankert und wurde sowohl von Dichtern wie Aischylos, der sich viel mit den Funktionen und Sanktionen des Gesetzes beschäftigte, als auch von Philosophen wie Heraklit bekräftigt, der den meisten Griechen aus der Seele sprach, wenn er sagte: »Ein Gesetz muß das Volk ebenso tapfer verteidigen wie einen Wall.« Weil sie in einem Rechtsstaat lebten, meinten sie, einen unschätzbaren Vorteil vor den versklavten Millionen Asiens vorauszuhaben, die von der Angst vor einem Autokraten angetrieben wurden und nicht die Selbstzucht besaßen, der die Griechen sich willig und stolz unterwarfen. Herodot läßt den verbannten Spartanerkönig Demaratos zu Xerxes über seine Landsleute sagen: »Sie sind frei, aber nicht in allem, da über ihnen als ihr Herr und Meister das Gesetz steht, das sie in der Tiefe ihres Herzens weit mehr fürchten, als dein Volk dich fürchtet.« Die Griechen legten das allergrößte Gewicht auf eine rechtsstaatliche Ordnung und hatten dafür ihre guten Gründe.

Man glaubte, daß die Gesetze uralte Traditionen verkörperten und den in Jahrhunderten durch Gebrauch und Sitte kanonisierten Geboten eine festumrissene Form verliehen. Bei Homer sind die Könige die Hüter der Traditionen oder »Urteilssprüche«, die sie als ihr ererbtes Recht verwalten und selber interpretieren oder durch ihre Richter interpretieren lassen. Ein solches System bringt die Gefahr mit sich, daß die Kenntnis der Traditionen auf den König und seine Handlanger beschränkt bleibt. Seine Untertanen wissen nicht, woran sie sich zu halten haben, und fallen daher sehr leicht der Ungerechtigkeit zum Opfer. Hesiod kannte dieses System und beschwerte sich darüber:

> Aufruhr bricht los, wenn die Gerechtigkeit davongeschleppt
> wird und wenn
> bestochene Giermäuler sich ihrer bemächtigen und
> bösen Sinnes Urteil sprechen.

Um sich dagegen zu sichern, muß man ein geschriebenes Gesetz haben, das allen bekannt ist, und vom 7. Jahrhundert an kodifizierten berühmte Gesetzgeber in vielen Gegenden Griechenlands die Traditionen und Gebräuche und schufen eine passende Rechtsgrundlage für das bürgerliche Leben. Nachdem nun endlich die Gesetze aufgezeichnet und veröffentlicht worden waren (manchmal in Stein gemeißelt auf öffentlichen Plätzen), konnte kein Zweifel mehr an ihrem Inhalt bestehen, und einem schwelenden Übelstand war abgeholfen. Solche Gesetzessammlungen konnten sowohl das Verfassungs- wie das Privatrecht umfassen und gleichzeitig festlegen, wie eine Stadt zu regieren und wie Verbrechen gegen die Person zu bestrafen seien. Sie beschäftigten sich ferner ausführlich mit dem Privateigentum, dem Erbrecht, der

Oben: Der auf einer großen Bergterrasse gelegene Tempelbezirk des Apollon-
Heiligtums in Delphi (der erste Tempel entstand schon im 7. Jh. v. Chr.); im
Vordergrund links das aus dem 4. Jh. v. Chr. stammende, gut erhaltene Theater.
Unten: Die Korenhalle des Erechtheions auf der Akropolis in Athen.
Erbaut zwischen 421 und 406 v. Chr.

Sklaverei und ähnlichen Dingen. Die Griechen setzten den durch das Gesetz erfaßten Lebensbezirken keinerlei Grenzen, und wenn auch einige Systeme heftig kritisiert wurden, geschah das mehr wegen ihrer Verfassungsbestimmungen oder wegen der Strenge der Strafen als wegen ihres Verstoßes gegen die »Menschenrechte«, wie wir uns heute ausdrücken würden. Man hielt es für so viel besser, Gesetze zu haben, als von den persönlichen Launen der Könige oder ihrer Handlanger abhängig zu sein, daß man den Gesetzen auch solche Sphären auslieferte, die unserer Meinung nach außerhalb ihres Zugriffes liegen sollten. Bei all ihrer Freiheitsliebe betrachteten die Griechen die gesetzliche Ordnung, mochte sie auch noch so einschneidend sein, als wesentliche Voraussetzung ihres Wohlbefindens. Tatsächlich ließ auch die Struktur der griechischen Gesellschaft nicht zu, daß Gesetze allzu lästig wurden oder in ungebührlichem Ausmaß den Unternehmungsgeist des einzelnen beeinträchtigten. Wenn sie sich allzuviel angemaßt hätten, wären sie nicht durchführbar gewesen. So aber schufen sie eine feste Grundlage, auf der die Menschen ein geordnetes Leben führen konnten.

Da die Gesetze aus alten Gebräuchen abgeleitet wurden, war es nur natürlich, anzunehmen, daß sie von den Göttern genehmigt seien und in gewisser Hinsicht ihren Willen repräsentierten. Das war das griechische Äquivalent für das Naturrecht und wurde von Heraklit formuliert: »Alle Menschengesetze entsprießen dem einen Himmelsgesetz.« Historisch gesehen mochte das nicht viel mehr bedeuten, als daß der Staat die Rechtsbefugnisse übernahm, die früher einmal der Familie gehört hatten, aber es bedeutete zugleich, daß die Gesetze deshalb verehrt wurden, weil sie letzten Endes durch den Willen der Götter sanktioniert waren. Wenn Homer in einem Gleichnis berichtet, wie die Götter über ungerechte

Urteilssprüche erzürnt sind und Gewitter und Sturmfluten
senden, um die Stadt zu bestrafen, die sie duldet, spiegelt sich
hier schon in einem sehr frühen Stadium die Auffassung
wider, an der die Griechen auch späterhin festhielten, nämlich, daß die Gesetze unter dem Schutz der Götter stehen,
weil sie den göttlichen Willen verkörpern und weil jeder,
der gegen sie verstößt, den Zorn der Götter beschwört.
Obwohl die Griechen nicht mit dem munteren Optimismus
unseres 19. Jahrhunderts an den Fortschritt glaubten, sahen
sie doch, daß die Menschen sich aus niedrigen und sogar
tierischen Anfängen emporgearbeitet hatten und billigten
der Macht des Gesetzes einen beträchtlichen Anteil an diesem
Prozeß zu. Protagoras beschreibt den Sieg des Menschen
über die Naturkräfte als einen vom Himmel befohlenen Vorgang und berichtet, Zeus habe den Boten Hermes mit der
Weisung auf die Erde geschickt: »Verkündige mein Gesetz,
daß als eine Pest in der Stadt der Mann auszurotten sei, der
nicht teilzuhaben vermag an Anstand und Gerechtigkeit.«
Sophokles äußert einen ganz ähnlichen Gedanken in einem
berühmten Gesang, in dem die wunderbaren Errungenschaften
der Menschheit gepriesen werden, mit der Schlußfolgerung,
daß unter ihnen das Gesetz vielleicht die allerwichtigste Er-
rungenschaft ist.

> Mit unglaublichem Scharfsinn
> und schlau ersonnenen Künsten
> geht er seines Weges, bald zum Bösen, bald zum Guten.
> Befolgt er die Gesetze des Landes
> und den Götterspruch, den zu wahren er gelobt hat,
> ist groß seine Stadt. Keine Stadt aber hat jener,
> der sich kühn erfrecht, mit
> Missetaten zu wandeln.

Die Theorie von der Gerechtigkeit wurzelt in der Überzeugung, daß die Menschen durch die Gesetze erzogen und gebessert werden und daß die gesamte Zivilisation auf ihnen beruht, weil sie die Moral und die sozialen Tugenden fördern. Die Griechen hielten das Gesetz für ein wesentliches Element des Wohlstandes, weil es den Willen der Götter ausdrückt, die es bewachen und schützen. Zum Glück bedeutete die griechische Vorstellung von der Ähnlichkeit zwischen Göttern und Menschen nicht etwa, daß die Gesetze sich wie in orientalischen Ländern vor allem mit religiösen Riten befaßten, sondern daß ihr Augenmerk auf das Verhalten der Menschen untereinander gerichtet war.

Wenn die Gesetze den Willen der Götter widerspiegeln, muß es unrecht sein, ihnen nicht zu gehorchen, und Sokrates mochte sich nicht so paradox ausgedrückt haben wie üblich, wenn er sagte, man dürfe nie gegen sie verstoßen, weil ein Verstoß an einem einzigen Punkte ihre gesamte Autorität untergräbt und weil sie das Vaterland schützen, das noch heiliger ist als die Familie. Daher wirkt es auf den ersten Blick sonderbar, daß in einer der berühmtesten griechischen Tragödien, der »Antigone« des Sophokles, als Heldin eine junge Frau auftritt, die dem Befehl Kreons, des Königs von Theben, daß ihrem Bruder das Begräbnis verweigert sei, weil er ein Verräter war, trotzt und dafür in den Tod geht. Daß Sophokles mit Antigone gegen Kreon sympathisiert, steht außer Zweifel; trotzdem dürfen wir uns wundern, wenn sie sich folgendermaßen verteidigt:

Nicht Zeus war es, meine ich, der dieses Gebot erließ,
noch die Gerechtigkeit, die bei den Göttern wohnt
und den Menschen die Gesetze gab.
Und mich dünken auch deine Befehle nicht so stark,

daß irgendein Sterblicher sich hinwegsetzen dürfte
über die ungeschriebenen und unsterblichen Gesetze der Götter.
Ihr Leben ist nicht von heute und nicht von gestern,
sondern ewiglich, und niemand weiß, woher sie kommen.
Ich will nicht vor den Göttern dafür büßen,
jene übertreten zu haben aus Furcht vor eines
Menschen Zorn.

Damit wird behauptet, daß die Gesetze der Menschen mit
den ungeschriebenen Gesetzen der Götter in Konflikt geraten
können. Wenn ein solcher Gegensatz entsteht, muß man den
Gesetzen der Götter gehorchen. Allein die Annahme, daß
ein solcher Konflikt möglich sei, scheint schon anzudeuten,
daß die göttliche Herkunft der Gesetze nicht immer als selbstverständlich zu gelten habe. Wenn das stimmt, könnte man
Sophokles die Absicht unterschieben, eine der kostbarsten
Anschauungen des perikleischen Zeitalters in Zweifel zu ziehen. Aber damit ist der Konflikt in der »Antigone« nicht erklärt. Der Befehl, dem Antigone trotzt, ist kein Gesetz im
wahren Sinne des Wortes, sondern das willkürliche Edikt
eines Tyrannen. Indem Kreon einem Toten das Begräbnis
verweigert, trotzt er den Gesetzen der Götter, und sein
Gebot hat weder Gültigkeit noch Anspruch darauf, respektiert zu werden. Seine Handlungsweise ist nur abermals ein
Beispiel dafür, wie wichtig es ist, die Gesetze schriftlich fest-
zulegen und sie nicht den privaten Launen politischer Macht-
haber zu überlassen.
Trotzdem dürfen wir fragen, ob die Griechen alle Gesetze
ohne Unterschied für gerecht hielten und der Meinung waren,
es wäre falsch, sie zu ändern. Wie sehr das ein Problem war,
geht daraus hervor, daß Aristoteles es ausführlich erörtert
hat und zu keiner klaren Entscheidung kommen konnte. Obwohl er zugibt, daß die Gesetze, da sie von alten, zum Teil

barbarischen Gebräuchen herrühren, auch dann, wenn sie
aufgezeichnet worden sind, »nicht immer unverändert bestehen bleiben sollten«, hat er doch Angst vor allzu zahlreichen Änderungen, weil »die Bereitwilligkeit, von alten
Gesetzen zu neuen überzugehen, die Macht des Gesetzes
schwächt«. Doch obwohl die Schwierigkeit in der Theorie
sehr groß ist, ließ sie sich in der Praxis durch die einfache Annahme umgehen, daß die menschlichen Gesetze zwar den
Willen der Götter verkörperten, daß es aber offensichtlich
nicht leicht sei, diesen Willen korrekt zu deuten, und daß es
infolgedessen erlaubt sein müsse, Gesetze zu ändern. Obwohl
also Perikles recht weit zu gehen scheint, wenn er sagt, Gesetze seien »sämtliche von der Mehrheit der Versammelten
gebilligten und in Kraft gesetzten Vorschriften, durch die sie
bekanntgibt, was zu geschehen und was nicht zu geschehen
habe«, ist das logisch haltbar, wenn wir es mit seinen sonstigen
Erklärungen verknüpfen, daß die Athener den ungeschriebenen Gesetzen der Götter gehorchten und daß jeder, der
gegen sie verstoße, zu bestrafen sei. Seine Lehre läuft darauf
hinaus, daß das athenische Volk die einzige Autorität sei, die
zu Recht entscheiden könne, wie die Gesetze der Götter auf
die Menschen anzuwenden sind. Das ist ein kühner Standpunkt, aber er ist durchaus nicht unvereinbar mit den traditionellen Auffassungen der Griechen, wenn er auch mehr
Zutrauen in das souveräne Volk setzt, als vielen lieb sein
mochte. Gleichzeitig geht daraus hervor, daß der Begriff des
Gesetzes als einer von den Göttern sanktionierten Sitte nicht
so starr oder so schwerfällig war, wie sich erwarten ließe.
Die griechischen Gesetze befaßten sich mit dem Wesen der
politischen Verfassung und mit den Umwälzungen, die der
Verfall der Königsmacht nach sich zog. Ende des 8. Jahrhunderts spielte die Erbmonarchie in Griechenland fast gar keine

Rolle mehr. Entweder war sie, wie in Athen, wo eine unter
neun Amtspersonen den Königstitel trug, zu einer formalen
Rangbezeichnung degradiert oder, wie in Sparta, stark eingeschränkt worden: Dort gab es zwei Könige, die im Feld
als Heerführer über erhebliche Machtbefugnisse verfügten,
aber in Friedenszeiten und in innerpolitischen Fragen recht
wenig zu sagen hatten. Freilich waren in Thessalien noch
einige kleinere Fürsten an der Macht geblieben, und anderwärts, vor allem auf Zypern, hatte die Erbmonarchie sich
einigermaßen behauptet. Aber im großen und ganzen war
etwa vom 7. Jahrhundert an die Monarchie im alten Sinne
kaum noch vorhanden und wurde allmählich durch schriftlich fixierte Verfassungen ersetzt, welche die Macht einer
bestimmten Klasse oder einem Personenkreis übertrugen,
mochte er klein oder groß sein. Die Griechen unterschieden
zwischen Oligarchien und Demokratien, je nachdem, ob die
Macht einigen wenigen zufiel oder dem Volk als ganzem.
Während ursprünglich die Herrschaft der wenigen die Herrschaft des Adels bedeutete, der die alten Rechte des Königs
unter sich aufteilte, wurde sie im Lauf der Zeit zur Herrschaft der Reichen, ob nun Reichtum vom Handel oder vom
Grundbesitz herrührte; und sehr oft basierte sie auf dem
Besitz. Die Demokratie dagegen behauptete, die Regierungs-
gewalt liege in den Händen der gesamten freien männlichen
erwachsenen Bevölkerung. Diese Staatsform entstand später
als die Oligarchie und kam seltener vor. Um die Mitte des
6. Jahrhunderts mögen auf Chios demokratische Einrichtungen bestanden haben, aber erst Athen stellte sich nach den
von Kleisthenes, 507 v. Chr., und von Ephialtes, 461 v. Chr.,
durchgeführten Reformen an die Spitze demokratischer Praxis und flößte anderen Staaten, die ihm nacheifern wollten,
Zuversicht und Mut ein. Im Karussell der Politik mochte das

Vorbild sich ändern, aber im großen und ganzen herrschten
in den mit Sparta verbündeten peloponnesischen Staaten die
Oligarchien vor und in den ionischen, die traditionelle Ver-
bindungen mit Athen hatten, die Demokratien. Der Unterschied zwischen der Herrschaft der wenigen und der Herrschaft der vielen war ein bedeutsamer Faktor in der griechischen Politik. Jede dieser Formen entwickelte ihre eigenen
Gesinnungsgrundlagen und ihre besonderen Züge, und jede
war von tiefem Mißtrauen gegen die andere erfüllt.

Die griechischen Oligarchien beruhten auf der wohlbekannten aristokratischen Vorstellung, daß ihre Mitglieder anderen
Menschen an Geburt und Geblüt überlegen seien. Sie bezeichneten sich ohne Scheu als »gut« oder »edel« oder »gerecht«
und ihre Gegner als »gemein« und »schlecht«. Ihr Umgang
mit Haustieren hatte sie auf die Vorzüge der Zuchtwahl aufmerksam gemacht, und sie bildeten sich ein, ihre Abstammung sei eine Garantie für vortreffliche Eigenschaften und
berechtige sie zu regieren, nach dem Grundsatz, es sei natürlich, »daß die besten Ratschlüsse von den besten Männern
kommen«. Obwohl sie jeden, der nicht ihrer Klasse ange-
hörte, fürchten, beargwöhnen und verabscheuen mochten,
legten sie innerhalb ihrer Kreise große Duldsamkeit und viel
Verständnis für die Spielarten und Eigenheiten menschlicher
Persönlichkeit an den Tag. Das aristokratische Zeitalter zeigt
uns bedeutende Gestalten wie Archilochos, der sich rückhaltlos und offen zu allem äußerte, was ihn berührte, und Alkaios,
der das Erregende der politischen Wirren und des Bürgerkrieges mit scharfem Blick für Realität durchschaute und die
Schwächen seiner Mitmenschen mit scharfer Zunge geißelte.
Vielleicht konnte nur eine solche Gesellschaft einer Frau wie
Sappho den Spielraum bieten, der ihr gestattete, ungehindert
ihr Genie zu entwickeln und ihren eigenen Vorstellungen im

Gegensatz zu dem robusten männlichen Treiben ringsumher nachzugehen:

Auf der dunklen Erde, sagen manche, ist das Lieblichste
eine Reiterschar oder, sagen andere, marschierende Krieger.
Andere wieder sagen es von Schiffen. Ich aber: Was immer
du liebst.

Wenn Männer wie Archilochos und Alkaios uns durch ihre unberechenbaren Reaktionen und ihre Bereitschaft, dem erstbesten Impuls nachzugeben, verblüffen, geschieht das alles sehr stilvoll und selbstbewußt und mit fesselnder Aufrichtigkeit. Diese Männer waren ganz und gar in sich selber beschlossen und wurden von ihren Mitmenschen dazu ermuntert. Sie erfreuten sich an ihrer Kleidung, an ihren Waffen, an ihrem Schmuck, an ihrer Frisur. Sie liebten Wein und Feste und hießen jeden Anlaß willkommen, vom schlechten Wetter bis zum Tod eines politischen Gegners. Selbst im Felde fanden sie Gelegenheit zu frohen Gelagen, sei es an Bord eines Schiffes, sei es in der Pause vor der Schlacht. Sie waren von sich selber, von ihrer Stellung, von ihren Privilegien überzeugt und machten sie zur Basis einer tapferen und großzügigen Lebensweise.

Diese Lebensweise war deshalb so gut unterbaut, weil sie auf dem Grundbesitz beruhte. Die griechischen Oligarchen waren in erster Linie Grundbesitzer, und was das für sie bedeutete, trat erst richtig zu Tage, wenn sie wie Theognis durch eine soziale Umwälzung enteignet wurden:

Kyrnos, ich habe das schrille Geschrei des Kranichs gehört,
es bringt mir Botschaft, daß es an der Zeit sei
zu pflügen. Heftig pocht mein umschattetes Herz,
da andere meine Felder mit all ihren Blumen besitzen.

Auf dem Land zu leben, bedeutete auch, daß seine Besitzer
etwas von Pferden und Hunden verstanden und sie für ihre
Zwecke züchteten, daß sie die Hasenjagd liebten, die so aufregend sein konnte, daß »sogar der Liebende den Wunsch
seines Herzens vergißt«, oder den Anblick eines stolz einher-
schreitenden Rosses, das so »bewundernswert ist, daß es die
Blicke aller Zuschauer fesselt, ob alt oder jung«. Außerdem
gab es auf dem Lande uralte Sitten und Kulte, Quellen der
Gesänge und Tänze, an denen die Jugend Freude fand und
durch die sie Rhythmus, Balance und Stil lernte. Nicht ohne
Grund preist ein anonymer Dichter die »Erde, die Mutter
des Alls« als den Urquell dieser Anmut und festlichen Würde:

Das Ackerland ist schwer vom Weizen des Lebens, auf den Weiden
sind zahlreich die Rinder, reichliches Gut füllt das Haus,
schöne Frauen wandeln in ihrer Stadt, und mit gerechten Gesetzen
herrschen sie in Reichtum und hohem Wohlstand.
Die Jünglinge schreiten stolz in frisch erblühtem Frohsinn,
die Mädchen tummeln sich und frohlocken
heiteren Herzens in lieblichem Tanz auf dem weichen
                                        Blütenteppich des Rasens,
wenn du uns gnädig bist, große Königin, Göttin der Schönheit.

Es war das auch kein engbegrenztes Dasein, wenigstens nicht
im 6. Jahrhundert, als viele Angehörige des Landadels sich
dem Handel und abenteuerlichen Unternehmungen widmeten. Alkaios' Bruder, Antimenidas, kämpfte im Lager des
Königs von Babylon und hat vielleicht an dem Feldzug
Nebukadnezars gegen Jerusalem teilgenommen. In die Beine
einer Kolossalstatue vor dem großen Tempel von Abu-simbel
sind die Namen griechischer Söldner eingemeißelt, die für
Psammetich II., König von Ägypten (594–589 v. Chr.), ge-
fochten haben. Sapphos Bruder, Charaxos, ließ sich von einer

berühmten Kurtisane in Ägypten einfangen und wurde dafür von seiner Schwester streng getadelt. Pindar sagt von einem seiner Gönner:

> Zur Sommerszeit fährt er zum Phasis,
> und im Winter segelt er an die Gestade des Nils.

Obwohl das metaphorisch gemeint ist, beruht die Metapher auf Tatsachen. Freilich war die Welt des Adels fest in der Heimaterde verwurzelt, aber von dort aus erweiterte sich ständig ihr Horizont durch Fahrten, Handel und Krieg.
Die griechischen Oligarchien kamen an die Macht, indem sie sich der alten Monarchien entledigten und das Gesetz zur Grundlage ihrer Macht erhoben. Die Hauptlosung ihrer Politik lautete *eunomia* – Gesetzmäßigkeit –, womit sie nicht ausdrücken wollten, daß die Gesetze unbedingt gut seien, sondern daß ihre Befolgung zumindest die Ordnung des Regimes gewährleiste. Pindar hat dem Ideal der Oligarchen Ausdruck gegeben, als er von Korinth sagte:

> Dort wohnt das Gesetz samt seinen Geschwistern,
> sicheren Fundamenten der Städte,
> der Gerechtigkeit und dem Frieden, die mit ihr geboren wurden,
> die den Menschen Reichtum spenden,
> goldene Töchter des weiser Ratschlüsse mächtigen Rechts.

Einerseits schützte das Gesetz sie gegen die Ansprüche unverantwortlicher Monarchen, andererseits gegen die Forderungen der unprivilegierten Bevölkerung. Ihre Stellung war oft gefährdet, und sie entwickelten ein Klassenbewußtsein, das sie veranlaßte, mehr an die Vergangenheit zu denken als an die Zukunft, mehr den gegebenen Besitz zu wahren als neue Möglichkeiten zu erschließen. Doch obwohl das

aristokratische Leben einigen wenigen vorbehalten war, hat
es die griechische Zivilisation gefestigt und ihr ein besonderes Gefüge verliehen. Wer seine Freiheiten genoß, war verpflichtet, für die Aufrechterhaltung der Aristokratie zu sorgen, und die Achtung vor der Einzelpersönlichkeit wurde
durch den sozialen Rahmen garantiert, in den es eingefügt
war. Die Verbindung von Gesetz und Freiheit, von tätigem
Leben und einer instinktiven Hochachtung der Künste und
sogar der Wissenschaften, die Umstellung des alten Ehrbe-
griffes vom heroischen auf den sozialen Sinn, das Ideal des
vollentwickelten Mannes, der möglichst viel aus sich und
seinen Fähigkeiten herausholt, die glückliche Vereinigung
natürlichen Überschwanges mit einem Stilgefühl, das ihn nicht
hemmt, sondern ihm Richtung und Würde verleiht – alle
diese Merkmale des griechischen Lebens waren das Ergebnis
des oligarchischen Systems. Es hatte seine eigene *douceur de
vivre* (Anmut zu leben), beruhte jedoch auf festen Überzeugungen vom Wert und den Möglichkeiten der Persönlichkeit.

Die Demokratie, die in Athen ihre fortgeschrittenste und
aktivste Form erreichte, entstand dadurch, daß die Macht
nach und nach einer immer umfangreicheren Klasse zufiel, die
zuletzt sämtliche freien männlichen Bürger umfaßte. Sehr
bald nahm sie einen ausgeprägten Charakter an, der sie in
mehr als einer Hinsicht von modernen Demokratien unterscheidet. Sie hatte, zumindest in der ersten Zeit, einen un-
verkennbar aristokratischen Ton. Adelige Familien wie die
Alkmäoniden, die trotz ihres Reichtums und ihrer Herkunft
das neue System begrüßten und an seiner Errichtung führen-
den Anteil hatten, bewahrten die Tradition des Geschmacks
und der Eleganz. Von ihnen aus verbreitete sich ein gewisses
Stilgefühl auf weitere Kreise und gewann an Kraft und For-

mat. Künstler und Schriftsteller, die wußten, daß ihr Publikum nicht mehr aus einigen wenigen auserwählten Familien, sondern aus einem ganzen Volk bestand, verliehen den traditionellen Formen neuen Sinn und sparten keine Mühe, um sich der erweiterten Horizonte würdig zu erweisen. So findet man auch im bürgerlichen und häuslichen Leben, wie die Vasenmalereien es schildern, nichts Vulgäres oder Gemeines. Stets herrschen Stil und Geschmack und eine aristokratische Note, als gingen sie von Menschen aus, die es instinktiv verstehen, jeden Anlaß mit Charme und Würde zu erfüllen.

Diese aristokratische Gesellschaftsform wurde durch die Sklavenwirtschaft ermöglicht. Sie gestattete dem gewöhnlichen Volk in Athen ein Ausmaß an Muße, wie ein modernes Proletariat es kaum kennt. Es fällt leicht, dieses System zu verdammen, aber seine Mängel waren vielleicht nicht gar so groß, wie wir annehmen könnten. Athen unterschied sich von vielen anderen Sklavenhalternationen durch das Übergewicht der Freien über die Sklaven: Man schätzte das Verhältnis etwa auf zwei zu eins. Das reichte bei weitem nicht an den Umfang der Sklaverei im kaiserlichen Rom oder in irgendeinem orientalischen Lande oder sogar im klassischen Sparta heran, und teilweise hatte es seinen Grund darin, daß Athen zu arm war, um eine größere Anzahl von Sklaven kaufen und ernähren zu können. Die Sklaven wurden meist nicht in der Landwirtschaft, sondern in Bergwerken, Steinbrüchen und auf Schiffen beschäftigt und die Sklavinnen als Ammen in reichen Häusern. Selten waren sie griechischer Herkunft, da man sich dagegen sträubte, Landsleute auf solche Weise auszubeuten. Natürlich waren wie überall auch in Athen die Sklaven ihren Herren auf Gnade und Ungnade ausgeliefert und mochten unter ihren Launen und

Lastern zu leiden haben, obwohl zweifellos die ruhige Gemütsart und der gesunde Menschenverstand dafür sorgten, daß sie recht oft gut behandelt wurden. Es läßt sich nicht bezweifeln, daß die Besonderheit der athenischen Demokratie in hohem Grade der Sklavenwirtschaft zu verdanken war, die es den freien Bürgern ermöglichte, ihre Zeit auch noch anderen Dingen zu widmen als nur dem Broterwerb. Die Mehrzahl der Menschen mußte nach wie vor schwer arbeiten, aber sie konnten doch wenigstens ab und zu die Arbeit ruhen lassen und sich öffentlichen Angelegenheiten oder den Annehmlichkeiten der Muße widmen. So sehr wir die Sklaverei in allen ihren Formen beklagen mögen, dürfen wir nicht vergessen, daß in Athen die verschiedenartige Herkunft der Sklaven und ihre verhältnismäßig geringe Anzahl die Entstehung einer Art »Kolonial«-Wirtschaft verhinderten. Die freien Bürger bildeten den Hauptanteil der Bevölkerung und fast den ganzen bodenständigen Sektor, und hier trug das Ausmaß der Machtbefugnisse und der Verantwortung echt demokratischen Charakter.

Ein zweites Merkmal der athenischen Demokratie war ihre überschäumende Vitalität. Sobald erst einmal das Volk sich als Herr seines Schicksals fühlte, wurden seine Kräfte entfesselt und in viele neue Richtungen gelenkt. In der Dichtkunst, in der Athen sich bis dahin recht wenig hervorgetan hatte, wichen die Gesänge und Elegien des aristokratischen Zeitalters der wunderbaren Form des Dramas, das seinerseits aus den mit dem Dionysos-Kult verknüpften Bauernliedern und Pantomimen hervorgegangen war, nun aber zu einer außerordentlichen Kraft und Würde emporgehoben wurde. Der Parthenon und die Propyläen auf der Akropolis zeigen uns noch heute mit ihren Trümmern, wie die neue demokratische Architektur die der früheren Generationen an Format und Reichtum übertraf, und die Skulpturen des Parthenon schildern in mythischer Form den neuen Geist in voller Tätigkeit. Auf dem östlichen Giebelfeld sehen wir die Geburt Athenes auf dem Olymp: Eine himmlische Welt träumerischer Stille wird wachgerüttelt durch das plötzliche Erscheinen einer erwachsenen Göttin, und der Anblick erfüllt sie mit Staunen und ehrfürchtiger Scheu.

Auf dem westlichen Giebelfeld sehen wir den Kampf zwischen Athene und Poseidon um den Besitz Attikas: Zwei mächtige Gottheiten geraten miteinander in Streit, man fühlt ihre Kraft und ihre Anstrengung. Jedes der beiden Giebelfelder zeigt uns einen anderen Aspekt des Nationalmythos. Wenn wir auf dem östlichen sehen, was das Erscheinen Athenes, der göttlichen Verstandesmacht, selbst für den Olymp bedeutete, zeigt uns das westliche, was für eine Göttin das sein muß, daß sogar der Gott des Meeres vor ihr zittert. Beide Bildwerke handeln von der Macht – wie sie entsteht und wie sie sich voll entfaltet –, und beide bieten dem Auge die beispiellose Kraft, welche die Athener in sich fühlten und von der sie glaubten, sie sei von den Göttern inspiriert.

Dieser unbezähmbare Kampfgeist begnügte sich nicht damit, zu Hause zu bleiben und seine Siege nur auf innenpolitischem Gebiet zu erringen. Wie die siegreichen Vorkämpfer der Französischen Revolution empfanden auch die Athener den unwiderstehlichen Drang, über ihre Grenzen hinauszugehen und anderen Griechen die Segnungen ihres Systems aufzuzwingen. Ihre konservativeren Nachbarn waren natürlich beunruhigt, machten sich aber keine Illusionen. Das läßt sich den Worten eines Korinthers in Sparta entnehmen, der dort vor dem Ausbruch des Peloponnesischen Krieges (432–431 v. Chr.) Verhandlungen führte: »Ein Feiertag ist für sie

ein Tag, an dem man tut, was zu tun ist. Mühsal und Tätigkeit ziehen sie dem Frieden und der Stille vor. Mit einem
Wort, sie sind von Natur aus außerstande, sei es, selber ein
stilles Leben zu führen, sei es, anderen ein solches Leben zu
gönnen.« Das bedeutete, daß im 5. Jahrhundert die Athener
allmählich den im Kampf gegen Persien geschaffenen Bund
in ein Imperium verwandelten, dessen Mitglieder an Athen
Tribut zu entrichten hatten. In ihren eigenen Angelegenheiten verblieben die Verbündeten unabhängig, und für
ihren Tribut wurden sie dadurch schadlos gehalten, daß die
athenische Flotte sie vor den Persern schützte und daß außerdem athenische Heere bereitstanden, um für sie gegen die
nicht weniger imperialistischen Absichten Spartas zu kämpfen. Noch viel wichtiger aber war, daß die Athener von
ihren Verbündeten verlangten, sich demokratische Verfassungen zu geben. Obwohl das den tödlichen Haß der entmachteten Oligarchen erweckte, waren die Verbündeten im
allgemeinen mit ihrem Los zufrieden, wenn sie auch einen
untergeordneten Rang einnahmen und zusehen mußten, wie
ihre Gelder nicht nur für den Schiffsbau, sondern auch zur
Verherrlichung Athens verwendet wurden. Mit solchen Hilfsmitteln war Athen eine potentielle Gefahr für alle die griechischen Städte geworden, die seine Auffassungen nicht teil-
ten, und für fremde Länder, wie Ägypten, die schöne Er-
oberungsziele boten. Perikles sprach mit Recht von dem weit-
ausholenden Bereich athenischer Unternehmungen: »Denn
unsere Abenteuerlust hat uns den Zutritt zu jeglichem Meer
und zu jeglichem Lande verschafft, und überall haben wir
unsterbliche Andenken an das Gute, das wir unseren Freunden erweisen, und an die Leiden zurückgelassen, die wir unseren Feinden zufügen.« Athen widerlegt auf schlagende Weise
den optimistischen Trugschluß, daß Demokratien nicht krie-

gerisch oder eroberungssüchtig seien. Das Selbstvertrauen
der Athener ließ sich nicht in lokale Grenzen zwingen und
suchte auf Kosten anderer neue Abenteuerbereiche.

Ein drittes Charakteristikum der athenischen Demokratie
war die Redefreiheit. Sie wurde als grundlegend erachtet und
sehr großzügig interpretiert. Die Athener kannten fast keinerlei Verleumdungs- oder Beleidigungsparagraphen, und
ihre politischen Debatten waren ebenso aufrichtig und reich
an Schmähungen wie ihre privaten und gerichtlichen Zwistigkeiten. Offenbar liebten sie es, frei von der Leber weg zu
sprechen. Es gehörte wohl zu den Spielregeln, den Gegner
ordentlich herabzusetzen. In der Politik freilich hatte das seine
gefährlichen Seiten, wenn zum Beispiel Kleon und Hyperbolos durch die rohe Heftigkeit ihrer Worte die versammelten Bürger mitrissen, und wir können verstehen, warum sie
ebenso ausfällige Antworten provozierten, so wenn Ando-
kides von Hyperbolos sagt: »Ich schäme mich, den Namen
Hyperbolos' auszusprechen; sein Vater ist ein gebrandmark-
ter Sklave, der bis zum heutigen Tag im staatlichen Münz-
werk arbeitet; er selber ist ein Ausländer, ein Barbar, ein
Lampenmacher.« Noch verblüffender ist die unbegrenzte
Bewegungsfreiheit, die der Komödie gestattet war. Die
Komödiendichter scheuten absolut keine Mittel, wenn es galt,
Gestalten des öffentlichen Lebens zu verhöhnen. Aristopha-
nes macht sich auf ungezügelte Weise über Philosophen wie
Sokrates, Generäle wie Lamachos, Politiker wie Kleon und
Dichter wie Euripides lustig. Seine Späße sind rücksichtslos,
oft obszön und bösartig. Sein Sokrates ist ein schädlicher
Scharlatan, sein Lamachos ein alberner Feuerfresser, sein
Kleon ein gewalttätiger und rachsüchtiger Betrüger, sein
Euripides ein eingebildeter und empfindlicher Exhibitionist.
Diese Karikaturen müssen ein Körnchen Wahrheit enthalten

*Bronzestatue des sogen. Wagenlenkers von Delphi (Höhe 1,80 m),
ursprünglich zu einem Viergespann gehörend, einem Weihegeschenk des
Tyrannen Polyzalos von Gela. Um 475 v. Chr. Delphi, Museum.*

haben, sonst hätten sie ihre Wirkung verfehlt. Weder der
Einfluß noch der Ruf seiner Gegner konnte Aristophanes
erschrecken, und er wußte genau, wo ihre verwundbare Stelle
saß. Keine noch so demokratische moderne Gesellschaft würde
solche Freiheiten gewähren, und es ist ein bemerkenswerter
Tribut an das Selbstbewußtsein der Athener, daß sie selbst in
unruhigen Kriegszeiten sie zu dulden und zu schätzen wußten. Freilich hatte das auch insofern sein Gutes, als es ein
Sicherheitsventil für Leidenschaften bot, die sich sonst vielleicht gewaltsamer bemerkbar gemacht hätten als in wilden
Worten. Zuweilen mag die athenische Demokratie unter
solchen Sitten gelitten haben, aber die Annahme, daß eine
unbegrenzte Redefreiheit unerläßlich sei für den Bestand
einer zivilisierten Gemeinschaft, war im großen und ganzen
eine Kraftquelle. Ein Volk, das über sich selber zu lachen
vermag, ist gegen viele Katastrophen gefeit.

Obwohl die Erbmonarchie schon sehr früh von der griechischen Bühne verschwand, war die Autokratie keineswegs
unbekannt – nämlich in Form der Tyrannenherrschaft. Das
Wort stammt vom griechischen *tyrannos*, das angeblich lydischen Ursprungs ist und anfangs nichts anderes bedeutet
haben mochte als »König«. Die Tyrannis entstand auf verschiedene Art und aus verschiedenen Gründen. Der Tyrann
konnte der Vorkämpfer einer weniger privilegierten Klasse
gegen die eingesessene Aristokratie sein oder der Vertreter
nationaler Interessen gegenüber ausländischen Eindringlingen
oder der Wortführer des Volkes gegen ein korruptes Regime
oder der Führer einer bestimmten aristokratischen Gruppe
im Kampf gegen eine andere. Oft besänftigten sie die griechische Mentalität durch gewisse Konzessionen an die Rechtsordnung, entweder in der Art ihrer Verordnungen oder in
den Grenzen, die sie ihrem Amt setzten, oder in der Achtung

vor den bestehenden Gesetzen; oft aber hielten sie sich durch ihre bewaffneten Anhänger an der Macht. Zuweilen vererbten sie ihre Herrschaft auf den Sohn nach dem Beispiel der Erbmonarchien; meistens aber endete diese mit ihrem Leben. Die Tyrannis war das Ergebnis eines Machtkampfes zwischen verschiedenen Bevölkerungsschichten, der so scharfe Gegensätze enthüllte, daß man in irgendeiner Art von Autokratie das einzige Heilmittel sah. Am häufigsten kam sie im 6. Jahrhundert vor, als sich die sozialen Auseinandersetzungen verschärften durch das Erscheinen einer neuen Klasse, der Händlerklasse, mit der Entwicklung des Handwerks, mit der Erfindung des Münzwesens, mit der Erschließung neuer Märkte und mit dem Landhunger, der sich sehr deutlich bemerkbar machte, sobald die Bevölkerung zunahm. Im 5. Jahrhundert hatte sie ihre größten Erfolgschancen in abgelegenen Gegenden, wie zum Beispiel auf Sizilien, wo eine griechische Bevölkerung durch das eroberungslustige Karthago bedroht war und ein tüchtiger General ohne weiteres Sondervollmachten beanspruchen konnte, um seine Stadt zu verteidigen. In späteren Jahren verurteilten die Griechen die Tyrannis fast vorbehaltlos, anfangs jedoch standen sie ihr keineswegs ablehnend gegenüber, und es ist bemerkenswert, daß sogar in der attischen Tragödie das Wort *tyrannos* oft ohne nachteilige Bedeutung im Sinne von »König« verwendet wird. Moderne Auffassungen sind durch die Diskussionen zwischen Platon und Aristoteles gefärbt, die beide die Tyrannis als die denkbar schlimmste Staatsform verwerfen. Zu dieser Zeit war ihre ursprüngliche Brauchbarkeit bereits überlebt und hatte zu Mißbräuchen geführt, die ebenso wohlbekannt wie unausrottbar waren.

Im 6. Jahrhundert wahrten die griechischen Tyrannen in erweitertem Ausmaß den kultivierten Geschmack der Aristokratie und benützten ihre größeren finanziellen Mittel und ihren politischen Einfluß, um angesehene Gönner der Künste und Wissenschaften zu werden. Polykrates auf Samos unterstützte nicht nur lyrische Dichter, die er weit hergeholt hatte, wie Ibykos und Anakreon, sondern beschäftigte auch den berühmten Goldschmied Theodoros, den größten Arzt seiner Zeit, Dekomedes, und die Baumeister, die seine Mole und seinen unterirdischen Viadukt bauten, Werke, die man noch heute in Tigani bewundern kann. Als Peisistratos und sein Sohn einen großen Teil des Jahrhunderts hindurch in Athen regierten, verliehen sie der Stadt dadurch neuen Glanz, daß sie auf der Akropolis das Hekatompedon errichten ließen und durch seine Skulpturen von Löwen, Pferden, Hunden sowie auch Menschen die bildende Kunst förderten. Im 5. Jahrhundert waren mächtige sizilische Tyrannen wie Theron von Akragas und Hieron von Syrakus nicht nur die Initiatoren einiger der schönsten griechischen Münzen, die wir kennen, sondern auch die freigebigen Mäzene von Dichtern wie Simonides, Bacchylides, Pindar und Aischylos, und die Tempel von Akragas zeugen nach wie vor von dem Lebensstolz, der sie entstehen ließ. Die Tyrannen konnten die Künste mit verschwenderischer Hand betreuen, weil sie reicher waren als der frühere Adel, und solche Gönnerschaft war natürlich ein bedeutsames Mittel, um selber berühmt und bewundert zu werden. In einem Zeitalter raffinierter Pracht verstanden sie es vorzüglich, diesen Glanz noch zu steigern.

Die Gedichte Pindars werfen ein klares Licht auf die Art jener Gewaltherrscher. Er selber war ein Aristokrat aus Theben, und soweit er überhaupt bestimmte politische Ansichten vertrat, befürwortete er das Regime des Landadels und fand seine besten Freunde unter den Aristokraten auf Ägina.

Aber Sizilien hat ihn zweifellos stark beeindruckt. Hier gab es einen Reichtum und einen Prunk, wie man sie im eigentlichen Griechenland vergebens gesucht hätte, und außerdem eine Atmosphäre königlicher Majestät, die ihn tief berührte. Für ihn waren Hieron und Theron keine Emporkömmlinge, die sich den Weg zur Macht erkämpft hatten, sondern Könige mit all dem Glanz einer heroischen Vergangenheit, Männer, deren Los ein wahrhaft bewundernswertes und beneidenswertes war:

> Einer ist groß in dieser, ein anderer in jener Art,
> aber allen an der Spitze
> stehen die Könige. Blicke nicht darüber hinaus!
> Ich bete zum Himmel, du mögest erhaben schreiten
> all diese Tage dein Leben lang.

Pindar war der Meinung, die Könige seien wie fast niemand anderer in der Lage, die altehrwürdigen Tugenden der Freigebigkeit und Gastfreundschaft zu üben, und infolgedessen ganz besonders für das gute Leben ausgerüstet. Aber seiner Meinung nach belastete ihre hohe Stellung sie nicht nur mit besonderen Pflichten, sondern setzte sie auch besonderen Gefahren aus. So wie er an einer bestimmten Stelle Hieron auf den Unterschied zwischen einem schlechten König, Tantalus, und einem guten, Pelops, aufmerksam macht, so weist er an anderer Stelle auf die neuere Zeit hin, und seine Worte klingen fast wie eine Warnung:

> Das überaus gütige Herz des Kroisos wird nie vergehen,
> aber die unbarmherzige Seele,
> die in ihrem Kupferstier Menschen verbrannt hat,
> Phalaris, in jeglichem Lande
> streckt sein böser Ruf ihn zu Boden.

Nach der ersten freudigen Erregung begann Pindar einzusehen, daß an der Tyrannenherrschaft etwas nicht in Ordnung sei und daß er selber sich in ihrem Schatten nicht wohl
fühlte. Er fand die Hofluft bedrückend, ihm mißfielen die
üppig grassierenden Intrigen und Schmeicheleien. Er fand
sein eigenes, ruhigeres Leben angenehmer und hielt es für
gefährlich, über die »Mitte« hinauszugehen.

Pindars schließliche Ablehnung der Tyrannis zeigt, wie ein
ernster und vernünftiger Mann sie aus eigener Erfahrung
beurteilt hat. In früheren Generationen scheinen Ibykos,
Anakreon und sogar Simonides wenig Bedenken gegen sie
gehegt zu haben; stets aber dürfte sie das Mißtrauen und den
Abscheu des Landadels erregt haben. Theognis hält es nicht
für ein Unrecht, wenn man einen Tyrannen stürzt, »der das
Volk auffrißt«. Alkaios sieht in Pittakos einen vulgären
Emporkömmling und spottet über seine Spreizfüße, sein
prahlerisches Gehaben, seinen dicken Bauch, seine körperliche
Unsauberkeit und seine Saufsitten. Eine solche auf sozialen
Unterschieden beruhende und durch den Klassenkampf ge-
schürte Abneigung hatte es nicht schwer, sich zu rechtfertigen, und es wurde eine ganze Reihe von Argumenten angeführt, um zu beweisen, daß der Tyrann durch die Macht
korrumpiert wird. Man behauptete, seine Beweggründe seien
Anmaßung und Neid, und da niemand ihn zurechtweist,
»vergreift er sich an alten Gebräuchen, vergewaltigt Frauen
und läßt Menschen ohne Gerichtsverfahren hinrichten«. Mit
anderen Worten, er verstößt gegen das tiefverwurzelte griechische Anstandsgefühl, indem er sich über das Gesetz hin-
wegsetzt. Natürlich traf das nicht gleichmäßig auf sämtliche
Tyrannen zu, und in bezug auf den Athener Hipparchos
wird zugegeben, daß er im großen und ganzen die Gesetze
beachtete, aber mit der Zeit wurden die Lockungen der

Macht allzu stark und unwiderstehlich, und die Tyrannen
trachteten vor allem ihre eigenen Launen und Gelüste zu
befriedigen. Im 4. Jahrhundert war ihnen kein Mißbrauch
zu schlimm. Platon beschreibt einen Tyrannen als einen
Mann, der so sehr von Furcht und gesetzwidrigen Begierden
beherrscht wird, daß er rund um sich her eine ebenso wüste
Verheerung anrichtet, wie sie in seiner Seele besteht, und
Aristoteles erzählt, wie die Tyrannen zum Spielball der
Schmeichler werden, wie sie sich das Vertrauen ihrer Untertanen dadurch verscherzen, daß sie sie bespitzeln lassen, wie sie
der Zügellosigkeit und Sinnenlust verfallen, wie sie schlechte
Menschen den guten vorziehen und wahrlich die Verkörperung des Unrechtes sind. So sahen die Männer aus, die nach
der Macht zu greifen drohten, sowie entweder die Oligarchien oder die Demokratien in ihrer Wachsamkeit erlahmten.
Obgleich sowohl die Oberschichten wie das Volk die Tyrannen
fürchteten, schuf das kein Band zwischen ihnen und milderte
nicht den Haß, den sie füreinander empfanden. Ja, ein großer
Teil der griechischen Geschichte im 6. und im 5. Jahrhundert
wurde durch diesen Konflikt bestimmt. Der Klassenkampf
drehte sich zumeist um den Grundbesitz in einem Land, wo
der Boden nie sehr reich war und eine wachsende Bevölkerung nach restloser Nutzung jeder Ackerkrume schrie. Die
Fehden zwischen den Grundbesitzern und den landlosen
Bauern waren nicht nur langwierig und erbittert, sondern
wurden auch noch durch leidenschaftliche Argumente von
beiden Seiten her verschärft. Ausbrüche von Haß und Verachtung zeigen, wie heftig die Bedrohten oder die Enteig-
neten gegen ihre Gegner reagierten. Als Alkaios hört, daß
sein Feind Myrsilos gestorben ist, ruft er aus, jetzt müsse er
sich betrinken, um die frohe Botschaft zu feiern; ein anderer
Dichter, der alles verloren hat, bittet darum, so lange am

Leben bleiben zu dürfen, bis ihm vergönnt sei, das Blut seiner
Feinde zu trinken; in manchen Städten legten die herrschenden Oligarchen einen Eid ab: »Ich will ein Feind des Volkes
sein und ihm möglichst viel Schaden zufügen.« Solchen Gefühlen entsprachen die blutdürstigen Aktionen. Im Jahre
427 v. Chr. erschlugen die Demokraten in Korkyra jeden,
den sie im Verdacht hatten, er sei ihnen feindlich gesinnt; im
Jahre 404 v. Chr. ließ in Athen die Regierung der Dreißig
die Demokraten hinrichten, die gegen sie opponierten. Unter
diesen Umständen wurde der alte Gedanke, daß der Mensch
seine Feinde schädigen solle, zum wichtigsten Artikel des
politischen Credo. In der heroischen Welt war er hauptsächlich auf solche angewendet worden, die einen Mann in
seiner Ehre gekränkt hatten – nun galt er für alle politischen
Widersacher und hatte die kampfbereite Solidarität einer
Gesellschaftsklasse hinter sich.
Nicht alle Menschen beteiligten sich an diesen erbitterten
Kämpfen, und es muß viele gegeben haben, die sich bemühten, ihre Städte vor dem Übel zu bewahren. Wie ernst manche
es nehmen konnten, ist aus zwei wirklich poetischen Stellen
zu ersehen, die von entgegengesetzten Seiten her an das Problem herangehen und trotzdem eine bemerkenswerte Ähn-
lichkeit miteinander aufweisen. Die eine Stelle dürfte von
Simonides stammen, obwohl wir nicht wissen, wann und für
wen er sie geschrieben hat. Erhalten geblieben ist uns der
Anfang einer Hymne an die Schicksalsgöttinnen an einem
Ort, wo sie besonders geehrt wurden:

Hört, ihr Schicksalsgöttinnen, die ihr von allen Göttern dem
                    Thron des Zeus am nächsten sitzet
und mit diamantenen Schiffchen webt
unentrinnbare Ratschlüsse jeglicher Art ohne Zahl,

Aisa, Klotho und Lachesis,
schönarmige Töchter der Nacht,
erhöret unser Gebet, ihr überaus schrecklichen Göttinnen
des Himmels und der Erde.
Sendet uns das rotbusige Gesetz
und seine Geschwister auf schimmernden Thronen,
das Recht und den gekrönten Frieden, auf daß diese Stadt
das Unglück vergesse, das ihr schwer auf dem Herzen lastet.

Die Schicksalsgöttinnen werden als die höchsten Mächte neben
Zeus angerufen und gebeten, der geplagten Stadt die Horen
zu senden, die nach traditioneller Art als die drei hohen
Bürgertugenden bezeichnet werden. Diese Worte kommen
aus dem aristokratischen Lager, das sich rühmte, alle drei
Tugenden zu besitzen, aber es zeigt, wie tief der Dichter in
Zeiten der Not erschüttert ist und in welch feierlicher Stimmung er die Götter anfleht, den Frieden und das Glück
wiederherzustellen. Das Gegenstück hierzu bilden einige Zeilen von Aischylos, die nicht unmittelbar durch ähnliche Krisen inspiriert worden sind, aber zeigen, wie die Angst vor
solcher Not auch auf diesem mutigen Vorkämpfer des demokratischen Athen lastete, wenn er den Himmel darum bittet,
seine Stadt vor inneren Zwistigkeiten zu verschonen:

Nie, flehe ich euch, nie möge diese
Wurzel allen Übels, der Bürgerkrieg,
in ihren Grenzen toben,
nie möge der Erdenstaub das Blut ihrer Kinder trinken
und zürnend nach Rache dürsten,
Blut für Blut.
Lieber möge in freundlichem Bund
Freude sich der Freude vergelten,
alle vereint in Liebe und Haß.
So wird menschliches Übel geheilt.

Beide Dichter haben das gleiche Verlangen: Die Stadt soll
nicht durch innere Streitigkeiten entzweit und geplagt werden. Beide appellieren an die Friedens- und Ordnungsliebe,
denn Friede und Ordnung sind unerläßlich, will man ein
gutes Leben genießen. Doch obwohl viele Griechen diesen
Gedanken zugestimmt haben dürften, ersparten sie ihnen
keineswegs heftige Zwiste und blutige Kämpfe um Macht
und Rang. Gerade weil solche Kämpfe sich innerhalb einer
einzelnen Stadt abspielten, tobten sie um so gewaltsamer, da
die politischen Meinungsverschiedenheiten durch persönliche
Beleidigungen und persönlichen Groll verschärft wurden und
der Haß von der genauen Kenntnis der Handlungsweise und
der Absichten des Gegners zehrte.

Beispiellose Ausmaße nahm die Wildheit des Klassenkampfes
an, als Athen im Peloponnesischen Krieg gegen Sparta
kämpfte und jede Partei im feindlichen Lager Freunde besaß,
die deren Sache vertraten. Athen begründete und stützte die
Demokratien, Sparta die Oligarchien. Das bedeutete, daß sich
zuweilen zu den Greueln des Staatenkrieges noch die des
Bürgerkrieges gesellten, und was dabei herauskam, zeigt uns
Thukydides' Schilderung der Vorgänge in Korkyra und der
verworrenen Stimmung, die, wie er sagt, für viele griechische
Städte typisch war:

Fanatische Begeisterung war das Kennzeichen eines echten Mannes, und gegen einen Feind hinter seinem Rücken Ränke zu
schmieden, galt als durchaus berechtigte Notwehr. Wer heftige
Ansichten äußerte, dem durfte man vertrauen, und wer etwas
dagegen einzuwenden hatte, der machte sich verdächtig... Die
Familienbande waren schwächer als die Parteizugehörigkeit, da
die Parteimitglieder eher bereit waren, aus welchem Grund auch
immer, die extremsten Schritte zu tun. Diese Parteien entstanden
nicht, um die Ordnung geltender Gesetze genießen zu können,

sondern um das bestehende Regime zu stürzen und dadurch an die Macht zu gelangen; und ihre Mitglieder hatten nicht deshalb Vertrauen zueinander, weil sie der gleichen Religionsgemeinschaft angehörten, sondern weil sie gemeinsam Verbrechen begingen.

Diese schwere Anklage, die ein Mann erhebt, der für seine leidenschaftslose Haltung bekannt ist, zeigt die verhängnisvollen Folgen des Klassenkampfes in Griechenland. Um seiner widerstreitenden Ansprüche willen vergaßen die Menschen die Achtung vor dem Gesetz, der Familie, den Göttern, der Stadt. Das Gleichgewicht, auf dem die griechische Zivilisation so behutsam aufgebaut worden war, geriet ins Wanken, und der Geist persönlicher Ehrgier, hochgezüchtet in einer Atmosphäre des Unheils und der Verschwörung, trat nackt ans Tageslicht. Thukydides beschreibt eine Situation, wie sie ähnlich dreihundert Jahre früher Hesiod geschildert hat, als er von den Greueln des Eisernen Zeitalters berichtete:

Vater und Kind werden bis zum bitteren Ende streiten,
der Gast mit seinem Wirt, der Freund mit dem Freunde.
Kein Bruder wird von dem Bruder die ehmals begehrte Liebe
fordern,
und schnell altern die Eltern, entehrt und mit Schande bedeckt,
und die Menschen verachten sie, und bittere Worte werden sie
sagen,
hartherzig, nicht gottesfürchtig mehr. Sie werden nicht
den Preis für die Nahrung zahlen, sondern Macht werden sie
Recht heißen,
und plünderndes Volk wird die Mauern der Stadt durchbrechen.

So wie dieses Zeitalter eine Parodie auf das vorangegangene heroische Zeitalter war, so war der Bürgerkrieg in Städten wie Korkyra eine grausige Entstellung des Systems persönlicher Ehre, das dem einzelnen das Recht zubilligte, ganz er selber zu sein.

Thukydides schreibt diesen Zusammenbruch von Recht und Anstand den demoralisierenden Einflüssen des Krieges zu, und darin hat er sicherlich recht. Die griechischen Staaten lebten auf einem so niedrigen Existenzniveau und waren durch so schwache Bande miteinander verknüpft, daß ein langwieriger Krieg verheerende Auswirkungen haben mußte. Die Menschen mußten auf vieles verzichten, an das sie gewöhnt waren, und versuchten nun auf jede Art, es zurückzuerobern. Gleichzeitig wurde der exekutive Apparat, der für die Durchführung der Gesetze zu sorgen hatte, dadurch untergraben, daß seine Funktionäre in den Krieg zogen und rücksichtslosere, skrupellosere Elemente sich vordrängten. So wie in Athen der nüchterne Weitblick eines Perikles der fanatischen Raserei eines Kleon wich, so waren es auch in anderen Städten die hitzigeren Politiker, die nach vorne rückten, weil in solchen Zeiten gerade ihr Ungestüm auf die von Mühsal und Entbehrungen betäubte und durch das Blutvergießen verrohte Bevölkerung Eindruck machte. Die Freiheit, welche die griechische Lebensweise den Menschen gleichsam aufzwang, konnte sehr leicht in Anarchie umschlagen, wenn der hemmende Einfluß des Rechts ermattete.

Obgleich aber die inneren Zwistigkeiten ein endemisches und vielleicht unheilbares Übel des griechischen Daseins waren, gelang es dennoch während recht langer Perioden, ein wirksames Gleichgewicht zwischen dem Bedürfnis nach öffentlicher Ordnung und dem Wunsch des einzelnen, ausschließlich seinen eigenen Interessen nachzuleben, aufrechtzuerhalten. Im 6. Jahrhundert brachten die Oligarchien es trotz beträchtlicher Schwierigkeiten fertig, zumindest der

bevorrechteten Minderheit ein hohes Maß an Würde und
Ehre zu bieten. Im 5. Jahrhundert setzten die Demokratien ihre Ideale so lange in die Praxis um, bis sie sich übernahmen, zuviel verlangten und zusammenbrachen. Das
verfassungsmäßige Regime, einerseits durch die Tyrannis
und andererseits durch die Anarchie bedroht, mußte stets
auf der Hut sein, und es ist nicht verwunderlich, daß die
Griechen sehr mißtrauisch gegen Männer waren, die befürchten ließen, sie könnten dieses Regime antasten. Die
Heftigkeit ihrer politischen Leidenschaften zeugt von dem
festen Glauben an die Richtigkeit ihrer Lebensweise und
ihrer Traditionen. Die Stimmung, in der die Athener
den Themistokles und die Spartaner den Pausanias verbannten (Thukydides bezeichnet sie als die beiden berühmtesten Männer ihrer Zeit), mag wie häßliche Undankbar-
keit aussehen, war aber trotzdem ein Zeichen der Entschlossenheit, dafür zu sorgen, daß das gesellschaftliche
Gefüge nicht durch persönlichen Ehrgeiz unterwühlt und
den unbeschreiblichen Schrecken des Bürgerkrieges ausgeliefert werde.
Obgleich es der griechischen Geschichte an politischen Fehl-
schlägen und Katastrophen nicht ermangelte und obgleich ihre
mutigen Experimente mit den absoluten Monarchien der
hellenistischen Könige enden sollten, besitzt sie ihre ureigene
Größe. Sie beruhte wenigstens auf der Überzeugung, daß
die Menschen berechtigt seien, für sich selber und nicht für
eine hochgestellte Person oder gar ein übernatürliches System
zu leben. Freilich war die Entscheidung schwer, ob dieses
Recht dem ganzen Volk oder nur einer privilegierten Schicht
zuzubilligen sei, aber die bloße Tatsache, daß es existierte,
zeugt von dem Respekt, den die Griechen der menschlichen
Persönlichkeit entgegenbrachten. Noch eindrucksvoller ist

die Art und Weise, wie dieses Ideal durch rechtsstaatliche
Einrichtungen in die Praxis umgesetzt wurde. Das Gesetz
garantierte die Freiheit, und wenn es auch der Bewegungsfreiheit des einzelnen gewisse Schranken setzte, waren diese
Schranken keineswegs lästig, da sie ihm ermöglichten, sein
Leben nach eigenem Gutdünken einzurichten. Die Griechen
wußten, daß die Freiheit ohne das Gesetz nicht bestehen
und daß nur durch die Vereinigung beider Elemente der
Mensch sich unter anderen Menschen entfalten kann.

FÜNFTES KAPITEL

DER GUTE MENSCH
UND DAS GUTE LEBEN

WENN ARISTOTELES sagt, »gut« habe ebenso viele Bedeutungen wie »das Seiende«, geht daraus hervor, daß es den Griechen genauso schwerfiel wie uns, es zu definieren, und daß sie es in mannigfaltigem Sinn auf alle möglichen Gegenstände anwendeten. In einer wesentlichen Hinsicht aber unterschieden sie sich dabei von uns modernen Europäern. In den modernen europäischen Sprachen hat das Wort »gut« neben seinen vielerlei Aufgaben noch eine besondere Funktion in bezug auf das Verhalten der Menschen und auf die Menschen entsprechend ihrem Verhalten. Ein »guter« Mensch oder eine »gute« Tat ist ein Mensch oder eine Tat, der oder die unseren moralischen Maßstäben genügt und aus diesem Grund unsere Billigung findet. Auch die Griechen verwendeten das Wort »gut« für Menschen und Handlungen, aber der damit angedeutete Beifall wurde grundsätzlich durch ganz andere Erwägungen diktiert: Genauso wie eine Sache dann in ihren Augen gut war, wenn sie ihren Zweck erfüllte, so war ein Mensch gut, wenn er die Möglichkeiten der menschlichen Natur in bestimmten Bahnen zu verwirklichen wußte. Sie hatten von Anfang an einen klareren Begriff vom Wesen des »Guten« als wir und gelangten in der Praxis zu gewissen Auffassungen, die vieles enthielten, das wir uns aneignen, aber auch vieles andere, was wir als außerhalb der Sphäre des Guten liegend betrachten würden. Im 4. Jahrhundert sammelte Aristoteles zahlreiche Fäden des traditionellen Denkens und entwickelte seine eigene, sehr eindrucksvolle Philosophie vom »Guten«; doch obwohl er viele allgemein gültige Ansichten vertritt und seine Lehre zu einem großen Teil auf allgemein anerkannten Vorstellungen basiert, ist sie doch seine Schöpfung, eine meisterhafte Eingliederung zahlreicher halb unbewußter oder unausgereifter Ideen in ein philosophisches System. Der Durchschnittsbürger hatte eine unkritische und unphilosophische Vorstellung vom »Guten«. Das ließe sich vielleicht dadurch erklären, daß keine heiligen Schriften existierten, die den Menschen ihre Pflichten zuteilten, aber es dürfte ratsamer sein, die Erklärung in dem praktischen und experimentierfreudigen Charakter des griechischen Denkens zu suchen, das dazu neigte, Schlußfolgerungen erst dann zu ziehen, wenn sie durch die Erfahrung überprüft waren.

Die Griechen unterschieden zwischen dem guten Menschen und dem guten Leben und wiesen jedem seine besonderen Assoziationen und sein besonderes Vokabular zu. Wenn wir mit dem guten Menschen beginnen, ist es bemerkenswert, daß für Homer dieser Begriff als solcher gar nicht vorhanden ist. Ein Mensch wird gut genannt, weil er in dieser oder jener Tätigkeit sich besonders hervortut. Er mag ein guter Heerrufer sein wie Menelaos, gut bei Kräften, wie Hektor sich das von seinem Söhnchen erwünscht, oder ein guter Faustkämpfer wie Polydeukes. Er mag ein guter König sein wie Agamemnon oder ein guter Arzt wie die Söhne des Asklepios oder ein guter Waffenträger wie der Schildknappe des Achilles. Hier bezeichnet das Wort »gut« die vollendete Ausübung einer bestimmten Funktion; nirgends aber tritt der

Gedanke zutage, daß der Mensch an sich eine Funktion haben und sie erfüllen könnte. Vielleicht würde Homer, in die Enge getrieben, erklärt haben, ein guter Mensch sei ein solcher, der sich in all den Eigenschaften auszeichnet, die ein heroisches Zeitalter von seinen Helden erwartet, und daß Achilles dafür das hervorragendste Beispiel sei. Aber er äußert sich nirgends zu dieser Frage, wohl deshalb, weil er völlig ausgefüllt ist von dem Bild seines heroischen Ideals und sich nicht veranlaßt fühlt, es zu analysieren oder zu erweitern. Spätere Generationen jedoch, die gemerkt hatten, daß das heroische Ideal in einer veränderten Welt modernisiert werden müsse, gingen ausführlicher zu Werke. Die Erfordernisse des Stadtstaates schufen einen neuen Begriff des »Guten«, der bewußter, detaillierter und sozialer war als die flüchtigen Andeutungen Homers.

Man ging von der grundlegenden Annahme aus, daß es vier Kardinaltugenden gebe: Mut, Mäßigung, Gerechtigkeit und Weisheit. Die deutsche Bedeutung der Wörter entspricht nicht genau der griechischen, und wir dürfen nicht allzu viele Assoziationen oder Feinheiten hineinlegen. Diese Vierzahl soll das Werk des Pythagoras gewesen sein, und wenn er sie auch von traditionellen Konzepten geerbt haben mochte, dürfte er ihr eine klarere Form und einen breiteren Geltungsbereich verliehen haben. Jedenfalls blieb das Quartett vom 6. bis zum 4. Jahrhundert und noch bis in spätere Zeiten hinein bestehen. Aischylos hat es gekannt, Pindar hat es gebilligt, Sokrates hat es erläutert, Platon und Aristoteles haben es einer tiefschürfenden Analyse unterworfen, und es war stark genug, den Zerfall des Hellenismus zu überleben und in der neuen Morallehre der Stoiker eine grundlegende Rolle zu spielen. Hier war das verkörpert, was die Griechen in der Theorie bewunderten und in der Praxis zu verwirklichen

suchten, und die meisten mochten der Ansicht gewesen sein,
wenn der Mensch diese Tugenden ausübe, habe er alles getan,
was man von ihm erwarten dürfe.

Die Liste ist nicht verbindlich und durch keine besondere
Autorität verbürgt, aber sie repräsentiert die durchschnitt-
liche Auffassung vom Charakter und Verhalten der Menschen und ist ein recht zuverlässiger Wegweiser zu den Maßstäben, mit denen die Griechen einander und sich selber zu
messen pflegten. Ursprünglich handelte es sich vielleicht um
vier verschiedene Gesichtspunkte, vier verschiedene Seiten
des Menschen – die physische, die ästhetische, die moralische
und die intellektuelle. Physischer Mut stand stets in hohem
Ansehen bei diesem Volk, das gern Krieg führte, und wir
können nicht bezweifeln, daß der Durchschnittsmensch sich
nicht erst mit den feineren Nuancen des Begriffs abgegeben,
sondern voller Bewunderung auf den die Phantasie fesseln-
den bildhaften Eindruck reagiert haben dürfte, wie das
Aischylos tut, wenn er von den Sieben vor Theben spricht:

> Diese Herzen waren ehern. Hier loderte der helle
> Geist des Krieges, unauslöschlich. Sie waren wie die
> Löwen, deren Augen funkeln gleich blitzenden Schwertern.

Die Mäßigung war vor allem eine Stilfrage. Was man tut,
soll man ohne Aufwand und ohne vulgäres Gehabe tun,
und in seinem Benehmen hat man jede Arroganz zu vermeiden. Wenn die Mäßigung in aristokratischen Kreisen als
ein wesentliches Element guter Sitten geschätzt wurde, hat
doch auch Perikles sie an den Athenern gerühmt: »Unsere
Liebe zum Schönen verleitet uns nicht zum Übermaß, unsere
Liebe zu geistigen Dingen macht uns nicht schlaff.« Der Gerechtigkeitssinn ist eine moralische Eigenschaft, der natür-

liche Hang, den Regeln und Gesetzen einer zivilisierten Gesellschaft zu gehorchen und die Mitmenschen nach ihrem
Verdienst zu behandeln, und wird von Simonides treffend
mit den Worten gekennzeichnet: »Jedem das Seine.« In
seiner Anwendung trägt er vor allem sozialen Charakter.
Das Wort *dike,* das wir mit »Gerechtigkeit« übersetzen,
scheint von den Grenzen des im Besitz eines Mannes befind-
lichen Grundstücks abgeleitet zu sein und vermittelt metaphorisch die Auffassung, daß er in seinem eigenen Bereich
zu bleiben und das des Nachbarn zu respektieren habe. Weisheit ist eine intellektuelle Gabe. In der Frühzeit wendet man
diesen Begriff auf alle geistige Tätigkeit an und auch auf
das künstlerische Können, ganz zu schweigen von philosophischen, wissenschaftlichen oder politischen Fähigkeiten.
Alle vier Tugenden in einem Menschen gleich ausgeprägt anzutreffen, war offenbar nicht leicht, jedoch auch nicht ausgeschlossen, und die Achtung vor ihnen zeugt zweifellos von
einer ausgeglichenen Vorstellung von dem Ideal des Mannes.
Diese ursprünglich recht biederen Begriffe nahmen tiefere
Aspekte an, sobald sie auf das bürgerliche Dasein und auf die
Bedürfnisse des Stadtstaates bezogen wurden. Wenn man die
Tapferkeit sowohl um ihrer selbst willen als auch wegen ihres
Nutzens für die Stadt lobte, zeigte sich, daß rein körperlicher
Mut nicht genügt und daß der Mann um so bewunderns-
werter ist, wenn er der Gefahr mit dem Bewußtsein begeg-
net, für eine gute Sache zu kämpfen, und aus diesem Grunde
bereit ist, sein Leben zu opfern. Das verbirgt sich hinter den
Worten des Perikles an die in der Schlacht gefallenen Athener:
»Der Mann, den man wahrlich als tapfer bezeichnen darf,
ist jener, der am besten weiß, was im Leben süß und was
fürchterlich ist, und sodann unerschrocken allem, das da
kommen mag, die Stirne bietet.« Die Mäßigung wurde natür-

lich mit der Lehre von der goldenen Mitte verknüpft und mit der Vorschrift des Delphischen Orakels »Erkenne dich selbst«. Das bedeutet, daß der Mensch, sobald er sich selber und seine Grenzen erkannt hat, seinen Ehrgeiz und seinen Stolz zügeln wird. Der Mensch, der mit sich selber in Frieden lebt, wird auch in der Stadt den Frieden wahren, und Pindar zeigt, was das heißt:

> Will ein Mensch das allgemeine Wohl
> seiner Mitbürger setzen in stillem Wetter, möge er
> nach dem heiteren Antlitz der großmütigen Gelassenheit suchen
> und ausrotten aus seinem Sinn die böse Streitlust,
> die Armut bringt und den Kindern eine arge Amme ist.

Da die Freiheit von der Rechtsordnung abhängig war, war der Begriff der Gerechtigkeit unweigerlich mit dem Bestand guter Gesetze und mit ihrer Befolgung verknüpft. Deshalb stellt Simonides, vielleicht mit einem gewissen Bedauern, dem alten Ideal des vierschrötigen, biederen Helden das Ideal des guten Bürgers entgegen:

> Wer nicht niedrigen Sinnes ist, noch allzu wehrlos,
> wenn er das Rechte kennt, das einer Stadt nützt,
> ist er ein braver Mann.

Der Begriff der Gerechtigkeit verschiebt sich unmerklich von den sozialen Verhältnissen auf die politischen – und erfaßt so ziemlich alle Aspekte des Rechtsstaates und seiner Erfordernisse. Nicht ohne Grund waren die Sieben Weisen auf diese oder jene Art Politiker, und bei Thukydides ist ersichtlich, welche Bedeutung es hatte, wenn er Themistokles rühmt, weil er »gerade im rechten Augenblick das Rechte zu tun wußte«, und an Perikles den Weitblick und die treffende Voraussage kommender Ereignisse bewundert. Auf solche

mannigfache Art erhielten die alten heroischen und aristokratischen Tugenden im politischen Leben einen neuen Sinn
und wurden seinen Erfordernissen angepaßt.

Das Aufblühen der Philosophie im 5. und im 4. Jahrhundert
führte zu zahlreichen Versuchen, die vier Kardinaltugenden
zu einem verständlicheren Ganzen zu vereinigen, entweder
dadurch, daß man in ihnen ein gemeinsames Grundprinzip
entdeckte, oder dadurch, daß man drei von ihnen der vierten
unterordnete. Es zeigte sich, daß Mut nicht nur auf dem
Schlachtfeld existieren muß und daß er um so bewunderns-
werter sein kann, wenn er nicht nur körperlicher, sondern
auch moralischer Art ist. Demokrit meinte, der wirklich
tapfere Mann müsse zugleich ein gewisses Verständnis für die
Gebote der Gerechtigkeit besitzen: »Dadurch, daß ein Mann
gerechtes Handeln kennt und versteht, wird er sowohl tapfer
als auch rechtschaffen.« Sokrates ging noch einen Schritt
weiter und gelangte zu der Auffassung, daß der Mut eine
Form der Weisheit sei, und Platon war der Ansicht, die
höchste Form der Tapferkeit sei es, den Lockungen der Lust
die Stirne zu bieten, ohne ihnen zu erliegen; damit wurde
der Mut beinahe zu einer Abart der Mäßigung. Ja, man erkannte sehr bald, daß Mäßigung, Gerechtigkeitssinn und
Weisheit bei jedem verantwortungsbewußten Menschen so
eng miteinander verwandt sind, daß man sie letztlich gar
nicht mehr voneinander unterscheiden kann; und obwohl
Sokrates das Wissen und Platon die Gerechtigkeit als das
einigende und zentrale Prinzip betrachteten, fällt einem die
Wahl schwer, da beide Auffassungen darauf hinauslaufen,
daß ein Mensch, wenn er sich selber und seine Verhältnisse
richtig zu beurteilen vermag, durchaus in der Lage sein wird,
seine Mitmenschen gerecht zu behandeln. Nachdem die
Weisheit in diesem Sinne einen Ehrenplatz erhalten hatte,

konnte man den Begriff nach neuen Richtungen hin weiter-
entwickeln. Wenn Heraklit recht hatte mit seiner Behauptung: »Weisheit besteht darin, zu sagen, was man als wahr
erkannt hat« – dann folgte daraus, daß das Streben nach
Wahrheit an sich »gut« sei, bis zuletzt Aristoteles, wie schon
vor ihm Pythagoras, dieses Streben als die höchste Form des
Lebens betrachtete, vergleichbar mit der beschaulichen Tätigkeit Gottes. Aber der Durchschnittsbürger begnügte sich
damit, solche Versuche einer systematischen Gliederung anderen zu überlassen und die vier Tugenden ganz einfach
als eine brauchbare Richtschnur für sein Verhalten zu akzeptieren, zumal sie ihm gestatteten, sowohl seine individuellen
Bestrebungen zu verwirklichen als auch in vollem Ausmaß
am öffentlichen Leben seiner Stadt teilzunehmen.

Wenn die vier Tugenden das Ideal der ausgeglichenen und
selbstbeherrschten Persönlichkeit vertraten, lag ihre Anti-
these in allen den Fehlern, die ein solches Gleichgewicht
zerstören und sowohl den einzelnen als auch die Gesellschaft
durcheinanderbringen. Wenn eine der vier fehlt, werden
die drei anderen davon beeinträchtigt werden. Es ist zum
Beispiel typisch für das griechische Denken, daß Aigisthos,
der Klytämnestra verführt und mit ihr zusammen die Ermordung ihres Gatten plant, nicht nur Mangel an Mäßigung
– als Ehebrecher – und an Gerechtigkeitssinn – durch seine
brutale Anmaßung –, sondern auch an Mut zeigt. Er überläßt es Klytämnestra, Agamemnon umzubringen, und von
Homer an haben ihn alle als Feigling bezeichnet. Im allgemeinen war man der Ansicht, daß durch die Hybris, die Anmaßung, den Übermut, nicht nur die einzelnen Tugenden,
sondern ihre Einheit und Balance zerstört werden. Man
durfte ohne weiteres auf einen inneren Mangel an Mut
schließen. Auf jeden Fall war es ein Verstoß gegen die Regeln

Relief einer marmornen Statuen-Basis von der Themistokles-Mauer in Athen. Oben:
Ballspielende Jünglinge; unten: Jünglinge vergnügen sich damit, einen Hund und eine
Katze aufeinander loszulassen. Um 510 v. Chr. Athen, Nationalmuseum.

Ausschnitte aus den Marmorfriesen am Nord- und Ostgiebel des Parthenon-Tempels auf der Akropolis. Oben: Reitergruppe aus dem Nordfries.

Unten links: Eine Gruppe von Wasserträgern aus dem Nordfries. Unten rechts:
Poseidon, Apollon und Artemis aus dem Ostfries. 447–432 v. Chr. Athen,
Akropolis-Museum.

Tod des Aktaion, der auf einen Wink der Artemis von seinen eigenen Hunden zerrissen wurde, nachdem er die Göttin beim Bad überrascht hatte. Kalkstein-Metope vom Hera-Tempel in Selinunt. Um 460 v. Chr. Palermo, Nationalmuseum.

der Selbstbeherrschung und der Mäßigung. Ungerechtigkeit
war die Folge, da die Rechte der anderen mißachtet wurden.
Oft endete es mit Wahnsinn, wenn der Übermütige sich ein-
bildete, er könne durch ungerechte Methoden das Unmög-
liche erreichen. Die Griechen legten deshalb einen so starken
Nachdruck auf die Verwerflichkeit der »Hybris«, weil sie
mehr als alles andere ihrem Ideal eines harmonischen und
zurückhaltenden Charakters widersprach; und der tiefe politische Argwohn, den sie ihr entgegenbrachten, ging Hand in
Hand mit dem moralischen Verdammungsurteil. Sie sahen,
daß die Hybris sich fettfrißt und andere, ebenso große Übel
zeugt. Diesem Prozeß verleiht Aischylos einen beinahe
mythischen Ausdruck:

> Der alte Übermut liebt es,
> einen Sprößling zu gebären
>   unter den Übeln der Menschheit,
> früh oder spät, wann immer
>   die festgesetzte Geburtsstunde schlägt –
> und ihm zur Gefährtin eine Furie,
> die unwiderstehliche, unbezwingbare,
> ruchlose Frechheit –
> zwei schwarze Seuchen im Haus,
> gleich den Eltern, die sie gezeugt.

Ungezügelten Hochmut fanden die Griechen moralisch, politisch und ästhetisch verwerflich. Ihrer Meinung nach war
das etwas ganz anderes als der berechtigte Ehrgeiz, der ein
hohes Maß an Selbstbeherrschung und sogar Selbstopferung
voraussetzt. In allen Epochen vom Heldenzeitalter an bis
zum 4. Jahrhundert wurde die Hybris als das schlimmste
aller Übel betrachtet, weil sie jeden Versuch, in dem einzelnen selber Gleichgewicht und Harmonie zu schaffen, ver-

eitelte und die sozialen Verpflichtungen mißachtete, die die Grundlagen des Stadtstaates bilden.

Uns mag das Konzept der vier Kardinaltugenden seltsam erscheinen, weil es auch in seiner philosophischen Formulierung weit über die Grenzen des rein Moralischen hinausgeht und an verstandesmäßige und sonstige Erwägungen appelliert. Aber damit ist einfach nur gesagt, daß der griechische Begriff des »Guten« umfassender war als der unsere und vieles miteinschloß, das wir zwar bewundern, aber nicht in den Rang einer Tugend zu erheben wagen. Solch ein Credo paßte sehr gut zu dem griechischen Volkscharakter, weil es seine positiveren und schöpferischen Eigenschaften anspornte, und hatte wirklich eine nicht geringe Bedeutung für eine Gesellschaft, welche die geistigen Tugenden respektierte und der Meinung war, sie verdienten es, um ihrer selbst willen angestrebt zu werden. Natürlich hat das auch seine Nachteile. Es verhindert jeden höheren Grad von Spezialisierung. Der Mann soll nicht nur in seinem Beruf tüchtig, sondern außerdem ein guter Bürger und seiner Bürgerpflichten stets eingedenk sein. Er darf nicht dadurch seine Verpflichtungen abschütteln, daß er sich von der Welt zurückzieht; andernfalls gilt er als »ein Gott oder als ein Tier«. Das griechische System räumt dem beschaulichen Leben keinen legitimen Platz ein, und wenn auch gewisse Philosophen, wie die Anhänger des Pythagoras, eine Lehre entwickeln wollten, die bestimmte mystische Konsequenzen hatte, nahmen sie dessenungeachtet am politischen Leben teil. Auch die Wissenschaftler und Literaten saßen nicht im stillen Kämmerlein. Thales, der ein so vollendeter Pionier der Astronomie war, daß er die Sonnenfinsternis vom 28. Mai des Jahres 585 v.Chr. voraussagte, ermahnte mit Nachdruck die ionischen Griechen, sich zusammenzutun und dem

Vormarsch der Perser Einhalt zu gebieten; Aischylos' Grabschrift, die möglicherweise von ihm selber stammt, erwähnt,
daß er bei Marathon gekämpft, nicht aber, daß er Tragödien
geschrieben hat; Sophokles nahm als General an der athenischen Expedition gegen Samos im Jahre 440 v. Chr. teil;
Empedokles war nicht nur Wissenschaftler und religiöser
Reformator, sondern auch ein mutiger Führer der demokratischen Partei in Akragas; Platon bemühte sich tapfer,
wenn auch erfolglos, in Syrakus seine politischen Ideen zu
verwirklichen. Die meisten griechischen Schriftsteller und
Denker waren Amateure, aber ihre Arbeit hat darunter nicht
gelitten, sondern im Gegenteil durch den Kontakt mit dem
täglichen Leben und den Gedanken einfachster Menschen
sehr viel gewonnen. Sie hatten das Glück, in einer Zeit zu
leben, da keine Spezialisierung nötig war, aber sie nützten
die emsige Welt ringsumher gründlich aus, um ihr Werk zu
bereichern und selber mit den zeitgenössischen Ereignissen
in enger Verbindung zu bleiben.
Ein ernsterer Einwand gegen das griechische Konzept des
guten Menschen besagt, daß es sich fast ausschließlich auf die
von Natur aus Begabten bezieht und alle anderen außer Betracht läßt. Es verlangt nicht nur Klugheit, sondern angeborene Eigenschaften wie Mut und sogar Mäßigung, die nicht
jedem gegeben sind. Die Griechen selber hatten dagegen nichts
einzuwenden. Sie meinten, »Güte« in ihrem Sinne sei wirklich nicht jedem gegeben, und sie sahen auch keinen Grund,
warum dies so sein sollte. Da sie nicht sonderlich von der Erlösung des einzelnen überzeugt waren oder eine besondere
Form von Güte als eine Voraussetzung für diese Erlösung
betrachteten, sahen sie sich nicht bemüßigt anzunehmen, daß
alle Menschen die gleiche Chance haben müßten, gute Menschen zu sein. Für sie war das ein gottgegebenes Vorrecht,

genauso wie die Götter Glück und Unglück verteilten. Trotzdem stand es dem Mann, der die richtigen Anlagen besaß,
durchaus frei, sie auf das beste auszunützen und sich durch
seine moralische und geistige Vortrefflichkeit das Attribut
»gut« zu verdienen. Ein solches Ideal hielten sie nicht für un-
erreichbar, und sie waren durchaus gewillt, auch gewisse An-
näherungswerte hinzunehmen. Freilich waren sie nicht der
Meinung, daß es jedem Menschen freistehe, sich sein Schicksal selber zu gestalten; aber er müsse, so wie er ist, möglichst
viel aus sich herausholen – und in diesem Sinne hatte Heraklit recht, wenn er sagte: »Charakter ist Schicksal.« Eine solche
Auffassung legte dem einzelnen großes Gewicht bei und erlaubte ihm, sich auf seine Weise zu entwickeln. Wichtig war,
daß er seine Kräfte in *arete* entfaltete und ein Mann wurde,
der zugleich ein ganzer Mensch und ein gesundes Mitglied
der Gesellschaft ist.

Wenn wir uns von dem Begriff des guten Menschen dem
des guten Lebens zuwenden, ist es klar, daß hier das Wort
»gut« eine andere Bedeutung erhält. Wir können uns an ein
attisches Trinklied halten, das die vier besten Dinge aufzählt:

> Für den Menschen ist die Gesundheit der erste und beste Besitz,
> am zweitbesten ist es, schön und wohlgestalt geboren zu sein,
> und das dritte ist ehrlich erworbener Reichtum,
> das vierte aber sind die Tage der Jugend im frohen
> Freundeskreis.

Es handelt sich nicht darum, was der Mensch ist, sondern was
er besitzt, nicht um seine Wesensart, sondern um zufällige
Gaben. Es werden ganz andere Maßstäbe angelegt als bei
dem »guten Menschen«, und das Ergebnis zielt unmittelbar
auf das Glück und das Wohlbefinden ab. Trotzdem werden
bis zu einem gewissen Grad die Eigenschaften des guten

Menschen vorausgesetzt und als gegeben betrachtet, und es ist unwahrscheinlich, daß einer, der nicht ein guter Mensch im griechischen Sinne war, das gute Leben auch mit all seinen Schönheiten richtig genießen konnte. Dies wird auch in dem Trinklied angedeutet, wenn es dort heißt, der Reichtum müsse ehrlich erworben sein, und der Zusammenhang mit dem guten Leben wird klar und deutlich von Sophokles betont, wenn er eine ähnliche Liste schätzenswerter Dinge bietet:

Das Schönste von allem ist, gerecht zu sein –
das Beste, ohne Siechtum zu leben – das Süßeste
die Kunst, jeden Tag seinen Herzenswunsch erfüllt zu sehen.

Dadurch sind die beiden Begriffe miteinander verknüpft: Einem Menschen, der die Rechte seiner Nachbarn mißachtet, ist das gute Leben nicht gegönnt, und Glück ist mit einem schlechten Gewissen unvereinbar. Wenn wir aber erst einmal diesen Zusammenhang einräumen, können wir das gute Leben nach seinen eigenen Verdiensten beurteilen. Das Trinklied braucht nicht als ein Evangelium zu gelten, aber es vertritt die allgemein herrschende Auffassung und schildert die Dinge, auf die man Wert gelegt hat. Den dort aufgezählten vier Segnungen dürfen wir vielleicht auch noch das Glück und den Ruhm hinzufügen, die gleichfalls sehr geschätzt und gepriesen wurden; aber das Glück ist in den allgemeinen Begriff des Wohlbefindens miteingeschlossen und der Ruhm sein fast unvermeidliches Ergebnis. Analysieren wir das Lied Zeile für Zeile im Lichte der griechischen Denkart, dann wird sich zeigen, daß es den Kern der Sache trifft.
Wie die Griechen über die Gesundheit dachten, geht aus einem von Ariphron im Jahre 400 v. Chr. verfaßten Päan hervor:

Gesundheit, höchste unter den Segnungen des Menschen,
möge ich für den Rest meiner Tage bei dir verweilen,
und mögest du gütig sein und bei mir bleiben.
Denn wenn Freude ist an Reichtum oder an Kindern,
oder an königlicher Macht, die den Menschen den Göttern zugesellt,
oder an den Begierden, die wir mit
Aphroditens heimlichen Schlingen jagen,
oder wenn die Menschen noch andere Freuden
von den Göttern erhalten oder eine Frist in ihrer Mühsal –
mit dir, heilige Gesundheit,
ist alles stark und leuchtet im Zwiegespräch der Grazien,
und ohne dich kann keiner glücklich sein.

Die Griechen wünschten sich Gesundheit als das größte Himmelsgeschenk, nicht nur, weil sie sich vorstellten, die Krankheit zerstöre das Glück, sondern auch, weil sie ihr auf Gnade und Ungnade ausgeliefert waren. Die Heilkunde hatte bereits Ende des 6. Jahrhunderts imponierende Anfänge gezeigt; doch obgleich sie in streng wissenschaftlichem Geist an ihre Aufgaben heranging, hatte sie noch viel hinzuzulernen und konnte nicht alle Übel einer Gesellschaft heilen, die so gut wie keine Hygiene kannte und jeder neuen Ansteckung sogleich zum Opfer fiel. Wie furchtbar eine Seuche wüten konnte, geht aus der Schilderung hervor, die Thukydides uns von der Epidemie hinterlassen hat, die im Jahr 430 v. Chr. Athen heimsuchte und verschiedentlich als Typhus oder als Masern identifiziert worden ist. Er selber wurde von ihr befallen und läßt sich durch nichts in seiner genauen sachlichen Analyse ihrer Symptome und ihrer Folgen stören. Das Ganze stellt sich als eine schreckliche Heimsuchung eines Volkes dar, das sich gegen solche Schicksalsschläge gefeit glaubte und nun vor einer Katastrophe steht, die es weder meistern noch kurieren kann. Sein Selbstvertrauen und das

Vertrauen zu den Göttern sind untergraben, und es ist nicht
erstaunlich, daß die Athener sich so benahmen, wie Thukydides es beschreibt: »Das Schrecklichste von allem war die Ver-
zweiflung, welche die Menschen packte, wenn sie merkten,
daß die Seuche sie befallen hatte; denn sie gaben sich sogleich
äußerster Hoffnungslosigkeit hin, und durch diese Verzagt-
heit büßten sie jegliche Widerstandskraft ein.« Wenn die Gesundheit ein Geschenk der Götter ist, muß es um so erschrek-
kender sein, wenn die Götter sie plötzlich rauben. Die Gesundheit war die unentbehrliche Grundlage aller physischen
Leistungen, an denen die Griechen ihre Freude hatten, und
wenn sie sich nicht mehr in ihrem gesicherten Besitze fühlten,
kamen sie sich wahrhaft verlassen vor.

Der Wunsch, gesund zu sein, hing unzertrennbar mit dem
griechischen Körperkult zusammen. Es war das eine ihrem
Wesen nach religiöse Betätigung. Durch ihren Körper ähnelten die Menschen den Göttern, und die Götter lenkten und
behüteten ihre Entwicklung. Erhabene Geister betreuten die
Geburt der Kinder, und wie die Griechen darüber dachten,
geht aus einer an die Göttin der Geburt gerichtete Ode Pindars hervor:

Eileithyia, die du an der Seite
der weisen, Ratschluß verkündenden Schicksalsgöttinnen sitzest,
Tochter der starken und mächtigen Hera, höre mich,
du, die du Kinder zur Welt bringst.
Ohne dich sehen wir weder den Tag noch die schwarze Nacht,
noch finden wir deine Schwester, die schöngliedrige Jugend.

Das Neugeborene wurde von Hera beschützt, die von den
Horen begleitet war: Sie symbolisierten seine kommenden
Tage. Sobald das Kind ein wenig älter war, kam es unter die
Obhut der Artemis, der Göttin aller jungen und heranwach-

senden Geschöpfe. Zu ihrem Tempel an einem Fluß bei
Sparta brachten die Ammen die kleinen Knaben und weih-
ten sie ihrem Dienst, und ihr Fest wurde mit Tänzen, Maske-
raden und der Opferung von Brotlaiben und Spanferkeln
gefeiert. Bei dem attischen Fest der Apaturia opferten ihr die
Knaben die Haar-Locken, und Artemis war es auch, die das
Heranwachsen der Mädchen förderte und sich um Spiele
und Leibesübungen kümmerte. Wenn die Knaben die
Schwelle der Mannbarkeit erreichten, wurden sie Apollon
unterstellt und schnitten sich ihm zu Ehren das Haar kurz.
Die Entwicklung von der Geburt bis zum Erwachsenenalter
wurde von Göttern gelenkt und überwacht, und in jedem
einzelnen Stadium mußten sie sich des jugendlichen Körpers
annehmen, sei es, daß er anfangs über ein Feuer gehalten
wurde, um kräftiger zu werden, sei es, daß er späterhin in
Spielen und Tänzen geübt oder in Einweihungszeremonien
auf die Probe gestellt wurde. Wenn die Gesundheit das erste
aller guten Dinge war, so deshalb, weil die Götter sie spen-
deten und sie in dem Menschen, den sie liebten, hegten und
pflegten.

Der Glaube an die Gesundheit geht unmerklich in den Glauben an die Schönheit über, der gleichfalls der Auffassung
entspricht, daß durch sie die Menschen den Göttern gleichen.
In der Tat konnten die Griechen sich keine physische Erscheinung als schön vorstellen, wenn sie nicht auch gesund
war. Sie fanden keinen Geschmack am Verfall, und das Alter
war für sie nicht schön, sondern entweder imponierend oder
rührend. Die Schönheit, der sie durch zahlreiche Statuen
nackter junger Männer und schön gekleideter junger Mädchen huldigten, war die des soeben herangereiften Körpers.
Ihre Vorliebe für männliche Schönheit machte sie keineswegs blind für die Schönheit junger Frauen, und im 7. Jahr-

hundert legt in Sparta der Dichter Alkman jungen Mädchen
das Lob einer der ihren in den Mund:

> ... Auf dem Haar
> meiner Base Hagesichora
> blüht unbeflecktes Gold.

Auf Lesbos wurden im Heiligtum der Hera Schönheitskon-
kurrenzen zwischen jungen Mädchen veranstaltet, Alkaios,
der zugegen war, schildert, daß es dabei recht munter zu-
ging – ein froher Anlaß mit dem uneingeschränkten Beifall
der Gottheit:

> Wo die lesbischen Jungfrauen, um ihrer Schönheit willen erkoren,
> vorüberwandeln in wallenden Gewändern, und ringsumher
> erschallt
> wunderbares Getön des heiligen Stimmenchors,
> laut auf den Lippen der Frauen jeglichen Lebensalters.

Man nahm an, daß die Göttin körperliche Schönheit schätze
und sich an ihrem Anblick erfreue.

Auch männliche Schönheit stand hoch in Ehren, aber sie
mußte von Tatkraft zeugen, und das war einer der Haupt-
gründe dafür, daß die Griechen so großen Wert auf Leibesübungen legten. Nicht nur bei den Festen des Zeus in Olympia und des Apollon bei Delphi wurden Spiele veranstaltet;
kaum weniger berühmt waren die des Zeus zu Nemea und
die des Poseidon auf dem Isthmus von Korinth. Die jungen
Männer, die daran teilnahmen, galten als die Verkörperung
jener Schönheit, die den Göttern eigen ist. Ein Sieg im Wettkampf besiegelte den Triumph der Gesundheit und Anmut.
Wenn die Wettkämpfer unbekleidet waren, geschah das nicht
nur aus Gründen der Bequemlichkeit, sondern auch, um sie
so zu zeigen, wie die Götter sie geschaffen hatten. Trugen sie

den Sieg davon, dann wurde ihre Schönheit um so höher geschätzt. So preist Bacchylides den Automedes aus Philos
wegen der vollendeten Beherrschung seines Körpers:

> In den fünf Runden glänzte er
> als der leuchtende Mond der Mittmonatsnacht,
> vor dem die Strahlen der Sterne verblassen.
> So, vor den in unermeßlichen Scharen versammelten Griechen,
> wies er seinen herrlichen Leib,
> hinschleudernd den runden Diskus.

In solchen Augenblicken erfüllte der Mann die Verheißung
des Körpers, der ihm bei der Geburt geschenkt worden war,
und durfte Ehrungen fordern, weil er ihm das Äußerste an
Anmut, Geschicklichkeit und Kraft abgerungen hatte. Er
hatte sich in der Tat dem glückseligen Zustand der Götter
genähert, denen er nun in seiner Schönheit und in seinem
Erfolge glich. Vielleicht wurde deshalb Philipp von Kroton,
der aus den Olympischen Spielen als Sieger hervorgegangen
und der »schönste Grieche seiner Zeit« war, nach dem Tode
in Segesta als Held geehrt und mit Opfern bedacht. Ja, die
Sieger wurden dermaßen mit Ehren überhäuft und auf ein
fast übermenschliches Piedestal gestellt, daß Pindar sich veranlaßt sah, mahnend darauf hinzuweisen, daß der Mensch
nicht versuchen möge, ein Gott zu werden; nichtsdestoweniger sah auch er in der athletischen Leistung das benei-
denswerteste Glück, das einem Mann zufallen kann. Wenn
ernste Kritiker wie Xenophanes und Euripides gegen die den
erfolgreichen Wettkämpfern gewährten Belohnungen und
Privilegien protestierten, mit der Begründung, sie brächten
der Stadt keinen Nutzen, berücksichtigten sie dabei nicht genügend, daß der Sieg im Wettkampf eine strahlende Offenbarung jener körperlichen Gaben war, durch die der Mensch

zuweilen an die makellose Schönheit der Götter heranreichen konnte.

Das attische Lied nennt den Reichtum als das drittbeste aller Güter. Die Griechen liebten das Geldverdienen ebensosehr wie die meisten Menschen und waren in dieser Hinsicht besonders begabt, doch galt es als niedrig, den Gelderwerb als Selbstzweck zu betrachten. Die Reichen wurden auch nicht nur deshalb geachtet, weil sie reich waren. Die normale Einstellung besagte, ein guter Mensch brauche Geld, um leichter ein gutes Leben führen zu können, so wie Kaiphalos zu Sokrates sagte: »Wenn es zutrifft, daß es einem guten Menschen nicht leichtfallen wird, Alter und Armut zugleich zu ertragen, werden ebensowenig Reichtümer jemals einen schlechten Menschen zufrieden und froh machen.« Daraus folgt, daß die Griechen in der Armut keine Tugend sahen und sie als einen entwürdigenden Zustand betrachteten. Theognis, der durch eine politische Umwälzung seinen Landbesitz verloren hatte und wußte, was es heißt, arm zu sein, sagt, die Armut sei schlimmer als das Greisenalter oder das Fieber, und um ihr zu entgehen, sollte der Mensch lieber gleich in den Abgrund springen oder sich im Meer ertränken, da sie ihm jede Handlungs- und Redefreiheit raubt. Es galt als Gemeinplatz, daß der Mann, der sein Geld verliert, auch seine Freunde verliert, und Pindar zitiert den sprichwörtlichen Fall des Aristodemos von Argos:

> »Das Geld, das Geld macht den Mann«, sagte er,
> als er zur gleichen Zeit Besitz und Freunde verlor!

Der Reichtum brachte ebenso wie vornehme Abkunft, mit der er häufig verknüpft war, seine besonderen Verpflichtungen mit sich. Während Verschwendungssucht als dumm galt, war die Freigebigkeit beinahe Pflicht. Das war auch recht verständlich

in einem Land, wo es nie sehr leicht gewesen sein kann, ein
großes Vermögen anzuhäufen, und wo der Reiche, der im
Blickfeld seiner Nachbarn lebte, kritischer Musterung ausgesetzt war. Hatten die Götter ihm Reichtum geschenkt, so
war es an ihm, dieses Geschenk mit seinen Mitmenschen zu
teilen. Aber noch stärker war die Überzeugung, daß ohne
ein gewisses Maß an irdischer Habe das Leben nicht voll zu
genießen sei. In ihrer Liebe zu schönen Dingen brauchten
die Griechen Geld, um sie erwerben zu können, und Aristoteles trifft ins Schwarze, wenn er von seinem »Prunkmen-
schen« sagt, daß er »wie ein Künstler ist; denn er begreift,
was sich schickt, und versteht es, große Summen geziemend
auszugeben« – und geziemend bedeutet geschmackvoll, stilvoll, wählerisch.
Wenn der Reichtum für das gute Leben erforderlich war,
appellierte er zugleich an die Phantasie eines Volkes, das seit
langem Freude daran hatte, zierliche Goldsachen herzustellen, und bereits im 7. Jahrhundert Goldmünzen zu prä-
gen begann. Durch seine Schönheit, seinen Glanz und seine
Haltbarkeit ist das Gold unzertrennlich mit den Göttern
verknüpft, deren Paläste, Throne, Wagen, Lyren, Pfeile und
Rüstungen aus Gold sind. Sie selber und sogar ihre Rosse
sind »golden«, dank dem himmlischen Licht, das von ihnen
ausstrahlt. Das legendäre Zeitalter, in dem die Menschen dem
Leben der Götter am nächsten kamen, wurde das Goldene
genannt. Da das Gold an den Glanz der Götter erinnert, gilt
es in einem gewissen Sinne als göttlich. Pindar nennt es nicht
nur das »Kind des Zeus«, weil weder Motten noch Würmer
es verzehren, sondern schreibt auch das Ansehen, das dem
Gold zuteil wird, der Theia, der erhabenen Tochter von
Himmel und Erde, zu, die so vielen menschlichen Tätigkeiten
gewogen ist:

Mutter der Sonne, vielnamige Theia,
um deinetwillen glauben die Menschen,
daß das Gold allen anderen Dingen
an Kraft und Macht überlegen sei!

Zufolge der Assoziationen mit den Göttern hatte das Gold
einen symbolischen Wert, und wenn Pindar die Pracht einer
Sache betonen will, nennt er sie »golden«, ob es nun der
Siegerkranz aus wilden Ölzweigen ist oder die Einleitung
eines Gesanges. Das Gold repräsentierte den Reichtum in
seiner magischsten und unprosaischsten Form, dank dem
Glanz, den es der Lebenskunst verlieh, und der Annehmlichkeiten, die es ermöglichte.

Diese Haltung wurde durch die Kargheit der Naturschätze
nur noch verstärkt. Als die äolischen und ionischen Griechen,
die an der Meeresküste Kleinasiens wohnten, mit dem Reichtum des lydischen Königreichs in Berührung kamen, waren
sie beeindruckt und entzückt und gingen begeistert auf die
neuen Möglichkeiten eleganten und luxuriösen Lebens ein.
Sappho erwähnt kleinere Extravaganzen, wie zum Beispiel
einen besonderen lydischen Schuh und eine »königliche«
Salbe. Doch obwohl die lesbische Gesellschaft von dem Kontakt mit Lydien profitiert haben mag, um das Leben reizvoller zu gestalten, liegt kein Beweis dafür vor, daß ihr spezifisch griechischer Charakter dadurch beeinträchtigt worden
wäre oder die Bevölkerung ihre Kraft eingebüßt hätte. Auch
wenn wir den Eindruck haben, daß sich in Sapphos Gedich-
ten eine unerwartet große Vorliebe für Muße und Bequemlichkeit bemerkbar macht, ist das wahrscheinlich weniger auf
orientalische Einflüsse als vielmehr darauf zurückzuführen,
daß sie für eine von den Frauen beherrschte Gesellschaft
schrieb. In Ionien lagen die Dinge etwas anders, zumindest
im 6. Jahrhundert. Xenophanes, ein scharfer Gesellschafts-

kritiker, klagte darüber, daß seine kolophonischen Landsleute die leichte Beute der Eroberer und Tyrannen wurden,
weil sie »von den Lydiern unnützen Luxus« gelernt hatten;
damit meinte er, daß die Leute purpurne Gewänder und
goldenen Schmuck trugen und dermaßen dem Trunk ergeben waren, daß sie die Sonne weder untergehen noch auf-
gehen sahen. Was ihn empört, ist nicht so sehr der Luxus an
sich, sondern das Resultat, das mit arrogantem Aufwand beginnt und mit einer Verantwortungslosigkeit endet, die den
Feinden ihre Spiel erleichtert. Die Anmut ionischen Lebens,
die in der Bildhauerei, in der Goldschmiedekunst und in
der Töpferei sichtbar wird, scheint in der Tat durch einen
auf die Spitze getriebenen Individualismus auf Kosten des
Gemeinsinns ermöglicht worden zu sein. Die Ionier wurden
von den Persern ohne weiteres besiegt, und als sie sich gegen
sie zu erheben versuchten, brachten sie es nicht fertig, die
Disziplin in ihren eigenen Reihen herzustellen, und mußten
dafür auf dem Schlachtfeld büßen. Ernsthafte Männer fürchteten den Reichtum, weil er allzu leicht die Genußsucht för-
dere und das Gefühl politischer und nationaler Verantwortung schwäche.
Eine noch sensationellere Lehre wurde aus dem Schicksal der
Stadt Sybaris gezogen, einer Siedlung am Ostrand der
italienischen Stiefelspitze. Ihre Einwohner wurden zu sprichwörtlichen Vertretern eines verweichlichenden Luxuslebens;
die Überlieferung berichtet von ihrer Abneigung gegen jede
Art Lärm, die sie veranlaßte, nicht nur das Gehämmer der
Schmiede, sondern auch das Krähen der Hähne zu verbieten,
und ganz besonders von den purpurnen Gewändern und dem
Goldschmuck der Kinder; von dem Sybariten, der nach
Sparta kam und erklärte, er würde lieber den Tod eines
Feiglings erleiden als ein solches Leben führen; von ihren

Pferden, die dressiert wurden, nach der Flöte zu tanzen, und die infolgedessen auf dem Schlachtfelde nicht sehr brauchbar waren; von ihrer Schwäche für Schoßtiere wie Hunde und Affen und von der Hochachtung, mit der sie ihre Köche behandelten. Es hieß, sie seien genußsüchtig und so übermütig geworden, daß, als sie im Jahre 510 v. Chr. ihre Nachbarn in Kroton zum Kriege reizten, die Krotoner nicht nur mühelos den Sieg davontrugen, sondern sich nicht eher zufriedengaben, bis sie Sybaris völlig ausgelöscht hatten, indem sie die Gewässer des Flusses Krathis ableiteten und die Stadt in seinem Schlamm begruben. Uns gemahnt der sybaritische Luxus nahezu an ein goldenes Zeitalter des guten Geschmackes und der Anmut, und wir können uns schwer vorstellen, daß er jemals prahlerisch und vulgär gewesen sein sollte. Ja, wenn wir nach der sybaritischen Kolonie in Poseidonia (Paestum) urteilen dürfen, wo ein Tempel aus der ersten Hälfte des 6. Jahrhunderts (die sogen. »Basilika«) archaisch dorische Würde mit einem bemerkenswert originellen Grundplan vereint, wurde das sybaritische Stilgefühl keineswegs durch die Liebe zum Komfort beeinträchtigt, und es wartet auch auf die Archäologen kein reicherer Schatz als die Reste von Sybaris, die heute in einem fieberverseuchten Wald viele Meter unter der Erdoberfläche versteckt liegen. Aber die Verurteilung der Sybariten durch die Griechen zeigt uns, daß sie auch dem Reichtum gegenüber ihre strengen Auffassungen hatten und kein ausgeprägtes Abweichen von der allgemein gültigen Nüchternheitsregel dulden wollten. Sie gaben zu, daß der Reichtum für ein gutes Leben notwendig sei, aber sie erkannten seine Gefahren und stimmten mit Sappho überein, die gesagt hat, »Reichtum ohne Tugend ist kein harmloser Nachbar«.

Das vierte Gut, das in dem attischen Lied erwähnt wird, ist

Jugend unter Freunden. Die Bedeutung dieses Gutes ersehen
wir aus dem Behagen, mit dem die griechischen Bildhauer
und Maler die Vergnügungen und Zeitvertreibe junger Männer schildern. Diese üben ihre Körperkräfte, indem sie Ring-
kämpfe veranstalten, Ball oder eine Art Hockey spielen,
über Stangen springen und mit dem Diskus werfen. Sie reiten auf flachem Feld Pferde zu oder lauschen mit unver-
frorenem Geckentum einem Harfenspieler. Sie haben auch
ihre gastlichen Zerstreuungen. Eine Gesellschaft versammelt
sich und gerät sehr bald in heitere Stimmung. Die jungen
Männer eilen zum Mischkrug und füllen ihre Becher. Sie
spielen auf der Flöte, entweder füreinander oder für die
Mädchen, die ihnen etwas vortanzen. Zuletzt wird es des
Guten zuviel, und sie müssen dafür büßen, indem sie sich
übergeben, während väterlich gesinnte ältere Freunde oder
junge Frauen sich um sie bemühen.

Die Griechen erwarteten nicht von den jungen Männern,
daß sie sich immer zurückhaltend aufführten, und dulde-
ten es gerne, daß sie zuweilen ihrem Überschwang in fro-
hem Tumult freien Lauf ließen. Das gehörte zum Glanz
der Jugend und hatte seine Parallelen auf dem Olymp. Freilich kommt es nicht vor, daß die Götter sich betrinken, aber
sie lieben Festlichkeit und Gelächter, und zuweilen tanzen
sie sogar, zwar nicht ausgelassen, sondern mit stattlicher,
gravitätischer Heiterkeit:

> Nun tanzen die fröhlichen Horen und die langhaarigen Grazien,
> Harmonia nun und Hebe gesellen sich zu der
> himmelsgeborenen Aphrodite, alle im Kreise
> Hand in Hand, und munter wiegen sie sich in der Runde.
> Und eine, nicht häßlich noch niedrig, stimmt in den Chorus mit ein,
> stattlich an Gestalt, schön unter den Schönen,
> Artemis, Pfeilschützin, Apollons Zwillingsschwester.

Da vergnügt sich auch der Kriegsgott, und seinem Beispiele
folgend,
Hat auch der wachsame Überwinder des Argos sein Pläsier.
Aber Phöbus Apollon schreitet den stolzesten Takt,
Schlägt die Harfe dazu in dem blendenden Glanze,
Den der Blitz seiner Füße und der Schwung seiner damastenen
Gewänder verbreiten.

Wenn die Götter sich solchermaßen vergnügen, sind die Menschen berechtigt, zu ihrer eigenen Erholung es den Göttern
gleichzutun, wenn auch auf menschliche Art.
Das attische Trinklied gibt uns einen Überblick über das
gute Leben, wie die Griechen es sich vorstellten und es gerne
verwirklichten, aber wir dürfen mit Recht einwenden, daß
das nur für die Jugend galt und für die Alten nicht zu existieren schien. Daran ist etwas Wahres. Viele Griechen betrachteten die Jugend und das frühe Mannesalter als die Blütezeit
des Lebens und das, was nachher kommt, zumindest als einen
Antiklimax. Für die Frau mag das gestimmt haben, und es
ist nicht erstaunlich, daß die sorglose Jungmädchenzeit den
Beschwerlichkeiten der Ehe und Mutterschaft gegenübergestellt wird:

Die zarte Pflanze wächst an dem geschützten Ort,
der ihr gehört. Und nicht des Sonnengottes Hitze
erschüttert sie noch Regen, noch wehender Wind.
Ihr Leben erhebt sie in ungetrübten Freuden
bis zu dem Tage, da die Jungfrau den Namen
der Gattin erhält und des Nachts ihr gerüttelt
Maß an Sorgen findet,
zitternd um den Gatten oder die Kinder.

Aber auch in bezug auf die Männer machte man sich ähnliche
Gedanken. Theogenes bedauert, daß die Menschen so dumm
sind, die Toten und nicht die dahinwelkende Jugendblüte

zu bejammern, und das sind Ansichten, wie sie im 7. Jahr‑
hundert in Ionien nahezu philosophische Gültigkeit gehabt
hatten: Damals klagte Mimnermos darüber, daß die Jugend
von dem doppelten Unheil des Greisenalters und des Todes
bedroht sei, und von den beiden hält er das Alter womög‑
lich für das schlimmere. Das war recht natürlich in einer
Welt, wo die alten Leute nur in sehr geringem Maße für den
Verfall der physischen Kräfte schadlos gehalten wurden; und
die Erinnerung an die entschwundene Jugend mochte die
Bitterkeit des hohen Alters nur noch verstärken:

> Stets ist die Jugend mir teuer.
> Das Alter ist eine Last, die mir
> auf dem Haupte wuchtet gewichtiger
> als die Felsen des Ätna.

Doch obgleich die Griechen solche Lamentationen berechtigt
fanden und sie nachfühlen konnten, scheinen sie ihnen keine
allgemeine Geltung zugeschrieben zu haben.
Freilich bewunderten die Griechen die Jugend, weil in dieser
Altersepoche und vielleicht in ihr allein die Menschen einiger‑
maßen an die Freuden der Götter heranreichen können, aber
sie sahen zugleich ein, daß im Ablauf der Jahre die Erfahrun‑
gen sich in einen noch lohnenswerteren Besitz verwandeln.
Dadurch, daß die Griechen stets ein gesundes Leben im
Freien führten, blieben sie bis an die Schwelle des Greisen‑
alters leistungsfähig. Als Sokrates 422 v. Chr. in der Schlacht
von Amphipolis mitkämpfte, war er bereits 47 Jahre alt,
und das Soldatenleben war damals nicht sehr bequem. Er
stellte auch keine Ausnahme dar, da von den meisten Grie‑
chen erwartet wurde, daß sie bis zu ihrem 60. Jahre Kriegs‑
dienste leisteten. Das setzte ein hohes Maß an Kraft und Ge‑
sundheit voraus, und dieser Eindruck wird durch die lange

Lebensdauer bestätigt, die einigen der größten Männer Griechenlands vergönnt war. Gorgias starb in einem Alter von über 100 Jahren, Xenophanes wurde über 92 Jahre alt, Demokrit über 90, Sophokles 90, Platon 82. Sie alle waren bis zur letzten Minute tätig, und ihre Kräfte nahmen nicht ab. Man mochte noch so sehr darüber klagen, daß

> sämtliche Übel in einem langen Greisenalter beschlossen sind,
> Verstandesschwund, nutzloses Tun, leere Gedanken ...

– es gab immerhin zahlreiche Ausnahmen von der Regel, um eine weniger betrübliche Auffassung von dem Sturmlauf der Zeit und seiner Bedeutung für die Menschen zu rechtfertigen. Die beste Lösung war, nicht darüber zu jammern, daß die Jugend mit all ihren Möglichkeiten so schnell entfliehe, sondern lieber die Frage zu stellen, was denn für Vorteile das herannahende Alter mit sich bringe; die Antwort lautete, daß der Mensch auch dann, wenn er die guten Dinge des Lebens verloren hat, ein guter Mensch sein kann dank gesteigerter Kraft, größerem Selbstvertrauen und tieferer Lebensweisheit. Vielleicht wird er sich nicht mehr so gut amüsieren können wie früher, aber er kann mehr aus sich herausholen und ein ausgeglicheneres, vollkommeneres Wesen werden. Jede der vier traditionellen Tugenden wird durch die Erfahrung auf besondere Art gestärkt. Der Mut wird zu stillem Dulden – so wie der alte Ödipus, von Blindheit und Leid zermürbt, aber noch immer edel und majestätisch, von sich selber sagt:

> Genügsamkeit hat mich das Leid gelehrt,
> haben die langen Jahre und ein edles Herz mich gelehrt.

Mäßigung fällt uns leichter, wenn die Leidenschaften verebbt sind. Als Sophokles von seinem Freund Kaiphalos gefragt

wurde, ob er noch sexuelle Begierden habe, erwiderte er:
»Rede nicht so. Ich bin nur allzu froh, das alles los zu sein;
es ist, als wäre man dem Joch eines Tollwütigen entronnen.«
Die Gerechtigkeit wird in einem Sprichwort wie: »Der
Jugend die Tat, dem Alter der Ratschluß« in ihrem vollen
bürgerlichen Sinn als die eigentliche Aufgabe der älteren
Leute bezeichnet. Die Weisheit profitiert von den Jahren,
indem sie ausgiebiger von der Göttergabe zehrt, die in jedem
Menschen lebt:

> Der Weise altert nie – seinen Geist nährt
> der Wandel im heiligen Lichte des Tages.

Das Alter bringt jeder der vier Kardinaltugenden neuen
Rang und größere Wirkung. Der Mensch, der die Jugend
und ihre guten Dinge hinter sich gelassen hat oder sie nur
noch gelegentlich genießen kann, hat nun auf neue Art Gelegenheit, ein guter Mensch zu sein.
Ungefähr auf solche Art und Weise haben die Griechen –
nicht sehr bewußt und nicht sehr exakt — den Begriff des
guten Menschen mit dem des guten Lebens verknüpft. Die
beiden blieben jedoch getrennt, und wer ein gutes Leben
führte, war nicht unbedingt auch ein guter Mensch. Aber
beides konnte sehr wohl in der Spanne eines Menschenlebens
miteinander vereinigt werden, und wenn die vier besten
Dinge vor allem der Jugend gehören, werden die vier Kardinaltugenden am besten durch die Erfahrung ans Licht gebracht. Dieser Unterschied entspricht der zwiespältigen
Natur des Menschen und seiner zweideutigen Stellung im
Weltall. Insofern er an den Freuden der Götter teilhaben
kann, ist er auch an den vier besten Dingen beteiligt; insofern er sich aber von den Göttern unterscheidet, seine rein
menschliche Art erfüllen und sich ihren Schranken fügen

muß, ist er gezwungen, sich an die vier Tugenden zu halten, die für den geordneten Bestand der zivilisierten Gesellschaft unentbehrlich sind. Die besondere Natur des Menschen war für den Lustbegriff der Griechen bestimmend. Sie standen der Sinnenlust keineswegs mit asketischer oder puritanischer Feindseligkeit gegenüber, ja, in mancher Hinsicht betrachteten sie sie als ein hohes Gut. Gleichzeitig aber waren sie der Meinung, sie müsse auf den ihr gebührenden Platz verwiesen werden, und man dürfe ihr nicht gestatten, die Harmonie des einzelnen oder der Stadt zu stören. Ebenso meinten sie, daß die heftigsten Freuden sich hauptsächlich für die Jugend ziemen, und daß mit der Zeit der Mensch über sie hinaus zu anderen Freuden übergeht, die weniger aufregend sind. Das entspricht dem allgemeinen Unterschied, den die Griechen zwischen den Menschen und den Göttern setzen. Während die Götter Macht und Freiheit genießen, haben die Menschen eine gewisse Verantwortung zu tragen, und gerade dadurch wachsen sie in die ihnen eigene Würde hinein, welche sich völlig von allem unterscheidet, was den Göttern erreichbar ist. Dieses System hat den Vorteil, daß es natürlichen Sinn für Freuden und Vergnügungen mit Achtung vor bewährten Fähigkeiten kombiniert. Paradoxerweise mag das bedeuten, daß der Mensch gerade durch seine spezifisch menschlichen Seiten den Göttern nähersteht als durch die Leistungen, die ihm Ehre und Achtung verschaffen. Es bedeutet aber auch, daß Güte und Glück in ausgeglichener Harmonie miteinander vereint werden, denn die Griechen glaubten nicht nur, daß der Mensch glücklich sei, wenn er gut ist, sondern auch daß er gut sei, wenn er glücklich ist.

SECHSTES KAPITEL

MYTHOS UND SYMBOL

EIN MYTHOS ist eine Geschichte, die nicht den Zweck hat, an sich zu erfreuen, sondern gewisse Zweifel und Unklarheiten beseitigen soll, die den Menschen in der vorwissenschaftlichen Zeit quälten, weil sein Verstand sie noch nicht bewältigen konnte. Bevor die Menschen zu allgemeinen Begriffen gelangen, bewegt sich ihr Denken in individuellen bildhaften Vorstellungen, und wenn sie mit einem verblüffenden oder fremdartigen Faktum fertig werden wollen, müssen sie es in den Bereich ihrer Phantasie einbeziehen und dort akklimatisieren. Angesichts einer Welt, in der das meiste ohne ersichtliche Ursache geschieht, brauchen sie den Mythos, um die Vorgänge zu erklären. Die Erklärung, die ihrem besonderen Erfahrungsbereich angepaßt sein muß, ist mehr gefühlsmäßiger als verstandesmäßiger Art und beschreibt nicht einen Zusammenhang zwischen Ursache und Wirkung, sondern assoziiert eine Erfahrung mit einer anderen und deutet eine Verbindung oder Ähnlichkeit zwischen den beiden an. Die auf diese Weise erzielte Lösung erleichtert es dem Menschen, sich mit gewissen Phänomenen abzufinden, die ihn nun nicht mehr so durchaus fremdartig erscheinen. Natürlich hat dieser Prozeß sehr viel mit der Religion gemeinsam, da in einer primitiven Gesellschaft die Religion die hauptsächliche Quelle für das Verständnis der Natur ist; die mei-

sten Mythen bergen ein religiöses Element in sich. Uns, die
wir daran gewöhnt sind, die Welt im Lichte der Wissenschaft,
ihrer Gesetze und Abstraktionen zu betrachten, fällt es
schwer, uns in eine Mentalität hineinzudenken, die behauptet,
alles sei konkret und individuell; für den primitiven Menschen aber ist das die einzige Möglichkeit, die Sorgen zu meistern, die ihn quälen. Überall sieht er Götter und Geister am
Werk, und wenn er das Gefühl haben soll, daß er einigen
Zugang zu ihnen besitze, ist das nur durch die Mythen möglich. Die Mythen setzen das Unbekannte mit dem Bekannten
in Relation und helfen, die Hindernisse zwischen den Menschen
und den sie umgebenden seltsamen Phänomenen zu beseitigen.
Die Griechen besaßen einen unerschöpflichen Reichtum an Mythen, aber die meisten Mythen haben einen gewissen Rationali-
sierungsprozeß durchgemacht, und nicht alle haben den gleichen Ursprung oder befriedigen die gleichen Bedürfnisse.
Manche sind sogar dem engen Begriff angepaßt, daß der
Mythos nur den Zweck habe, irgendein Ritual begreiflich
zu machen, dessen Bedeutung in Vergessenheit geraten ist,
sofern es die Menschen überhaupt einmal verstanden haben
sollten. Solche Mythen brauchen nicht sehr alt zu sein, wenn
auch die zugrunde liegenden Riten aus einer viel älteren Welt
stammen mögen, in der die religiösen Handlungen an sich
ausreichend sind und keiner ausführlichen Erläuterung bedürfen. Sie appellieren auf rein emotionalem Niveau an das
Bewußtsein, und das genügt, um ihre Berechtigung zu erweisen. Gelingt es uns, die ursprüngliche Bedeutung des
Ritus herauszufinden, dann werden wir begreifen, wie der
Mythos entstanden ist. Das trifft auf den Mythos von Hippolytos zu, dem unberührten Jüngling, der die Liebe verwirft
und ein schreckliches Ende nimmt: Seine eigenen Pferde
scheuen und reißen ihn in Stücke. Obgleich die Geschichte,

wie Euripides sie dramatisiert hat, spätere Zusätze enthält,
zeigt sich, daß sie von einem Ritus herrührt, wenn Artemis
am Schluß des Stückes sagt:

> Dir, dem vom Schicksal Verfolgten, für diese Leiden
> will ich große Ehren schenken in Trözen, der Stadt.
> Um deinetwillen sollen vor ihrem Hochzeitstage
> Jungfrauen ihr Haar abschneiden, und bis ans Ende der Zeiten
> sollen dir ihre bitteren Schmerzenstränen geweiht sein.

Der Ritus verlangt, daß die jungen Mädchen in Trözen vor
der Hochzeit dem Hippolytos eine Haarlocke opfern; damit
wird der Verlust ihrer Jungfräulichkeit symbolisiert. Sie weihen sie dem Hippolytos, der sowohl die Jungfräulichkeit als
auch das Opfer repräsentiert, den unwiederbringlichen Verlust eines wohlbehüteten Schatzes. Die Beziehung zwischen
ihm und den jungen Frauen beruht auf dem Gefühl eines
unersetzbaren Verlustes, und das genügt, um dem Ritus einen
Sinn zu geben und durch einen Mythos die nötige Erklärung
zu liefern. Was sonst vage und unbestimmt wäre, wird an
Hand eines konkreten Falles dargestellt, und die gefühlsmäßigen Zusammenhänge eines erschütternden Anlasses treten kraftvoll und vertraut ans Licht.

Der Mythos, der einen Ritus erläutert, ist wahrscheinlich
nicht immer so befriedigend wie in dem angeführten Beispiel, weil der Charakter des Ritus im Laufe der Zeit sehr
oft unklar geworden ist. Als die Griechen sich ihrer Riten
bewußt wurden und sie zu erklären versuchten, fiel ihnen
das zuweilen recht schwer, und diese Bemühungen sind nicht
immer ganz überzeugend. So pflegten sie zum Beispiel, wenn
sie den Göttern Opfer darbrachten, die besten Fleischstücke
für sich selber zurückzubehalten und den Göttern nichts weiter zu schenken als in Fett eingewickelte Knochen. Den

Grund dafür kennen wir nicht, obgleich der Brauch an sich recht vernünftig war in einem Land, in dem es nie einen Überfluß an Nahrung gab. Die Antwort finden wir in einer Geschichte, die Hesiod erzählt: Prometheus, der kein Olympier ist, aber dem viel älteren, entmachteten Geschlecht der Titanen angehört, liebt Zeus nicht, und wenn er ihm einen Ochsen opfert, beschmiert er die Knochen mit glänzendem Fett, in der Absicht, ihn zu täuschen und ihm ein Opfer zu unterschieben, das schön aussieht, aber es eigentlich gar nicht ist. Zeus nimmt es entgegen, durchschaut jedoch sofort den Kniff. Aber da er aus freien Stücken angenommen hat, findet er sich damit ab, und das ist also das Opfermahl, das von nun an den Göttern gespendet wird. Dem Mythos gelingt es eigentlich nicht, die Schwierigkeit zu beseitigen, die darin liegt, daß der Ritus eine Beschimpfung der Götter bildet, aber er verlegt zumindest seinen Ursprung in die ferne Vergangenheit und liefert eine Art historischer Erklärung. So verhält es sich zumeist mit den ätiologischen Mythen; das eigentliche Wesen des Ritus können sie nicht bewältigen, sie müssen sich mit einer Geschichte begnügen, die ihn in das vertraute Erfahrungsbereich eingliedert.

Eine zweite Kategorie von Mythen ist nicht aus Riten abgeleitet, sondern entspricht dem Wunsch, Naturerscheinungen durch eine dramatische kosmologische Legende zu erklären. Ein sehr primitives Beispiel ist die Sage von Uranus (Himmel) und Gäa (Erde). Uranus will den Kindern, die Gäa zu gebären im Begriff ist, nicht erlauben, das Licht der Welt zu erblicken, sondern versteckt sie in den Tiefen der Erde. Die anderen Kinder schrecken davor zurück, den Vater zu überfallen, aber Kronos läßt sich von seiner Mutter eine scharfe Waffe geben, überfällt Uranus in dem Augenblick, da er die Gäa begattet, schneidet ihm sein Glied ab und wirft es ins

Meer. Eine ganz ähnliche Geschichte findet man in Polyne-
sien. Dort soll sie die Trennung von Himmel und Erde erklären; der griechische Mythos dürfte den gleichen Zweck
verfolgt haben. Nach einer solchen Katastrophe können
Himmel und Erde nie wieder vereinigt werden, und ihre
Trennung ist in gewissem Sinne »erklärt«. Die barbarischen
Züge dieser Geschichte sind in der griechischen Mythologie
eine Seltenheit und haben bei Dichtern und bildenden Künstlern wenig Anklang gefunden, aber sie stellt trotzdem ein
aufschlußreiches Relikt dar: Hier zeigt sich, daß zu Anfang
die griechischen Mythen genauso roh und plump waren wie
die aller primitiven Völker, daß man sie jedoch zu gegebener
Zeit durch anmutigere und gefälligere ersetzt hat.
Zu diesen zählt der Mythos von Demeter und Persephone,
der das alljährliche Kommen und Gehen der Ernten auf der
Erde symbolisiert. Niemand bezweifelte, daß dies das Werk
der Götter sei, aber es lag nahe, die Frage zu stellen, warum
denn die Götter es so geordnet hätten. In der Homerischen
Hymne an Demeter wird Persephone, die Tochter der Erd-
göttin Demeter, von Hades, dem Gott des Todes und der
Unterwelt, geraubt. Ihre Mutter sucht sie vergebens auf der
ganzen Erde, und während sie damit beschäftigt ist, bleiben
die Ernten aus. Schließlich erfährt sie, was geschehen ist;
Demeter kommt nun mit Hades überein, daß von nun an
Persephone den Winter unter der Erde bei Hades und den
Sommer oben bei ihrer Mutter verbringen soll. Für das
unwissenschaftliche Denken ist das eine ausgezeichnete und
wirksame Darstellung des alljährlichen Wachstumszyklus,
phantasievoll und religiös zugleich oder vielmehr phantasievoll, weil religiös bedingt. Die Freude der Menschen im
Frühling und ihre Niedergeschlagenheit im Herbst wird von
Demeter geteilt, die sich über das Wiedersehen mit der Toch-

ter freut und ihren Verlust beweint. Die Beziehung zwischen Persephone und Hades ist ein passendes Symbol für das Wechselspiel zwischen Leben und Tod, und ihr Entschluß, ihre Zeit zwischen dem Gatten und der Mutter zu teilen, mahnt in liebevoller und wehmütiger Sprache daran, daß wir uns nicht nur mit dem Leben, sondern auch mit dem Tod auseinandersetzen müssen. Ein so tiefsinniger und so befriedigender Mythos dürfte nicht sehr primitiv sein, aber er zeigt uns, wie gut die Griechen es verstanden haben, Mysterien, die sich einer genauen Analyse entzogen, aber in konkreter Form alle ihre Aspekte offenbarten, in lebhaften Farben zu schildern.

Diese ursprünglichen Mythen wurden durch andere Geschichten, die eigentlich keinen streng mythischen Charakter hatten (da ihr Hauptzweck war, nicht zu erklären, sondern zu unterhalten), ergänzt und bis zu einem gewissen Grad ersetzt. Die uralten Göttersagen, die von den Riten und deren Funktionen herstammten, bildeten den Ausgangspunkt für so manche strahlende Geschichte, die zwar einen rituellen Hintergrund oder einen ätiologischen Zweck voraussetzen mochte, aber diese Hintergründe und diese Ziele über der neuen Form vergaß, die sie ihnen verlieh. So mag zum Beispiel, wenn Homer erzählt, wie Hera den Zeus durch eine List dazu bewegt, mit ihr zu schlafen, damit er nicht sieht, was auf dem Schlachtfeld vor Troja geschieht, die Geschichte aus einem religiösen Hochzeitsritus abgeleitet sein, in dessen Verlauf der König und die Königin der Götter in einer hochzeitartigen Zeremonie geehrt wurden. Ein Echo davon könnten die Blumen sein, die rings um das Lager erblühen, wie es zu einer im Frühling stattfindenden Zeremonie paßt. Aber Homer sagt kein Wort über den rituellen Charakter der Geschichte, der ihn sichtlich nicht interessiert.

Ihn interessiert nur das unterhaltsame, drastische Geschehen. In einem anderen Fall behandelt er mit derselben Gleichgültigkeit einen Mythos, der letzten Endes ätiologischen Charakter gehabt haben muß. Die Gefährten des Odysseus kommen um, weil sie trotz seines Verbots die Rinder des Sonnengottes verzehren. Da ihre Anzahl 350 beträgt, läßt sich kaum bezweifeln, daß sie die Anzahl der Tage des Jahres in einem primitiven Kalender repräsentieren, und sie haben eigentlich in einer Abenteuergeschichte nichts zu suchen. Aber Homer kommt es nicht auf ihre Ursprünge an, ihn interessiert nur, daß sie ihm ein gutes Motiv für die Beseitigung der Gefährten des Odysseus liefern, so daß der Held schließlich allein nach Ithaka zurückkehren muß.

Weitere Zusätze stammen aus Volksmärchen, aus uralten Sagen und Legenden, die einfach nur den Zweck hatten, die Hörer zu unterhalten, und weder theologische noch didaktische Zwecke verfolgten. Solche Geschichten erzählt Homer in der Odyssee eine ganze Reihe. Manche dieser Geschichten mögen auf den Erzählungen weitgereister Leute basieren, die ganz einfach irgendwelche ungewöhnliche Fakten nicht begriffen haben, wie zum Beispiel die schwimmende Insel des Äolos, die Symplegaden oder zusammenschlagenden Felsen (die von irgendeiner, durch wechselnde Strömungen gefährlichen Meerenge herrühren), die finstere Welt der Kimmerier (die ein Echo der langen Winternächte im fernen Norden ist). Zuweilen handelt es sich um Geschöpfe urzeitlicher Phantasie: Der einäugige Kyklop und die List mit dem Namen »Niemand«, die ihn übertölpelt – Hexen wie Kalypso und Kirke, die den Wanderer auf seinem Heimweg aufhalten – Seeungeheuer wie die Skylla, die zu der Gattung der Kraken gehört – riesenhafte Tintenfische, die Sirenen, deren Gesang die Seefahrer in den Untergang lockt. Solche

Geschichten findet man in den verschiedensten Gegenden
der Welt, und sie leben weiter, weil sie an die Vorliebe des
Menschen für das Monströse und das Unbekannte appellieren. In den heroischen Legenden der Griechen aber haben sie
sich fest angesiedelt und sind ein Bestandteil des Repertoires
der Geschichtenerzähler geworden. Sie repräsentieren nur
sich selber, sie erteilen keine Lehren, sie interpretieren keine
Geheimnisse, sie sind nicht einmal in ein besonderes Schema
eingeordnet, sondern tauchen hier und dort in Erzählungen
auf, in deren Handlungsverlauf Menschen sie auf menschliche
Art behandeln und ihr den Platz anweisen.

Ursprüngliche Mythen und zusätzliche Legenden wurden
in dem weiten Rahmen des Heldengedichtes zusammenge-
führt. Die alte Tradition, die in Homer ihren Gipfel erreicht
hat und durch ihn erhalten geblieben ist, schuf einen Sagenschatz, der alle diese Elemente mit einschloß und selber entscheidende Ergänzungen lieferte, welche sich auf die glorreichen Taten der Helden beziehen und aus historischen Ereignissen abgeleitet sind. So reich war dieser Vorrat, daß die
griechischen Dramatiker aus ihm fast sämtliche Stoffe und die
Bildhauer und Maler die meisten Motive für die Ausschmük-
kung öffentlicher Gebäude holten.

Mythen und Volksmärchen wurden mit Heldensagen kombiniert, die in der Wirklichkeit wurzelten. Die große Zeit
des mykenischen Griechenland im 14. und 13. Jahrhundert
lieferte zahlreiche lyrische Themen, die Jahrhunderte hindurch am Leben blieben, da die Dichter sie immer wieder
erzählten, sie ausschmückten und Neues hinzufügten. Aus
der ursprünglichen Fülle mündlich überlieferter Dichtung
sind uns nur die »Ilias« und die »Odyssee« erhalten geblieben,
und wir müssen versuchen, uns zahllose andere Dichtwerke
vorzustellen, die nicht unbedingt so vollendet oder so reich

gewesen sein mögen, aber einen ähnlichen Stil und eine ähnliche Mentalität besaßen und von dem vielfältigen Tun eines
Heldengeschlechts erzählten. Diese Dichtung hat den Griechen ihre Mythen im umfassendsten Sinne des Wortes geschenkt, Geschichten, die man deshalb mit größtem Respekt
behandelte, weil sie das traditionelle Erbe eines ganzen Volkes waren. In diesen Rahmen haben die Barden mythische
Versionen religiöser, historischer und folkloristischer Phänomene, Überreste ehemaliger Riten, die inzwischen unerklärbar geworden sind oder die man mißverstanden hat, und
selbständige Phantasieprodukte eingebaut. Der Rahmen des
Heldengedichtes hat das alles mit Leichtigkeit absorbiert und
den einzelnen Elementen den Rang und die Autorität verliehen, die ihnen anhaften, wenn sie in poetischem Stil und
mit dem sicheren Gefühl für heldische Größe und Gesinnung
präsentiert werden.
Ein großer Teil dieser Dichtung beschäftigt sich mit den
Göttern, mit ihren Beziehungen zueinander und zu den
Menschen. Freilich enthält sie Wunderdinge und Mirakel,
aber es ist bemerkenswert, daß alle diese Mirakel stets dem
direkten Eingreifen der Götter zu verdanken sind. Wenn
das Pferd des Achilles zu reden anfängt oder Odysseus seine
Gestalt wechselt, ist das auf Hera oder Athene zurückzuführen. Soweit es sich um die Menschen handelt, verfügen
sie nur über rein menschliche Mittel. Zwar richten sie weit
mehr aus, als ein gewöhnlicher Mensch jemals leisten könnte;
doch geschieht dies nur dadurch, daß sie ihre eigenen Kräfte
in stärkstem Ausmaß einsetzen. Das ist um so seltsamer,
als in den meisten primitiven Gesellschaften und in vielen
primitiven, aber auch in nicht allzu primitiven Sagen der
Hauptdarsteller nicht der Held ist, der sich auf seine menschliche Geistes- und Körperkraft verläßt, sondern der Magier,

der durch seine Zauberkraft Wunder wirkt. Auch die Griechen scheinen diese Phase durchgemacht zu haben, doch sie sind ihr entweder entwachsen oder haben sie in einen unwichtigen Winkel verwiesen. Doch hatten auch sie ihre Erinnerungen an berühmte Schamane wie Kalchas, der vor Kummer starb, weil er, als es galt, die Anzahl der Blätter an einem Baum zu nennen, unrecht hatte, während sein Gegenspieler Mopsos recht behielt, aber Homer hat ihm die untergeordnete Rolle eines Propheten zugewiesen, dessen Hauptaufgabe darin besteht, den Willen der Götter zu deuten. Einen weiteren Zauberer könnten wir vielleicht in Perseus erblicken, der auf beschwingten Sandalen dahinfliegt, eine Tarnkappe trägt und die Gorgo mit Hilfe eines Zauberspiegels tötet. Aber seine Gestalt ist sehr verändert worden und unterscheidet sich nur wenig von einem richtigen Heros. Diese allmähliche Ausmerzung der Zaubermärchen ist um so bemerkenswerter, als es den Griechen nicht an Männern fehlte, die ganz erstaunliche Ansprüche auf magische Fähigkeiten erhoben. Aristeias von Prokonnesos behauptete, seine Seele könne den Körper verlassen und die ganze Erde überschauen, Epimenides schlummerte 75 Jahre lang in einer Höhle, Hermotimos erwarb sich ungewöhnliche Kenntnisse dadurch, daß seine Seele den Körper zurückließ und sich ohne ihn auf lange Reisen begab, bis sie eines Tages zurückkehrte und entdeckte, daß Feinde den Körper verbrannt hatten. Trotz solcher Wunderlichkeiten beharrten die Griechen auf ihrer Meinung, daß die Menschen ausschließlich auf ihre rein menschlichen Kräfte angewiesen seien; und gerade damit beschäftigten sich viele ihrer Mythen. Dieser Verzicht auf magische Mittel wurde zweifellos von dem Gedanken diktiert, daß ihre Anwendung unter der Würde des Helden sei, und dieser Gedanke seinerseits basierte auf der eigentümlichen griechischen Überzeugung, den Menschen gebühre Ehre nur für das, was sie mit rein menschlichen Mitteln ausrichten.

In ihrem primitiven Stadium sind die Mythen das gemeinsame Eigentum eines Volkes, und wer sie erzählt, braucht sich nicht zu rechtfertigen. Zu der Zeit aber, da wir sie in Griechenland in Umlauf sehen, haben sie bereits ein sekundäres Stadium erreicht: Immer noch werden sie als nationales Erbe respektiert, aber sie dienen nicht mehr dem ursprünglichen Zweck, Riten oder Ablauf der Natur zu erklären. Sogar der archaische und konservative Hesiod, dem diese Zwecke der Mythen nicht unbekannt sind, sammelt und formuliert sie aus ganz anderen Gründen. Er will dafür sorgen, daß sie bekannt werden, daß seine eigene Generation sich die heiligen Relikte der Vergangenheit zu eigen mache, daß ein Lehrgebäude, sei es auch nicht-doktrinärer Art, in einer anziehenden und leicht zu merkenden Form vorhanden sei. In diesem Stadium werden die Mythen deshalb verehrt, weil sie der religiösen Vorstellungswelt und der heroischen Vergangenheit angehören; das Ansehen, das sie dadurch erhielten, haben sie nie verloren. Spätere Religionslehrer und Reformatoren haben Hesiods Methoden nachgeahmt und neue Kosmogonien besonderer Art geschaffen oder sich bemüht, genealogische Reihen zu rekonstruieren, um auf diese Weise die Vorgeschichte neu zu beleben, während die Verehrer des Orpheus seine Höllenfahrt besangen und seinen grauenvollen Tod, da thrakische Frauen ihn in Stücke rissen. Diese Art von Dichtung trug dazu bei, die Würde des mythischen Weltbildes zu wahren und zu zeigen, daß es auch in einer bereits von Wissenschaft und Philosophie berührten Welt noch immer brauchbar sei. Die Bildhauer erfüllten eine ähnliche Aufgabe. Wie die Holzschnitzereien und Glasmalereien in den mittelalterlichen Kirchen, waren die Skulpturen der griechischen Tempel sehr oft eine Art *libri pauperum*, eine visuelle Darstellung von Mythen, welche die Gottheiten betrafen, deren Heiligtümer sie schmückten, oder Helden der Vorzeit wie Theseus und Herakles, die gewisse Beziehungen zu der betreffenden Gottheit hatten und Eigenschaften verkörperten, die man für nachahmenswert hielt. Wichtig war, dies alles bekanntzumachen, ebenso wichtig aber, es richtig darzustellen, um Verständnis zu finden und nicht mißdeutet zu werden. Die Griechen hatten das Glück, Traditionen zu besitzen, die an sich reizvoll waren und jedem gefallen mußten, der kühne Taten und ein ritterliches Betragen liebt. Da die Götter Macht und Kraft verkörperten, war es nur angemessen, dies mit all der Klarheit und Blickschärfe darzustellen, deren die Künstler nur immer fähig waren. Eine solche Kunst war zwar insofern didaktisch, als sie von den Göttern berichtete, aber sie beschäftigte sich nicht mit rein moralischen Fragen. Ihr kam es darauf an, Ehrfurcht und Bewunderung vor der unwiderstehlichen Macht der Götter und dem Glanz der Heroen zu wecken, in deren Adern das Blut der Götter floß.

Auf diese Weise spielten die Mythen eine erhebliche Rolle bei der Erziehung der griechischen Jugend. Noch wichtiger aber und noch einflußreicher war ihre unmittelbare, formbildende Wirkung, die sie durch ihren glanzvollen Stil, ihre Lebendigkeit und ihren sicheren Sinn für menschliche Werte übten. Obgleich Homer fast nie Moral predigt und so sachlich ist wie Shakespeare, strahlt er eine Menschlichkeit aus, die an sich bereits erzieherisch wirkt. Sein Interesse an den mythologischen Gestalten ist so lebhaft und so verständnisvoll, daß sie uns als leibhaftige Männer und Frauen vor Augen stehen, zwar keine Tugendmuster, aber zumindest

typische Repräsentanten des echt und unverfälscht Menschlichen. Zwar ist die Welt seiner Dichtung eine Phantasiewelt,
die jedoch in realer Welterfahrung wurzelt, die Begebenheiten und Menschen in eine ferne Vergangenheit rückt, und
sie dadurch nur um so verständlicher und reizvoller erscheinen läßt. Sie hat insofern unschätzbare Dienste geleistet, als
sie die Griechen veranlaßte, den Menschen in den Mittelpunkt des Denkens zu stellen, und schon allein die geschickte
und kraftvolle Darstellungsweise hat ein solches Studium
wichtiger und dringlicher gemacht. Das bleibende Interesse
der Griechen für menschliche Belange war zum großen Teil
ein Ergebnis der heroischen Kunsttradition und im menschlichen Denken fest verankert, da diese Tradition den Beziehungen zwischen Menschen und Göttern tiefes Verständnis entgegenbrachte und damit stillschweigend auch dem
Wert menschlichen Handelns und dem Gedanken, der Mensch
habe mit Hilfe der eigenen Kraft stets sein Äußerstes zu
leisten. Wenn die Mythen lehrreich waren, dann nur auf eine
sehr großzügige Weise, ohne Moral predigen zu wollen. Sie
trugen durch anschauliche Schilderungen sittlicher Probleme
zur Charakterbildung des Menschen bei, zeigten seine Beziehungen zur Welt der Götter auf und ermöglichten es ihm
dadurch, seinen Platz in der Welt zu finden.
Einen ähnlichen Geist findet man überall in der griechischen
Kunst, die darauf abzielt, Götter und Heroen in ihrer Tätigkeit zu schildern und ihre Kraft und ihren Mut hervorzuheben. Schon zu Homers Zeiten, als die Vasenmalerei noch
in ihren Anfängen steckte, schilderten die Maler ähnliche
Szenen wie er: Seeschlachten, Leichenverbrennungen, Kampf-
szenen, Wagenrennen und Schiffbrüche. In späteren Jahrhunderten, als das Heldenideal im Stadtstaat einen neuen
Sinn erhalten hatte, gaben ihm die Künstler eine überzeu-

gende und moderne Form, indem sie die alten Geschichten in neuer Gestalt präsentierten. Sie zeigten gern, was ein Held in seiner vollen Kraftentfaltung ist, wie etwa der siegreiche Herakles, der den Dreifuß wegschleppt, den er soeben dem Apollon in offenem Kampf entrissen hat, oder der unerbittliche Achilles, der die Amazone Penthesilea tötet. Diese Kunstwerke erfreuen auf die gleiche Art und mit gleicher Pracht wie die Homerischen Epen. Der Künstler behandelt ein vertrautes Thema wegen seiner dramatischen und bildhaften Wirkung und vermittelt unauffällig ein Bild vollendeter Mannhaftigkeit. Deutlich merkt man, was seine Augen in den sehnigen, muskulösen Leibern sehen, die von Zielbewußtsein und Energie vibrieren, uns mit Bewunderung erfüllen und uns zu der Frage veranlassen, wie denn diese Männer zu ihren Lebzeiten auf dem Gipfel ihrer Manneskraft ausgesehen haben mochten.

Diese offene und einfache Behandlung der Mythen prägte diese dem griechischen Bewußtsein ein, machte sie ihm innig vertraut, diente als zuverlässige Illustration oder Rechtfertigung verschiedener Verhaltensweisen und bahnte den Weg für eine Entwicklung, in deren Verlauf sie zu spezielleren Zwecken verwendet werden konnten. In dem Maße, wie das Heldenideal den Bedürfnissen des Stadtstaates angepaßt wurde, wiesen die Griechen ihren Mythen immer kompliziertere Aufgaben zu. Gestützt auf die ungeheuren Leistungen der epischen Dichtkunst und in der festen Zuversicht, daß ihre Themen dem gesamten Volk mehr oder weniger vertraut seien, konnten sie jetzt mehr hineindeuten, ihnen mehr Anspielungen abgewinnen und sie benützen, um jene Probleme des Lebens und des Todes, die sie eifrig und gründlich überdachten, dramatisch darzustellen. Die drei attischen Tragödiendichter Aischylos, Sophokles und Euripides haben in ihren Dramen bekannte Mythen verwendet und fast immer die Heldensagen herangezogen. Auch das war eine hochstehende Kunstform, die keine gewöhnlichen oder vulgären Stoffe duldete. Die griechische Tragödie war nicht immer im modernen Sinne tragisch, sie mußte nicht unbedingt mit einer Katastrophe enden. Darin ähnelte sie der epischen Dichtung, die freilich viel Unheil schilderte, aber ihren eigentlichen Sinn dadurch erhielt, daß sie die Wichtigkeit und Notwendigkeit menschlichen Handelns betonte. Die attische Tragödie nimmt ihre Aufgabe nicht weniger ernst und ist in dieser Hinsicht die rechtmäßige Erbin der Epen. Statt jedoch ausschließlich den Zwecken gepflegter Unterhaltung zu dienen, versuchte sie ihre Wirkungen dadurch eindrucksvoller zu gestalten, daß sie sie mit den grundlegenden Problemen der Beziehung zwischen Göttern und Menschen in Verbindung brachte. Vielleicht war das unvermeidlich in einer Kunstgattung, deren Werke bei religiösen Festen aufgeführt wurden; ebenso wahrscheinlich aber ist es, daß eine solche Haltung der athenischen Geistesart entsprach, die an einen unauflöslichen Zusammenhang zwischen Menschen und Göttern glaubte und diesen Zusammenhang mit kühner Wißbegier zu erforschen trachtete. Der Mythos lieferte dem Drama die Struktur. Das Drama selbst beleuchtete auf eine höchst konkrete und zwingende Art eine bedeutsame Krise oder ein wichtiges Problem. Deshalb kann man die griechische Tragödie als symbolisch bezeichnen. Die alten Geschichten werden um ihrer selbst willen neu erzählt, und es herrscht kein Mangel an dramatischer Spannung und menschlichem Interesse, doch exemplifizieren sie zugleich ein weitreichendes Problem, das in dieser individuellen Form treffend formuliert wird. Die Heroen der Vorzeit behalten ihre Individualität, werden aber gleichzeitig zu bestimmten Schicksalstypen und liefern Beispiele für die Beziehung zwischen Menschen und Göttern. In ihnen mag jeder etwas finden, das ihn betrifft, und obgleich ihr Auftritt immer erregend ist und von sich aus Vergnügen macht, gibt es dahinter und darüber hinaus irgendein universelles Problem, das durch die besondere Form, in der es sich verkörpert, nur noch bedeutsamer wird.

Das Wesen des Symbols besteht darin, daß es auf eine konkrete, besondere Art Dinge zum Ausdruck bringt, die wir sonst fast kaum erfassen können, weil wir auch dann, wenn sie sich abstrakt formulieren lassen, ihre volle Bedeutung nicht verstehen, da ein großer Teil dieser Bedeutung in ihrem Appell an Gefühle und halb unbewußte Erinnerungen und Triebe liegt. Symbole sind uns fast unentbehrlich, wenn wir uns mit Dingen beschäftigen, die einer transzendentalen Ordnung angehören. Das Symbol macht sie dem geistigen Auge sichtbar und schildert ihren Charakter durch Hinweise, Andeutungen und Anspielungen. In einer wichtigen Hinsicht unterscheiden sich die griechischen Symbole von den unseren. Da die Griechen der Meinung waren, Götter und Menschen lebten in einer gemeinsamen Welt und ähnelten einander in mancher Weise, brauchte man die Symbole nicht, um die Geheimnisse einer außerhalb der Sinnenwelt liegenden Ordnung zu deuten, sondern um zu zeigen, wie das göttliche Element in der vertrauten Umgebung tätig ist, wie es die Handlungen der Menschen verwandelt oder durchdringt und ihnen eine ungeahnte Bedeutung verleiht, wie es unter unerwarteten Bedingungen und auf unvorhergesehene Art seine Gegenwart fühlbar macht. Man brauchte Symbole, um die eigenartige Einmischung der Götter in eine Gesellschaft zu schildern, die so überaus gründlich mit ihrem eigenen Tun und Lassen beschäftigt war. Da jedoch die Griechen ihre Götter

Marmorstatue eines Mädchens (sogen. Kore 675) von der Akropolis, deren ursprüngliche farbige Fassung noch teilweise erhalten ist; Höhe 55 cm. Um 520 v. Chr. Athen, Akropolis-Museum.

in Menschengestalt vor sich sahen und durch ihre Mythen
einen klaren Begriff von ihnen erhalten hatten, sind die
Symbole in der griechischen Dichtung so scharf umrissen und
so vollendet, daß wir sie kaum noch als Symbole betrachten.
Nur selten sind sie vieldeutig, nie sind sie rein emotional.
Ihre Kraft liegt darin, daß sie sich sowohl an den Verstand
als auch an das Gefühl wenden, daß sie dunkle Probleme
klarlegen, daß sie durch die Schilderung fesselnder Ereignisse an die gesamte Skala menschlicher Empfindung appellieren. Sie sind so fest verwurzelt, daß sie sogleich Aufmerksamkeit erregen und das Interesse gefangenhalten.
Die attischen Dramatiker beschäftigen sich eifrig mit zeitgenössischen Fragen. Sie betrachteten sie leidenschaftslos und
von hoher Warte, doch waren sie der Meinung, daß das, was
ihrer eigenen Generation bedeutsam erscheinen konnte, Stoff
für die Tragödie sei. Sie verpflanzten die verwirrenden Probleme und die Uneinigkeiten der athenischen Demokratie
in die Welt uralter Mythen und verliehen ihnen dadurch
Abstand und Würde, welche die Fragen deutlicher umrissen
und sie aus der Sphäre flüchtiger Auseinandersetzungen her-
aushoben. Ihrem zeitgenössischen Zusammenhang entrissen,
werden diese Fragen in ihrer tiefsten Bedeutung enthüllt
und erhalten durch die Mythen, die ihnen als Rahmen dienen, neues Leben. So schildert Aischylos in den drei Teilen der
»Orestie« der Reihe nach die Ermordung Agamemnons durch
seine Gattin, die Rache des Sohnes und zuletzt seine Befreiung durch Apollon und Athene aus dem Bann der Furien,
die ihn im Namen seiner toten Mutter verfolgen und quälen.
Jedes Stück ist in sich abgeschlossen und hat seine eigenen
Gesetze, seine eigenen Form- und Phantasiemuster des Inhalts.
Aber das Ganze ist mehr als die Teile, und die drei Stücke
zusammen behandeln in mythischer Form, von poetischer

Kraft durchglüht, ein für Athen äußerst bedeutsames Problem: die Rolle des Staates als des Hüters der Gerechtigkeit. Aischylos dürfte dieses Thema deshalb gewählt haben, weil die Athener zu diesem Zeitpunkt einzusehen begannen, daß die Sühne für einen Mord in den Händen der Angehörigen des Ermordeten zu einer verhängnisvollen Kette blutiger Fehden führen würde, in deren Verlauf jeder einzelne Todesfall durch neue Mordtaten gerächt würde und das Schlachten kein Ende nähme. Dieses System durch ein anderes zu ersetzen, in welchem der Staat als unparteiischer Schiedsrichter auftritt, war eine bedeutsame Reform. Aischylos hatte diese Notwendigkeit verstanden; deshalb räumte er den Göttern eine so hervorragende Rolle ein. Wenn er Apollon und Athene auf der Bühne erscheinen und mit den Furien debattieren läßt, werden die Mächte der Ordnung und Vernunft dem wilden urzeitlichen Rachedurst gegenübergestellt. Durch seine majestätischen und leidenschaftlichen Worte werden die Probleme so kraftvoll dargestellt, daß sie in ihrer eigenen künstlerischen Welt zu leben beginnen; aber in ihnen sind zugleich äußerst bedeutsame Fragen verkörpert, und sichtbar tritt auf der dramatischen Bühne der Begriff der göttlichen Gerechtigkeit hervor.

Da die Tragödie ein Instrument war, um das Wesen der religiösen Erfahrung zu erläutern, beschäftigte sie sich oft mit Zweifeln und Besorgnissen, die der Mensch gegenüber den Göttern empfand. Im »Gefesselten Prometheus« (dem ersten der drei Stücke um den Titanen Prometheus, der, um den Menschen zu helfen, das Feuer vom Himmel stahl und dafür auf Befehl des Zeus an einen Berg im Kaukasus geschmiedet wurde) umreißt Aischylos die Philosophie der Macht, die die Götter zu den Erscheinungen stempelt, die sie nun einmal sind, und stellt die Relationen zu menschlichen Maßstäben her. Zeus, der den Prometheus bestraft, wird als ein tyrannischer Emporkömmling geschildert, Prometheus, der Menschenfreund, als ein geduldiger, ehrlicher, standhafter Märtyrer. Unsere Sympathien gehören ihm, da sein Mitleid mit der rührenden Ohnmacht und Unwissenheit der Menschen einen scharfen Gegensatz bildet zu der herzlosen Gleichgültigkeit des Zeus. Sicherlich will Aischylos uns das alles zu verstehen geben, aber es ist nur die eine Seite des Bildes: Die andere wurde in den beiden verlorengegangenen Stücken entwickelt, in denen Zeus letztlich den Prometheus freigibt und dadurch beweist, daß die Macht sich in der Vernunft und der Gerechtigkeit vollende. In diesen Stücken hat Aischylos ein Problem auf die kosmische Bühne gebracht, das sich in der neuen und kraftvollen Demokratie Athens auf störende Weise bemerkbar machte. Nach den Perserkriegen fand Athen immer mehr Geschmack an seiner Macht und dürstete nach neuen Siegen; in diesem Streben ging viel von seiner anfänglichen Großmut verloren. Genauso wie Athen binnen kurzem gegen diejenigen Verbündeten, die sich nicht seinem Willen unterwerfen wollten, Gewalt anzuwenden begann, genauso kehrte es sich gegen seine eigenen Erretter und Wohltäter, wie Themistokles und Aristides, weil ihr Unabhängigkeitsstreben und ihre Aufrichtigkeit das Mißtrauen der Athener erweckt hatten. Das wußte Aischylos, aber er ging weit darüber hinaus und sah ein, daß hier allgemeingültige Probleme aufgerollt wurden, die er zum Thema seiner Tragödie machte.

Mit diesem Stück aus der Wachstumszeit des athenischen Imperiums dürfen wir ein anderes vergleichen, das aus der Zeit des Niedergangs stammt. Sophokles schrieb seinen »Ödipus auf Kolonos« kurz vor seinem Tod im Jahre 406 v. Chr., als das Ende Athens nahe bevorstand und der lang-

wierige Kampf gegen Sparta nur mit einer Niederlage enden
konnte. Er bezog sein Thema aus einem lokalen Mythos. Es
handelte sich um gewisse Riten, die in Kolonos bei Athen
gefeiert wurden und Ödipus als einen Halbgott schilderten,
der unter der Erde haust und angeblich in der letzten Zeit
den Athenern im Krieg behilflich gewesen war. Sophokles'
Drama berichtet von dem Ende des Königs. Der alte Mann,
blind und durch das viele Leid zermürbt, kommt in einen
Hain in Kolonos und weiß, daß seine Irrfahrten überstanden
sind und sein Ende herannaht. Er bereitet sich auf sein Hinscheiden vor, und in den letzten Prüfungen offenbart er mit
wachsender Kraft die Merkmale des Halbgottes, der er sehr
bald werden soll, bis zuletzt eine Stimme nach ihm ruft und
er sich trotz seiner Blindheit ohne fremde Hilfe aus der
Welt der Menschen entfernt. Das Stück ist reich an bewegter
Handlung und unvergleichlichen Gesängen, aber es verdankt
seine Entstehung dem Begriff einer unsichtbaren Vorsehung,
die Athen beschützt. Sophokles will uns zeigen, was ein
Halbgott eigentlich ist, und verleiht seinem Ödipus eine er-
schreckende Majestät und Leidenschaftlichkeit. Er hält an der
Anschauung fest, daß solche Wesen ihre Freunde lieben und
ihre Feinde hassen: Deshalb legt Ödipus seinen Töchtern
gegenüber, die ihm in seinen Leidensjahren treu geblieben
waren, eine so liebevolle Besorgnis an den Tag und begegnet
allen jenen, die ihm Unrecht zugefügt haben, wie seinem
verräterischen Sohn Polyneikes, mit unbarmherziger Grausamkeit. Vor allem sagt er in seiner Freundschaft mit Theseus, dem König von Athen, voraus, daß er von seiner
unterirdischen Behausung aus nach seinem Tod Athen be-
schützen werde. Sophokles hatte Verständnis für die religiösen Erfahrungen der Griechen und beschäftigte sich in diesem Drama mit einem ihrer mysteriösesten Glaubenssätze.

Da sein Mythos so klar konzipiert ist, kann er uns zeigen, was ein Halbgott für seine Anhänger bedeutet.

In diesen beiden Fällen unterbreiten uns die Dichter beinahe eine Moral; zumindest aber stellen sie ein Problem und liefern uns zugleich die Lösung. Das war jedoch nicht zwangsläufig und vielleicht nicht einmal sehr üblich. Eine der Hauptaufgaben der Tragödie bestand darin, in konkreter Form Fragen zu erörtern, welche die Menschen in ihrer Beziehung zu den Göttern und untereinander berührten. In fast jedem Stück findet man hinter dem individuellen Geschehen ein universelles Problem, das so dargestellt wird, daß wir seine Bedeutung begreifen. Die Themen, die der Dichter aus dem mythologischen Vorrat wählt, liefern ihm nicht nur die dramatische Handlung, sondern auch die Mittel, ein Problem zu klären, das sein Denken beschäftigt oder beunruhigt. Die Kraft seines Werkes wurzelt vor allem in der Intensität seiner Gedanken und seiner Gefühle und in der Art, wie er seine Bedeutung für das Verhalten der Menschen einschätzt. Auch wenn er eine Lösung des Problems bringt, ist diese Lösung meist poetisch weniger bedeutsam als die Darstellung der durch sie erreichten Situation. So behandelt zum Beispiel Sophokles im »König Ödipus« das Problem eines begabten und edlen Mannes, der ohne eigene Schuld in entsetzliche Schande gerät und ein grausames Schicksal erleidet. Freilich wird angedeutet, daß es eine Lösung dieser Frage gebe, daß die Götter die Großen demütigen, weil sie die Menschen vor den Gefahren der Macht und des Ranges warnen wollen, aber das wird bis zum Ende aufgespart und spielt im Stück eine sehr geringe Rolle. Entscheidend im Handlungsverlauf ist die gewaltige Wirkung auf unser Gefühl. Wir werden gezwungen, Ödipus in seiner tragischen Situation unser Mitleid im wahrsten Sinne des Wortes zu schenken.

Das Drama bewegt sich in einer Welt, in der die Menschen glauben, sich selber und ihr Los zu kennen, aber sie sind die Opfer der Illusion. Sie wissen gar nichts, und zuletzt zwingen die Götter ihnen die Wahrheit auf. Das ist nun keine Predigt; durch die poetische Kraft und den von Sophokles benützten Mythos wird uns ein bestimmter Geisteszustand eingeschärft und eingeprägt. In seiner einfachsten Form ist der Fall des Ödipus der eines Mannes, der aus dem Wohlstand ins Elend gerät, und dieses Thema hat dem Dichter der Mythos geliefert. Der Dichter aber hat nicht nur das Thema so geschickt dramatisiert, daß jedes Wort und jede Szene eindrücklich wird, sondern außerdem noch den seelischen Zustand geschildert, der einen solchen Sturz ermöglicht, die Irrtümer, die einen mächtigen und erfolgreichen Mann wie Ödipus befallen, und die noch größeren Fehler, in die sie ihn hineinhetzen. Und diese Technik ist auch nicht nur die geschickte Ausnützung eines vorhandenen Mythos, sondern beleuchtet die mythische Denkweise. Die Probleme, die Sophokles dramatisiert, werden am besten nicht als verstandesmäßige Abstraktionen präsentiert, sondern als lebendige Zustände, die wir alle an uns selber erlebt haben und die uns viel deutlicher und farbiger vor Augen treten, wenn wir sie auf der Bühne sehen. Dadurch, daß die griechischen Dramatiker sich die Handlung ihrer Stücke aus der Mythologie holen, bringen sie nicht nur packende dramatische Effekte zuwege, sondern vermitteln uns zugleich etwas, dessen eigentlicher Charakter und dessen ganze Bedeutung nur durch die phantasievolle Identifikation des universellen Problems mit dem Einzelfall beleuchtet werden kann.

Ein Mythos ist auch dann nicht weniger brauchbar, wenn der Dramatiker keine Lösung des Problems findet und ihn nur um seiner selbst willen auf die Bühne bringt, weil er seine

Gedanken beschäftigt und weil auch andere Menschen ihn wenigstens kennenlernen sollen. Das ist der Schlüssel zum Verständnis gewisser Dramen von Euripides. Er war ein Mann, der alle möglichen neuen Ideen zu begrüßen pflegte, sich aber nie für eine bestimmte Weltanschauung oder eine bestimmte Denkweise entschieden zu haben scheint. Sein Verhalten in diesem Punkt war vielleicht typisch für die letzten Jahrzehnte des 5. Jahrhunderts, als der Krieg die Zweifel und Besorgnisse verstärkte, die schon früher gegenüber den traditionellen Anschauungen geherrscht hatten. Obgleich er mit neuen Ideen spielte und sie ganz nebenbei in seine Stücke einschmuggelte, indem er seine Figuren sie aussprechen ließ, benützte er sie nicht dazu, um den verwendeten Mythen eine besondere Deutung zu geben. Stärker als Aischylos, auch stärker als Sophokles war er einem tragischen Weltbild verschworen, weil er nirgends einen Trost und eine Entschädigung für die von ihm dramatisierten Katastrophen und Ungerechtigkeiten zu erblicken vermochte. Für ihn waren die Mythen ein Werkzeug, um diese Lebensübel aufzuzeigen und zu schildern, wie leicht sie der Menschennatur entspringen und wie schwer die Rolle der Götter dabei zu rechtfertigen ist. Selbst dort, wo er sich einem orthodoxen Standpunkt zu nähern scheint, läßt er uns oft im Zweifel über seine Absichten. Wenn er zum Beispiel in seinen »Bacchanten« der Tradition folgt und schildert, wie Pentheus in Stücke gerissen wird, weil er den Dionysos verspottet hat, scheint er der alten Auffassung zuzustimmen, daß Pentheus sein Los verdient habe, zumal er ein unbeherrschter und hochmütiger Fant war. Trotzdem sind wir nicht ganz überzeugt. Pentheus mag ein klägliches Geschöpf sein, aber Dionysos ist fast ein Teufel, faszinierend und fesselnd, aber unbarmherzig, wenn sein Stolz verletzt wird.

Vielleicht war Euripides der Meinung, daß die Götter wirklich so beschaffen seien oder daß Dionysos eine menschliche Seelenkraft sei, jenseits von Gut und Böse, unerbittlich und unbarmherzig. Aber dadurch erfüllt er uns nicht mit ehrfürchtiger Scheu oder Furcht vor dem Gott, sondern das Gefühl, das er uns einflößt, grenzt eher an Entsetzen und Abscheu. In einem gewissen Sinne läßt sich das als eine Lehre bezeichnen. Das ist es schließlich, was Euripides selber empfunden haben muß, und wir sollen es ihm nachempfinden. Aber er erzielt seine Wirkungen ausschließlich durch die Gefühle und versucht nicht, über sie hinauszugehen. Offenbar benützt er eine uralte, noch nicht voll entwickelte Form des Mythos, und das steigert die Wirkung. Er zeigt uns deutlich, wie ein Gott in den Augen der Menschen, die blind an ihn glauben, aussieht und mobilisiert hierzu eine Fülle leidenschaftlicher und primitiver Empfindungen. Weil der Mythos getreu wiedergegeben wird und selber in seiner Absicht so klar ist, wirkt er anziehend und abstoßend zugleich. Wir lassen uns von der Erregung mitreißen, aber am Ende merken wir, daß wir fast angewidert zurückschrecken. Euripides bedient sich dieses Mythos, um bei den Zuschauern einen ganz bestimmten psychologischen Konflikt zu erzeugen, und es läßt sich kaum bezweifeln, daß auch er selber diesen Konflikt empfunden hat.

Obwohl die hauptsächlichen Umrisse eines Mythos mehr oder weniger festgelegt und vertraut waren, konnte der Dichter sich bei der Behandlung und Deutung des Stoffes beträchtliche Freiheiten erlauben. Das war nun freilich fast unvermeidlich, da die Dramatiker sich durch die Konvention gezwungen sahen, Motive zu benützen, die schon oft verwendet worden waren, und somit konnten sie nicht umhin, ihnen ein streng persönliches Gepräge zu geben. Wie unbehindert sie dabei verfahren durften, ersieht man aus den drei Stücken, die Aischylos, Sophokles und Euripides über die Rache des Orestes an seiner Mutter Klytämnestra geschrieben haben. In seinem »Trankopfer« schildert Aischylos, wie Orestes nach der Rachetat von den Furien gejagt wird: Das ist eine mythische Art, uns mitzuteilen, wie sehr der Mord an der Mutter einen Menschen erschüttert hat, daß er fast den Verstand verliert. In seiner »Elektra« erwähnt Sophokles die Furien mit keinem Wort. Sein Stück beschäftigt sich mit den Problemen der Rache und Sühne und legt dar, daß ein so schreckliches Unrecht wie die Ermordung Agamemnons nur durch ein neues, kaum geringeres Unrecht gesühnt werden könne, durch einen Muttermord, dies hätten die Götter anbefohlen. Hinter dem Stück steht die Überzeugung, eine ruchlose Tat zerstöre dermaßen die Harmonie der Welt, daß sie nur durch drastische, wenn auch noch so harte Mittel wiederhergestellt werden könne; zuletzt werde der Haß durch den Frieden ausgelöscht, und die Menschen genießen wieder die Gunst der Götter. Euripides vertritt einen fast entgegengesetzten Standpunkt. Nachdem Orestes auf Befehl des Apollon seine Mutter getötet hat, findet er sich in Jammer und Elend und meint fast, er sei überlistet worden. Aus einer solchen Situation gibt es keinen Ausweg, und wenn das Stück zu Ende ist, haben wir das tragische Gefühl sinnloser Enttäuschung und grausamer Verlassenheit, die um so schmerzlicher ist, als Orestes noch lebt. Genauso wie die italienischen Maler des Quattrocento immer wieder die bekannten biblischen Geschichten malten, so berichteten die griechischen Dramatiker immer wieder die wohlbekannten Mythen ihres Volkes. Die einen wie die anderen haben davon profitiert: Sie durften so vieles als bekannt voraussetzen, daß sie ohne Erklärungen sogleich zur Hauptsache kommen und

sich darauf verlassen konnten, jede neue Wendung, die sie
einer alten Geschichte gaben, würde vom Publikum richtig
gewertet werden. Auf diese Weise konnten sie originelle
Werke schaffen und hatten innerhalb eines traditionellen
Rahmens Spielraum für ihre persönlichen Intentionen.
Wenn uns die Tragödien in erweitertem Maßstab zeigen,
wie Mythen dazu verwendet werden können, wichtige und
bedeutsame Probleme darzustellen, haben sich in geringerem
Maß auch andere Kunstgattungen ihrer bedient. Wenn die
Giebelfelder des Parthenon die Kämpfe zwischen Menschen
und Kentauren schildern, wollen sie damit andeuten, daß in
Athen die Menschen heldenhaft gegen das tierische Element
ankämpfen, das nach wie vor in der Menschenbrust haust
und durch den Kentaur symbolisiert wird, der halb Mensch
und halb Pferd ist. Die Giebelfelder in Olympia, welche die
Arbeiten des Herakles schildern, geben uns ein Bild von der
Mühsal, die der Mensch erdulden muß, wenn er seine Kräfte
restlos entfalten will. Der Sinn der Skulpturen wird augen-
blicklich klar, die Absicht tritt deutlich zutage. Auch Pindar
vermittelt uns, wenn er Mythen verwendet, auf eine sub-
tilere und indirektere Art zahlreiche Kommentare, Lehren
und Reflexionen. Oft behandelt er die mythologischen Elemente ganz nebensächlich und gleichgültig, als ob es reine
Ornamente wären, die gar keine große Bedeutung haben,
aber er wählt sie stets mit Sorgfalt und Bedacht. Einem
jungen Thessalier erzählt er von den niemals alternden
Hyperboreern am Ende der Welt, die unter dem Schutz
Apollons ihre Tage mit Tanz und Gesang verbringen und
ein ideales Pendant zu dem jungen Mann und seinen Fest-
genossen bilden; einem Ägineten, einem vielversprechenden
Jüngling aus edlem Geschlecht, schildert er die märchenhafte
Kindheit Achills, dessen heroische Zukunft ihre Schatten

vorauswarf, als er schon im Alter von sechs Jahren Löwen
erwürgte; einem Ringkämpfer aus Argos gibt er ein klassisches Beispiel von Freundestreue mit der Geschichte von
Kastor und Polydeukes; einen Athleten auf Rhodos, dessen
Angehörige unter politischen Verfolgungen zu leiden haben,
tröstet er mit drei aus der dortigen Gegend stammenden
Geschichten, die alle drei ähnlichen Inhalt haben: Etwas
geht schief, aber zuletzt nimmt es ein gutes Ende. Der Ton
seiner mythologischen Geschichten variiert von heiterer
Gemächlichkeit bis zu einer fast tragischen Eindringlichkeit,
und immer schlägt er einen Ton an, der gleichzeitig ernst und
kühl ist. Die Mythen ermöglichen es ihm, seine Lehrsätze
und Kommentare durch ein Überraschungselement zu wür-
zen, neues Licht auf sie zu werfen und jeden aktuellen Anlaß dadurch in einen größeren Zusammenhang zu rücken, daß
er ihn mit Beispielen aus der Vergangenheit verknüpft.
Daß Dichter und Bildhauer mythologische Themen wählen,
ist selbstverständlich, aber von den Philosophen würden wir
es schwerlich erwarten. Doch auch sie merkten, daß selbst
für ihre ganz speziellen Zwecke der Mythos recht brauchbar sei. Im 6. Jahrhundert, als die Philosophie noch sehr jung
war, mußte sie mit ihrer älteren und bereits fester verankerten Nebenbuhlerin, der Dichtkunst, in Verbindung gebracht
werden. Der abstrakte Denker kleidete seine Gedanken
manchmal in mythische Formen, zum Teil zweifellos deshalb,
weil ihm das geläufig war, oft aber auch, weil er auf diese
Weise einem an der Dichtkunst geschulten Publikum das
Wesen und die Bedeutung seiner ungewohnten Aufgabe
leichter klarmachen konnte. Wenn also Parmenides sein
wunderbares Gedicht über das Wesen des Seins beginnt, greift
er zu einem Mythos, doch ist dieser Mythos sein persönliches
Werk, geschickt aus anderen Mythen zusammengestellt. Be-

gleitet von den Sonnentöchtern, fährt er in einem Wagen durch den Himmel. Als er an der »Straße der Göttin« (eine Anspielung auf den griechischen Namen der Milchstraße) vorbeikommt, beginnt die Achse des Wagens zu lodern, und damit ähnelt er dem Phaethon, der den Wagen seines Vaters, des Sonnengottes, lenkt. Aber zum Unterschied von Phaethon nimmt Parmenides kein schlimmes Ende. Er fährt an einem großen Himmelstor vor:

> Dies sind die Torwege der Nacht und des Tages,
> oben ein Quergebälk, unten eine steinerne Schwelle.
> Hoch in der Luft sind sie durch gewaltige Türen versperrt,
> und die rächende Gerechtigkeit hütet die doppelten Schlüssel.

Das Tor erinnert an das Tor zum Olymp, und wenn Parmenides dort anlangt, werden wir an Herakles gemahnt, der nach seinem Tode dort erscheint und weiß, daß er ein Gott werden soll. Parmenides' Mythos unterstreicht die Kühnheit, Originalität und Großartigkeit seiner Suche nach der Wahrheit. Dabei vergleicht er sich stillschweigend mit einem Halbgott; und obwohl wir diese Parallele nicht zu weit treiben dürfen, besteht kein Zweifel daran, daß sie gewollt ist, daß Parmenides wirklich der Meinung war, eine Aufgabe zu vollbringen, die ein Durchschnittsmensch nicht zu bewältigen vermöchte. Wie ernst es gemeint ist, geht daraus hervor, daß bei ihm nicht die Horen das olympische Tor bewachen, sondern die Gerechtigkeit; und ein wenig später erzählt er, daß eine Göttin ihn begrüßt und ihm das Wesen der Wirklichkeit erläutert habe. Obgleich der Mythos des Parmenides sehr viel Achtung vor der philosophischen Leistung fordert, betont er gleichzeitig, daß er nicht etwa die Götter mißachten oder ihnen trotzen wolle, sondern unmittelbar durch sie inspiriert sei. In der zweiten Hälfte des 5. Jahrhunderts fanden die Mythen mit dem Wachstum der sogenannten sophistischen Strömung einen neuen Geltungsbereich. Die Sophisten waren Volkserzieher und sehr oft auf ihre Art originelle Köpfe, aber sie verdienten sich ihren Lebensunterhalt damit, daß sie der Öffentlichkeit Kenntnisse in attraktiver Form vermittelten. Unter den Themen ihrer Vorträge nahm die Ethik einen hervorragenden Platz ein, und mythologische Anspielungen waren geeignet, Argumente einprägsam darzustellen und gewissen, sonst nicht leicht zu beweisenden Annahmen die Autorität der Offenbarung oder des Dogmas zu verleihen. Ein einfaches Beispiel ist die dem Prodikos zugeschriebene Geschichte von Herakles am Scheideweg. An einer Wegkreuzung stößt Herakles auf zwei Frauen, von denen die eine sehr reizvoll, die andere schlicht und schüchtern ist. Die erste verspricht ihm ein bequemes und vergnügtes Leben, das er mühelos erreichen und durch die Früchte der Arbeit anderer Menschen aufrechterhalten kann, die zweite bietet ihm ein Leben voller Kampf und voller Opfer, ein Leben der Hingabe an die Mitmenschen, ein Leben, das eine strenge Selbstbeherrschung verlangt. Die beiden Frauen verkörpern das Laster und die Tugend, und Herakles entscheidet sich für die Tugend. Einem raffinierteren Geschmack mag dieser Mythos ein wenig simpel vorkommen, und der Kritiker könnte einwenden, er behaupte eigentlich nicht mehr, als daß das Gute dem Schlechten vorzuziehen sei. Doch besagt er viel mehr. Die Wahl zwischen Laster und Tugend erfolgt nach den Grundsätzen der Genußsucht und der Entsagung und liefert damit der Moral zumindest eine klare Basis; außerdem zeigt sich zuletzt, daß das Laster allgemein verworfen wird und die Tugend unsterblichen Ruhm erringt. Der Mythos wendet sich an den Mann von der Straße, ihm soll die adelige Strenge imponieren, mit welcher für die Tugend plädiert wird. Andere Sophisten haben mythologische Themen dazu benützt, komplizierter Lehren zu erläutern. Der Mythos, den Platon dem Protagoras zuschreibt, handelt von den Anfängen der menschlichen Gesellschaft. Er zeigt nicht nur das Bedeutende der Befreiung des Menschen durch den Geist aus dem tierischen Zustand, sondern den Anteil von Recht und Gesetz am menschlichen Fortschritt; und da er sowohl klar als auch erfindungsreich ist, geht er uns mehr zu Herzen als ein rein historischer Bericht. Der Mythos von Atlantis, den Platon dem Kritias zuschreibt, ist fragmentarisch, schildert uns jedoch in lebhaften Farben eine fast ideale Gesellschaft, ideal, solange sie noch nicht durch die Macht und den Hochmut zugrunde gerichtet worden ist. Vor allem schenkt Platon seinem verehrten Sokrates zahlreiche Mythen. Offenbar pflegte Sokrates sich dieser Darstellungsweise gern zu bedienen, und die Mythen bilden ein unentbehrliches Element im System der platonischen Philosophie. Mit ihrer Hilfe umreißt er – wie das mit der Logik allein gar nicht möglich wäre – seine Wertungen, durch sie offenbart er ein Leben nach dem Tode, ein Leben, in dem Gut und Böse ihrem wahren Wesen nach entschleiert werden. Platon behauptet nicht, daß diese Mythen buchstäblich wahr seien, aber er will, daß man sie ernst nehme und daß sie sich unmittelbar an das Gewissen wenden. Sie berühren uns stärker als jedes logische Argument. Wenngleich nun die Dichtkunst von der Philosophie als Ausdrucksmittel für die schwierigsten Probleme verdrängt wurde, dem Mythos blieb immer noch die Aufgabe vorbehalten, wichtige Fragen in lebendiger und leichtverständlicher Weise zu behandeln. Platon hat sich des Mythos bedient, um religiöse Offenbarungen zu begründen – andere haben ihn zu anderen Zwecken be-

nützt, besonders wenn es sich darum handelte, Ideen zu erläutern, die an der Grenze des Unbekannten liegen; und
manchmal sehen wir, wie ein Mythos in ganz neue Bereiche
hinüberwandert, nachdem er gewisse Änderungen und Zusätze erfahren hat. Im 6. Jahrhundert berichteten die Dichter,
Orpheus, der Sänger, dessen Töne die gesamte Natur ver-
zauberten, sei in den Hades hinuntergestiegen; dort sah er,
was mit den Toten geschieht, und kehrte auf die Erde zurück, um den Menschen das neuerworbene Wissen mitzuteilen. Bis zu diesem Punkt haben wir es mit dem einfachen
Mythos eines Musikers zu tun, der gleichzeitig ein Prophet
ist; durch ihn sollten die mit dem Namen Orpheus verknüpften religiösen Doktrinen stärkeres Gewicht erhalten.
Um nun aber die Macht des Orpheus mehr zu betonen,
wurde berichtet, daß er seine verlorene Gattin Eurydike aus
dem Totenreich zurückgebracht habe. Anfänglich wurde das
nur so nebenbei erwähnt als ein Beispiel für seine wunderbaren Fähigkeiten; es spielte keine besondere Rolle und
befeuerte weder die Phantasie der Dichter noch die der
bildenden Künstler. Im 5. Jahrhundert aber hat ein Dichter,
wahrscheinlich ein Dramatiker, die vorhandenen Möglichkeiten erkannt. Sollte es Orpheus gelungen sein, die Gattin
zurückzugewinnen, konnte das sicherlich nicht für die Dauer
geschehen sein, und er war wohl, so wie Protesilaos, dem ein
gleiches Vorrecht bewilligt worden war, sehr bald gezwungen gewesen, sie wieder herzugeben. Die Geschichte wurde
dementsprechend geändert. Eurydike kehrte zu den Toten
zurück. Die entscheidende Szene ist auf der Kopie eines attischen Reliefs geschildert: Orpheus schlägt den Schleier von
dem Antlitz der Eurydike zurück, um sie ein letztes Mal an-
zuschauen, und sie legt mit sanfter Abschiedsgebärde die Hand
auf seine Schulter, während hinter ihr Hermes, der Führer

der Toten, die Hand ausstreckt, um sie in den Hades mitzunehmen. In diesem Stadium stellt die Geschichte in mythischer Form die Hoffnungslosigkeit des Versuches dar, den Tod besiegen zu wollen, der »als einziger unter den Göttern keine Gaben liebt« und sich weder überreden noch durch Bitten erweichen läßt. Späterhin wurde auch diese Variante der Geschichte geändert, und es wurde berichtet, Orpheus habe nur deshalb Schiffbruch erlitten, weil er den Gebietern der Totenwelt nicht gehorchte: Sie hatten ihm befohlen, sich nicht nach seiner Gattin umzuschauen, bevor sie die Oberwelt erreicht hatten. Von Verlangen überwältigt, blickt er zurück und verliert sie dadurch für ewige Zeiten. Hier hat ein Dichter die uralte Vorstellung mit einbezogen, daß die Menschen verpflichtet seien, stets den Blick von den Göttern oder den Geistern der Unterwelt abzuwenden. Die auf diese Weise neu gestaltete Geschichte ist zugleich tragisch und reich an symbolischer Bedeutung; sie zeigt, daß sogar die Macht des Gesanges, die die Toten beinahe wieder ins Leben zurückrufen kann, am Ende doch versagen muß, weil sie dem menschlichen Herzen ausgeliefert und auch die Liebe nicht stärker ist als der Tod. Durch solche Neufassungen erhielten die Griechen ihre Mythen am Leben. Obwohl die alte Religion ihren Einfluß verloren hatte, konnte man die von ihr geschaffenen Legenden mit neuem Sinn erfüllen in dieser Welt, die es immer noch nötig hatte, ihre Geheimnisse zu enträtseln.

Die unvergängliche Frische der griechischen Mythen beruht darauf, daß sie sich sowohl an den Verstand als auch an das Gefühl und die Phantasie wenden. Sie appellieren an den Verstand, weil hinter den dramatischen Ereignissen ein klarer Gedanke steckt, eine konkret formulierte Behauptung, die das reale Leben betrifft und aus der man gewisse

Oben: Dionysos in einem Schiff. Trinkschale (Durchmesser 33 cm)
des Exekias. Um 530 v. Chr. München, Staatl. Antikensammlungen.
Unten: Achill verbindet den verwundeten Patroklos. Schale des sogen. Sosias-Malers
(Durchmesser 32 cm). Um 500 v. Chr. Berlin, Staatl. Museen Preuß. Kulturbesitz.

Schlußfolgerungen ziehen kann. Die Ereignisse selber sind so packend und so ungewöhnlich, daß sie die Neugier wecken: Man fragt, was sie bedeuteten, man will aus ihnen gewisse Lehren ziehen, die für die Probleme des Alltags gelten mögen. Sie appellieren an das Gefühl, weil die Geschehnisse Grauen oder Angst, Bewunderung oder Vergnügen wachrufen und die Menschen zwingen, Vergleiche zu ziehen: Entweder will man ein ebenso großes Glück genießen oder eine ebenso schreckliche Katastrophe vermeiden. Sie appellieren an die Phantasie, weil jeder Mensch ein Phantasiebild braucht, an dem er sich selber messen und an dem er seine eigenen Grenzen erkennen kann; dann erst wenn eine bekannte Situation in ein neues Licht gerückt wird oder seine Fähigkeiten auf eine unvorhergesehene Weise zunehmen, vermag er die ihm gesteckten Grenzen zu überschreiten. Ob nun die Mythen seine Phantasie in die goldenen Paläste der Götter oder in die unermeßliche Nacht der Furien oder in die bedeutungsvollen Gefilde der Vorzeit führen, sie erweitern seinen Horizont, machen ihn mit anderen Systemen bekannt, schärfen seinen Blick, seinen Verstand und seine Sinne. Solange die Griechen mit der ganzen Empfänglichkeit ihres Wesens an die Probleme und Prüfungen des Lebens herangingen, brauchten sie den Mythos nicht nur in der Kunst, sondern eben auch im täglichen Leben. Solcherlei Geschichten, Sagen und Legenden bildeten eine führende Disziplin des Unterrichtswesens, sie ermöglichten es den Menschen, das Erfahrungsgut zu ordnen und richtig auszuwerten.

Siebentes Kapitel

PHANTASIE UND WIRKLICHKEIT

WILL MAN sich ein richtiges Bild von den Griechen machen, darf man keineswegs die Rolle vernachlässigen, die in ihrem Leben die Dichtkunst gespielt hat. Ihre Wurzeln reichen in eine unergründliche Vergangenheit zurück, und obgleich unsere ältesten Beispiele, die Homerischen Epen, aus der Zeit um 700 v. Chr. stammen, sind in ihnen gewisse Legenden und Wendungen enthalten, die wohl noch weitere sechshundert Jahre bis in die mykenische Zeit zurückreichen. Als um das Jahr 1200 v. Chr. die alten Schriften verschwanden, lebte die Dichtkunst durch mündliche Überlieferung fort und überbrückte die Jahrhunderte vom Verschwinden der alten Silbenschrift bis zur Entstehung des neuen Alphabets in der zweiten Hälfte des 8. Jahrhunderts. Nun sahen die Menschen sich ermutigt, Verse aufzuzeichnen, und wie beliebt und verbreitet dieser Brauch war, verraten uns die Verszeilen, die man schon vor dem Jahre 700 auf Vasen aus so verschiedenartigen Orten wie Athen, Ithaka und Ischia gemalt oder eingeritzt vorfindet. Die Dichtung beschränkte sich nicht auf zeremonielle Anlässe oder esoterische Mysterien; sie gehörte dem täglichen Leben an, und sehr groß war die Zahl der Menschen, die sie verehrten und Freude an ihr hatten. Man brauchte sie, um Hymnen und Gebete an die Götter zu richten; darum wurde sie geachtet wie alles, was mit den Göttern in Verbindung steht. Sie schuf einen Sagenschatz für ein Volk, das sich stets brennend für die stolzen Leistungen seiner Vorfahren interessierte. Bei öffentlichen Veranstaltungen pries man in Versen den Ruhm einer Stadt, die einen im Krieg oder im Wettkampf errungenen Sieg feierte. Die Dichtung verschönte häusliche Begebenheiten, wie Hochzeiten und Leichenbegängnisse, und für den einzelnen war es ein natürlicher Ausweg, seine Liebe und seinen Haß als Lied zu gestalten, das sodann eine viel weitere Verbreitung fand als ein Buch oder eine Streitschrift. Vor allem war die Dichtung lange Zeit hindurch in Griechenland die bevorzugte Form, Anschauungen und Probleme auszudrücken. Als künstlerisches Ausdrucksmittel war sie bedeutsamer als die Prosa, die erst mit den Anforderungen der wissenschaftlichen Forschung im 6. Jahrhundert in ihre Rechte trat, und auch nachher noch war die Dichtkunst das Werkzeug, mit dessen Hilfe die Griechen die Fragen, die sie fesselten oder beunruhigten, mitteilten und klarlegten. Von allen Kunstarten war sie die älteste und hatte die kontinuierlichste Entwicklung, und in den großen Zeiten Griechenlands verlieh sie den entscheidenden Ereignissen und gedanklichen Strömungen den unmittelbarsten Ausdruck.

In primitiven Gesellschaften gilt der Dichter als das Instrument einer äußeren Macht, die sich seiner bemächtigt und mit seiner Stimme spricht. Er ist ein Prophet, ein Seher, ein Mann, der mit Zungen redet, der Handlanger unsichtbarer, unberechenbarer Kräfte. Mit Kunstfertigkeit hat er kaum etwas zu tun, denn er ist ganz auf die Eingebung angewiesen. Er mag Dinge sehen, die andere nicht sehen, er mag der Meister geheimen Wissens sein, das er in dunklen und schwerverständlichen Worten verkündet: Weder sein

Wissen noch seine Worte gelten als sein persönliches Eigentum. Seine Aussagen müssen erst enträtselt werden und können sehr vieldeutig sein. An den Menschen liegt es, aus ihnen soweit wie möglich klug zu werden; die Worte der Dichter bringen die Kunde von einer heimlichen Weisheit, die nur als schwaches Echo aus einer anderen Weltordnung stammt. Im alten Rom hatte man für den Dichter dasselbe Wort wie für den Propheten, *vates,* und in der hebräischen Dichtung wird die rhythmische Zeile ebensooft Gott wie den Menschen zugeschrieben. Nicht ohne Grund äußerte das Orakel von Delphi seine geheimnisvollen Botschaften in Versform, nicht ohne Grund bezeichnete sich Hesiod als einen Mann, der Dinge kennt, die waren, sind und sein werden. Die Griechen waren mit solchen Ansprüchen einverstanden und leugneten nicht, daß die Tätigkeit des Dichters von höheren Mächten inspiriert sei. Platon neigte zu der Ansicht, alle Dichter seien gewissermaßen »besessen«, und die Dichter selbst zollten der Inspiration ihren Tribut, wenn sie von der Muse sprachen, von der Himmelsmacht, die ihre Kunst lenkt. Homer beginnt jedes seiner großen Epen mit einer Aufforderung an die Muse, eine Geschichte zu erzählen, sei es von dem Zorn Achills, sei es von dem listenreichen Odysseus. Hesiod berichtet mit noch größerem Nachdruck, wie er auf dem Berg Helikon die Musen habe singen hören; sie gaben ihm den Dichterstab und sagten ihm, was er zu singen habe. Pindar bittet die Muse, den Sturm seiner Lieder anzufachen oder ihn nach Ägina zu begleiten. Die Muse ist eine Himmelsmacht, die der Dichter zu Hilfe ruft, und man nimmt an, daß er ohne sie mehr oder weniger ohnmächtig wäre. Sie entzieht sich seinem Gebot, und sie kann für ihn Dinge tun, die er von sich aus nicht zu tun vermöchte. Sie ist die Personifikation einer nicht zu bezweifelnden Tatsache – des außergewöhnlichen Charakters jener Kraft, die von Zeit zu Zeit den Dichter heimsucht und sein ganzes Wesen erfüllt.

Die Auffassung, daß die Dichtkunst göttlicher Inspiration entstamme, scheint vielleicht einer anderen, nicht weniger gebräuchlichen Ansicht zu widersprechen. Die Griechen behaupteten nämlich auch, daß die Dichtkunst eine Art Handwerk, ein Beruf sei, den man erlernen und üben muß, und die Bezeichnungen, die sie anwenden, zeigen uns, wie sie an die Sache herangehen. Sie haben kein einzelnes erschöpfendes Wort für die Dichtung. Das Wort *poiesis*, von dem unsere eigene Bezeichnung abgeleitet ist, heißt ganz einfach »machen«. Für die verschiedenen Dichtungsgattungen gab es eigene Wörter: *epos* oder episches Gedicht, *aoide* oder Gesang, *molpe* oder Tanzlied. Aber es gibt kein Wort, das sämtliche Zweige einer Kunst bezeichnen würde, die wir als ein einheitliches Ganzes betrachten. Wenn die Griechen sämtliche Gattungen zusammen bezeichnen wollten, wählten sie einen Ausdruck, der sehr überraschend wirkt, nämlich *sophia*, was »Weisheit« und auch »Fertigkeit« bedeutet. Es wird gleichmäßig auf alle schönen Künste angewendet, von der Dichtkunst bis zu der Bildhauerei und Stickerei. Außerdem bezieht es sich auch auf vollkommen verschiedenartige Tätigkeiten wie die eines Steuermannes, eines Baumeisters, eines Generals oder eines Kochs. *Sophia* bedeutete also nicht nur Weisheit oder Wissen, sondern besondere technische Fertigkeiten. Pindar bezeichnet sich selber als einen geschickten Handwerker und vergleicht seine Gedichte mit Bauwerken oder Statuen, den Erzeugnissen geschulter Hände. In seinen Augen – und die meisten seiner Zeitgenossen waren derselben Ansicht – übte der Dichter ein besonderes Handwerk aus. Dieses Handwerk hatte zwar sein eigenes Material – die Sprache – und seine

eigenen Regeln – in der Prosodik, der Metrik und Diktion –,
war aber trotz allem ein Metier, ausgeübt von geschulten
Männern, die es erlernt hatten und die, auch wenn sie Amateure waren, nach streng beruflichen Maßstäben der Tüchtigkeit und Kompetenz beurteilt wurden. Wenn wir diese Ansicht allzu buchstäblich nehmen, wirkt sie ein wenig erschreckend. Wir haben uns so sehr an die Auffassung gewöhnt, Dichter würden geboren und nicht herangebildet,
daß wir geneigt sein dürften, die simple Behauptung abzu-
lehnen, poetisches Schaffen lasse sich mit der Zubereitung
einer Mahlzeit vergleichen. Außerdem wissen wir, daß sich
die meisten Dichter nicht damit begnügen, ein Gedicht »an-
zufertigen«, daß sie sich vielmehr auf die »gegebenen« Zeilen
stützen, die ihnen von irgendwoher zugeflogen kommen, und
sie dann nur durch »angefertigte« Verse ergänzen. Man kann
sich schwer vorstellen, daß die großartigsten Stellen bei Pindar oder Aischylos rein handwerkliche Produkte seien, und
wir vermuten, daß die Theorie von der Dichtkunst als Handwerk offenbar nicht ganz so ernst genommen wurde.
Eigentlich handelt es sich bei diesen antithetischen Ansichten
nur um zwei verschiedene Betrachtungsweisen, die ein und
derselben Sache gelten. Für das dichterische Schaffen sind
sowohl Inspiration wie handwerkliches Können erforderlich,
und das wußten die Griechen sehr genau, auch wenn sie das
eine Mal den einen Faktor und das nächste Mal den anderen
betonen. Ihre Achtung vor der technischen Fertigkeit ließ
auch der Inspiration genügend Spielraum, da man von der
Annahme ausging, jede Art von Handwerk sei dem Schutz
einer Gottheit unterstellt, und der besondere Reiz der Dichtkunst entspringt ja der Kombination himmlischer Eingebung
und menschlichen Fleißes. Die Muse schenkt dem Dichter
etwas, das er sich nicht selber beschaffen kann, aber er muß

es mit seinem erworbenen Können bearbeiten. Er ist nicht nur das Sprachrohr, nicht nur das willenlose Werkzeug der Götter. Er selber hat auch eine Aufgabe zu bewältigen. In dieser Hinsicht unterscheidet sich die griechische Kunsttheorie ebensosehr von dem romantischen Gedanken, daß es sich um spontane Ergüsse handle, die aus dem Unterbewußtsein hervorsprudeln, wie von der »klassischen« Auffassung, Dichtung sei nur eine Angelegenheit der Sorgfalt und Politur. Zwischen diesen beiden Extremen haben die Griechen einen klugen und richtigen Mittelweg eingeschlagen, und sie können sich dabei auf gewisse Tatsachen berufen, die, wie wir wissen, den schöpferischen Vorgang kennzeichnen. Auf diesem Fundament errichteten sie ein prächtiges Gebäude und verliehen ihm einen ganz besonderen Charakter. Denn der Eintritt der Vernunft, des forschenden und analysierenden Denkens in das inspirierte Reich der Poesie war von revolutionärer Bedeutung und trug reiche Früchte. Statt auf einige wenige geheimnisvolle Erfahrungen beschränkt zu bleiben, konnte nun die Dichtkunst den gesamten Bereich menschlichen Bewußtseins und Fühlens erfassen. Statt ganz einfach nur die Stimme eines Gottes zu sein, war sie die Stimme eines Menschen, dem ein Gott die Eingebung schenkt.

Diese Auffassung vom Wesen der Dichtkunst entsprang dem Begriff, den die Griechen von ihrer Funktion hatten. Die Idee der schönen Künste ist, dem flüchtigen Augenblick Dauer zu verleihen – ihn zu bitten, er möge verweilen, weil wir seinen Verlust nicht ertragen können –, der Vergänglichkeit zu trotzen, indem man etwas schafft, dem die Zeit nichts anhaben kann. Das haben die Griechen damit ausgedrückt, daß sie die Dichtung mit leblosen Gegenständen wie Säulen oder Tempeln oder Gold oder Elfenbein oder Korallen verglichen. Aber sie begriffen gleichzeitig das Paradoxon, daß die Dichtung, mag sie so dauerhaft sein wie alle diese leblosen Dinge, doch auch auf eine Weise lebendig ist und nicht nur an sich existiert, daß sie auch etwas erreicht und nicht nur auf sich selber beruht, daß sie auch uns beeinflußt, daß sie trotz der Endgültigkeit ihrer Form beweglich ist. Deshalb wird sie oft mit lebenden Dingen verglichen, mit Blumen, Vögeln, Bienen, fahrenden Wagen, Wettkämpfern. Darüber hinaus aber schwebte den Griechen noch etwas anderes vor, das sie nur mit den Bildern »Feuer« oder »Licht« ausdrücken konnten. Die Dichtung erwärmt nicht nur das Menschenherz, sondern wirft auch ein besonderes Licht auf die Gegenstände, die es verherrlicht, einen himmlischen Glanz, der die Menschen zuweilen dem unvergänglichen Glanz der Götter nahebringt. Sie war für die Griechen ein wichtiges Mittel, um nach himmlischer Seligkeit zu trachten. In ihrer Nähe hatten sie das Gefühl, eine wahrhaft olympische Fülle des Daseins zu genießen, und in ihrem Vermögen, sie alle zu überleben, sahen sie eine Ähnlichkeit mit der unverwelklichen Geborgenheit der Götterwelt. Für sie verkörperte die Dichtung etwas so Ungewöhnliches und so Wichtiges, daß sie nicht umhin konnten, sie mit einer höheren Ordnung zu verknüpfen.

Nachdem den Griechen all dies bewußt geworden war, was die Dichtung so fesselnd macht, schufen sie einen Begriff, der so gebräuchlich geworden ist, daß wir uns kaum noch bei ihm aufhalten. Aber die gesamte Idee des Schönen war ihre Entdeckung und hat in ihrem Verhältnis zu den Künsten eine zentrale Rolle gespielt. Sie wußten genauso wie wir, daß das Schöne sich nicht definieren läßt, und Platon gab nur eine allgemein übliche Ansicht wieder, wenn er sagte, es »entschlüpft und entgleitet uns«. Aber sie waren trotzdem davon überzeugt, das Schöne jederzeit erkennen zu können, wenn es sich darbietet, und daß ohne das Schöne die Dichtung keinen Sinn habe. Wenn wir zu analysieren versuchen, was sie darunter verstanden, wird klar, daß es sich nicht um ein subjektives Gefühl handeln konnte, das von einem Menschen zum anderen wechselt, sondern um etwas Dauerhaftes, das in der Natur der Dinge liegt, eine universelle Eigenschaft, die von den Dichtern und Künstlern interpretiert und verkörpert wird und für jeden greifbar ist, der Augen hat zu sehen und Ohren zu hören. Sie nahmen an, eine so geheimnisvolle Macht müsse ein selbständiges Dasein haben und sich in plötzlichen Erleuchtungen offenbaren, sobald irgendein Gegenstand die Aufmerksamkeit erregt und fesselt. Die Metapher des Lichts beleuchtet ihren Charakter, denn genauso wie das Licht die gesamte irdische Welt verwandelt, so verwandelt die Schönheit alle Formen und Handlungen und verleiht ihnen einen neuen bedeutsamen Sinn. Wenn sie sich offenbart, müssen wir sie lieben, und die Griechen haben das in dem Mythos ausgedrückt, der die Musen bei der Hochzeit des Kadmos und der Harmonia singen läßt:

Was lieblich ist, wird geliebt – was nicht lieblich ist, wird nicht geliebt.

Es war die Aufgabe des Dichters, die Schönheit, die sowohl in sichtbaren wie in unsichtbaren Dingen schlummert, einzufangen, die Augenblicke verzückter Erleuchtung, die er selber erlebt hat, in Worten zu verewigen und sie anderen Menschen mitzuteilen.

Die Griechen interpretierten das Schöne in einem sehr weiten Sinne. Wenn es sich in erster Linie und offensichtlich auf Dinge bezog, die die Sinne zu fesseln vermögen – sei es in Menschengestalt, sei es in Naturphänomenen –, so galt es doch auch für die Elemente des Charakters und Betragens,

die nicht weniger packend und faszinierend sind. Die Griechen versuchten nicht, den Begriff des Schönen auf gewisse
allgemeingültige Kategorien zu beziehen, und sie waren auch
nicht der Meinung, daß gewisse Dinge an sich schön seien.
Worauf es ankommt, ist gerade die einzigartige Erleuchtung,
die den Dichter veranlaßt, Verse zu schreiben. Diese großzügige und wohlfundierte Auffassung gestattete ihnen, über
viele Themen zu schreiben, die man allgemein vielleicht als
häßlich oder unangenehm empfinden würde. Was immer
uns bezaubert und fesselt, eignet sich zu poetischer Behandlung, und sowohl Homer wie die attischen Dramatiker sind
durchaus berechtigt, finstere und beunruhigende Ereignisse
zu schildern. Ja, wenn wir fragen, welche Vorstellung Homer
vom Wesen der Dichtkunst gehabt habe, lautet vermutlich
die Antwort: Was immer uns tief berührt, ist ein geeigneter
Vorwurf für den Gesang. Daraus entwickelte er seine eigene
einfache, aber eindrucksvolle Theorie menschlichen Leidens.
Seine Helena sagt zu Hektor, Trojas Bekümmernisse rührten
von ihr und Paris her, da Zeus ihnen einen Fluch auferlegt
habe.

... und daß in Zukunft
Menschen kommender Zeit unser Schicksal besingen mögen.

Indem der durch die Götter inspirierte Gesang auch die
schlimmsten Katastrophen in ein hocherfreuliches Thema
verwandelt, entschädigt und tröstet er uns in gewissem Sinne
für das Unrecht und das Mißgeschick, die das Leben uns
bringt. Solch eine Überzeugung wäre unmöglich gewesen,
wenn nicht Homer, genauso wie nach ihm andere griechische
Dichter, angenommen hätte, die Dichtkunst sublimiere den
Erfahrungsstoff zu erhabener Lust und hebe ihn weit über
die gewöhnliche Bewußtseinsebene hinaus, auf der wir unseren Empfindungen ausgeliefert sind und uns gegen zufäl-

lige Schicksalsschläge nicht wehren können. Wenn späterhin
Aristoteles erklärte, die Tragödie bewirke in uns eine innere
Reinigung, mag er damit vielleicht seine Definition unnötig
eingeschränkt haben, aber er folgte der Tradition, wenn er
betonte, daß die dichterische Darstellung Ereignisse, die im
alltäglichen Leben unerträglich und schmerzlich sein würden,
verwandelt und in eine Welt entrückt, die rein, klar und
erhaben ist.

Um den magischen Augenblick zu erhaschen und in unvergängliche Worte zu bannen, bedarf es keiner geringen Kunstfertigkeit, und gerade weil die Griechen die Dichtkunst für
ein Handwerk hielten, beschäftigten sie sich sehr mit ihren
Formen und ließen sich durch technische Schwierigkeiten
eher befeuern als abschrecken. Es machte ihnen Freude, traditionelle Versformen zu verwenden und sie mit neuem Inhalt
zu füllen. Es reizte sie wenig, neue Formen zu erfinden; wenn
es zu Neuerungen kam, handelte es sich mehr um Details als
um die allgemeine Form, mehr um Verbesserungen als um
Reformen. Homers vollendete Behandlung des Hexameters
beruht auf einer uralten Kunst, die für die Zwecke des Ex-
temporierens gedacht war und ihm feste Formulierungen
und Wendungen lieferte, mit deren Hilfe er fast allen Ansprüchen seiner Erzählung gerecht werden konnte; sein besonderes Talent lag darin, daß er diese alten Elemente mit
neuem Glanz und besonderer Kraft zu verwenden wußte.
Die Lieder Sapphos, Alkaios' und Anakreons haben zwar
eine wunderbare melodische Skala, aber dahinter finden wir
den Einfluß des Volksliedes mit seinen uralten Themen und
seiner schlichten, geraden Aufrichtigkeit. Das elegische Reim-
paar, das gleichermaßen für Grabschriften, für Weihetafeln
und für Trinklieder verwendet wurde, verdankte sehr viel
der Sprache der Epen und bewahrte gewisse Eigenheiten, die

mit der Zeit herangereift waren und bindende Gültigkeit erhalten hatten. Auch die von Pindar und Bacchylides geübte
Kunst des Chorgesanges war in ihrer Behandlung des Themas
und der Verwendung eines bestimmten Tons nicht weniger
traditionsgebunden. Die Tradition beherrschte die griechische
Dichtkunst, ohne auch nur im geringsten Grade ihre Freiheit
zu beeinträchtigen. Ja, gerade weil sie jeder Dichtungsart den
Stil diktierte, stand es dem Dichter frei, seine Begabung in
einer gegebenen Richtung zu entfalten, ohne daß er sich anzustrengen brauchte, um neue Formen oder eine neue Manier
oder einen neuen Ausgangspunkt zu finden.
Innerhalb dieser Grenzen haben die griechischen Dichter die
alten Formen weiterentwickelt und sie auf vielerlei Art bereichert. Der lyrische Chor, wie wir ihn kennen, hat eine
lange Geschichte und muß früher einmal viel einfacher und
weniger durchkomponiert gewesen sein. Aber das Talent der
Griechen, alte Formen beizubehalten und sie neu und eindrucksvoll zu gestalten, läßt sich am besten an der attischen
Tragödie und Komödie erkennen, die beide einem primitiven
und religiösen Ritual entsprangen. Das Wort Tragödie bedeutet »Bocksgesang«, und die ersten Anfänge der Kunstart
finden wir in den Chorgesängen, die an Dionysos gerichtet
waren: Ein Ziegenbock, der den Gott verkörpern sollte,
wurde zuerst in Stücke gerissen und dann dem besten Gesang
als Preis zugesprochen. Die Gesänge berichteten von heroischen oder mythischen Ereignissen, und hie und da trat aus
den Reihen der Sänger ein Sprecher hervor und dramatisierte
eine Begebenheit: Daraus entstand die Tragödie. Auch dann
noch trug sie die Spuren ihrer Herkunft. Es traten nie mehr
als fünf Darsteller auf; der Chor spielte eine wichtige Rolle,
auch wenn er zuweilen den Handlungsverlauf störte; Götter
erschienen auf der Bühne, besonders am Anfang und am

Ende des Schauspiels; der Dialog zwischen den Figuren hatte
sehr oft die Form einzelner, stelzbeiniger Zeilen. Wenn auch
der Zusammenhang mit Dionysos bald nicht mehr aufrechtzuerhalten war, verblieb die Tragödie religiös im Ton und
in der Themenwahl. Obgleich sie nicht immer in dem Sinne
tragisch war, daß sie unglücklich ausging, beschäftigte sie sich
stets mit ernsten Fragen, welche das Verhältnis zwischen
Menschen und Göttern betrafen. Die engbegrenzte Form
muß für den Autor und die Darsteller manchmal beschwer-
lich gewesen sein. Es war nicht immer leicht, den Chor in die
Handlung einzubauen; zuweilen spielt er in hochdrama-
tischen Augenblicken eine retardierende und leicht komische
Rolle. Ein und derselbe Schauspieler mußte eventuell in
einem Stück zwei oder drei verschiedene Rollen übernehmen,
und es dürfte ihm schwergefallen sein, sie alle mit der gleichen Überzeugungskraft zu spielen. Auch wenn Theater-
dekorationen zur Anwendung kamen, können sie nicht sehr
umfangreich gewesen sein, und die Bühneneffekte waren an
Format und Charakter recht kärglich. Daß nach altem Brauch
eine der Figuren einen Prolog sprach und die Hauptzüge der
Situation, ja sogar die kommende Handlung schilderte, stellte
große Ansprüche an die Geschicklichkeit des Verfassers, wenn
er überzeugend wirken sollte. Doch obwohl die griechischen
Dramatiker alle diese Relikte der Vergangenheit beibehiel-
ten und sie nicht anzutasten wagten, brachten sie es meistens
fertig, ihnen einen imposanten und edlen Anstrich zu verleihen. Die alten Themen wurden zu Trägern dringender
Gegenwartsprobleme, die Gesänge des Chors boten dem
lyrischen Genie immer neue Entwicklungsmöglichkeiten, die
begrenzte Anzahl der Darsteller verlangte, daß jede Rolle
scharf und deutlich charakterisiert sei. Die griechische Tragödie besitzt eine archaische Umständlichkeit, und doch

*Marmorrelief mit Hermes, Eurydike und Orpheus. Römische Kopie eines
Werkes aus dem 5. Jh. v. Chr. Rom, Nationalmuseum.*

*Herakles bezwingt im Kampf den Kretischen Stier. Marmorne Metope vom
Zeus-Tempel in Olympia. Um 460 v. Chr. Paris, Louvre.*

wurde sie den erhabensten Anlässen gerecht und vermochte ergreifend, menschlich und dramatisch wirksam zu sein.

Ähnliches gilt auch für die Komödie. Auch sie war aus einem dionysischen Fruchtbarkeitsritus entstanden, in dessen Verlauf ein *komos,* eine ausgelassene Truppe, mimische Gebärden vollführte, um die Fruchtbarkeit des Bodens anzuregen, und im Gebrauch phallischer Symbole und hemmungsloser Redewendungen nicht sehr empfindlich war. Der obszöne Spott, der das Spiel durchtränkte, hatte zwar seine religiösen Zwecke, denn er sollte vor Mißernten und Unheil schützen, war aber außerdem amüsant und eine Heimstatt für Satire und derben Witz. Aus diesem Ritus entstand die Komödie. Sie ähnelte der Tragödie darin, daß sie die alte Form des Chorgesanges beibehielt und einzelne Darsteller bestimmte Rollen spielen ließ; aber zum Unterschied von der Tragödie erlaubte sie jede Form von Zotenreißerei und Zügellosigkeit und beschäftigte sich nicht mit der mythischen Vergangenheit, sondern mit der Gegenwart, die durch eine lebhafte Phantasie umgeformt wurde, um alle Albernheiten deutlicher hervorzuheben. Während also die Gesänge des Aristophanes rein lyrische Phantasiegebilde sind und man den Rhythmus seiner Anapäste mit dem Galopp der Pferde des Sonnengottes verglichen hat, schöpfen seine Episoden unbeschwert aus dem zeitgenössischen Leben und entrücken es in eine absurde Welt, in welcher die Vögel reden, die Menschen Flügel bekommen oder auf Mistkäfern in den Himmel reiten. Gerade weil diese Kunstart auf der Tradition zügelloser Redefreiheit beruhte, machte sie sich diese Freiheit reichlich zunutze, um alle nur erdenklichen Themen zu erörtern, und ließ sich durch keinerlei Rücksicht auf die Empfindlichkeit angesehener Persönlichkeiten abschrecken. Auch das phallische Element behielt seinen Platz bei. Viele Scherze

des Aristophanes würden einen modernen Autor vor Gericht
bringen, und in seiner »Lysistrata« macht er den Sexualtrieb
dramatischen Zwecken dienstbar in einem Stück, das sich
trotz seiner zügellosen Possenhaftigkeit ernstlich mit den
Übeln des Krieges beschäftigt. Die griechische Komödie ist
alles eher als eine Salonkomödie. Sie bezieht ihre Kraft aus
den derben Scherzen des Marktplatzes und beharrt entschieden auf ihrem Recht, sie in vollem Maße zu nützen. So wie
der alte Ritus dem Erdboden Gesundheit und Leben schenken sollte, so befreit die aus ihm entstandene Komödie ihr
Publikum von zahlreichen Sorgen, indem sie es veranlaßt,
über sie zu lachen. Während die Tragödie dem Ritus vom
alljährlichen Hinscheiden eines Gottes entsprang, wurde die
Komödie aus dem Ritus seiner alljährlichen Wiedergeburt
abgeleitet und bot einen Kontrast, ein Gegengewicht zu all
den Dingen, die das Trauerspiel repräsentiert.
Die griechische Dichtung verdankt ihre unvergängliche
Kraft zum Teil einem metrischen System, das eine Vielfalt
von Versmaßen zuläßt, wie fast keine andere Sprache sie
kennt. Das beruht darauf, daß die griechische Metrik nicht
akzentmäßig, sondern quantitativ betont ist; das heißt, daß
der Rhythmus auf Verseinheiten beruht, deren Silbengleich-
gewicht nicht durch die Lautstärke oder Betonung, mit der
jede einzelne ausgesprochen wird, bestimmt ist, sondern
durch die Quantität oder die Zeit, die man braucht, um sie
auszusprechen. Selbst eine so einfache Form wie der dakty-
lische Hexameter hat eine Präzision und eine Formstrenge,
die im akzentuierten Vers fast unmöglich zu erreichen sind,
denn kein Akzent ist kräftig genug, um mit der Quantität
konkurrieren zu können, und die Hexameter europäischer
Sprachen pflegen deshalb nur allzuoft zu hinken oder zu
holpern. Die Quantität eines griechischen Wortes ist ein für

allemal festgelegt und allgemein bekannt – der Akzent in den europäischen Sprachen aber kann sich je nach Geschmack verschieben. Die griechische Einteilung der Silben in lange und kurze hat absolute Gültigkeit – wir aber wissen nie ganz genau, wie kräftig ein Akzent ist oder welche Silbe ihn trägt. Deshalb reicht die Vielfalt der griechischen Wortmelodie weit über die der akzentbetonten Sprachen hinaus. Wir in Europa können mit Mühe und Not Hexameter schreiben und mit einiger Anstrengung alkaische und sapphische Strophen komponieren, aber wir sind außerstande, etwas zu schaffen, das den komplizierten Versmaßen der griechischen Chordichtung ähnelte, wie wir sie etwa bei Pindar oder den Gesängen der Tragiker oder bei Aristophanes finden. Dies kommt daher, daß in den europäischen Sprachen der Akzent so unberechenbar und schwebend ist und wir nie recht wissen, wie der Rhythmus eigentlich läuft, während er im Griechischen von Anfang an völlig klar und eindeutig ist.

Die außerordentliche Vielfalt der griechischen Versmaße und ihr Vermögen, neue Formen anzunehmen, hat zweifellos vieles dem Tanz und der Musik zu verdanken. Die kunstvollen Stanzen dieser Dichtkunst waren Bestandteile einer komplizierten Einheit, in der Tanz und Musik eine genauso große Rolle spielten wie das Wort und alle drei Elemente ein harmonisches Ganzes bildeten. Das Wort »Fuß«, das wir heute noch als Bezeichnung für die metrische Einheit benützen – damit folgen wir dem griechischen Vorbild –, deutet eine Tanzbewegung an. Die einzelnen Versfüße, ob es nun Daktylen oder Anapäste oder Iamben oder Trochäen waren, beruhten auf dem Rhythmus der Tanzschritte und dem Gleichgewicht zwischen kurzen und langen Bewegungen. In der Ausführung wurden solche Schritte von einer Musik begleitet, die ihrem Charakter entsprach und ihn betonte, und aus dieser Kombination entstanden die griechischen Versmaße. Die griechischen Tänze wurden nicht von Paaren, sondern von größeren Gruppen ausgeführt, und jeder einzelne Teilnehmer widmete sich einer kunstvollen Schrittfolge, die wie die Musik im Laufe des Tanzes rhythmisch immer komplizierter wurde. Auf diese Weise wurde nicht nur das Ohr dazu erzogen, auf verschiedene Rhythmen zu reagieren – auch der Gesang mußte sich ihnen anpassen. Obwohl ein solcher Tanz innerhalb eines bestimmten Rahmens sehr viel Abwechslung gestattete, forderte er zugleich diktatorisch eine Formstrenge, die wir in der Struktur der Ode wiederfinden. Jede einzelne Ode Pindars hat ihr eigenes metrisches Muster, doch ist sie immer so gebaut, daß der Hauptteil, mag er an sich noch so originell sein, mit unwandelbarer Präzision sämtlichen übrigen Teilen entspricht. So wie die Griechen ihre Musik in verschiedene Gattungen einteilten und jeder ihre besondere Stimmung zuwiesen, so können wir in ihrer Metrik zumindest zwischen dorischen und äolischen Rhythmen unterscheiden: Die ersteren sind durch robuste Kraft, die letzteren durch melodische Lieblichkeit gekennzeichnet. Insofern war also die Poesie der Griechen nicht nur streng lyrisch, als sie zur Lyra gesungen wurde, sondern gehörte einer Kombination von Stimme, Tanz und Musik an. Während das tänzerische Element den Worten jene lebendige Kraft verlieh, welche die Griechen von der Dichtung verlangten, erweckte die strenge Form den nicht weniger unerläßlichen Eindruck fester und dauerhafter Gefüge.

Diese Technik gestattete den griechischen Dichtern, jedes Thema, welches das nötige Schönheitselement zu enthalten schien, in poetische Form zu gießen, und ihr Werk hat eine ungewöhnlich reiche Skala. Es erzählt ebenso von bescheidenen und unwichtigen Dingen wie von wilden Leidenschaften und Gewalttaten. Homer findet nicht nur Hektors letzten Kampf oder die Abschlachtung der Freier der Penelope interessant, sondern auch stille, alltägliche Vorgänge: Ein Schiff gleitet des Abends übers Meer, Badewasser wird erwärmt, ein Gewand vor dem Schlafengehen zusammengefaltet und aufgehängt, Wäsche in einem Fluß gewaschen. Oft mag der lyrische Dichter in glühende Leidenschaft geraten, aber das hindert ihn nicht, auch so einfache Dinge zu besingen wie Blumen und Bäume, das Mischen des Weines für ein Fest, den Vogelflug oder die Launen des Wetters. Solche Themen lassen sich leicht in Verse fassen, weil der Dichter überzeugt ist, seine Kunst sei nicht isoliert und auf besondere Themen beschränkt, sondern müsse sich auf alles erstrecken, was ihn selber berührt. Ja, die griechische Dichtung beschäftigt sich manchmal mit Dingen, vor denen die heutige zurückscheut. Wir hüten uns zum Beispiel vor allem Lehrhaften. Ungeachtet solcher Werke wie »De rerum naturae« und »The Prelude« mißtrauen wir allen Versen, die uns belehren wollen. An Stelle allgemeiner und politischer Themen bevorzugen wir die unleugbare Poesie der Gefühle und Empfindungen. Wir suchen Lieder und keine Predigten. Anders die Griechen. Hesiod benützt die Versform, um einen Pflug zu schildern, Parmenides bedient sich ihrer, um das Wesen der Elemente zu erklären. Fast jeder Dichter hat seine moralischen Maximen und formuliert sie ziemlich trocken, als wollte er uns erziehen. Manchmal klingen sie platt, manchmal fast kindisch, aber sie sind niemals unaufrichtig, niemals abstoßend. Die Griechen sind über den Verdacht erhaben, daß sie sich uns aufdrängen wollten; sie mögen uns gelegentlich ein Lächeln entlocken, werden aber nie unser Mißfallen oder unseren Ärger erregen. Und wir dürfen uns auch nicht darüber beklagen, daß sie Themen behandelten, die wir für undichte-

risch halten. Freilich läßt sich die Beschaffenheit eines Pfluges
oder des Weltalls sehr gut in Prosa schildern, und Fische können ohne weiteres auf den Seiten eines Lehrbuches gedeihen,
aber sie in melodischen Hexametern zu schildern, hat auch
manches für sich. Versmaß und Stil verleihen den Themen
neue Würde und neuen Charme, und der Dichter gibt sich
Mühe, sie mit den traditionellen Mitteln seines Handwerks
auszuschmücken.

Dies alles ist deshalb möglich, da die griechische Dichtkunst
der Vernunft ziemlich breiten Raum einräumt; doch da ist
noch eine andere Seite, die viel wichtiger und viel aufschluß-
reicher ist. Da die Griechen die Dichtkunst als eine Angelegenheit des Verstandes betrachteten, widmeten sie ihr die
besten Kräfte. Sie drückten in dichterischer Form ihre eigene
Weltanschauung aus und hielten es für ihre Pflicht, alles das
zu gestalten, was ihnen am Herzen lag und was sie ernsthaft
durchdacht hatten. Deshalb atmen die dichterischen Werke
der Griechen eine Intensität, wie sie nur gründliches Nachdenken zu vermitteln vermag. Wenn Aischylos eine Tragödie
baut, beleuchtet er durch den Handlungsverlauf die göttlichen Gesetze, die das menschliche Leben beherrschen. Seine
Auffassungen in diesem Punkt sind nicht nur originell, sondern entspringen auch einem ernsthaften Studium menschlicher Belange; die Darstellungsweise bereichert er mit den
Früchten der Phantasie und des Gefühls. Da handelt es sich
nicht um konventionelle Urteile, die man sich schnell aneig-
net und hastig vorträgt, sondern um die Summe der Erfahrung und deren Formulierung. Die majestätische, unerbittliche
Art, mit der er diese Lehren formuliert, ist deshalb so eindrucksvoll, weil es ihm stets nur um die Wahrheit geht. Zum
Unterschied von Aischylos bleiben bei Sophokles die persönlichen Anschauungen im Hintergrund und werden nur

in den Charakteren und Schicksalen seiner Figuren sichtbar.
Aber die Schicksale dieser Figuren veranschaulichen die Probleme, die seit langem sein Denken beschäftigt haben – die
ungeheure Kluft zwischen menschlichem Irren und himmlischer Weisheit, den Konflikt zwischen heroischen und rein
menschlichen Sittengesetzen, die Illusionen des Mannes, der
zu Unrecht an die Macht gelangt ist. Er sieht die Fragen klar
vor sich und hat sie so gründlich durchdacht, daß sie sich fest
in seinem Bewußtsein verankert haben; und wenn er ihnen
nun poetische Gestalt verleiht, sind sie durch die Assoziationen bereichert, die ein eifriger persönlicher Umgang mit
ihnen geschaffen hat.

Dieses ehrliche und ernste Bemühen zeigt sich darin, daß die
Griechen von der Dichtkunst »Wahrheit« verlangten. Schon
oft wurde diese Frage erörtert und auf die verschiedenste Art
beantwortet. Jedenfalls bestanden die Griechen darauf, daß
das Gedicht ein Element der Wahrheit enthalte. Obgleich
Homer sich nicht dazu äußert und wir nicht wissen, welche
Teile seiner historischen Erzählung er selber für wahr hielt,
so gibt es doch zumindest einige sorgfältig geschilderte
Details, die wir nachprüfen können. Die trojanische Ebene
sieht heute noch ungefähr so aus, wie er sie beschrieben hat,
und sogar Ithaka, durch Naturkräfte und die Grabungen der
Archäologen aufgewühlt, ist an verschiedenen Stellen auch
heute noch so, wie Odysseus es gekannt und geliebt hat.
Hesiod spricht das Problem weit unmittelbarer an, wenn er
behauptet, die Musen hätten zu ihm gesagt: »Wir verstehen
es, eine Lüge so zu erzählen, daß sie wie die Wahrheit aussieht, und paßt es uns, dann können wir auch die Wahrheit sagen.« Hier wird also zugegeben – und das ist entscheidend –, daß die Dichtkunst nicht völlig von Wahrheit
und Lüge absehen könne, auch wenn sie nicht klare Tren-

nungslinien zwischen den beiden zieht. War die Frage erst einmal gestellt, dann konnte es nur eine Antwort geben, und Pindar ist das lehrreiche Beispiel eines Dichters, der sich verpflichtet fühlt, die Wahrheit zu sagen. Die Tradition verlangte von ihm, daß er in seinen Oden von Göttern und Helden berichte. Er hielt sich daran, gab sich jedoch Mühe, nur das zu erzählen, was er für wahr hielt. Wenn eine alte Legende die Götter in ein unvorteilhaftes Licht rückte, schuf er eine neue Version, die ihm wahrscheinlicher schien. Wenn die Legende berichtete, Apollon habe von einem Raben eine Botschaft empfangen, berichtigte Pindar dieses Detail, denn er wußte, daß Apollon, Meister der Prophetie, keinen Raben brauchte. Ja, seiner Meinung nach enthielten die alten Sagen und Legenden sehr viel Falsches, und deshalb war er nie so ganz mit Homer einverstanden, von dem er sagt:

> Majestätisch ist sein Lügengebäude und seine
> beschwingte Schlauheit. Mit schönen Geschichten überlistet
> und täuscht uns die Kunst,
> und blind sind die Herzen der Menschenmenge.

Aber er war überzeugt, daß die Zeit das Wahre vom Falschen scheide und daß die klügsten Zeugen die künftigen Tage seien. Seine natürliche Frömmigkeit erlaubte ihm nicht, Legenden zu akzeptieren, die die Götter in Mißkredit brachten, und er bestand auf seinem Recht, die Wahrheit so zu schildern, wie er sie sah.

Diese Haltung tritt natürlich am deutlichsten bei den Dichtern zutage, die ihre eigenen Ansichten in der ersten Person vortragen, läßt sich jedoch mühelos auch auf die epische und dramatische Dichtung übertragen. Wenn auch die Tragiker nicht immer an die buchstäbliche Wahrheit der Mythen glaubten, die sie dramatisierten, und noch weniger an ihre

eigenen Zusätze und Varianten, so waren sie doch von der
Bedeutung der Probleme, die durch den Handlungsverlauf
gestellt wurden, und von ihrer eigenen Behandlung und Deutung überzeugt. Die griechischen Dichter hatten ihre besondere Auffassung von der Wahrheit, wie die Kunst sie fordert.
Im 4. Jahrhundert hat Aristoteles diese Fragen aufgeworfen und den Unterschied zwischen Geschichtsschreibung und
Dichtung scharf umrissen: »Eigentlich liegt er darin: Die eine
schildert, was geschehen ist, die andere, was geschehen könnte.
Daher ist die Dichtung etwas Philosophischeres und Ernst-
hafteres als die Geschichtsschreibung, denn die Dichtung spricht
von dem Allgemeinen, die Geschichtsschreibung von dem Besonderen.« Kein griechischer Dichter würde sich genauso
ausgedrückt haben, und die meisten wären überrascht gewesen zu hören, daß man ihr Werk als philosophisch bezeichnete: Bestimmt aber würden sie es für ernsthaft gehalten
haben. Aristoteles hat recht, wenn er von dem philosophischen Charakter der Dichtung spricht, weil sie auf ihre besondere Art mit der Enthüllung des Wahren zu tun hat. Die
Wahrheit, wie er sie sah, gilt nicht besonderen Tatsachen,
sondern allgemeinen Grundsätzen oder Tendenzen oder
Merkmalen. Auch wenn es einmal, was durchaus möglich ist,
einen historischen Achilles gegeben haben mag, ist seine
Existenz völlig irrelevant für die Bedeutung, die Homer
seiner Gestalt zubilligt. Der Achilles, den wir kennen, ist
universell in dem Sinne, daß er in einer überzeugenden und
befriedigenden Form Eigenschaften verkörpert, die bei vielen Menschen anzutreffen sind, selten jedoch so klar oder so
kraftvoll wie bei ihm. Um dieses universelle Element heraus-
zuschälen, muß der Dichter eine strenge Auswahl unter den
realen Fakten treffen und sie mit Umsicht darlegen. Genauso
wie die Bildhauer auf Kosten des Zufälligen und Nebensäch-

lichen das betonen, was sie für die entscheidenden Merkmale ihrer Gegenstände hielten, so betonten die Dichter die ihrer Meinung nach wichtigsten Charakterzüge menschlicher Geschöpfe und zeigten, wie diese Charakterzüge im Handeln und Erdulden zu bestimmten Situationen führen. Sie wußten auch, daß hinter der unendlichen Vielfalt menschlichen Verhaltens und menschlichen Schicksals Kräfte am Werk sein müßten, die man bis zu einem gewissen Grad begreifen und in konkreter Form schildern könne. Ihre Auffassung von der Wahrheit bestand darin, diese Kräfte und Grundsätze aufzudecken, die zwar in jedem einzelnen tätig sind, die jedoch am klarsten werden, wenn man sie vom Einzelschicksal abstrahiert und an Situationen aufzeigt, die ihre allgemeine Bedeutung und ihre Realität hervorheben. In diesem Bestreben fassen sie die poetische Wahrheit ziemlich großzügig und umfassend auf. Ihrer Meinung nach ging es nicht nur darum, die innerhalb und außerhalb der Menschennatur tätigen Kräfte zu entschleiern, sondern auch darum, irrationale und gefühlsmäßige Elemente zu begreifen und sie in ihrer elementaren Kraft zu schildern: Es gibt nicht nur eine Wahrheit des Geistes, sondern auch eine Wahrheit des Herzens, und beider bedient sich die Dichtung. Freilich gehören dazu scharfe Überlegung und tiefe Einsicht, aber sie allein reichen nicht aus; es müssen außerdem instinktive und weniger rationale Kräfte mitwirken, vor allem das unmittelbare und phantasievolle Verständnis für die zahllosen Strömungen, welche die menschliche Seele durchziehen und sie unberechenbaren Zielen entgegentreiben.

Diese Überzeugung, daß unsichtbare Kräfte verständlich werden, wenn man sie in konkreter und sichtbarer Form präsentiert – bedeutet, daß die griechische Tragödie auf ihre besondere Art »wahr« ist. Sie beschäftigt sich mit realen

Gefühlen, und ihre Figuren werden von Motiven beeinflußt, die wir in uns selber vorfinden. Sie präsentiert ihre Geschehnisse mit sorgfältiger Rücksicht auf die grundlegende Wahrscheinlichkeit. Obwohl die Tragödie das Übernatürliche und Romantische zu vermeiden sucht, sind doch zuweilen auch diese Elemente für die Handlung notwendig; dann werden sie aber so überzeugend und lebensnah wie nur möglich gestaltet. Wenn Aischylos den Geist des Perserkönigs Dareios beschwört, läßt er ihn in gebieterischem Ton sprechen, wie das dem König der Könige geziemt, und zeigt uns, daß der große Feldherr und Staatsmann auch nach dem Tod die Besorgnis um das Wohl seines Volkes nicht vergessen hat. Das Nessusgewand, das dem Herakles ein grauenhaftes Ende bereitet, ist freilich ein Zauberding, aber seine verheerenden Wirkungen werden mit fast medizinischen Worten geschildert. Der Wahnsinn, der Herakles auf Geheiß Heras heimsucht, ist um so tragischer und überzeugender, da er ihn veranlaßt, seine eigenen Kinder zu ermorden in dem Glauben, es seien die Kinder seines Feindes Eurystheos. Das Ungeheuer, das aus dem Meer heraufsteigt, um Hippolitos zu töten, wird kaum geschildert, aber wir haben die erschrekkende, albtraumhafte Vorstellung von einem monströsen Stier. In einer Kunstgattung, deren Stoffe aus ferner Zeit stammten, in der die Bereiche von Wirklichkeit und Phantasie noch nicht klar abgegrenzt waren, taten die Tragiker ihr Äußerstes, den Geistern der Vergangenheit Leben einzuflößen und das Übernatürliche der Art menschlichen Handelns näherzubringen.

Gegenstand der griechischen Literatur ist der Mensch und neben dem Menschen natürlich die Welt der Götter, weil sie ein Bestandteil des menschlichen Lebens waren und in ihm eine unentbehrliche Rolle spielten. Es gab auch Tiergeschichten, die aber insgesamt, obwohl sie einer anspruchsloseren Kunstgattung angehörten, gleichfalls von Menschen handelten, da die verschiedenen Tiere in der Fabel menschliche Eigenschaften an den Tag legen, wie zum Beispiel in den dem Äsop zugeschriebenen Fabeln. Zwar beginnt das Pferd Achilles' zu sprechen und ihm den bevorstehenden Tod anzukündigen, dies aber geschieht nur deshalb, weil Hera ihm für diesen einen Augenblick die Sprache geschenkt hat. Pferde und Hunde haben ihren Platz in der Literatur, doch ist dies derselbe wie im Leben. Hektor fordert seine Rosse auf, sich zum Dank für die Gerste und den Wein, die Andromache ihnen gegeben hat, ganz besonders anzustrengen, und der alte Hund des Odysseus, der mit Zecken bedeckt auf dem Misthaufen liegt, erkennt seinen Herrn nach zwanzig Jahren wieder und stirbt sodann. Selbst in der legendären Phantasiewelt des wandernden Odysseus herrscht die Neigung vor, menschlichen Wesen Dinge zuzuschreiben, die eine weniger hochentwickelte Kunst tierischen Wesen zuschreiben würde. Als Odysseus von den Meereswellen an Land gespült wird, rettet ihn die Königstochter Nausikaa, ein junges Mädchen an der Schwelle der fraulichen Reife, mutig, erfinderisch, empfindsam und frisch. Diese Geschichte existiert in einer viel früheren ägyptischen Version, doch wird dort der Gestrandete nicht von einer Prinzessin, sondern von einer prachtvollen Viper gerettet, die dreißig Ellen lang ist und eine Haut von Gold und Lapislazuli hat. Sogar Polyphemos, der wirklich ein abscheuliches Ungeheuer ist, zeigt in der liebevollen Unterhaltung mit seinem Widder menschliche Seiten. Die monströse Königin der Laistrygonen, die »groß wie ein Berg« ist, erhält menschliche Züge durch die Bemerkung des Dichters, die Gefährten des Odysseus hätten sie »verabscheut«. Gleich den Göttern werden die Tiere und Ungeheuer in menschliche

Verhältnisse eingefügt und müssen sich ihnen soweit wie möglich anpassen. Ihre Handlungen sind beinahe verständlich, und sie werden nicht anders behandelt, als wären sie mit den Gewohnheiten der Menschen durchaus vertraut.

Das starke Interesse am Wesen des Menschen ließ die griechischen Dichter die Menschen einfach und unmittelbar sehen und sie im Epos oder auf der Bühne mit scharfem Blick für ihre Eigenschaften darstellen. Sie hatten einen anderen Persönlichkeitsbegriff als wir und waren weniger an den Feinheiten und Wunderlichkeiten des Charakters als vielmehr an den dominierenden Zügen interessiert. Homers Helden sind voneinander klar unterschieden, jeder hat seine eigene ausgeprägte Persönlichkeit, die wir durch seine Worte und seine Handlungen kennenlernen. Aus ihnen werden die Gedanken und die Gefühle ersichtlich, von denen sie sich lenken lassen, und sie vermitteln uns das Gefühl, daß wir ihre Träger genau kennen. Das gleiche gilt für die Tragiker und für Aristophanes. Der gewaltige Eindruck, den die Klytämnestra des Aischylos auf uns macht, wird nicht durch seltene psychologische Finessen erzielt, sondern durch die großartige Unverschämtheit ihres Verhaltens und durch die tönenden Worte, mit denen sie zuerst ihren Gatten täuscht und beherrscht und sodann über seinen Tod frohlockt. Obgleich Antigone aus Gewissensgründen in den Tod geht, ist ihr Wesen so einfach geartet, daß sie ihre Motive nicht einmal genau kennt, sondern instinktiv weiß, daß ihr Tun richtig ist. Wenn uns Euripides mit seiner Medea die tragische Figur einer durch ihren griechischen Gatten gekränkten Barbarin vor Augen führt, begreift er durchaus die volle Wut ihres heftigen Rachedurstes, der sich ganz natürlich aus dem Leid ergibt, das man ihr zugefügt hat. Nichts in der griechischen Literatur läßt sich mit dem komplizierten Wesen eines Hamlet oder eines Richard II. vergleichen und noch weniger mit der tiefgehenden Psychologie eines Tolstoi oder eines Proust. Das ist zweifellos darauf zurückzuführen, daß sie sich auf verhältnismäßig engem Raum bewegt. Die Tragödie, die Komödie und sogar das Epos müssen ihre Wirkungen in einem begrenzten Rahmen möglichst rasch erzielen und keinerlei Zweifel an ihrem Zweck entstehen lassen. Einiges aber müssen wir auch den Idealen zugute halten, welche die Griechen im Menschen suchten und die ihrerseits ein Bestandteil ihrer gesamten Weltanschauung waren.

Der Mensch interessierte sie in erster Linie als ein Geschöpf, das für die Tat geschaffen und ihr verschworen ist, und mit aller Sorgfalt untersuchten sie die Motive seiner Handlungen und den Typus, der auf diese oder jene Weise handeln wird. Ihnen ging es nicht um Stimmungen oder Temperamente, sondern um Gedanken und Gefühle und um die Ereignisse, die das Zusammenspiel beider Faktoren erzielt. Das gilt auch für ihre präzisere und eingehendere Charakteranalyse und für die Vorwegnahme einer systematisierten Psychologie. Wenn in Platons »Symposion« Alkibiades seine glänzende Rede zum Lobe des Sokrates hält, interessieren ihn die wirklichen Motive, welche Sokrates zu seiner ungewöhnlichen Handlungsweise veranlassen, und in seiner Erklärung finden wir nichts, das nicht vernünftig und geradlinig wäre. Als Theophrastos (etwa 372 bis 287 v. Chr.) seine »Charaktere« schrieb, interessierten ihn zwar die Wunderlichkeiten menschlichen Verhaltens, und er zeichnete sie mit scharfem Blick für signifikante Exzentrizitäten; im Grunde aber wollte er damit aufzeigen, daß die Handlungsweise des Menschen durch ein zentrales Prinzip ihres Wesens bestimmt wird. Die Griechen waren durchaus mit den Absonderlichkeiten menschlichen Seins vertraut und fanden sie oft amü-

sant; so zum Beispiel Herodot, der von Kandaules, dem
König der Lyder sagt, dieser Kandaules habe sich »in seine
eigene Gattin verliebt«, oder Aristoteles, der von dem Ver-
schwender sagt, er pflege »einem Freundesmahl den Umfang
eines Hochzeitsbanketts zu verleihen«. Solche Beobachtungen kann die Literatur nicht entbehren, und wir finden sie
bei den Griechen in Hülle und Fülle. Doch gingen sie nie
über ein gewisses Maß hinaus. Die Griechen interessierten
sich nicht sonderlich für die verborgenen Konflikte und
Widersprüche des menschlichen Charakters, und sie schraken
davor zurück, sich selber eingehend zu analysieren. Es hat
seine Bedeutung, daß sie kaum jemals Bekenntnisse oder
Selbstbiographien verfaßten. Zwar hat im 5. Jahrhundert
Ion von Chios Erinnerungen geschrieben, aber er scheint sich
mehr mit anderen als mit sich beschäftigt zu haben; die erste
»tiefgründige Enthüllung einer Menschenseele« in griechischer Sprache ist nicht die eines Griechen, sondern die eines
Hebräers, des Paulus von Tarsus. Das griechische Denken
kreist ständig um den Menschen, doch erstreckte sich dieses
Interesse nicht auf schwer erforschbare Seelentiefen. Man
wollte die Menschen wach und tätig sehen, nur dann schien
es auch möglich, sich von ihrem wahren Wesen ein Bild zu
machen, das nicht durch die Analyse seelischer Konflikte
verzerrt wurde.

Dieses Interesse für die Wirklichkeit, wie sie sich im Menschen verkörpert, bedeutet, daß die griechische Dichtung in
keiner Weise weltabgewandt ist. Die Dichter betrachteten
es als ihre Aufgabe, die Wirklichkeit dadurch zu deuten, daß
sie ihr eine individuelle Gestalt verliehen, die jeder Mensch
mit seinem eigenen Leben in Beziehung setzen kann. In den
Traum zu flüchten hieß, sich einer strengen Pflicht zu entziehen, und kein Grieche hätte je so weitschweifige Phanta-

sien zu dichten gewagt wie Ovid in seinen »Metamorphosen«
oder Ariost in seinem »Orlando Furioso«, Werken, in denen
Traum und Wirklichkeit in einem goldenen Nebel unauflös-
bar verschwimmen. Obschon auch sie die Sehnsucht nach
Loslösung von der Realität kannten, wußten sie auch um
den Reiz des Unerfüllten, gingen in der Dichtung sparsam
damit um und kehrten schnell wieder zur Wirklichkeit zurück. Um aber die äußerste Grenze der Phantasie zu erreichen,
genügte ihnen die Vorstellung eines einfachen Bildes wie zum
Beispiel bei Sophokles:

> Jenseits der Meere und der letzten irdischen Grenzen,
> jenseits der Quellen der Nacht und der riesigen Himmelsfläche
> Apollons uralter Garten.

Alles ist klar, fast wie auf einer Landkarte. Wenn die Griechen bemüht waren, sich Dinge vorzustellen, die dem Wis-
sensbereich der Sterblichen entzogen sind, versuchten sie sie
möglichst lebensnah zu gestalten. Sie konzentrierten sich auf
die hellsten, klarsten Seiten der Wirklichkeit, sie wählten die
Einzelheiten sorgfältig aus, und zuletzt erzielten sie, wenn
auch nicht ein Abbild des Lebens, so doch ein lebensnahes und
bestimmt sehr lebendiges Bild. Selbst die kosmischen Tra-
vestien des Aristophanes, in denen oft die Naturgesetze außer
Kraft gesetzt werden, sind von soliden Menschen mit derben
Gelüsten und einem kräftigen Wortschatz bevölkert. Auch in
ihren wildesten Phantasien verloren die Griechen nie die
Wirklichkeit aus dem Auge; und je weiter sie sich mit ihren
Ideen von ihr entfernten, desto mehr bemühten sie sich, in
ihrer Gestaltung den Kontakt zu behalten, als ob die Dichtung ihr eigentliches Wesen einbüßte, wenn sie den Zusammenhang mit dem wirklichen Leben der Menschen verliert.
Dafür läßt sich zumindest ein Grund anführen. Der grie-

Grabmal eines Jünglings, der im Waffenlauf gesiegt hat (sogen. Waffenläufer-Stele; Höhe 1,02 m). Um 520 v. Chr. Athen, Nationalmuseum.

Hegeso mit ihrer Dienerin. Marmornes Grabrelief (Höhe 1,49 m).
Um 400 v. Chr. Athen, Nationalmuseum.

chische Dichter wußte sehr gut, daß sein Publikum nicht aus
auserwählten Kennern gleich ihm selber bestand, daß aber in
dem Leben dieser Menschen die Dichtkunst einen allgemein
anerkannten Platz einnahm und in den normalen Umkreis
ihrer Interessen fiel. Sie war nicht etwas Fremdartiges oder
Ungewöhnliches, das eine besonders angepaßte Sinnesart
voraussetzt. Der Dichter wandte sich an Menschen mit vielfältigem Geschmack und vielfältigem Wirkungskreis, die sich
hauptsächlich mit ihren eigenen Problemen beschäftigten und
von ihm Dinge hören wollten, die nicht irreal oder absurd
waren, sondern eine gewisse Bedeutung für die persönliche
Erfahrung besaßen. Seine Geschichten mochten sehr wohl
völlig unbekannte Elemente enthalten, aber seine Aufgabe
war es, diese Elemente so greifbar und so glaubhaft wie nur
möglich zu gestalten. In seinem »König Ödipus« erzählt
Sophokles die alte grausame Geschichte von dem Mann, der
entdeckt, daß er ohne sein Wissen seinen Vater erschlagen
und seine Mutter geheiratet hat. Der moderne Geschmack
mag vor der nackten Grausamkeit und auch vor der inhären-
ten Unwahrscheinlichkeit solcher Themen zurückschrecken.
Sophokles aber schildert genau, wie es sich abgespielt haben
muß: Ödipus erzählt, wie er seinen Vater in einer einsamen
Gegend erschlagen hat, ohne zu wissen, wen er vor sich habe.
Der alte Mann hatte ihn bedroht, und der junge Mann
wehrte sich mit der Hitze seines jugendlichen Blutes. Während er sich an den Vorfall erinnert, gerät er unwillkürlich
wieder in Erregung. Wir sehen ihn auf der Bühne mit seiner
Mutter, nachdem er sie geheiratet hat, und das Verhältnis
zwischen beiden ist echt und zärtlich. Jokaste betreut Ödipus,
wie das von einer Frau zu erwarten sein mag, die älter ist
als ihr Mann, und wenn sie sieht, daß dunkle Zweifel und
Vermutungen ihn quälen, versucht sie ihn mit sanften Wor-

ten zu trösten. Sie ist zugleich Gattin und Mutter, die mit unwandelbarer Liebe zu ihm spricht und nur darauf bedacht ist, ihm jedes Leid zu ersparen. Nichts kann echter und wahrer sein als ihre Reaktion, wenn sie zu ihrem Entsetzen erfährt, daß sie ihren leiblichen Sohn geheiratet hat, und von der Bühne abgeht, um sich das Leben zu nehmen:

Ach, vom Unglück Verfolgter, diesen Namen allein
schenke ich dir und keinem anderen mehr.

Sophokles gibt sich nicht mit der Unwahrscheinlichkeit der alten Sage zufrieden. Er versucht zu begreifen, wie sich das alles abgespielt haben könnte, welche Wahrheitselemente darin zu finden sein mögen. Er schildert die Vorgänge, wie sie sich wirklich ereignet haben könnten, ja, wir dürfen sagen, so, wie sie sich nicht anders ereignet haben können. Und sein Publikum hat wohl sogleich begriffen, daß er recht hatte, und verstanden, was er sagen wollte.

Es wäre falsch, anzunehmen, daß die großen griechischen Dichter dem Publikumsgeschmack irgendwelche Konzessionen gemacht hätten. Im Gegenteil: Sie erwarteten vom Publikum, daß es sich zu ihrem Niveau aufschwinge. Ihre Selbständigkeit und ihre Lauterkeit wird daraus ersichtlich, daß sie an ihren persönlichen Ansichten und Überzeugungen festhielten und entschlossen waren, um jeden Preis die Wahrheit zu sagen – und vor allem aber zeigt sich ihre Haltung in ihrem Stil. Alle drei attischen Tragiker bedienten sich einer poetischen Sprache. Jeder hat in seiner Diktion seine besonderen Kennzeichen, aber alle waren sie gleich weit von der Alltagssprache entfernt. Uns fällt es schwer, zu begreifen, daß ein Publikum imstande gewesen sein sollte, gleich auf den ersten Anhieb einen Chorgesang des Aischylos zu erfassen. Die gedrängten, gewichtigen Sätze, die reichgesäten und kräftigen

Metaphern sind bereits für uns recht schwierig, obwohl
uns beim Lesen alle Hilfsmittel der Forschung und unbegrenzte Zeit zur Verfügung stehen. Man könnte meinen,
das gewöhnliche Publikum des griechischen Theaters müsse
es sehr schwer gehabt haben, wenn es den Chor diese Worte
singen hörte – noch dazu zum erstenmal. Trotzdem war
Aischylos nicht nur geachtet, sondern so beliebt, daß Aristophanes gelegentlich Sätze aus seinen Stücken zitiert in dem
Bewußtsein, daß man sie wiedererkennen wird; er zollt ihm
noch außerdem einen Tribut, der nur dann sinnvoll sein
kann, wenn ein Dichter allgemein bekannt ist und bewundert wird: die Parodie. Seine Parodien des Aischyleischen Stils
müssen doch bei den Tausenden von Menschen, die sie hörten,
Gelächter erregt haben. Sie wurden mit aller nötigen Liebe
und Ehrfurcht vorgetragen und wirkten um so eindrucksvoller, als das Publikum hier über etwas lachen durfte, das
es kannte und respektierte.

Kein Zweifel: Die Griechen haben ihre Dichter bemerkenswert gut verstanden. Natürlich waren sie sehr intelligent.
Aber es gibt viele intelligente Leute, die nichts von Poesie
verstehen. Daß die Griechen auch ihre kompliziertesten Formen ohne weiteres verstanden, liegt nicht nur an ihrer Intel-
ligenz, sondern auch daran, daß sie von Kind auf dazu erzogen wurden. Sie lernten keine Fremdsprachen, wenig
Naturwissenschaft, wenig Geographie, wenig Geschichte, keinerlei Nationalökonomie, dafür aber Musik und Dichtkunst;
und wenn sie das Werk eines Dichters zu hören bekamen,
begriffen sie es mit jener fast instinktiven Leichtigkeit, die
einer frühzeitigen Schulung und einer langjährigen Übung
entspringt. Sie waren wie kaum ein anderes Volk dazu erzogen, die Feinheiten und Schwierigkeiten einer reifen Kunst
fast wie Fachleute zu begreifen. Da die Dichter wußten, daß

sie Verständnis finden würden, gaben sie stets ihr Bestes her, und das Gefühl, mit dem Publikum ein Herz und eine Seele zu sein, verlieh ihnen einen Teil der Stärke. Sie hatten keinen Anlaß, sich dafür zu entschuldigen, daß sie Kunstwerke schufen, daß sie Dichter waren. Sie brauchten keine Zeit zu vergeuden, um ihren Standpunkt zu erklären. All diese Präliminarien galten als selbstverständliche Voraussetzung. Der Dichter und sein Publikum stimmten in wesentlichen Fragen miteinander überein, und der Dichter brauchte nicht, wie das zu anderen Zeiten oft der Fall war, das Gefühl zu haben, seine Epoche stehe den Künsten feindselig gegenüber, und dadurch sei er verhindert, sein Bestes zu leisten.

Die Beliebtheit der Poesie in Griechenland ist um so bemerkenswerter, als sie meist in einer Sprache abgefaßt war, die man nur als künstlich bezeichnen kann. Abgesehen von einigen wenigen Lyrikern wie Sappho, Alkaios und Anakreon, die zuweilen ihre Landessprache benützten, ist die gesamte griechische Dichtung in einer Sprache geschrieben, die ausschließlich für poetische Zwecke Verwendung fand. Vielleicht wird uns das anfangs mißfallen, da wir das Gefühl haben könnten, schon das Wort »künstlich« komme einer Ablehnung gleich, und die echteste Poesie sei diejenige, die da »singt, wie der Vogel singt«. Nun ist aber die griechische Dichtung durchaus erhabener Einfachheit fähig, durchaus imstande, über alle Metaphern hinaus zu jenen kahlen und prächtigen Gipfeln emporzusteigen, wo aller Zierat verschwunden ist und die Leidenschaft in ihrer nackten Kraft hervortritt. Als Ödipus die Wahrheit erfährt, ruft er aus:

O Zeus, was gedenkst du mit mir zu tun?

Wenn Hippolitos in seiner Todesstunde erfährt, daß seine Beschützerin Artemis ihm nicht helfen kann, sagt er:

Leichten Herzens brichst du unseren langjährigen Freundschafts-
bund.

Aber diese Momente höchster Einfachheit sind selber die
Produkte eines künstlichen Stils und wirken um so stärker,
als sie ihm abgerungen wurden. Die meisten griechischen
Dichtwerke sind in einer Sprache abgefaßt, die sich aus alter-
tümlichen Ausdrücken, Fremdwörtern, neuen Wortbildun-
gen und Wörtern aus verschiedenen Dialekten zusammen-
setzt. Sie schwelgt in Metaphern und Gleichnissen, sie ver-
schmäht nicht die Periphrasen und Tropen, Aischylos spricht
vom »Staub, der dürstenden Schwester und Nachbarin des
Kotes«, und Pindar nennt die Inspiration »einen schrillen
Wetzstein der Zunge«. Selbst Homer, der Meister des biederen und ehrlichen Ausdrucks, verwendet eine Sprache, die
sicherlich nie gesprochen worden ist, sondern nur für den
heroischen Hexameter bestimmt war. Jahrhunderte schöpferischer Auswahl hatten ihm seine wunderbaren Epitheta geformt, wie das »laut hallende« Meer, die »rosenfingrige«
Dämmerung und den »weithin treffenden« Speer, und ihm
eine große Anzahl von Synonymen und Alternativformen
geliefert, die fast allen nur erdenklichen Ansprüchen seines
Versmaßes gewachsen sind.
Das Wesen des poetischen Stils – und der Stil der Griechen
ist poetisch – liegt in der Absicht, eine bestimmte Erfahrung
über die übliche Anschauung hinaus ins Grandiose zu steigern. Natürlich ist er seinen besonderen Gefahren ausgesetzt. Schon vor dem Ausgang des großen Zeitalters finden
wir absurde Formulierungen bei Timotheus, der die Zähne
»schimmernde Kinder des Mundes« und die Ruder »im Ge-
birg geborene Füße des Schiffs« nennt. Mit solchen anspruchs-
vollen und schwulstigen Übertreibungen entartet die Poesie
zu einer erschreckenden Manieriertheit, darf aber in ihrer

höchsten Blüte nicht nach ihnen beurteilt werden. Schöne
Worte, die wegen ihres Klanges und wegen ihrer Assoziationen gewählt werden, können manchmal Wirkungen erzielen, die einfache Worte nicht immer erreichen. Sie erzeugen eine Atmosphäre der Eigenart und des Majestätischen,
sie geben zu verstehen, daß der Dichter intensiver erlebt als
die meisten seiner Mitmenschen und deshalb besondere Ausdrucksmittel braucht. Solche Wendungen müssen nicht unbedingt vieldeutig oder unklar sein, im Griechischen sind sie
es selten. Der poetische Stil kann die Berührung mit der
Wirklichkeit beibehalten und sie in ihrer wahren Größe zeigen. Wenn Homer den Achilles sagen läßt, zwischen ihm
und seiner Heimat lägen »schattige Berge und das hallende
Meer«, benützt er Wörter, die im normalen Sprachgebrauch
nicht vorkommen, aber sie sind treffend und richtig, und sie
sind grandios. Nicht nur, daß die Adjektiva gut und passend
gewählt sind – die ganze schwungvolle Wendung vermittelt
auf unwiderstehliche Weise den Eindruck von Entfernung
und Trennung. Es sind ganz bestimmte Berge, und es ist ein
ganz bestimmtes Meer, die zwischen Achill und seiner Heimat
liegen. Obschon dieser Stil sehr traditionsgebunden war,
wirkte er dennoch nicht versteinert und barg große Entwicklungsmöglichkeiten in sich. Jeder neue Dichter bewegte sich
in den Bahnen seiner Vorgänger, schuf jedoch einen neuen
Wortschatz und verwendete die alten Phrasen in neuem Zusammenhang und mit vielen geglückten Variationen. Dadurch vermied der hochpoetische Stil seine größte Gefahr –
die Erstarrung. Er blieb lebendig, weil Männer ihn benützten,
die genau wußten, was sie mit ihm wollten: Wirkungen erzielen, ein Publikum fesseln, das dazu erzogen war, Dichtwerke
zu hören und von ihnen ein besonders hochstehendes Vergnügen zu erwarten.

Die alte Tradition, auf welche die griechische Dichtkunst sich stützte, und das Weltbild, welches das Bedürfnis nach ihr für selbstverständlich hielt, waren eng mit der Religion verknüpft. Die Dichtkunst diente nicht allein durch ihre Erzählung von den Göttern der Religion. Sie verlieh auch den religiösen Vorstellungen stärkeren Nachdruck dadurch, daß sie die im Menschen selbst und ohne sein Zutun unsichtbar wirkenden Kräfte in konkreter Gestalt vor Augen führte. In gewissem Sinne macht das die Dichtkunst immer. Sie schildert auf eine lebendige, greifbare Weise, was mit der Alltagssprache nicht ausgedrückt werden kann. Die Griechen konnten ihr einen besonders großen Geltungsbereich zuweisen, weil ihre Welt von unsichtbaren Kräften voll war, die sie verstehen und sich aneignen wollten. Selbst ihre auf Tatsachen gestützten Dichtwerke lassen Ausblicke und unerklärliche Kräfte ahnen, die über den unmittelbaren Schauplatz hinausreichen und bis dahin einer genauen Analyse trotzten. Zum Teil entstammt die Kraft der griechischen Dichtkunst dem Bestreben, diese Kräfte einzufangen und ihr Walten auf eine überzeugende und verständige Art zu schildern. Die Aufrichtigkeit dieses Bestrebens steigert den poetischen Reiz und verstärkt seine einzigartigen Eigenschaften. Aber die Suche nach dem Unbekannten wurde nur deshalb so eifrig betrieben, weil die Griechen von der sichtbaren Welt, vor allem von der Menschenwelt entzückt waren. Gerade die allumfassende Neugier, mit der sie ihre unmittelbare Umgebung betrachteten, veranlaßte sie, nach den Prinzipien zu forschen, die hinter der Wirklichkeit stecken. Haben sie erst einmal diese Prinzipien gefunden und in majestätischen Wendungen ausgedrückt, dann kommt das der sichtbaren Welt zugute, da sich zeigt, daß diese Welt auf einem Fundament unvergänglicher Kräfte ruht; nun fühlen die

Menschen sich berechtigt, Freude an ihr zu finden und mit
Phantasie und Verstand ihren Geheimnissen nachzuspüren.
Die ungewöhnliche Kraft der griechischen Dichtkunst entspringt ihrem starken Interesse an der lebenden Welt und
ihrem Verlangen, diese Welt in ihrer ganzen Tiefe und Fülle
zu erkennen, von der augenblicklichen Situation zu den
Hintergründen vorzudringen und sich an dem neuen Licht
zu freuen, das dadurch auf alltägliche und vertraute Dinge
fällt.

ACHTES KAPITEL

DIE WELT DER BILDENDEN KÜNSTE

Im Leben der Griechen spielten die bildenden Künste eine ebenso große Rolle wie die Dichtung. Obgleich keine der anderen untergeordnet oder unterlegen war und jede in den Grenzen ihres eigenen Mediums ihre eigenen Wege ging, hatten die Griechen festgestellt, daß die Dichtkunst auf der einen und die Malerei und Bildhauerei auf der anderen Seite etwas Wesentliches miteinander gemeinsam haben. Simonides hat das bündig ausgedrückt: »Die Malerei ist stumme Dichtung, die Dichtung eine redende Malerei.« Das setzt eine gemeinsame Aufgabe und ein gemeinsames Ziel voraus und räumt ein, daß Malerei und Dichtung Zweige der *sophia* sind und Wirkungen auf uns ausüben, die sich im Wesentlichen gar nicht so sehr voneinander unterscheiden. Genauso wie die Dichter galten auch die Bildhauer und Maler als Handwerker, die erst einmal ihre Technik beherrschen mußten. Während die Dichter ihre Inspiration von der Muse bezogen, waren die bildenden Künstler die Diener Athenes, die ihnen beistand, um sie zu belehren oder zu ermuntern. Alle beschäftigten sie sich mit derselben Art von Themen. Malerei und Bildhauerei behandelten sehr häufig die Welt des heroischen Mythos und ähneln darin dem Epos und der Tragödie; wenn sie den Einzelmenschen verherrlichten und Szenen aus dem Alltag schilderten, hatten sie ihre Pendants in der Lyrik und in der Komödie. Wenngleich ihre Ausdrucksmittel an Intensität nicht der Ausdruckskraft der Kunstsprache der Dichter gleichkommen, erzielen die bildenden Künste mit ihren Mitteln doch den Eindruck kühlen Abstandes und sachlicher Ruhe dadurch, daß sie übertriebenen Realismus und melodramatischen Aufwand vermeiden. Obgleich sie auf der realen Welt beruhen und ihre Stoffe sehr oft aus ihr beziehen, streben sie über ihre Grenzen hinaus: Das zeigt sich in der Wahl der Themen, die sie für bedeutsam und wichtig halten. Als Platon im 4. Jahrhundert seine Kunsttheorie entwickelte, wandte er sie gleichzeitig auf die Dichtkunst, auf die Malerei und die Bildhauerei an und folgte damit der traditionellen Auffassung, daß alle Künste eng miteinander verwandt seien und gemeinsam in Betracht gezogen werden müßten, sobald es sich um ihre sozialen und ethischen Zwecke handelt.

Malerei und Bildhauerei haben sich ebenso wie die innig mit ihnen verknüpfte Baukunst später entwickelt als die Dichtkunst, und es fehlt ihnen der ungestörte Zusammenhang mit der mykenischen Vergangenheit, der die Blüte des Epos begünstigte. Sie erforderten brauchbare Werkzeuge; sobald jedoch diese Werkzeuge erst einmal verfügbar waren, beschleunigten sie den schnellen Fortschritt. Die unerschöpflichen Vorräte an hartem Kalkstein und Marmor ließen sich für fast alle Zwecke der Baumeister und Bildhauer nutzbar machen. Die aus ihnen geformten Werke trotzen den Unbilden der Witterung, und mit den Jahren gewinnen sie neue Schattierungen, neue Farbwerte, neue Strukturen. Durch die scharfen Konturen, mit denen die Bauwerke sich vom Himmel abheben, bilden sie einen passenden und eindrucksvollen Hintergrund für ein Leben, das zu einem großen Teil im Freien verbracht wurde, und die verschiedenartigen Land-

schaftsformen gaben wirkungsvolle Plätze für die Tempel ab:
Der Tempel des Apollon zu Delphi thronte hoch über tiefen
Tälern, der des Poseidon in Sunion stand auf einem Vorgebirge an der Meeresküste, das Heiligtum der Athene in
Athen lag auf felsigen Hügeln, die sich jäh aus der Ebene
emporheben, der Tempel des Apollon zu Bassae stand auf
einem Berggipfel inmitten des Gebirges.
Das Material dieser einzigartigen griechischen Bauten deutet in Farbe und Struktur auf den Boden hin, aus dem
die Steine herausgebrochen worden sind; so bleiben sie ihm
verwandt. Die feine Politur ihrer Flächen fängt die Strahlen
der aufgehenden und der untergehenden Sonne ein und spielt
in neuen Farben, während sie in Dunkelheit und Unwetter
den tobenden Elementen trotzt und etwas von ihrem Glanz
beibehält. So zeigen auch die griechischen Plastiken, die meist
im Freien aufgestellt oder an den Außenwänden der Tempel
angebracht wurden, ihre volle Tiefe und ihre mannigfaltigen
Facetten am besten im Wechsel des Tageslichts. Die Malerei,
die ihrem Wesen nach zwischen vier Wänden zu Hause ist,
begann mit einer sehr begrenzten Farbenskala, vielleicht deshalb, weil das vorhandene Material anfangs noch keine
größere Abwechslung erlaubte. Ihr Schwergewicht lag auf
der scharfen und klaren Zeichnung, ihre grellen Effekte
wurden durch das griechische Licht gemildert. Normalerweise waren die griechischen Statuen bemalt; dadurch rückten
Malerei und Bildhauerei einander näher. Form, Farbe und
Linie harmonierten mit dem natürlichen Rahmen und schmei-
chelten dem Auge, das an der Natur geschult war.
Obgleich die griechische Kunst viele ihrer Themen aus dem
Mythos und aus der Legende bezieht, trägt sie durchaus
keinen im engeren Sinne literarischen Charakter. Sie verläßt
sich nicht auf nachträgliche Assoziationen mit diesem oder

jenem Dichtwerk, sondern bietet die Szenen um ihrer selbst
willen bildhaft dem Auge des Beschauers dar. Ihre Werke
sind in sich geschlossen, und die Menschen, für die sie bestimmt waren, erkannten instinktiv die beabsichtigte Wirkung. Das heißt nicht etwa, daß die Kunst nur an das Formgefühl appelliert oder daß nichts anderes sie interessiert als
die planmäßige Anordnung von Körpern im Raum. Auch
diese Momente sind ihr sehr wichtig, aber doch nur als Bestandteile eines größeren Ganzen. Auf ihre Weise gibt sie
oftmals eine Geschichte wieder oder schildert zumindest einen
lebendigen, von bewegtem Geschehen erfüllten Augenblick.
Aber die Wirkung ist eine ganz andere als die des sprachlich
formulierten Berichtes. Sie beruht darauf, daß wir spontan
auf visuelle Eindrücke reagieren, und präsentiert diese Eindrücke auf eine solche Weise, daß wir durch den simultanen
Einsatz des Auges und des Geistes ihr innerstes Wesen und
ihre Bedeutung erfassen. Gleichgültig, wie geheimnisvoll
oder packend oder dramatisch die Themen sein mögen —
worauf es ankommt, ist der Gesamteffekt, den die Darstellung erzielt. Das attische Weihrelief eines völlig erschöpf-
ten Kriegers vermittelt das überwältigende Gefühl der
Ermattung in jedem einzelnen Körperteil, im gesenkten
Haupt, in den an die Brust gepreßten Händen, in den ge-
beugten Knien. In der Darstellung der Szene, da Achill
Penthesilea tötet, auf der Schale des Penthesilea-Malers, ma-
nifestieren sich seine unwiderstehliche Kraft und ihr hilfloser
Zusammenbruch in dem unbarmherzigen Griff seines Armes
und der völligen Erschlaffung ihres Körpers. Für die Griechen
besaß der menschliche Körper nicht nur die gleiche Ausdruckskraft wie das Gesicht, sondern hatte auch seine eigenen,
vielfältigen Ausdrucksmöglichkeiten. Wenn auch die Dichtkunst den bildenden Künsten viele Themen bot, bedeutete

das keineswegs, daß sie ihnen auch ihre Gesichtspunkte auf-
gedrängt und die Menschen dazu verleitet hätte, sie als
bloße Buchillustrationen zu betrachten. Die Dichtkunst und
die bildenden Künste ergänzten einander in einem gemeinsamen Weltbild, aber sie blieben streng voneinander ge-
schieden und übten in ihren besonderen Sphären ihre besondere Macht aus. Solange die bildenden Künste sich an den
ihnen eigenen Bereich hielten, brauchte man nichts anderes
von ihnen zu fordern, als daß sie unmittelbar das Auge an-
sprechen.

Die Bildhauerei und die Malerei der Griechen stellten auf
besondere Art die Frage, welcher Platz dem Gefühl in den
schönen Künsten einzuräumen sei. Der Künstler überträgt
es auf das Werk – und dadurch erweckt er es im Beschauer.
Aber unsere Reaktion ist letztlich keine gefühlsmäßige. Was
wir beim Anblick eines sterbenden Kriegers auf einem Giebelfeld aus Ägina oder des von seinen Hunden zerrissenen
Aktäon empfinden, ist weder Angst noch Kummer, noch
Mitleid. Dies mögen zwar die ersten spontanen Reaktionen
sein, aber sie werden sogleich in etwas anderes verwandelt,
in ein höheres, edles Entzücken. Die griechische Kunst mei-
stert zumindest in ihrer archaischen und in ihrer klassischen
Periode ihre Themen so vollendet, daß sie über die realistische oder naturalistische Darstellungsart hinaus in eine andere Sphäre vorstößt. Was an sich unerträglich wäre, wird
so meisterhaft beherrscht und umgeformt, daß es uns nicht
mehr betrübt, sondern erbaut.

Der eigentliche Vorgang ist dem realen Leben entnommen,
doch er wird auf eine Weise modifiziert, daß er uns stärker
beeindruckt, als ein Stück Leben das jemals vermöchte. Die
Leistungen der griechischen Kunst bleiben jedoch nicht auf
den menschlichen Körper beschränkt. Die langen Gewand-

falten des delphischen Wagenlenkers oder der Frauen am
Ludovisischen Thron sind bemerkenswert ausdrucksvoll und
fesselnd, obwohl sie kein dramatisches oder gefühlsmäßiges
Element enthalten. Hier gewinnt ein lebloser Stoff, dem wir
sonst gar keine Beachtung schenken würden, eine neue Harmonie und dadurch eine neue Wirkungskraft. Auch die
menschlichen Gestalten brauchen nicht immer sehr aufregend oder außergewöhnlich zu sein. Der Kalb-Träger
von der Akropolis beschwört keinerlei Mythen oder Legenden herauf und läßt keinerlei persönliche Erlebnisse
ahnen, dennoch spricht er den Betrachter an. Die schlichten
Einzelheiten fügen sich in ein beherrschendes Schema ein,
gelassene Stärke offenbart sich in den Gesichtszügen wie in
dem zuversichtlichen Zugriff der Arme, das Kalb ist ebenso
naturgetreu dargestellt wie der Mensch. Dahinter aber steckt
die Wirkung, die das Ganze auf uns ausübt und die sich
im Grunde kaum analysieren läßt. Wir können von der
bedeutsamen Form sprechen – oder was sonst uns einfallen
mag –, aber wir müssen einräumen, daß das Werk unmittelbar an das Auge und durch das Auge an unser ganzes Wesen
appelliert.

Letzten Endes hängt das davon ab, inwieweit die Natur uns
zuweilen zu packen und mit ihrem unerbittlichen Zauber zu
fesseln vermag. Das haben die griechischen Künstler verstanden, und sie haben der Natur jene Motive entnommen, die
sie selber am stärksten berührten. Genau wie in der Dichtkunst bleibt das tiefste Erlebnis unerklärbar, weil es jenseits
unserer gefühlsmäßigen Reaktionen liegt; deshalb nähern sich
die griechische Malerei und die griechische Bildhauerei sichtbar und geradlinig einem Wesensbereich, der ebenso unerklärlich ist und den hauptsächlichen Anspruch der bildenden
Kunst auf unser Interesse begründet.

Der Silen Oreimachos, die Schildkrötenleier spielend, in Begleitung des Gottes Hermes, der Becher und Weinkanne sowie das Kerykeion, den Botenstab, trägt. Große Amphora (Höhe 9 cm) des sogen. Berliner Malers. Um 500 v. Chr. Berlin, Staatl. Museen Preuß. Kulturbesitz.

Das wußten die Griechen, wenn sie in sichtbarer Form Dinge darzustellen versuchten, für die der Alltagsmensch blind ist. In den bildenden Künsten bezeichneten sie dies genauso wie in der Dichtkunst als das »Schöne«, und im großen und ganzen ließen sie es auch dabei bewenden, obschon sie das Schöne mit einer unvergänglichen Wirklichkeit hinter der Welt wechselnder Erscheinungen zu verknüpfen trachteten. Ebenso wie die Dichtkunst versuchten auch die bildenden Künste in konkreter Form Probleme zu gestalten, die sich dem normalen Denken entziehen. In erster Linie interessierten sie sich für Lebewesen und betrachteten es als die Hauptaufgabe, deren grundlegende Natur zu schildern. Deshalb ist die leblose Materie für die griechische Kunst kaum relevant, und bevor die Landschaftsmalerei des hellenistischen Zeitalters entsteht, werden leblose Dinge niemals um ihrer selbst willen dargestellt. Wenn sie in Erscheinung treten, dann nur als ein Hintergrund, der für das menschliche Hauptthema erforderlich ist, wie zum Beispiel die beiden Bäume, auf denen ein Mann Vögel zu fangen versucht (Schale im Louvre), oder ein Baum, von dem ein Mädchen einen Apfel pflückt. Das bedeutet jedoch keineswegs, daß es den Griechen an Natursinn gemangelt hätte: Aber für sie war die Natur nicht das wichtigste Kunstmotiv. Die gleiche Tendenz treffen wir in ihrer Dichtung an: Es fehlt nicht an Liebe zur Schönheit der Natur, aber sie steht nicht im Mittelpunkt, sie bleibt der Hintergrund menschlicher Handlungen. Zum Unterschied von den heutigen Liebhabern der Natur waren die Griechen nie weit genug von ihr entfernt, um eine romantische Sehnsucht nach ihr als nach einer Zuflucht und einem Hafen zu empfinden, und obgleich ihre Natur von den verschiedensten Göttern und Halbgöttern bevölkert war, waren es die Götter selbst und nicht so sehr ihre Behausungen, die

das Interesse erregten. Die Hauptmodelle der griechischen
Kunst sind Geschöpfe in Menschengestalt, seien es Götter,
seien es Menschen, wie das ja auch zu der Vorstellung von
einem einheitlichen Weltall paßte, in welchem Götter und
Menschen einander so weitgehend ähneln, daß sie sich auch
ungefähr gleich verhalten. Einen Ehrenplatz billigt man auch
den Tieren zu, die oft um ihrer selbst willen oder aber als
notwendiges oder rein ornamentales Zubehör des Menschen
dargestellt werden. Nicht sehr unterscheiden sich von ihnen
die Ungeheuer, die ihre Bedeutung der Tradition verdankten
und ihren rechtmäßigen Platz im Mythos und in der Sym-
bolik hatten. Die griechischen Künstler fühlten sich zu jedem
Motiv hingezogen, das Leben und Bewegung enthielt oder
dynamische Kraft verkörperte. In einem gewissen Sinne
wurde dadurch ihre Reichweite eingeschränkt; innerhalb
dieser Grenzen aber war die Auswahl groß, und sie konnten
den gewählten Themen besondere Aufmerksamkeit schenken, die der Liebe und Bewunderung entsprang.
Die Griechen räumten ein, daß Kunst in gewisser Hinsicht
Nachahmung oder *mimesis* sei. Das übliche Wort für die
Statue – *eikon* – bedeutet »Abbild«, und ein hippokratischer
Autor gibt die allgemein herrschende Auffassung wieder,
wenn er erklärt, daß die »Bildhauer den Körper nachahmen«.
Nachahmung aber ist ein unklares Wort und besagt wenig
mehr, als daß die Griechen Figuren schufen, die genauso leicht
zu erkennen waren wie die lebenden Originale. Es sagt uns
aber nicht, welche Eigenschaften oder Aspekte sie für nachahmenswert hielten, und da alle Kunst von einer Auswahl
aus einer gegebenen Fülle von Möglichkeiten abhängt, müssen
wir herausfinden, was die griechischen Künstler bevorzugt
und was sie beiseite geschoben haben. Daß ihre Kunst nicht
im engeren Sinne realistisch oder naturalistisch war, geht

deutlich aus zwei Umständen hervor: Erstens schilderten sie
sehr oft Götter und Ungeheuer, die sie nie gesehen hatten. Da
kann man eigentlich nicht mehr von Nachahmung sprechen.
Der Künstler vermittelt uns seine eigene Vorstellung von
einem Gott oder einem Ungeheuer. Wenn er dem Gott sein
Idealbild an Kraft und Schönheit verleiht und dabei von der
Beobachtung menschlicher Schönheit ausgeht, ahmt er noch
immer keinen Einzelmenschen nach, ebensowenig imitiert er
etwas in der Tierwelt Vorhandenes, wenn er monströse Ungeheuer mit disparaten Gliedern und Zügen zu gestalten versucht. Zweitens dürfen wir kaum bezweifeln, daß die griechischen Künstler den Menschen nicht so darzustellen versuchten,
wie er dem gelegentlichen Betrachter erscheint, sondern auf eine
Weise, die seine interessantesten und wichtigsten Züge hervorhebt. Daß sie sich ein beträchtliches Maß an Freiheit gestatteten, ist aus der Bemerkung des Sokrates ersichtlich, die
der Maler Parrhasios gebilligt hat: »Wenn du Schönheits-
typen wiedergibst, ist es so schwierig, ein vollendetes Modell
zu finden, daß du die schönsten Einzelheiten verschiedener
Modelle kombinierst und dadurch einen schönen Gesamt-
eindruck erzielst.« Die griechischen Künstler nahmen sich
ihren Modellen gegenüber zweifellos große Freiheiten heraus
und fühlten sich nicht verpflichtet, sie »mit Warzen und allem
Drum und Dran« zu malen. Das hätten sie auch nicht getan,
wenn sie nicht der Meinung gewesen wären, daß die Darstellung menschlicher Wesen in Stein oder Farbe gewissen Auffassungen vom Wesen der Kunst gerecht werden müsse.
Es heißt von dem Bildhauer Polygnotos, daß er die Menschen
»besser zeigte, als sie sind«, und obwohl das Wort »besser«
von irritierender Unklarheit ist, bedeutet es nicht unbedingt, daß er sie schöner machte (wie das von Zeuxis behauptet wird). Es deutet eher darauf hin, daß er sich bemüht habe,

das Beste aus ihnen herauszuholen, und da er für seine
Charakterisierungskunst berühmt war, dürfen wir annehmen, daß diese bei der Schaffung seiner erhabenen Figuren
zumindest eine gewisse Rolle gespielt haben müsse. Polygnotos scheint versucht zu haben, seine Modelle möglichst erschöpfend zu schildern, sie so zu zeigen, wie sie innerlich
sind. Und das trifft im großen und ganzen auf die griechische
Bildhauerei zu. Den gleichen Geist sehen wir schon in der
archaischen Kunst des 6. Jahrhunderts am Werke. Sie ist nicht
im geringsten plump oder armselig, beschränkt sich aber auf
eine schmale Skala von Wirkungen, als ob sie gerade diese
Wirkungen für besonders wichtig hielte. Freilich sind die
ersten Figuren der *kouroi*, der nackten Jünglinge, steif und
formell, wie sie dastehen, den linken Fuß vorgestreckt, mit
herabhängenden Armen, hocherhobenem Haupt, ein selt-
sames, archaisches Lächeln auf den Lippen. Die strenge Haltung mag auf ägyptische Vorbilder zurückgehen, aber sie
dürfte nicht ohne guten Grund übernommen worden sein.
Der Gang ist fest und federnd, weil dadurch die Balance und
Beherrschung des Körpers betont werden. Die Haltung ist
würdig und gelassen, weil diese Statuen meist im Tempelbezirk oder auf einem nicht weniger ehrwürdigen öffentlichen Platz aufgestellt wurden. Das archaische Lächeln zeugt
von guten Manieren, ist der Ausdruck jugendlicher Zu-
friedenheit und jugendlichen Selbstbewußtseins. Die Künstler
haben einen klaren Begriff von einem Jüngling, sie wissen
genau, was an ihm charakteristisch und wichtig ist, und haben
diese Merkmale in den Stein übertragen. Wenn das Nachahmung ist, so werden doch immerhin nur bestimmte, sorgfältig ausgewählte Eigenschaften auf Kosten anderer hervor-
gehoben und nachgeahmt. Worauf es ankommt, ist die Ge-
samtschau, der klare Blick, der entscheidet, daß ein Jüngling

so und nicht anders darzustellen sei. Wenn es ein Abbild ist, dann ist es zugleich eine *agalma* – das früheste griechische Wort für Statue, dessen Bedeutung »Entzücken« ist. Solche Statuen sollen Freude machen, und das gelingt ihnen dadurch, daß sie die unvergänglichen Merkmale junger Männlichkeit vermitteln. Hinter den persönlichen Eigenheiten ihrer Modelle finden die Bildhauer ein beständigeres Element, das sie zu dem macht, was sie sind.

Diese Neigung, einen Charakter dadurch zu deuten, daß man gewisse ausgeprägte Züge hervorhebt, trat in dem Maße klar zutage, wie die verbesserte Technik und das erweiterte Blickfeld des 5. Jahrhunderts v. Chr. eine größere Vielfalt von Stellungen und größere Bewegungsfreiheit ermöglichten. Wenn diese Statuen Götter darstellen, kann man leicht verstehen, daß sie in der Blüte ihrer Jugend und Kraft geschildert werden, aber es ist bedeutsam, daß man dieselben Merkmale auch bei den Menschen hervorzuheben sucht. Obwohl die Porträttreue größer ist als in der früheren Epoche, richtet sich der Künstler nach der Vorstellung, die er selber von einem Jüngling hat, und man könnte ohne Übertreibung behaupten, daß es sich dabei gerade um diejenigen Merkmale handelt, durch die der Mensch den Göttern am meisten ähnelt. Diese Statuen sind keine abstrakten Typen. Sie tragen oft persönliche Züge — wie die schüchterne, stille Heiterkeit des »Kritios-Knaben« oder den bekümmerten Ernst des »Blonden Jünglings« (beide im Akropolis-Museum, Athen) –, aber was sie alle miteinander gemeinsam haben und was fast unerläßlich zu sein scheint, sind ihre Jugend und Frische, ihre geschmeidige Anmut und die wohlgestalteten Glieder, das Bewußtsein, Formen zu besitzen, die dem Beschauer Freude machen müssen. Die Bildhauer suchten das Reizvolle und Anziehende und fanden es nicht nur in der

Gestalt und im Gesichtsausdruck. Die Griechen waren so erfahrene Kenner des menschlichen Körpers, daß sie mit ihrem sachverständigen Blick Züge zu schätzen wußten, die uns entgehen mögen: Worauf es ihnen ankam, war das Gesamtbild weit mehr als die Summe der einzelnen Teile. In der Balance und Relation der Glieder drücken die Figuren ihren ganzen Charakter aus, den seelischen wie den physischen, sie entschleiern ihr innerstes Wesen, die strahlende Realität der Jugend, in der der Mensch ein paar kurze Jahre lang den unverwelklichen Göttern gleicht.

Der Bedeutung, die in der Plastik dem nackten Körper des Jünglings zukam, entsprach das reiche Gewand der Jungfrau. So wie Homer Freude daran hat, zu schildern, wie Hera sich kleidet, um Zeus zu gefallen, so sind anfangs die weiblichen Figuren der Bildhauer in kunstreiche Gewänder gehüllt. Man kannte auch den Reiz des nackten Frauenkörpers, doch bildeten reiche Gewänder ein willkommenes und auch erfreuliches Mittel, die Idee des »Ewig-Weiblichen« darzustellen. Im allgemeinen sah man nur bekleidete Frauen, und ausschließlich in Sparta waren die jungen Mädchen genauso wie die jungen Männer beim Spiel nackt. Es gehörte sich, daß auf den öffentlichen Plätzen die Frauenstatuen genauso dezent bekleidet waren wie auf dem Olymp. Die Reihe von Koren (Frauengestalten) auf der Akropolis von Athen entspricht durchaus dieser Norm, obwohl die einzelnen Figuren an Größe, Frisur, Kleidermode und Farbe sich beträchtlich voneinander unterscheiden. Üblich ist, daß die Figur aufrecht steht, den rechten Arm an der Seite, den linken ausgestreckt mit einer Gabe, zum Beispiel einem Apfel, das Gewand bis auf den Boden hinabreichend. Von den Körperformen sieht man nur wenig bis auf den Kopf, den Hals, die Schultern und die Arme, und diesen Einzelheiten

kann der Bildhauer ebensoviel Sorgfalt widmen wie der
Skulptur eines nackten Jünglings. Sie deuten hinlänglich
klar den jugendlichen Körper an; dadurch aber, daß nicht
mehr gezeigt wird, bleibt der Anstand gewahrt. Dadurch
wird das Gewand besonders wichtig: Es beleuchtet den
Charakter der Trägerin und ist außerdem an sich schon reizvoll. Wie gut die archaischen Bildhauer ihre Themen begriffen haben, ersieht man aus »Akropolis 679«: Es ist die Statue
eines sehr jungen Mädchens, dessen kleine Brüste und lieblich
verlegene Würde verraten, daß sie halb Kind, halb Frau ist.
So wie sie das Haar in einer ordentlichen und adretten Frisur
trägt, so weist auch das Gewand keine kunstvollen Falten
auf, sondern liegt eng am Körper an. Wir können sie mit
einer etwas späteren Figur vergleichen – (dem Mädchen eines
Meisters von Chios) –, deren Züge ausdrucksvoller sind, zum
Teil deshalb, weil der Bildhauer mehr Erfahrung besitzt,
zum Teil, weil das Mädchen ein wenig älter ist; das Gewand, dessen Faltenwurf schöne Details erkennen läßt, paßt
sehr gut zu ihrer ganzen Erscheinung. Die griechischen Frauen-
skulpturen bilden insofern ein Pendant zu den Männer-
statuen, als sie die wesentlichen Merkmale ihres Geschlechts
so verkörpern, wie die Griechen sie sahen – und so wurden
sie auch geschildert, weil man auf diese Weise die Grundzüge
hervorheben wollte.
Im Gegensatz zu menschlichen Wesen kann man den Tier-
plastiken schwerlich eine Würde verleihen, die ihre Verwandtschaft mit den Göttern erkennen ließe, aber die Griechen waren so sehr mit ihnen vertraut und verbrachten so
viel Zeit mit ihnen, daß sie ihre Eigenart ohne falsche, ge-
fühlsbetonte Idealisierung darzustellen wußten. Das Pferd
gehörte dem alltäglichen Bereich an; da es jedoch als Renn-
pferd besonderes Ansehen genoß und eigentlich auf der

Rennbahn sein innerstes Wesen zu offenbaren schien, nehmen die Pferdeskulpturen darauf Rücksicht und zeigen uns
leichte, sehnige, gut gebaute Tiere, die sich mit Lust bewegen
und froh die Hufe heben. Die Hunde wurden nicht zur
Repräsentation, sondern für den Gebrauch gezüchtet und
mögen im Vergleich zu besseren Rassen hager und knochig
wirken, aber es schlummern große Kräfte in ihnen. Tiere,
die dem Menschen weniger dienstbar sind, legen ihre Selbständigkeit an den Tag, wie die Stiere, die im Sprung oder
mit gesenkten Hörnern gezeigt werden, oder die Ziege, die
schwerfällig und störrisch auf der Erde liegt. Wilde Tiere
wie der Löwe, der nicht sehr bekannt war und in der archaischen Kunst ein Fabelwesen zu werden begann, demon-
strieren ihre Unabhängigkeit, wenn sie ruhen, und ihre
Gefährlichkeit, wenn sie zum Angriff übergehen. Der Eber
konnte ebenso gefährlich sein wie der Löwe und war sicherlich bekannter, ob er nun davonläuft oder in die Enge getrieben wird. Im Gegensatz zu ihm ist das Rotwild ganz Anmut
und Sanftheit, wenn es sich über einen unerwarteten Anblick
wundert oder friedlich weidet. Die Tiere mochten Freunde
oder Feinde des Menschen sein: In jedem Fall besaßen sie ihr
eigenes Wesen, ihre Eigenart, die sie in Ruhe oder Bewegung
enthüllten. Man hütete sich, ihnen menschliche Gefühle an-
zudichten, und der Künstler sah seine Aufgabe darin, ihre
charakteristischen Merkmale, ihr innerstes Wesen festzu-
halten.
Die Ungeheuer jedoch, von denen die griechische Legende
wimmelt, konnte man schwerlich in der gleichen Weise darstellen. Auch hatte man ja für sie keine realen Vorbilder, und
realen Wesen konnte man sie nicht nachbilden, da diese der
kühnen Phantasie des Künstlers keinen großen Spielraum
ließen. So gestalteten sie ihre Ungeheuer, so gut es eben ging,

nach natürlichen Vorbildern. Manchmal, das muß man zu-
geben, ging es über ihre Kräfte. Die Chimäre zum Beispiel,
die vorne ein Löwe, in der Mitte eine Ziege und hinten eine
Schlange war, mag sich im Homerischen Gedicht sehr gut
ausnehmen, wirkt jedoch absurd, wenn man sie uns vor Augen
führt. Die Ungeheuer im allgemeinen sind nur dann schrek-
kenerregend, wenn sie keine deutlichen Konturen haben; und
wenn man versucht, sie realistisch zu schildern, büßen sie
meist ihre Wirkung ein. Ein Geschöpf wie die Gorgo oder
die Medusa, die angeblich durch ihren bloßen Anblick Menschen in Stein verwandeln konnte, läßt sich niemals mit dem
Pinsel oder mit dem Meißel darstellen, und wenn auch die
griechischen Gorgonen recht häßliche Grimassen schneiden,
erstarrt einem wohl kaum das Blut in den Adern. Die
Sphinx, die früher einmal ein Symbol des Todes war, verliert
ihre unergründlichen Schrecken, wenn sie als das Wahrzeichen
von Naxos, eine würdevolle und fast freundliche Gestalt, in
Delphi auf der Spitze einer Säule sitzt. Die alte »Trikorpor«,
die Schlange mit den drei Menschenhäuptern, wirkt eher
freundlich als erschreckend mit ihrem ernsten Lächeln und
der eleganten Schwanzspirale. Die Kentauren, die zum Teil
Mensch, zum Teil Pferd waren, sind ein interessanter Fall.
In der archaischen Kunst wird die menschliche Seite mehr
betont: Da sind sie Menschen mit dem Leib und den Hinter-
beinen eines Pferdes. Als solche haben sie einen etwas unbe-
holfenen Charme und gemahnen an den bewundernswerten
Chiron, den Lehrmeister Achills. Später tritt die tierische
Seite mehr in den Vordergrund; nur noch Rumpf und Kopf
sind menschlich; im Kampf vereinen sie die Heftigkeit wilder
Tiere mit der Schlauheit des Menschen. Das geflügelte Pferd
Pegasos sollte nie Furcht erregen, und die Künstler stellten
es als ein geschwindes, elegantes Geschöpf dar, ob es nun auf

der Erde dahingaloppiert und seine Schwingen nur zur
Zierde trägt oder ob es seine Kapriolen macht, ehe es zum
Himmel emporschwebt. Eigentlich paßten die Ungeheuer
gar nicht in den Umkreis der griechischen Kunst, weil ihr
Wesen schwer zu erfassen oder zu porträtieren war. Die Tradition behauptete, ihr Platz sei an der Seite der Götter und
Heroen, aber sie gehörten einer früheren Welt an, für die
sie ihre Bedeutung gehabt hatten; wenig jedoch bedeuteten
sie einem späteren Zeitalter, das sich auf die Götter und
die nach ihrem Ebenbild geschaffenen Menschen konzen-
trierte.
Die Formen der griechischen Malerei und Bildhauerei waren
wie die der griechischen Dichtkunst in hohem Grad durch
äußerliche und manchmal unwesentliche Rücksichten bestimmt. Die wunderbar vollendete Kunst der Vasenmalerei
war notgedrungen durch die Form der Vase begrenzt, die
ihrerseits durch ihre Funktion bedingt war. Die Schale, der
Krug, der Teller, der Becher stellt dem Künstler mit ihren
verschiedenartigen Flächen auch alle ihre besonderen Probleme. Vor ähnlichen Problemen stand auch die Bildhauerei,
wenn sie mit Giebelfeldern, Metopen und Friesen der Aus-
schmückung der Bauten diente. Es war nicht so einfach,
Figuren in ein gleichschenkeliges Dreieck mit spitzen Winkeln an der Basis hineinzupressen, und die ersten Giebelfelder zeigen, daß die Künstler die Schwierigkeiten noch
nicht ganz zu meistern vermochten. Auf dem archaischen
Giebelfeld aus Korfu nehmen sich die Figuren in den Ecken
ein wenig unbeholfen aus, aber der Künstler hat bereits die
Möglichkeiten der Form begriffen, da er seine gigantische
Gorgo in die Mitte setzt, von wo sie die Szene beherrscht.
Diese Lösung wurde von anderen Bildhauern übernommen,
sei es, daß zwei Figuren im Mittelpunkt stehen, wie Apollon

und Herakles an der Siphnischen Schatzkammer, sei es eine
einzelne Figur wie Apollon in Olympia. War das erst einmal getan, dann war es nicht mehr sehr schwierig, die Ecken
mit liegenden Figuren auszufüllen und die ansteigende
Höhenskala mit sitzenden oder knienden Figuren zu ver-
vollständigen. Das Dreieck stellte gewisse Ansprüche an den
Bildhauer, hinderte ihn aber nicht daran, den gegebenen
Rahmen gut auszunützen. Die viereckige Metope erforderte
fast zwangsläufig eine einfache, in sich geschlossene Komposition. Die frühesten Metopen, wie die vom Tempel C in
Selinunt, gleichen sich dadurch dem architektonischen Hintergrund an, daß sie auf eine recht wirkungsvolle Weise gerade
Linien verwenden, wie in der Szene mit dem Herakles und
den Kerkopen, die fast zur Gänze aus Vertikalen und aus
rechten Winkeln besteht, während die Metopen von Olympia,
besonders die des Herakles, der den Himmel trägt oder den
Kretischen Stier bekämpft, uns zeigen, wie der Künstler den
gegebenen Rahmen benützt, um eine gut ausgewogene und in
sich geschlossene Komposition zu schaffen. Der Fries dagegen
gewährte so viel Spielraum, daß das Problem eher darin bestand, wie man ihn am besten füllt. An der Siphnischen
Schatzkammer variiert der Bildhauer seine Kompositionen
dadurch, daß er eine turbulente Kampfszene mit sitzenden
Götterfiguren kombiniert, und die gleiche geglückte Kombination finden wir am Parthenon, wo die menschlichen Teilnehmer an einem nationalen Fest durch Götter ergänzt
werden, die auf ihren Sitzen thronen. Das Wesentliche an
einem Fries ist seine Kontinuität, die aber nicht monoton
werden darf. Es müssen nicht nur verschiedene Aktionen dargestellt werden, sondern es muß auch jede einzelne Szene
zwar ihren besonderen Charakter behalten und in sich abgeschlossen sein, zugleich aber in einem allgemeinen Zusam-

menhang stehen. Auch hier ist die Freiheit begrenzt und einem Gesamtplan unterworfen. In der Bildhauerei war wie in der Dichtkunst das Vorhandensein bestimmter Formen kein Hindernis, sondern eine Quelle der Inspiration. Es verwies die Künstler in gewisse Grenzen und spornte sie dazu an, den gegebenen Rahmen auf neue Art zu nützen.

Die bildenden Künste unterscheiden sich von der Dichtkunst in einem wichtigen Punkt: Sie sind nicht mit Musik oder Tanz verknüpft. Aber der Rhythmus hat im Bewußtsein der Griechen eine so große Rolle gespielt, daß er sich unweigerlich auch in den bildenden Künsten bemerkbar machen mußte. Obgleich diese Werke unbeweglich sind, enthalten sie in ihrer Komposition meist rhythmische Elemente. Für die Griechen, welche die Musik mit der Mathematik in Relation setzten, war es bezeichnend, daß sie diesen Rhythmus in einer, wie man es nennen könnte, geometrischen Strukturordnung zu finden glaubten. Wenn die Anhänger des Pythagoras den Urgrund der Wirklichkeit in den Zahlen suchten und der Meinung waren, selbst Dinge wie die Farbenskala ließen sich zahlenmäßig ausdrücken, so hatten die meisten Griechen einen angeborenen Sinn für die Klarheit und Präzision der Zahl. Die griechischen Bildhauer, Maler und Baumeister scheinen bei ihrem Schaffen sehr oft von einem starken Gefühl für geometrische Formen und Strukturen beherrscht gewesen zu sein. Wie zu erwarten ist, zeigt sich das am deutlichsten in der Architektur. Die Tradition verlangte, daß der Plan eines Tempels möglichst einfach sei, doch der Wunsch nach geometrischer Ordnung zwang auch den Architekten, um jeden Preis ein rechteckiges Grundmuster beizubehalten; soweit Variationen erforderlich waren, mußten sie durch den Einbau oder Zusatz weiterer Vierecke erzielt werden. Flache Bauplätze für Tempelbauten sind in Griechenland nicht leicht zu finden; aber statt ihre Gebäude dem Terrain anzupassen, paßten die Griechen das Terrain ihren Plänen an, indem sie es ebneten, als ob alles andere dem architektonischen Grundprinzip widersprechen würde. Sogar die Propyläen in Athen, ein profanes Bauwerk auf steilem Hang, machen dem Gelände nur geringe Konzessionen, und ihre majestätische, wohlgeordnete Wucht triumphiert über das unregelmäßige Felsgestein. Doch ist dies eben die Voraussetzung für eine Kunst, die ihre unmittelbare Wirkung dem Gebrauch gerader Linien verdankte. Wenn der Grundriß rechteckig war, ergab das niedrige Dach an beiden Enden je ein Giebelfeld mit spitzen Winkeln an der Basis und einem stumpfen Winkel an der Spitze. Dieser strenge Plan wurde durch die Säulen variiert. Während diese Säulen früher nichts weiter gewesen waren als hölzerne Stützen, entfalteten sie sehr bald eine ausgeprägte Eigenart. Sie waren rund und senkrecht kanneliert, und obwohl sie eigentlich nicht regelmäßig nach oben zu schmäler wurden, erweckten sie durch eine Ausbuchtung den Anschein, der das Auge täuscht und befriedigt. Ihren Triumph feierten sie in dem Augenblick, da sie nicht mehr nur als Träger der Vorbauten dienten, sondern einen wesentlichen Bestandteil der gesamten Außenwand bilden durften, wie zum Beispiel beim Parthenon, zwischen den horizontalen Fundamenten und dem Architrav. Das bedeutet, daß der griechische Tempel, ob wir ihn nun horizontal oder vertikal betrachten, stets einen gleich harmonischen Anblick bietet. Im ersten Fall beruht der einheitliche Plan auf den regelmäßigen Linien, mit denen das Bauwerk sich in die Landschaft einfügt und die durch ihre strenge Einfachheit sich von ihr abheben, im zweiten Fall lenken die Säulen den Blick nach oben und erwecken den Eindruck einer majestätisch aus dem Erdboden emporsteigenden Masse. Kreise und gerade

Linien werden mit der Präzision eines geometrischen Problems zusammengefügt, und obgleich sie nie ineinander ver-
schmelzen, verleiht diese Kombination der griechischen Baukunst einen einzigartigen Charakter.

Diese Baukunst ist insofern funktionalistisch, als sie genau
das bietet, was man von ihr verlangt. Die griechischen Tempel sind auch meilenweit als solche erkennbar. Das bedeutet
aber nicht, daß die Griechen den Zierat gemieden hätten.
Sie achteten wohl darauf, ihn von den streng funktionalisti-
schen Teilen eines Gebäudes fernzuhalten, begünstigten ihn
jedoch an anderen Stellen. Die Giebelfelder, die Metopen
und die Innenwände waren alle dazu da, Skulpturen oder
Reliefe zu tragen. Doch durften die Skulpturen nicht den
Vorrang der Linien und Kurven stören. Den einzigen Kompromiß finden wir bei den Kapitellen der Säulen, die, ob
dorisch oder ionisch, wenn auch nicht gerade Zierate, so doch
gewisse Konzessionen an den Zusammenklang verschiedener
Linien in flachen Kurven oder Spiralen gestatten. Wie wichtig diese treue Anhänglichkeit an die Linie ist, ersieht man
aus den wenigen Fällen, in denen sie vernachlässigt wird,
besonders bei der Anbringung von Karyatiden oder weiblichen Gestalten, die als Pfeiler dienen und an der Siphnischen Schatzkammer zu Delphi oder am Porticus des
Erechtheions auf der Akropolis in Athen den Architrav
tragen. So bewundernswert sie an sich sein mögen, sie
zerstören doch die abstrakte Reinheit des Planes, indem sie
ein fremdes und widersprechendes Element einführen. Wenn
mathematische Muster und Menschenfiguren mit Erfolg kombiniert werden sollten, durfte es nicht auf solche Weise geschehen. Dazu bedurfte es einer engeren und raffinierteren
Kombination, die später auch in der Malerei und in der Bildhauerei geglückt ist.

In ihren Anfängen ähnelt die griechische Malerei, die uns
vor allem auf den Vasen erhalten geblieben ist, mit ihren
streng geometrischen Mustern der Architektur. Die Grund-
fläche ist mit parallelen Linien, Vierecken, Schlüsselmustern,
Hakenkreuzen, Kreisen und Halbkreisen bedeckt. Die aus
dem 8. Jahrhundert v. Chr. stammenden rudimentären Figuren haben dreikantige Körper und fügen sich gut in das
abstrakte Muster ein, wie zum Beispiel auf der großen »geometrischen« Vase in Athen, wo der Tote und die Leidtragen-
den ganz aus geraden Linien und scharfen Ecken bestehen.
Es war in der Tat ein sensationeller Schritt vorwärts, als die
Griechen dazu übergingen, natürliche, besonders menschliche
Formen zu gestalten, und deutet auf eine Umwälzung ihres
gesamten Weltbildes. Sie reduzierten jedoch die Darstellung
menschlicher Gestalten auf ein System, in welchem noch immer die Geometrie einen wichtigen Platz einnahm. Obgleich
vom 7. Jahrhundert an rein geometrische Muster seltener
werden, sind die Figuren mit klarem Blick für Ordnung und
Gleichgewicht verteilt. In der einfachsten Form heißt das,
daß eine Reihe vertikaler Figuren in regelmäßigen Abstän-
den angeordnet wurde, wie zum Beispiel die Reihe der Götter und Göttinnen, die zu einer olympischen Zusammenkunft
eilen. Variationen werden dadurch erzielt, daß die vertikalen
Linien von einer Horizontale in verschiedener Höhe unter-
brochen werden, zum Beispiel ein toter Krieger, der von vier
Männern getragen wird, oder Eos, die Morgenröte, die den
Leichnam des Memnon trägt.
Die geraden Linien können wie in der Baukunst durch
Kreise bereichert werden. Es gibt einen Teller von Rhodos,
auf dem in der Mitte die beiden runden Schilde der Krieger einander das Gleichgewicht halten und an den Außen-
seiten die aufrechten Gestalten eine vertikale Balance her-

stellen. Die runde Form von Tellern und Schüsseln inspi-
rierten die Anwendung kreisförmiger oder konzentrischer
Muster, so zum Beispiel auf einer Schale, auf der Dionysos
in einem Schiff sitzt, das von Fischen umgeben ist, oder eine
andere, die Aphrodite auf einem Schwan reitend zeigt. Solche
Grundschemata konnten die ganze Skala von äußerster Einfachheit bis zu einem komplizierten Gleichgewicht von Tri-
angeln und Kreisen durchlaufen, aber fast bei allen griechischen Malereien ist hinter den Menschen- oder Tiergestalten
ein geometrisches Skelett erkennbar und die Komposition
gewinnt durch sie eine ganz besondere Klarheit und Balance
und befriedigt den Wunsch der Griechen nach einer verständ-
lichen, gebieterischen Ordnung.
Dieser Ordnungssinn hatte vieles dem Raumgefühl zu verdanken. Wie die geometrischen Figuren isoliert im Raum
bestehen und ihre Formen unbehindert geltend machen, so
isoliert sehr oft die griechische Zeichnung Menschen- oder
Tierfiguren vor einem leeren Hintergrund und lenkt unser
Augenmerk ausschließlich auf ihre vollendete Form. Das mag
durch die griechische Landschaft gefördert worden sein:
Natürliche Formationen wie die Berge und die Inseln stehen
für sich allein in scharfen Konturen vor dem Himmel und
sind in klarer Perspektive zu sehen. Die natürliche Struktur
Griechenlands neigt dazu, die Hauptelemente mit ihren
individuellen Zügen voneinander zu sondern, und ein ge-
schultes Auge wird sich natürlich bemühen, in der Kunst
etwas Ähnliches zu erzielen. So wie der Mangel an offenen
Ausblicken in einem von dichter Vegetation bedeckten
Land die Fülle der Figuren der Maya- oder der Khmer-
Skulptur erklären mag, die mit ihrem wuchernden Ge-
dränge den Urwald oder den Dschungel widerspiegelt, so erzeugen umgekehrt in Griechenland die offenen Flächen und

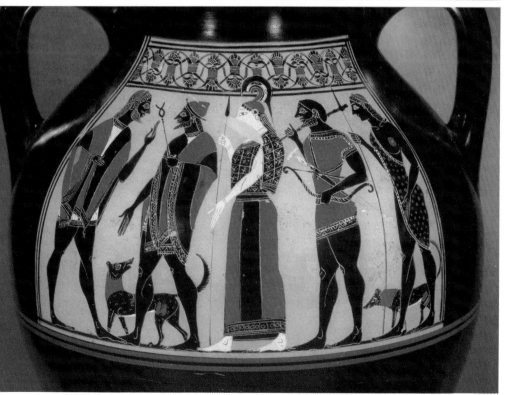

en: Toilette der Epheben: Hippomedon stützt sich auf seinen Begleiter Tranion (links), Hegesias
lbt sich, Lykos legt sein Gewand ab (Mitte). Kelchkrater (Höhe 35 cm), dem Maler Euphronios
zugeschrieben. Um 510 v. Chr.
Jnten: Hermes, Athena, Herakles und ein Jüngling treten auf einen bärtigen Mann zu (links),
die Linke zur Begrüßung hebt. Bauchamphora (Höhe 29,5 cm), dem Amasis-Maler zugeschrieben.
Um 540 v. Chr. Berlin, Staatl. Museen Preuß. Kulturbesitz.

die Höhenunterschiede das Verlangen, einen Gegenstand gegen einen klaren Hintergrund zu setzen. Die griechischen Münzen, auf denen lokale Gottheiten oder Sinnbilder zu sehen sind, streben nicht nur durch die Reliefform Tiefe an, sondern placieren die dargestellten Gegenstände sauber in einen kreisförmigen Rahmen, von dem sie durch einen bestimmten Abstand getrennt sind; das verleiht ihnen ihren bedeutsamen Charakter: Pegasos, eine Kornähre, ein Polyp, ein Tintenfisch, eine Seespinne. Auch die in die Gemmen geschnittenen Figuren sollten deutlich hervortreten; durch den Abstand vom Rand wird unser Blick auf eine Gans oder einen fliegenden Reiher oder einen im Meer schwimmenden Delphin gelenkt.

Manche Vasenbilder, wenn sie komplizierte oder figurenreiche Szenen schildern, wirken wie die Projektionen größerer Formate, andere verleihen dem Thema dadurch besonderen Nachdruck, daß sie es gegen einen leeren Hintergrund setzen, z. B. zeigt ein Vasenbild auf der Amphora des »Berliner-Malers« den Götterboten Hermes mit dem Satyr Oreimachos, ein anderes eine Jungfrau, die mit ihrer Leier ganz allein und heiter dasitzt. Die Komposition konzentriert sich auf die einzelne Figur, und der leere Hintergrund betont ihren individuellen Charakter. Sie braucht keine Ergänzung und lebt ihr eigenes prächtiges Leben.

Die griechische Landschaft präsentiert ihre Grundzüge gleichsam in wohlgeordneten Zusammenhängen. Die Berge sind durch Täler oder das Meer voneinander getrennt; die Vorgebirge an den Buchten oder Mündungen halten einander das Gleichgewicht, aber der Himmel und das Meer scheiden sie voneinander und verleihen allem eigenen Charakter. Der Raum zwischen den verschiedenen Landschaftsformen läßt das Land dennoch als Einheit erscheinen, und daraus lernten

die Künstler den Wert des Raumes für ihre Kompositionen
kennen. Sie merkten, daß der *horror vacui* unbegründet
wurde, solange die Zwischenräume zwischen den verschiedenen Figuren wohl ausgewogen sind. Besonders wichtig wurde
dies für Plastiken, die im Freien standen. Ein so großer Teil
des griechischen Lebens spielte sich unter freiem Himmel ab,
und so viele heroische oder athletische Figuren brauchten
Bewegungsfreiheit und Spielraum, um zur Wirkung zu kommen, daß die Künstler nicht umhinkonnten, diesen Umstand
zu beachten und ihm Rechnung zu tragen. Schon zu Anfang
des 6. Jahrhunderts, als die Bildhauerei noch mit neuen Formen experimentierte und die Neigung bestand, den für Skulpturen bestimmten Platz mit Figuren zu überladen, finden sich
auf dem Siphnischen Fries Zwischenräume, die die Bewegt-
heit des Schlachtfeldes andeuten; als die klassische Zeit
größere Freiheiten und eine sparsamere Verwendung der
Mittel forderte, wurde der Raum wirkungsvoller und ein-
fallsreicher ausgenützt. Wenn auf einer Vase ein junger
Mann zwei Pferde festhält, deuten die Zwischenräume an,
daß man sich auf freiem Feld befindet; dadurch werden die
Figuren voneinander gesondert und doch gleichzeitig einer
gemeinsamen Komposition untergeordnet. Wenn junge Männer über einen Stock springen, kennzeichnet die isolierte
Anordnung der Körper die verschiedenen Stadien dieses
Sports und unterstreicht zugleich, daß sie alle mit derselben
Sache beschäftigt sind. Wird diese Technik auf Marmor-
reliefs angewendet, so bietet sie viele Möglichkeiten für ein
angenehmes Gleichgewicht, wie auf einer Statuenbasis aus
Athen, die ballspielende Jünglinge zeigt. Jedem ist seine besondere Rolle zugeteilt, differenziert durch die Kopfhaltung
und die Haltung der Arme und Beine, aber sie werden alle
durch den Rhythmus vereint, der die Zwischenräume be-

herrscht. Der Ordnungssinn des Bildhauers ist sich der formalen Elemente bewußt, die in einer einheitlichen Komposition zusammengefaßt werden müssen, die sie verbindet und in ihrer Wirkung steigert. Anatomie und Geometrie werden kombiniert, und die eine nützt der anderen.

Die Griechen haben dieses Problem genau erforscht und glaubten, die Lösung darin zu finden, daß sie die mathematischen Proportionen zu entdecken versuchten, die die Werke der Plastik und der Architektur beherrschen. Obgleich diese Lösungen nicht endgültig sind, beleuchten sie die ästhetischen Theorien der Griechen. Der Philosoph Plotin schreibt im 3. Jahrhundert v. Chr.: »Man ist, wie ich wohl sagen darf, allgemein darüber einig, daß es die wechselseitige Beziehung der Elemente zueinander und zum Ganzen in Verbindung mit dem zusätzlichen Element der richtigen Farben sei, die das Schöne bildet, wie das Auge es erfaßt; mit anderen Worten, daß die Schönheit der sichtbaren Dinge, wie das auch für alle anderen Zusammenhänge gilt, auf der Symmetrie und der Proportion beruht.« Diese Theorie reicht, wahrscheinlich über Platon, zumindest bis in die Mitte des 5. Jahrhunderts zurück. Am klarsten tritt die Bedeutung der Proportion in der Baukunst zutage; Bauten wie der Parthenon oder der Tempel des Apollon in Bassae scheinen auf dem »Goldenen Schnitt« zu beruhen. Das bedeutet nicht, daß die Baumeister a priori von einer festgelegten Theorie ausgegangen sind, sondern daß sie aus der praktischen Erfahrung gewisse Schlußfolgerungen abgeleitet und sie als Richtschnur verwendet haben. In der Baukunst ist das nicht schwierig; viel bemerkenswerter ist, daß ähnliche Regeln auch in der Bildhauerei Anwendung fanden. Als Polykleitos sein Handbuch »Der Kanon« schrieb, sagte er: »Das Schöne besteht in der Proportion nicht der Elemente, sondern der Teile, das heißt,

zwischen den einzelnen Fingern, zwischen sämtlichen Fingern
und der Hand, zwischen der Hand und dem Unterarm, zwischen dem Unterarm und dem Oberarm und zwischen sämtlichen Teilen untereinander.« Von dem »Kanon« des Polykleitos sind nur Bruchstücke erhalten geblieben, daher finden sich
auch keine näheren Angaben über die genauen Proportionen,
die als notwendig für die Harmonie erachtet wurden. Doch
bereits aus diesen Bruchstücken ist erkennbar, daß nach der
damaligen Auffassung das Schöne in den Proportionen liege.
Nun war es nicht mehr sehr schwierig, den Schritt in die
Metaphysik zu tun und wie Platon zu behaupten, daß das
Weltall selber nach geometrischen Proportionen aufgebaut sei.
Eine solche Auffassung erklärt, was sonst an den Künsten unerklärlich wäre, und bringt sie in Relation zur Weltordnung.
Doch obwohl diese Anschauung bestehenblieb und obwohl
die Proportionen für die griechische Kunst stets ein wichtiges
Element bildeten, ist damit keineswegs alles erklärt. Darüber
hinaus gibt es noch die tatsächliche Wirkung des Kunstwerks
im Ganzen und im Detail, die sich der Erklärung durch Wohl-
proportioniertheit entziehen.

Das fühlten die Griechen, und vielleicht hielten sie deshalb
bis in späte Zeiten hinein an der sehr frühen animistischen
Idee fest: daß die Statuen in einem gewissen Sinne lebendig
seien. Der Mythos sanktionierte diesen Gedanken durch die
Legenden von Hephaistos und Daidalos, deren Standbilder
sich aus eigenem Antrieb bewegten; dazu gehörte auch der
Glaube, die Statue, zum Beispiel auf einem Grab, sei irgendwie der Mensch selbst. Deshalb kommt es nicht selten vor,
daß die Grabschrift in der ersten Person abgefaßt ist und
gleichsam aus dem Munde des Standbildes ertönt. Einfachen
Gemütern mag das sehr wohl etwas bedeutet haben, denn es
hatte seine Analogie in den Götterstatuen, von denen man

annahm, sie verkörperten die lebenden Mächte, und diese
Auffassung wurde durch die Vorstellung bestärkt, das Abbild eines Verstorbenen müsse mehr sein als ein Stück Stein
oder Metall. Doch für die meisten Menschen wäre es wohl
kaum glaubhaft gewesen, daß eine Statue oder ein Bild lebendig sei in dem gleichen Sinn, wie der dargestellte Mensch
lebendig ist. Demokrit hat treffend bemerkt, Bilder seien
»in ihren Gewändern heiter anzusehen, aber herzlos«, und
wenn Aischylos von der kummervollen Einsamkeit des
Menelaos berichtet, den Helena verlassen hat, weiß er, daß
Statuen nur ein kläglicher Ersatz für die Gegenwart der lebenden Schönheit sind:

> Die Anmut lieblicher Statuen
> ist dem Gatten verhaßt.
> Und dem hungernden Auge
> rasch die Liebe entflieht.

Sokrates urteilte ähnlich über die Malerei, als er darüber
klagte, daß sie nicht an der Kunst des Gespräches teilnehmen
könne, der er sein Leben geweiht hatte: »Ihre Sprößlinge
begegnen uns wie lebende Wesen, aber wenn du eine Frage
an sie richtest, sind sie wunderlich und hoffnungslos stumm.«
Die alte Anschauung verfiel, weil sie die Gefühle nicht
befriedigen konnte, und ihr Verfall ließ die Auffassung
wiedererstehen, daß Kunst schließlich doch nichts anderes
sei als Nachahmung der Wirklichkeit; das erschien um so
sinnvoller, als die Kunst allmählich immer naturalistischer
wurde. Daß sie nicht jede Frage zu beantworten wußte,
macht uns der Maler Parrhasios klar, der, als Sokrates ihn
fragte, ob er mit seinem Pinsel ein Abbild der Seele schaffen
könne, erwiderte: »Wie könnte man sie denn nachahmen,
da sie weder Form noch Farbe besitzt... und überhaupt nicht

sichtbar ist?« Er will damit sagen, daß die Nachahmung nicht
genüge und daß die Seele oder Persönlichkeit eines Menschen
nur durch die Art angedeutet werden könne, in der seine
Züge dargestellt sind. Aber der Gedanke, Kunst sei Nachahmung, enthielt genügend viel Wahrheit, um Anhänger zu
finden, und es ist bezeichnend, daß Aristoteles sich ihn zu
eigen machte, als er bei der Charakterisierung des Trauer-
spiels von einer Analogie zu den bildenden Künsten ausging:
»Obgleich die Gegenstände selber häßlich anzusehen sein
mögen, betrachten wir mit Vergnügen selbst ihre getreueste
Darstellung, zum Beispiel die Formen der niedrigsten Tiere
oder die eines Leichnams.« Das stimmt bis zu einem gewissen
Grad, aber es stimmt nicht ganz, und die Grenzen werden
uns klar, wenn Aristoteles fortfährt und sagt, daß wir an der
Kunst deshalb Freude haben, weil wir erkennen, daß das Bild
die und die Person darstellt. Das mag eine berechtigte Freude
sein, aber es ist nicht die einzige und nicht einmal die hauptsächliche Freude, welche die Kunst zu schenken hat. Auch
würden die meisten griechischen Bildhauer und Maler nicht
mit ihm einverstanden gewesen sein. Trotz ihres Bestrebens,
den Gegenstand getreulich wiederzugeben, zielten sie stets
auf etwas ab, das über die bloße Nachahmung des flüchtigen
Ichs hinausging.
Der Porträtzwang gab der griechischen Kunst nicht nur die
Grenzen, in denen sie sich bewegen mußte, und hinderte sie
daran, rein geometrisch zu werden, sondern setzte ihr zugleich ein Ziel. Dieses Ziel bestand darin, die Modelle in
ihrem charakteristischen Wesen, in ihrer zeitlosen Substanz
zu schildern. Wenn sie insofern nicht an die Wirklichkeit
heranreichen konnte, als sie außerstande war, ihre Geschöpfe
sprechen und auf das Gefühl einwirken zu lassen, so ging sie
doch zumindest über die flüchtige Welt der Erscheinungen

dadurch hinaus, daß sie etwas Unvergängliches und Wesentliches festhielt. Wenn auch ihre Werke nicht lebten, so deuteten sie doch ein Leben an, das realer ist als das der Sterblichen; und wenn sie gefühllos schienen, dann nur deshalb, weil auch Gefühle wie Liebe und Zuneigung durch etwas übertroffen werden können, das größer und umfassender ist als sie. Die Griechen ergötzten sich an Kunstwerken, sahen jedoch in ihnen nicht so sehr eine Erweiterung der lebenden Welt um ihrer selbst willen, als vielmehr einen Zusammenhang zwischen ihr und etwas anderem: Die Kunstwerke entsprachen ihrem Wunsch, hinter dem Sichtbaren eine unvergängliche Wirklichkeit zu finden. Diese Wirklichkeit war nicht von ihren Erscheinungsformen getrennt, konnte aber selber nur in diesen Formen und durch sie erkannt werden und verlieh ihnen ihren besonderen Charakter, ihre besondere Kraft. Die Künstler versuchten, das innerste Wesen eines Gegenstandes aufzuspüren und zu gestalten, mochte er göttlich oder menschlich sein, hoch oder niedrig, tragisch oder fröhlich, heroisch oder spöttisch, weil sie fühlten, die Idee des Schönen stamme aus einer höheren Ordnung des Seins und dürfe nur im Bewußtsein seiner unentrinnbaren allmächtigen Allgegenwart behandelt werden. Deshalb präsentierten sie das, was sie sahen, auf eine besondere Art, entkleideten es seines trivialen oder verwirrenden Zubehörs und konzentrierten sich auf die innere Kraft und das zentrale Wesen, das selber wiederum dem zentralen Wesen der Dinge angehört. Wenn die Griechen ihre Götter zu glorifizierten Ebenbildern des Menschen machten, war das ein Tribut an jene Eigenschaften, mit deren Hilfe man die Götter erkennen und verstehen konnte, und umgekehrt: Wenn sie die Menschen in ihrer Besonderheit sahen, war das ein Tribut an ihre Verwandtschaft mit den Göttern. Der Sinn für den

Zusammenhang zwischen dem Sichtbaren und dem Unsichtbaren, zwischen dem Zufälligen und dem Wesentlichen hat
der griechischen Kunst einen Leitstern geschenkt, eine be-
grüßenswerte Disziplin und das Adelszeichen erhabener
Gelassenheit, unerschütterlicher, in sich beschlossener Harmonie.

Diese Anschauungsweise machte die griechische Kunst zu
dem, was sie ist, und erklärt uns sowohl ihre besonderen
Merkmale als auch den Mangel an gewissen Eigenschaften,
die wir an der Kunst anderer Völker bewundern und schätzen. In ihrer archaischen und in der klassischen Periode ist
für sie am bezeichnendsten, daß sie zwar stets nach dem vollkommen Schönen trachtet, aber es so darstellt, daß es vertraut wirkt. Im Bild der Götter und Helden finden wir nichts
Fremdartiges, nichts Gewaltsames, nichts Unnahbares. Sie
sind mit der bekannten Welt verbunden, und wenn sie auch
edler sind als alles Weltliche, haben sie dort ihren Platz und
scheinen dort hinzugehören. Weit davon entfernt, den Eindruck zu erwecken, daß eine Kluft bestehe zwischen dem
Sein und dem Schein der Dinge, betont die griechische Kunst
ihre Geschlossenheit, in der Sein und Schein einander vervollkommnen und zusammen eine vollendete und in sich geschlossene Welt repräsentierten. Will man ihre Schöpfungen
in das Bild des Alltags einfügen, kostet es unendlich viel
Mühe, um sie auf ihre Weise real zu gestalten. Man darf vor
nichts zurückscheuen und nichts übergehen. Die Gewand-
falten des delphischen Wagenlenkers mögen innerhalb seines
Gefährts nicht sichtbar sein; sie müssen trotzdem mit treuem
Sinn für ihre Besonderheit modelliert werden. Die Figuren
des Parthenon sieht man nur von der einen Seite und aus
einem gewissen Abstand von unten her, aber auch sie müssen sorgfältig abgerundet sein. Für das Auge fällt die Form

weit mehr ins Gewicht als alles andere, und jede Form, ob im großen Umriß oder im kleinen Detail, muß ihren eigenen Charakter und ihre eigene Bedeutung haben. Dem Realismus insofern Konzessionen zu machen, als man die Dinge wegen ihrer augenfälligen und nicht der ihnen innewohnenden Merkmale wegen schildert, könnte bedeuten, daß das Formgefühl verlorengeht oder verdorben wird, daß unser Augenmerk auf eine nebensächliche Trivialität gelenkt wird statt auf das Wesentliche an der Pose eines Gliedes oder Muskels. In den späteren Zeiten haben die Griechen sich um einen dramatischeren Realismus bemüht, aber an solchen Werken wie dem Farnesischen Stier oder dem Laokoon vermissen wir die Harmonie, die den früheren Werken eigen ist, gerade weil diese jeden einzelnen Teil für sich selber zu Wort kommen lassen, ohne daß die Beziehung zum Ganzen sichtbar wird. Der späte Realismus ist weit von der realen Atmosphäre entfernt, die wir in der klassischen Kunst vorfinden, ist sensationeller, gewaltsamer, hemmungsloser. Und gerade aus diesem Grunde fehlen ihm die Majestät und Ausgewogenheit, die sich dann ergeben, wenn man nicht allzuviel sagen will, sondern es der Komposition überläßt, eine unendliche Fülle von Möglichkeiten anzudeuten. So wie die griechische Dichtkunst einige ihrer eindrucksvollsten Ergebnisse dadurch erzielt, daß sie über ein Thema so wenig aussagt, wie man weniger nicht aussagen kann, so befleißigen sich die griechische Malerei und Bildhauerei einer ähnlichen Sparsamkeit und Zurückhaltung und scheinen sich ganz besonders anzustrengen, uns nicht mehr zuzumuten, als wir bequem und leicht aufnehmen können. Wenn der eigentliche Grund dafür in dem Streben lag, lebende Dinge in ihrem innersten Wesen zu schildern, war das Ergebnis eine Kunst, die mit ihrer Einfachheit und Aufrichtigkeit so ziemlich jeden Men-

schen anspricht. Ja, gerade weil die Griechen die Dinge auf
eine solche Weise sahen, erzielten sie einen Stil, der im besten
Sinne des Wortes grandios ist, insofern als er keinerlei Konzessionen an vulgäre Wirkungen macht und sich auf die
Reinheit der Linien und die Bedeutung der Formen konzentriert.

Die Griechen waren nicht ausschließlich ein Volk von Künstlern und bei weitem nicht alle Bewohner des Landes waren
ästhetisch gebildete Menschen; doch die schönen Künste gehörten so eng zu ihrem Leben, daß sie keinerlei Veranlassung
hatten, sie zu rechtfertigen oder zu verteidigen. War der
Künstler ein Handwerker, so war er zugleich ein Bürger, der
am öffentlichen Leben teilnahm und seinen Verpflichtungen
dem Staat gegenüber nachkam. Er gab mit seiner Kunst seine
persönlichen Auffassungen wieder, aber diese Auffassungen
hatte er, bewußt oder unbewußt, durch den Umgang mit
anderen Menschen gewonnen, deren Gedanken und deren
Geschmack er teilte und deren Beifall ihn zu seiner Arbeit
anregte. Sein Bestreben war es nicht, besonders originell sein
zu wollen und sich von anderen Künstlern zu unterscheiden,
als vielmehr dasselbe wie die andern, doch womöglich noch
besser zu machen. Er war durch viele Konventionen gefesselt – durch den religiösen Anstand, durch gesellschaftliche
Sitten, durch die ästhetischen Regeln der Ausgewogenheit und
Proportion. Aber sie alle waren ihm weniger eine Belastung
als eine Hilfe. Da er so genau wußte, in welchen Grenzen
er sich zu bewegen habe, und sich nicht anzustrengen
brauchte, viele neue Einfälle zu haben, hatte er genügend
Zeit, seine eigene Technik zu vervollkommnen und aus einer
gestellten Aufgabe das Beste zu machen. Die ungemein
schnelle Entwicklung der griechischen Kunst hatte natürlich
vieles der originellen Begabung ihrer Schöpfer zu verdanken,

aber wir haben keinen Grund anzunehmen, daß sie bestrebt
gewesen seien, recht originell zu wirken. Ihnen ging es eher
darum, die Probleme so zu lösen, wie sie ihnen begegneten,
und das, was andere schon getan hatten, besser zu tun. Darin
wurden sie durch ein Publikum unterstützt, das künstlerisches Verständnis besaß und zugleich wußte, was ihm gefiel.
Deshalb ist die griechische Kunst in ihrer großen Zeit ein
nationales Phänomen und erscheint uns weniger als die Offenbarung einzelner Persönlichkeiten denn als der Ausdruck
einer ganzen Gesellschaft und einer ganzen Zivilisation.
Bei all ihrer Liebe zur Kunst waren die Griechen sich darüber im klaren, daß sie ihr keinen allzu hohen Wert beimes-
sen oder mehr von ihr verlangen dürften, als sie geben kann.
Obschon die Kunst es vermochte, der Zeit zu trotzen, Erinnerungen lebendig zu erhalten, den Nachruhm nach dem
Tode zu sichern, konnte sie dies doch nicht für ewige Zeiten
und war selber dem Zufall und dem Wandel ausgesetzt. Es
gab Augenblicke, da der Glaube an ihre Macht allzu große
Hoffnungen zu erwecken schien, so zum Beispiel, als Kleobulos von Rhodos, der zu den Sieben Weisen zählte, eine Grabschrift auf Midas verfaßte:

> Eine Bronze-Jungfrau bin ich, und ich ruhe auf dem Grabmal
> des Midas.
> Solange die Wasser fließen und hohe Bäume blühen
> und die Sonne aufgeht und scheint und der helle Mond
> und Ströme sich ergießen und das Meer seine Wellen wirft,
> werde ich an diesem Ort verweilen, auf der vielbeweinten Gruft,
> und den Wanderern verkünden, daß Midas hier begraben liegt.

Wir könnten den Eindruck haben, diese Ansprüche seien
nicht übertriebener, als viele Künstler und Dichter sie für ihr
Werk geltend machen, und beruhten einfach auf der ver-

ständlichen Zuversicht, daß ein Monument die Jahre über-
dauern wird. Aber auch hier meldeten sich kritische Stimmen. Simonides kannte die Zeilen und kritisierte sie sehr
scharf:

> Wer seinem gesunden Sinne vertraut, würde er geneigt sein,
> Kleobulos zu loben, der in Lindos daheim ist,
> wenn er gegen die ewigen Ströme und die Blumen des Frühlings,
> gegen die Flammen der Erde und den goldenen Mond
> und gegen die Wirbel des Meeres
> einen Grabstein stellt?
> Denn geringer als die Götter sind alle Dinge,
> und einen Stein vermag selbst die Hand des Sterblichen zu
> zerschlagen.
> Töricht der Mann, der so gedacht hat.

Die von den Menschen geschaffenen Monumente besaßen
ihre eigene Kraft, ihren eigenen Glanz; sie waren oft eine
Huldigung für Götter und göttergleiche Menschen. Doch
war es nicht ratsam, darüber hinauszugehen. Die Kunst hatte
den ihr gebührenden und ohnedies sehr ehrenvollen Platz
im Leben; es gab keinen Anlaß, allzuviel von ihr zu fordern
oder so zu tun, als ob sie nicht den gleichen Einschränkungen
ausgesetzt wäre, denen alle von Menschenhand geschaffenen
Dinge unterliegen.

Daß die Griechen der Kunst in ihrem Leben einen verhältnismäßig bescheidenen Platz anwiesen, geht deutlich aus der
paradoxen Auffassung Platons hervor. Er hatte weder gegen
die Malerei noch gegen die Dichtung an sich etwas einzuwenden, aber seiner Meinung nach waren beide Künste zu
einem großen Teil in verderbliche Irrtümer verstrickt, und
er hätte sehr gerne ihren Geltungsbereich eingeschränkt. Er
bekannte sich zu der Auffassung, daß Kunst im wesentlichen

reine Nachahmung sei, und behauptete, da sie besondere
Dinge nachahme, die selber nur die Nachahmungen der Idealformen seien, befinde sie sich zwei Stufen weit von der
Wahrheit entfernt. Diese Doktrin ist um so bemerkenswerter, weil Platon künstlerischen Wirkungen durchaus zugänglich und noch außerdem ein Meister in seiner eigenen Kunst,
der Wortkunst, war. Es genügt nicht, zu sagen, daß er nur die
repräsentative und realistische Kunst seiner Zeit verurteilt
habe, denn er hat die Kunst des 5. Jahrhunderts genauso
entschieden abgelehnt, und seine Gründe lagen tiefer als in
einer Abneigung gegen die Tagesmode. Er war von dem
leidenschaftlichen Wunsch beseelt, die wahren Hintergründe
der Wirklichkeit zu enthüllen, und seiner Meinung nach wur-
zelte die Wirklichkeit in einer idealen Ordnung, die nur der
Verstand zu erfassen vermag. Außerdem beeinflußte ihn der
Gedanke, daß sehr viele Kunstwerke die Götter in Verruf
brachten, indem sie Geschichten über sie erzählten, die er
nicht für wahr halten konnte. Sowohl verstandesmäßig wie
moralisch fühlte er sich veranlaßt, eine strenge Kontrolle des
Inhalts künstlerischer Produkte zu fordern, weil er die Kunst
nur auf diese Weise in das System einzuordnen vermochte,
das er der menschlichen Gesellschaft aufzwingen wollte. Aber
trotz der rhetorischen Kraft und der Aufrichtigkeit seiner
Argumente hatte er in beiden Punkten unrecht. Die Maler
und Bildhauer waren genauso wie er bestrebt, hinter den
Erscheinungen eine ideale Ordnung zu finden und sie den
Menschen mitzuteilen; ihrer Meinung nach aber offenbarte
sich diese Ordnung nicht so sehr dem sachlichen Verstand als
viel mehr dem ganzen fühlenden Ich; und sie gingen genauso
ernst ans Werk wie er. Der Unterschied lag darin, daß ihre
Auffassung der Götter nicht so ausschließlich ethisch war
wie die seine und daß sie die Menschen in einem viel weiteren

Sinn bessern wollten – nicht dadurch, daß sie ihnen besondere Morallehren einpaukten, sondern dadurch, daß sie einen
Einfluß auf sie ausübten, der ihnen die großen Probleme
näherbringen und es ihnen ermöglichen sollte, sich an diese
Probleme heranzuwagen. In ihrer Malerei und in der Bildhauerei, genauso wie in der Dichtkunst, waren sich die Griechen darüber im klaren, daß es außer dem Argument und
dem Gebot auch noch andere und wirksamere Mittel gibt,
um Ehrfurcht und Staunen vor den Schönheiten der Welt zu
wecken.

Neuntes Kapitel

DIE ROLLE DER VERNUNFT

IN DER ARCHAISCHEN PERIODE pflegten die Griechen ihre wichtigsten Spekulationen in poetischer Form auszudrücken, und noch, als bereits die bildenden Künste sich hinzugesellt hatten, wurde ihre Denkweise vor allem durch die poetische Erziehung und die damit zusammenhängenden Grundsätze bestimmt. Wenn auch die traditionellen Mythen vieles nicht erklären konnten und einander sogar in wesentlichen Dingen widersprachen, boten sie einen Zugang zur Erfahrung, eine Art, in konkreten Bildern zu denken, die ein Volk befriedigen mußte, das nicht einen Augenblick lang bezweifeln wollte, daß überall die Götter wirkten und daß die Bekanntschaft mit ihnen eine Erklärung für die meisten sowohl physischen wie geistigen Erscheinungen liefere. Zu Beginn des 6. Jahrhunderts aber war ein neuer Geist geboren worden, der allmählich heranreifte, bis er zahlreiche Forschungszweige zu beeinflussen anfing, nämlich der Wunsch, die Dinge genauer zu begreifen, das Geheimnis, in das sie eingehüllt sind, zu durchdringen, sie verstandesmäßig zu erklären und in der Natur Prinzipien und Gesetze zu finden an Stelle der unergründlichen Launen, die der Mythos den Göttern zuschreibt. Vielleicht war eine solche Strömung an sich unvermeidlich bei einem so intelligenten Volk wie den Griechen, aber sie wurde noch außerdem durch soziale und politische Veränderungen gefördert. Sie fing in Ionien an, und ihr erster Exponent war Thales von Milet. Der Verfall der Erbmonarchien und der Aufstieg einer neuen herrschenden Klasse, die nach kurzer Zeit ihr Augenmerk auf den Außenhandel zu richten begann, bedeuteten eine Erweiterung auch des geistigen Horizonts, und die Gründung von Handelsniederlassungen, wie etwa in Naukratis in Ägypten, brachte die Griechen in Berührung mit einem ihnen unbekannten, wenn auch engen Bereich des angewandten Wissens. In der Heimat hatten die Baukunst, die Bildhauerei und die Schmiedekunst Probleme aufgeworfen, die gelöst werden wollten. Die zunehmende Aktivität der Seeleute, die bis zu den fernen westlichen Grenzen des Mittelmeeres vordrangen, erforderten eine mehr als mythologische Bekanntschaft mit der Geographie und der Astronomie. Die Beliebtheit der Leibesübungen weckte das Interesse, den menschlichen Körper genauer zu studieren, sei es auch nur zu dem Zweck, Knochenbrüche und Verstauchungen zu heilen. Die Ereignisse förderten den Wunsch nach Erforschung der sichtbaren Welt, und diese Bestrebungen richteten sich hauptsächlich auf drei Gebiete, die bis zu einem gewissen Grad ineinander übergriffen. Doch behielt jede einzelne ihre Eigenart bei und folgte ihren besonderen Wachstumsgesetzen.

Das erste Gebiet war die Mathematik. Sie war keine griechische Erfindung, sondern bereits früher mit einiger Geschicklichkeit in Babylon und in Ägypten betrieben worden; aus Ägypten soll Thales sie mitgebracht haben. Vielleicht konnte er deshalb die Höhe einer Pyramide dadurch bestimmen, daß er ihren Schatten maß. Die ägyptischen Mathematiker scheinen mehr Praktiker als Theoretiker gewesen zu sein; während die Griechen die Mathematik über die prak-

tische Anwendbarkeit hinaushoben, welche die Ägypter, vor
allem aus architektonischen Gründen, bevorzugt hatten, und
ihren theoretischen Charakter betonten. Genauso wie sie in
der Kunst das wahre Sein hinter den Erscheinungen suchten,
suchten sie in der Mathematik unvergängliche Prinzipien, die
sich jederzeit anwenden ließen, sobald die gleichen Bedingungen vorhanden sind. Die Möglichkeiten einer solchen
Tendenz fesselten die Phantasie des Pythagoras und seiner
Schüler, die in der Zahl den Schlüssel zu den meisten Problemen sahen und behaupteten: »Dinge sind Zahlen.« Wenn
wir das nicht allzu wörtlich nehmen, kennzeichnet es ein
wichtiges Stadium geistiger Entwicklung. Es ist die Ansicht
der Pythagoräer, daß zahlreiche Phänomene erklärt werden
können, wenn wir mit Hilfe der Mathematik die Gesetze
entdecken, die sie beherrschen. Es ist ein erstaunliches histo-
risches Faktum, daß Pythagoras durch das Musikstudium
zur Mathematik gelangte. Er beschäftigte sich damit, feste
Relationen zwischen den verschiedenen Noten einer musi-
kalischen Skala herzustellen, und merkte, daß diese Aufgabe
durch die Anwendung arithmetischer Proportionen zu lösen
war. Von diesem Ausgangspunkt scheint er zu dem Lehrsatz
gelangt zu sein, der seinen Namen trägt: Das Quadrat der
Hypotenuse eines rechtwinkeligen Dreiecks ist gleich der
Summe der Quadrate der beiden anderen Seiten. Das war in
einer begrenzten und praktischen Form auch schon in Ägypten bekannt gewesen und soll unabhängig davon in Indien
entdeckt worden sein, aber die griechische Beweisführung
war ein Sieg des mathematischen Denkens ohne Rücksicht
auf praktische Erwägungen. Die griechische Mathematik
fing mit der Geometrie an und blieb ihr während ihrer
langen Laufbahn treu.
Das zweite Gebiet der neuen Strömung war die Philosophie.

Auch sie stellte einen Versuch dar, das Wesen der Erscheinungen zu ergründen, aber ihr Werkzeug war nicht die Zahl,
sondern das Wort. Zu Anfang scheint sie die Frage gestellt
zu haben: »Welches ist der Urstoff der Dinge?« Thales ant-
wortete: das Wasser. Anaximenes nannte die Luft. Es handelte sich hier insofern um eine kosmologische Fragestellung,
als man eine befriedigendere Theorie finden wollte, als der
Mythos sie gab, der berichtete, aus dem Chaos seien Licht
und Finsternis entstanden, und beide besäßen ihre eigene
angemessene Nachkommenschaft. Eigentlich enthielt diese
Frage zwei Fragen: »Wo ist der Ursprung der Dinge zu
suchen?« – »Was ist das Wesen der Dinge?« Die Philosophen
gingen an beide Fragen heran und gelangten zu verschiedenen
Antworten. Aber sie waren sich darüber einig, daß die Fragen
selbst grundlegend seien und daß man durch angestrengtes
Nachdenken eine Antwort finden könne. Damit legten sie
den Grundstein der Logik, des korrekten Denkens, in welchem jeder Widerspruch zwischen zwei Sätzen besagt, daß
zumindest einer der beiden falsch sein müsse. Obgleich auch
die Philosophen gewisse Phänomene zu Hilfe riefen, um
ihre Theorien zu beleuchten und zu bekräftigen, waren die
Theorien selber auf einem zusammenhängenden System von
Argumenten, von postulierten oder akzeptierten Anfängen,
aufgebaut. In dieser Hinsicht ähnelten sie den Mathemati-
kern, und obwohl die Philosophie in den frühen Stadien
weniger abstrakt war als die Mathematik, hielt sie doch
zweifellos an der Überzeugung fest, keine Theorie des Seins
sei erschöpfend, solange sie nicht durchaus kohärent und
konsistent ist.

Das dritte Gebiet war die Naturwissenschaft. Wenn sie auch
mit der Philosophie das Streben gemeinsam hatte, das Wesen
der Erscheinungen zu erforschen und zu erklären, bediente

sie sich doch ganz anderer Methoden. Sie befürwortete nicht
so sehr die Aufstellung in sich geschlossener Theorien als
vielmehr die Beobachtung und das Experiment, und obwohl
sie sich in der Astronomie auf die Mathematik stützte, über-
prüfte sie die Ergebnisse durch die sorgfältige Untersuchung
festgestellter Tatsachen. Ihr praktischster, erfolgreichster und
wissenschaftlichster Forschungszweig war die Medizin. Gleich
von Anfang an scheint die Medizin sich von den vorgefaßten
Meinungen, die anderen Gebieten der Wissenschaft zugrunde
lagen, befreit und sich in genau festgelegten Grenzen gehalten zu haben. Indem die Ärzte den traditionellen magischen
Apparat durch Diät und Gesundheitspflege ersetzten, leiteten
sie eine folgenschwere Umwälzung ein. Ist, in Analogie zur
Musik, die *harmonia* oder Wohltemperiertheit gestört, so ist
es die Aufgabe des Arztes, die Ursachen der Störungen auf-
zufinden und den normalen Zustand wiederherzustellen.
Im 5. Jahrhundert brach die griechische Medizin unter Füh-
rung des Hippokrates von Kos (460 bis 377 v. Chr.) mit der
Vergangenheit und ihrem Glauben an übernatürliche Heilmittel und entwickelte ein auf wissenschaftlichen Methoden
beruhendes System. In den Schriften des Hippokrates und
seiner Anhänger werden die Krankheitssymptome mit minu-
tiöser Sorgfalt untersucht. Jeder Körperteil muß beobachtet,
jede ungewöhnliche Färbung, Bewegung oder Temperatur
verzeichnet werden. Der Arzt muß sich um den Geschmacks-
und Geruchssinn des Patienten kümmern, um seinen Schlaf
und seine Träume, um seinen Appetit, um jeden Schmerz
und jedes Jucken, um den Stuhl und um den Urin. Hat der
Arzt erst einmal das Beweismaterial gesammelt und die Symptome mit überlieferten Fällen verglichen, darf er zur Dia-
gnose und zur Behandlung übergehen, in der festen Zuversicht, daß er nun alles wisse, was menschenmöglich sei, und

daß er in gewissen Grenzen voraussagen könne, was geschehen wird:

»Es ist notwendig, den jeweiligen Stand der Jahreszeit sowie auch die Krankheit genau festzustellen; welches gemeinsame Element in der Jahreszeit oder in der Krankheit günstig und welches gemeinsame Element in der Jahreszeit oder in der Krankheit ungünstig ist; welches Leiden langwierig und tödlich ist, und welches Leiden zwar langwierig ist, aber wahrscheinlich mit der Genesung enden wird; welche akute Krankheit tödlich ist, und welche akute Krankheit wahrscheinlich mit der Genesung enden wird. Mit Hilfe dieses Wissens kann man leicht die Reihenfolge der kritischen Tage prüfen und an Hand dieser Reihenfolge gewisse Voraussagen machen. Wer diese Dinge kennt, weiß sowohl, was er zu behandeln hat, als auch, zu welchem Zeitpunkt und mit welcher Methode er es zu behandeln hat.«

Hier verläßt sich die wissenschaftliche Forschung auf sorgfältige Beobachtungen und fühlt sich imstande, bis zu einem gewissen Grad vorherzusagen, was aller Wahrscheinlichkeit nach geschehen wird. Der Autor behauptet nicht, daß er, wenn er die Art des Leidens kennt, imstande sei, es zu kurieren; er begnügt sich damit, es zu diagnostizieren und bei der Behandlung Fehler zu vermeiden. Die Prinzipien der griechischen Heilkunst waren die der heutigen Naturwissenschaften, und es ist sicher, daß die Griechen gerade durch ihr Interesse für den menschlichen Körper zu dieser bedeutsamen Revolution gelangten.

Obwohl die Mathematik, die Philosophie und die Naturwissenschaften jeweils ihre getrennten Voraussetzungen, Grundsätze und Arbeitsmethoden besaßen, hatten sie doch gleichzeitig vieles miteinander gemeinsam, vor allem gewisse grundlegende Merkmale, die dem griechischen Zeitalter der Aufklärung angehörten. Sie waren in ihren Anfängen keineswegs mit der Religion in Konflikt geraten. Da sie sich wie die Religion mit den Problemen der Natur und des Ursprungs aller Dinge beschäftigten, ist es nicht erstaunlich, daß Thales erklärt: »Alle Dinge sind voller Götter«, oder Anaximander die Luft eine Gottheit nennt. Eine solche Ausdrucksweise entspricht einer Gesellschaft, die überall Götter sah und deren Tätigkeitsbereich auch gar nicht einzuschränken bestrebt war. Gerade weil die Griechen davon überzeugt waren, die Welt der Götter und die der Menschen seien ein und dieselbe, fiel ihnen die Vorstellung nicht schwer, daß alles in ihrer Umgebung sowohl eine göttliche als auch eine irdische Seite habe und daß die beiden Seiten sich letztlich gar nicht voneinander unterschieden. In ihrem Streben, ein universelles Prinzip zu finden, setzten sie wie die religiösen Denker eine kosmische Ordnung voraus, und bei der Darstellung ihrer Gedanken verwendeten sie die alte Terminologie, welche die verschiedenen Sphären der Wirklichkeit dem Einfluß der Götter unterwarf. Auch wenn es ihnen nicht gelang, endgültig festzustellen, welche Gesetze die Erscheinungen beherrschen, konnten sie doch zumindest behaupten, daß solche Gesetze existierten, und mit mythologischen Formulierungen darlegen, was damit gemeint sei. Die ersten ungefähren Naturgesetze wurden aus himmlischen Gesetzen hergeleitet, und wir können sehr gut verstehen, daß Anaximander, wenn er das Gleichgewicht entgegengesetzter Kräfte als ein zentrales Prinzip der Wirklichkeit schildern will, sagt: »Die Dinge tun einander Genüge und halten einander schadlos für jegliches Unrecht, wie es verordnet ist durch das Gebot der Zeit« – und Heraklit von der Regelmäßigkeit spricht, mit der die Sonne sich bewegt: »Der Sonnengott wird seine Maße nicht überschreiten; tut er es, werden die

Erinnyen, die Dienerinnen der Gerechtigkeit, ihn ereilen.«
Solange man die Götter für gegeben hielt, fiel es den Philosophen leicht, ihre Ideen in ein System zu fügen, das elastisch
war und neue Funktionen seiner Götter akzeptierte.

Alle diese Forschungszweige setzen voraus, daß es den Menschen sowohl möglich als auch angemessen sei, das innerste
Wesen der Dinge zu ergründen, und stimmen grundsätzlich
mit dem Ausspruch des Heraklit überein: »Das Wissen ist
einheitlich. Es gilt, das Prinzip zu erkennen, demzufolge alle
Dinge durch alle Dinge gelenkt werden.« Anfangs aber stand
das im Widerspruch zu der allgemein herrschenden Auffassung, daß man unmöglich irgendeiner Sache sicher sein könne,
da die Götter die Menschen völlig nach Gutdünken behandeln. Pindar und Sophokles sehen in dem Umstand, daß die
Menschen ihr eigenes Schicksal nicht kennen, einen grundlegenden Unterschied zwischen ihnen und den Göttern. Aber
mit dem Fortschritt der Wissenschaft und Philosophie wurde
dieser Gedanke modifiziert und dem neuen Ideal des Wissens
angepaßt. Im 6. Jahrhundert entwirft Solon, der das traditionelle Wissen sehr gut beherrschte, eine Art ansteigender
Skala von äußerster Unwissenheit bis zur vernünftigen Voraussicht. Während der Kaufmann und der Landmann den
Launen der Witterung ausgeliefert sind, die sie weder vor-
aussehen noch beeinflussen können, haben der Handwerker,
der Dichter, der Seher und der Arzt zumindest einen himmlischen Schutzpatron, der sie belehrt und ihnen hilft und sie
in der Kenntnis ihres Metiers bestärkt. Natürlich können sie
Fehler begehen und wissen nie ganz genau, was geschehen
wird, aber sie schweben doch nicht in äußerster Unwissenheit.
Ja, ein solches Wissen war eines der Mittel, mit dessen Hilfe
die Menschen imstande sein würden, gleichgültig wann und
wie, den Göttern ähnlicher zu werden und ihr eigenes Ge-

schick besser zu beherrschen. In der Praxis lautete die Antwort: Wenn auch der Mensch sich keine Gewißheit erhoffen
darf, kann er zuverlässige Vermutungen anstellen. Der Arzt
Alkmäon von Kroton (etwa 500 v. Chr.) sagt: »Was unsichtbar ist, was sterblich ist, das wissen die Götter genau, wir
Menschen aber vermögen künftige Dinge nur zu vermuten.«
Damit erhält die uralte Idee einen praktischen Sinn. Vermutungen sind immerhin etwas und können sehr viel Nutzen
bringen. Innerhalb gewisser Grenzen kann der Mensch versuchen, den Göttern zu gleichen, und wenn er sich des ungeheuren Unterschiedes zwischen ihrer und seiner Macht bewußt bleibt, besteht kein Grund, warum er nicht Erkenntnis
und Wissen als durchaus erreichbare Ziele betrachten sollte,
vorausgesetzt, daß er sich auf bestimmte Sphären beschränkt
und nicht allzu hohe Ansprüche stellt; vor allem soll er nicht
versuchen, die Zukunft voraussagen oder Dinge wissen zu
wollen, die den Göttern vorbehalten sind. Das war ein heikler
und nicht immer leicht zu wahrender Standpunkt: Solange
er sich jedoch in bestimmten Grenzen hielt, wurde ein offener
Bruch mit dem religiösen Glauben vermieden.
Die Philosophie und die Wissenschaft hatten sich mit der
Religion geeinigt, wenn auch nur aus dem einfachen Grund,
weil sie von ähnlichen Annahmen ausgingen. Natürlich
konnte man auch einen rein negativen Standpunkt beziehen
und die Wissenschaft als sinnlos abtun, wie Pindar, als er
sagte, die Naturphilosophen »pflückten eine nutzlose Frucht
der Erkenntnis«. Bei ihm war dieser Standpunkt verständlich, denn sein Streben nach Erkenntnis bezog sich weniger
auf die reale Umwelt als auf die Welt der Götter. Aber nur
wenige scheinen so weit gegangen zu sein wie er, und selbst
der fromme Sophokles wurde zuweilen von wissenschaftlichen Begriffen beeinflußt, obgleich sie ihn lediglich in seinem

bereits festverankerten religiösen Glauben bestärkten. In
der Frühzeit gingen die Philosophen mit fast religiösem Geist
an ihre Aufgabe heran und trachteten ihre Ergebnisse gewissermaßen als Offenbarungen hinzustellen, die zwar dem Inhalt nach nicht mit den alten Vorstellungen übereinstimm-
ten, ihnen jedoch in der Mentalität und in den Methoden
glichen. Heraklit, der die von Homer und Hesiod berichteten
Legenden mit ärgerlicher Verachtung von sich wies, verkün-
dete seine eigene Einsicht in den *logos,* das Wort, das alle
Dinge lenkt. Parmenides behauptet nicht nur, daß eine Gottheit ihm sein Wissen geschenkt habe, sondern spricht von
sich als von einem in besondere Mysterien Eingeweihten
und von seinem System als von einem »Weg«. Pythagoras
wollte in den Zahlen nicht nur ein Werkzeug der Geometrie,
sondern das Fundament einer Heilslehre gefunden haben.
Anfangs waren die griechischen Philosophen keineswegs un-
gläubig. Weit eher schlugen sie gewisse verbesserte Formen
traditioneller Anschauungen vor, in einer Sprache, die auch
gewöhnlichen Menschen verständlich war. Sie meinten es
aufrichtig und waren überzeugt, sie hätten etwas mitzuteilen, das die Götter ihnen eingegeben hatten; das müßten
sie nun in seinem ganzen Ernst und in seiner ganzen Bedeutung den Menschen unterbreiten.

Das besondere Charakteristikum dieser Aufgabe lag in dem
Bestreben, der Wahrheit mit den Mitteln der Forschung
nachzugehen. Die alte Anschauung, daß die Götter die Wahrheit offenbarten, wurde nicht ausdrücklich abgeleugnet, aber
in aller Stille durch die Überzeugung ersetzt, daß es dem
Menschen gegeben sei, selber die Wahrheit zu finden. Es
bedurfte nicht erst eines Wissenschaftlers, um zu erkennen,
daß die offenbarte Wahrheit nicht immer befriedigend ist.
Die Musen, denen man zuschrieb, sie geben den Menschen

ihr Wissen von Göttern und der Vergangenheit ein, schienen nicht immer zuverlässig, und sogar Pindar gibt zu, die Dichtkunst schaffe Illusionen:

> Die Schönheit, die da schafft
> allerlei süße Freuden den Menschen,
> bringt nach Gutdünken Ehre
> und läßt das Falsche wahr erscheinen,
> aber und abermals.

Der traditionelle Standpunkt besagte, die Menschen müßten sich mit dem Stück Wahrheit zufriedengeben, das sie besitzen, und hoffen, daß die Zeit ihnen mehr davon offenbaren werde. Diesen Standpunkt änderten die Wissenschaftler und Philosophen dahin, daß sie behaupteten, die Wahrheit zu suchen, sei ihre oberste Pflicht, und es dürfe keine Mühe gespart werden, sie aufzuspüren. Xenophanes verneint die alte Auffassung, wenn er betont, daß de facto die Menschen selber den Dingen auf den Grund gehen: »Die Götter haben nicht von Anfang an den Menschen alles offenbart, doch der suchende Mensch findet sich mit der Zeit immer besser zurecht.« Die Wahrheit hat ihren eigenen Reiz und stellt besondere Forderungen an ihre Diener – wie Demokrit das formuliert, wenn er sagt, er würde lieber die Ursache eines Dinges herausfinden als das persische Reich besitzen. Ja, es wurde allgemein anerkannt, daß die Suche nach der Wahrheit ein hohes, vielleicht sogar das höchste Streben sei, und Heraklit verwirft stillschweigend alte Auffassungen von der *arete* zugunsten seiner eigenen Ansichten: »Denken ist die höchste Tugend *(arete)*, und die höchste Weisheit besteht darin, das Wahre auszusprechen und im Tun und Lassen der Natur zu gehorchen.« Der Gipfel wurde erreicht, als Sokrates sein Paradoxon formulierte, daß Tugend gleich Weisheit sei, und damit die Grundlage für weitgehende Theorien schuf. Der Ernst, mit dem die Philosophen der Wahrheit nachspürten, hatte einen beinahe religiösen Anstrich; Anaxagoras zum Beispiel errichtete der Wahrheit einen Altar, womit er zeigte, welche Bedeutung er ihr beimaß. Eine solche Einstellung geriet keineswegs mit der geltenden Religion in Konflikt, die neue Gottheiten, mochten sie auch abstrakter Art sein, willkommen hieß; auf keinen Fall konnte sie es bedauern, daß die Menschen danach strebten, das Wesen der Dinge zu erforschen und sich demütig vor ihren Geheimnissen zu verneigen.

Die Mathematik, die Philosophie und die Naturwissenschaften stimmten auch darin überein, daß sie den größten Wert auf die Beobachtung und das Experiment legten. Sie mochten diese beiden Werkzeuge in verschiedenem Ausmaß anwenden, aber keine der drei Disziplinen glaubte ihrer völlig entraten zu können. Da der Scharfblick der Griechen an den Werken der bildenden Kunst geschult war und Freude daran fand, Einzelheiten zu konstatieren, waren die Griechen von Natur aus gute Beobachter und betrachteten die Beobachtung als Tätigkeit, die keiner Rechtfertigung bedarf. Ohne sie kann man wesentliche Fragen weder stellen noch beantworten, und da sie ihnen selbstverständlich war, regte sie ihren Verstand und ihr Denken an. Im 6. Jahrhundert konstatierte Anaximenes, daß die Wolken aus Luft entstehen und sich durch Kondensierung in Wasser verwandeln. Daraus schloß er, der Urstoff sei die Luft und alles andere aus ihr entstanden. Die Theorie war zu einfach, um wahr zu sein, aber hier wurde zumindest der Versuch unternommen, eine Frage zu beantworten, die sich dem Denker durch Beobachtungen der Natur gestellt hatte. In ähnlicher Weise hat Anaximander, als ihm auffiel, daß der anatomische Bau der Fische dem der Menschen gleicht, lange vor Darwin die

Theorie vertreten, das Leben beginne im Meer und die Menschen stammten von anderen Tiergattungen ab. Dies war eine kühne Annahme, und Anaximander kann nicht geahnt haben, daß sie sich einmal als richtig erweisen würde, aber er kannte zumindest die Art des Problems und baute seine Lösung auf die von ihm beobachteten Fakten. Wenn uns solche Theorien als unzureichend begründet und eigentlich nur als geistreiche Vermutungen oder Einfälle erscheinen, dürfen wir nicht vergessen, daß wir fast nur durch Zufall von ihnen Kenntnis erhalten haben und so gut wie gar nicht darüber unterrichtet sind, welche Beweise man angeführt hat. Manches aber deutet darauf hin, daß die ersten griechischen Wissenschaftler sich Mühe gaben, Tatsachen zu sammeln, die ihnen wichtig erschienen, und begriffen hatten, ein Beweis sei mehr als ein geglückter Einfall. Als Xenophanes die Beziehung zwischen Land und Meer zu erklären versuchte, konstatierte er das Vorhandensein von Muscheln im Inland und auf Hügeln, den Abdruck eines Fisches und eines Seegrasbüschels in den Steinbrüchen von Syrakus, die Umrisse einer Sardelle in der Tiefe des Gesteins von Paros und flache Abdrücke von Meergetier auf Malta. Hier begegnen wir einem Mann, der genau wußte, was er zu suchen hatte, und sich anstrengte, es zu finden, der zugleich Beobachter und Systematiker war, Sammler und Denker. Er gelangte zu der richtigen Schlußfolgerung, daß Erde und Wasser nicht gänzlich voneinander getrennt sind und daß sie auf irgendeine Weise ineinandergreifen. Die Schlußfolgerung ist weniger interessant als die Methode, welche uns zeigt, daß Xenophanes ein wirklicher Forscher war: Seiner Überzeugung nach konnte die Beobachtung bisher unbeachteter Tatsachen zu neuen und wichtigen theoretischen Ergebnissen führen.

Diese frühen Forscher versuchten auch zuweilen, ihre Beobachtungen durch Experimente zu überprüfen. Ihre Versuche
mögen primitiv wirken, aber sie waren zumindest ein Anfang und zeigten die richtige Einstellung zu den Problemen.
Das geschah auch in der Mathematik: Als die Pythagoräer
zeigen wollten, daß die Höhe eines auf einer straffgespann-
ten Saite hervorgebrachten Tones von der Länge des vibrie-
renden Mediums abhänge, benützten sie eine bewegliche
Brücke, um die Länge der Saite zu verändern, und bewiesen
nicht nur die Richtigkeit ihrer Behauptung, sondern fanden
zugleich eine Methode, ein physikalisches Phänomen genau
zu messen. Auf philosophischem Gebiet wollte Anaxagoras
zeigen, daß man sich auf die Sinne nur bis zu einem gewissen
Punkt verlassen könne: Er nahm zwei Gefäße, das eine mit
einer weißen und das andere mit einer schwarzen Flüssig-
keit, und mischte sie, Tropfen für Tropfen, bis das Auge
sie nicht mehr voneinander unterscheiden konnte. Dieselbe
Einstellung herrschte in der Physik und in der Biologie.
Empedokles wies die Körperhaftigkeit der Luft nach, indem
er eine am oberen Ende verschlossene Röhre ins Wasser
tauchte und feststellte, daß kein Wasser eindringen kann,
solange nicht das Hindernis entfernt und die Luft herausge-
lassen wird. Bei seiner Untersuchung der sinnlichen Wahrnehmung bediente sich Alkmäon von Kroton der Vivisek-
tion und Obduktion und gelangte zu der Ansicht, daß das
Gehirn das zentrale Organ der Wahrnehmung sei. Wenn wir
den fast gänzlichen Mangel an Apparaten und an zahlreichen
Hilfsmitteln, die uns heute zur Verfügung stehen, berücksichtigen, wundert es uns nicht, daß Experimente nicht in
weiterem Umfang vorgenommen wurden. Ihr Wert liegt
vor allem darin, daß sie uns zeigen, wie der Menschengeist so
eifrig am Werk und sich so sehr seiner Probleme bewußt war,

daß er die beobachteten Tatsachen durch neu gefundene Ergebnisse zu ergänzen wußte.

Die griechischen Denker hatten ihre besondere Vorstellung
von der sozialen Bedeutung ihres Berufs. Sie waren nicht nur
davon überzeugt, daß ihre Tätigkeit an sich die vornehmste
sei, sondern sie behaupteten auch, daß sie die Menschen moralisch und geistig bessere, daß die Suche nach Wissen soziale
Verantwortung mit sich bringe und die Gegensätze zwischen
Mensch und Mensch vermindere. Der hippokratische Eid,
den die Ärzte auch heute noch ablegen, zeigt, wie ernst die
Pioniere der Medizin ihre Aufgaben genommen und wie gut
sie sowohl ihre Gefahren wie ihre Verpflichtungen begriffen
haben; es ist auch kein Zufall, daß ein hippokratischer Autor
schreibt: »Dort, wo die Menschenliebe herrscht, dort herrscht
auch die Liebe zur Wissenschaft«, als ob die Kenntnis der
Natur und die Menschenliebe sich letzten Endes nicht voneinander trennen ließen. Nicht weniger bedeutsam sind die
Worte des Euripides über die Glückseligkeit, die dem Studium
der Natur entspringt:

> Glücklich ist der Mensch, der Wissen besitzt,
> das forschendem Bemühen entspringt. Kein Übel stiftet er
> unter den Mitbürgern, noch gibt er sich selber
> unrechtem Tun hin,
> sondern betrachtet die unvergängliche Ordnung
> unsterblicher Natur, woraus sie bestehe,
> und woher und wie.
> Bei solchen Menschen findet
> niedriges Trachten keine Heimstatt.

In den trüben Konflikten seiner Zeit, da die alten Überzeugungen erschüttert waren und das alte Gleichgewicht zu-
sammenstürzte, wandte Euripides sich der philosophischen

und wissenschaftlichen Gelassenheit zu, die das Studium der
Natur verspricht. In seiner Sachlichkeit, in seiner Friedlich-
keit sah er eine neue Hoffnung für die Menschen und ein
Heilmittel gegen die gefährlichen Leidenschaften, die durch
politische und soziale Wirren entfesselt worden waren.
Mathematik, Philosophie und Naturwissenschaft der Grie-
chen überlebten den Zusammenbruch Athens im Jahre 404
v. Chr. und leisteten nachher einige ihrer bedeutendsten
Beiträge. Obgleich die Mathematik nie den Kontakt mit der
Astronomie verloren hatte, verblieb sie doch in hohem
Maße »rein« und vernunftbedingt. Das war ihr eigentlicher
Ruhm. Die Griechen haben ein System ausgearbeitet, das die
mathematische Beweisführung regelt: Bis heute ist nichts
Besseres gefunden worden. Es beginnt mit der Definition,
und die Definitionen, wie sie uns in den Schriften Euklids
erhalten geblieben sind, sind nach wie vor Muster an Klarheit und Präzision. Dann folgt die Analyse: Auf Grund eines
angenommenen Postulates fragen wir nach den Ergebnissen;
damit ist das Problem klargestellt. Drittens haben die Griechen die besondere Form der Auslegung oder *ekthesis* geschaffen, die heute noch in der Geometrie vorherrscht, weil
sie streng logischen Gesetzen folgt. Auf diesen Grundlagen
erzielten die Griechen ihre großartigen mathematischen
Leistungen. Mit den Methoden der Geometrie wurden nicht
nur – wie auch heute noch – die allgemeinen Probleme gelöst,
sondern bereits Aufgaben, ähnlich der Integralrechnung;
auch schuf die Geometrie die Grundlagen für Statik und
Hydrostatik. Das große Genie Archimedes (etwa 287 bis 213
v. Chr.) vollbrachte eine Fülle fast unglaublicher Leistungen,
und noch lange nach seinem Tod benützten griechische
Mathematiker seine Methoden bei der Entwicklung der Tri-
gonometrie, der Zahlentheorie und der Anfänge der Algebra.

*Große geometrische Amphora (Ton mit Firnisbemalung, Höhe 1,55 m)
mit einer Begräbnisszene. Um 770 v. Chr. Athen, Nationalmuseum.*

*Artemis tötet Aktaion mit dem Pfeil, während er von seinen Hunden
zerfleischt wird. Krater des Pan-Malers. Um 470 v. Chr. Boston, Museum
of Fine Arts.*

Als Platon über der Tür seiner Akademie die Inschrift anbringen ließ: »Hier möge keiner eintreten, der keine Kenntnisse der Geometrie besitzt«, war das durchaus nicht exzentrisch, sondern entsprach der Auffassung der Griechen, daß man nur mit Hilfe der Geometrie die Welt als eine verständliche Einheit zu erkennen vermöge. Da die Griechen astronomisch geschult waren, konnten sie auch auf diesem Gebiet wesentliche Entdeckungen machen, die in der Vorwegnahme des Kopernikus durch Aristarchos von Samos (etwa 310 bis 230 v. Chr.) gipfelten: Aristarchos behauptete, daß »die Fixsterne und die Sonne sich nicht bewegen und die Erde sich um die Sonne dreht, an der Peripherie eines Kreises, in dessen Mittelpunkt die Sonne steht«.

Die griechische Philosophie versuchte, genauso wie die Mathematik, die Welt als ein Ganzes zu begreifen; obgleich ihre Konklusionen nicht so endgültig sind wie die der Geometrie, hat sie der Nachwelt den Begriff der Philosophie und deren Problemstellungen überliefert. Ihr verdanken wir so grundlegende Unterscheidungen wie zwischen dem einzelnen und der Vielfalt, zwischen Schein und Wirklichkeit, zwischen Wissen und Meinen, zwischen Sein und Nichtsein, zwischen Form und Stoff, zwischen allgemeinen und besonderen Faktoren. Durch solche Unterscheidungen versuchten die Griechen den Widerspruch zwischen der unendlichen Vielfalt der Erscheinungen und dem Bedürfnis nach der Erkenntnis einer bestehenden Wirklichkeit, eines alle Erscheinungen regierenden Prinzips zu lösen. Sie wußten genau, daß die Umgangssprache nicht das ideale Werkzeug für eine so präzise und heikle Aufgabe ist; deshalb bemühten sie sich, ein Vokabular zu finden, das zugleich klar und erschöpfend ist, und dafür zu sorgen, daß man die Funktionen der Termini genauso rasch erfassen könne wie ihren Sinn. Mit Hilfe eines solchen Instruments hofften sie, das Wesen aller Dinge aufzeigen zu können. Obgleich ihre Überlegungen sie hie und da zu recht kühnen Konstruktionen führten, erörterten sie jeden einzelnen Schritt mit mathematischer Genauigkeit und prüften ihre Hypothesen an Beispielen, die jeder Mensch verstehen kann. Diese Aufgabe führte sie zwangsläufig über die sichtbare Welt hinaus in eine Welt der Abstraktionen, die für manche von ihnen realer war als die gewöhnliche Wirklichkeit. Das Fundament ihres Systems war die Logik, doch schraken sie nicht davor zurück, es auch auf die Ethik, die Politik und die Religion anzuwenden oder den Glauben zu Hilfe zu rufen, wenn ein Argument seine Grenzen erreicht hatte und nicht weiter anwendbar war. Aber die Stärke der griechischen Philosophie liegt nicht so sehr in ihrer Reichweite als in ihrer Behauptung, es gebe keine Probleme, die nicht durch sorgfältiges und intensives Denken zu lösen wären. Sie geht davon aus, daß Worte die Werkzeuge des Denkens sind und daß das Denken sich mit den Dingen zu beschäftigen habe, gleichgültig wie fern oder ungreifbar oder kompliziert sie auch sein mögen.

Die Naturwissenschaften hatten in Griechenland keinen annähernd so großen Geltungsbereich wie heute, aber in zwei wichtigen Richtungen wurde damals der Grundstein zu unserem heutigen Denken gelegt. Einmal handelt es sich um die Atomtheorie, die Leukippos (um das Jahr 440 v. Chr.) und Demokrit (etwa 460 bis 370 v. Chr.) entwickelt haben. Sie hat wenig mit der heutigen Atomphysik zu tun, ist aber nichtsdestoweniger ihr entfernter Vorfahr. Sie begann mit dem Versuch, das innerste Wesen der Dinge zu ergründen. Die früheren Antworten, daß alles aus einem Grundstoff wie Wasser, Luft oder Feuer abzuleiten sei, genügten nicht; ebenso unbefriedigend war Empedokles' Lehre von den vier Ele-

menten, Wasser, Erde, Luft und Feuer, da sie allzu viele Vorgänge nicht erklären konnte. Die Stärke der Atomisten lag
darin, daß sie die unendliche Vielfalt in der Natur ebensosehr berücksichtigten wie ihre geordnete Regelmäßigkeit.
Sie stellten eine Theorie der Atome auf: Diese Atome, die so
klein seien, daß man sie nicht sehen könne, bestünden alle
aus dem gleichen Stoff, doch in einer unübersehbaren Vielfalt
von Formen und Größen. Ihre Beziehungen untereinander
erzeugten die Vielfalt der Erscheinungen.

Die Stärke der Theorie liegt darin, daß sie das physische All
als einen von Naturgesetzen gelenkten physikalischen Bereich
betrachtet – Demokrit spricht von »Notwendigkeit« – und
daß sie keinerlei Ausnahmen zuläßt. Auch die Götter gehören
der Welt der Erscheinungen an und sind durch die gleichen
Prinzipien zu erklären wie andere Phänomene. Tatsächlich
entspricht die Theorie gewissen Grundsätzen, die seither fast
immer im Mittelpunkt des wissenschaftlichen Denkens ge-
standen haben. Sie nimmt an, daß alles Wissen mit den Sinnen
beginne, ohne die kein Wissen möglich sei. Sie ist daher nicht
vorbestimmt und verlangt von den Annahmen, daß sie durch
beobachtete Tatsachen zu bekräftigen seien. Zweitens ersetzt
sie den Gedanken einer äußerlichen Macht durch den Begriff
inhärenter Gesetze, die überall uneingeschränkt walten und
aus diesem Grund aufgedeckt werden können. Drittens behandelt sie auch den Menschengeist als eine Naturerscheinung,
die man gleichfalls untersuchen, erörtern und erklären könne.
Viertens: Obwohl sie das Vorhandensein eines leeren Raumes
voraussetzt, in dem die Atome sich bewegen – ein Konzept,
das nicht leicht beizubehalten ist und ohne weiteres Schwierigkeiten bereiten kann –, handelt es sich hier eigentlich nur
darum, den Raum als ein »Feld« zu betrachten, in dem
Bewegung möglich ist und Ereignisse stattfinden. Die Atom-

theorie beantwortete viele Fragen, welche die Griechen seit
langem beunruhigt hatten, und gab eine brauchbare Hypo-
these für neue Entdeckungen und umfangreichere Theorien
vom Wesen der Realität.

Die zweite große Leistung der Griechen für die Wissenschaft
führte von der Medizin zur Biologie. Zu Anfang des 5. Jahrhunderts sah Alkmäon von Kroton ein, daß der Arzt, wenn
er den menschlichen Körper verstehen will, den Tierkörper
und die Funktionen der inneren Organe studieren muß; wie
kühn diese frühe Biologie war, geht aus folgender Geschichte
hervor: Als einmal dem Perikles ein einhörniger Widder als
schlechtes Vorzeichen gebracht wurde, ließ Anaxagoras den
Schädel halbieren und zeigte, daß das Gehirn nicht seinen
richtigen Platz einnahm, sondern an der Stelle, wo das Horn
beginnt, zusammengeschrumpft war. Ähnliche Experimente
dienten im darauffolgenden Jahrhundert Aristoteles als Ausgangspunkt für seine bedeutsamen biologischen Studien und
seine ungeheure Anzahl von Sektionen. Von dem Wunsch,
Krankheiten dadurch zu heilen, daß man ihre Ursachen fest-
stellt, gingen die griechischen Wissenschaftler zum Studium
der physischen Struktur des Menschen und daher auch der
Säugetiere, Fische und Insekten über. Was als eine rein nütz-
liche Technik begonnen hatte, erweiterte sich zu einer echten
Wissenschaft und verblieb bis ins 2. Jahrhundert v. Chr. hinein verhältnismäßig lebendig und schöpferisch. Wenn die
Atomtheorie das Talent der Griechen beleuchtet, von einer
abstrakten Theorie auf ein ganzes Weltbild zu schließen, zeigt
uns die Medizin den entgegengesetzten Vorgang: Das gesammelte Wissen aus dem Operationssaal und dem Kranken-
zimmer verwandelt sich in ein System zusammenhängender
Aussagen über einen sichtbaren und greifbaren Mechanismus.
Dort ging man von dem Bestreben aus, die Prinzipien hinter

den Erscheinungen zu finden – hier steht der lebhafte Sinn für das Leben selbst und alles, was es in sich birgt.

Der Forschungsdrang, der in diesen großen Leistungen gipfelte, ging auch daran, den Menschen als ein – im weitesten Sinne des Wortes – soziales Wesen zu studieren. Vielleicht darf man nicht mit Unrecht behaupten, daß das in erster Linie ein Ergebnis der Medizin war. Als die Griechen merkten, daß die Gesundheit in hohem Maß von den Umweltsbedingungen abhängt, leiteten sie weitere Untersuchungen ein, welche die Anfänge der Anthropologie, Soziologie, Geographie und Geschichte bilden. Sie wußten, daß die Struktur des menschlichen Körpers relativ stabil ist, und versuchten nationale Verschiedenheiten durch Klima oder Kost zu erklären. Ein hippokratischer Autor erklärt die Freundlichkeit und Sanftheit der Asiaten durch die milderen Verhältnisse, unter denen sie leben, und die Ausdauer, den Fleiß und die Unternehmungslust der Europäer durch den schweren Daseinskampf. Solche Fragen gehörten der Forschung oder *historie* an: Dieses Wort, das auf das Studium des Menschen im allgemeinen angewandt wurde, enthält die Wurzel des Wortes »historisch«. Die griechischen Historiker gingen von festen Grundsätzen aus. Erstens sollte man sich nicht auf die Legenden verlassen, und Hekataios von Milet (etwa 550 bis 489 v. Chr.) darf in der Tat als der Begründer der Geschichtswissenschaften gelten, wenn er seine Absichten folgendermaßen formuliert: »Was ich hier niederschreibe, ist eine Schilderung dessen, was ich für wahr halte. Denn die Legenden der Griechen sind zahlreich und meiner Ansicht nach lächerlich.« Die griechische Legende hatte natürlich weder die Autorität noch die Unverletzlichkeit der Heiligen Schrift, und es stand jedem frei, an ihr Kritik zu üben: Aber sie in solchem Ausmaß zu kritisieren, war wirklich revolutionär. Vielleicht ging Hekataios zu weit, denn es steckt, wie wir heute wissen, in manchen altgriechischen Legenden ein Körnchen Wahrheit, aber zumindest eine Seite der Altertumsforschung seiner Zeit berechtigte ihn zu seiner Stellungnahme. Die Griechen stellten gerne den Zusammenhang mit der Vergangenheit her, und dazu diente ihnen vor allem die Genealogie; aber solche Stammbäume wurden oft nach politischen oder persönlichen Rücksichten konstruiert, und schon ihre Verschiedenheit mußte Verdacht erregen. Hekataios wollte mit solchen Phantastereien gründlich aufräumen und von vorne beginnen. Das führte zu einem zweiten Grundsatz der griechischen Geschichtsschreibung. Sie stellte den Menschen in seine natürliche Umgebung und legte großes Gewicht auf die Geographie. Hekataios war ebensosehr Geograph wie Historiker, und obgleich ihm nur begrenzte und sehr oft unrichtige Informationen zur Verfügung standen, nützte er sie gründlich aus und bemühte sich, nach bestem Können ein Bild der bewohnten Welt zu entwerfen. Anaximander hatte bereits eine Weltkarte geschaffen, und Hekataios verbesserte sie auf Grund von Informationen, die er teils von anderen erhielt, teils selber auf Reisen gesammelt hatte. Zweifellos waren diese Karten skizzenhaft, ungenau und voller Unwahrscheinlichkeiten, aber sie stellten an sich bereits einen bemerkenswerten Fortschritt dar. Drittens wählte Hekataios, so wie seine Nachfolger, nicht den Vers, sondern die Prosa als Mittel der Darstellung. Das könnte uns ganz selbstverständlich erscheinen, bedeutete aber de facto einen scharfen Bruch mit der Tradition. Bisher war die Poesie das übliche Mittel gewesen, die Vergangenheit heraufzubeschwören, und nicht nur Homer hatte sie für das Heldenzeitalter verwendet, sondern auch spätere Dichter bedienten sich ihrer, um die ionische Völkerwanderung, die Kriege gegen Lydien

und neuere Ereignisse zu schildern. Daß Hekataios sich für
die Prosa entschied, unterstrich den Bruch mit der alten Auffassung, das Wissen von der Vergangenheit sei von den Musen
inspiriert und werde von jedem Dichter ganz nach seinem
Geschmack variiert. An die Stelle dieser Auffassung setzte er
sein eigenes wissenschaftliches Ideal: Geschichtliche Daten
kann nur die Forschung zutage fördern, und dazu gehören
sachliche Kühle, strenger Fleiß und die Fähigkeit, das Beweismaterial zu sichten.

Obgleich Herodot nicht mit allem einverstanden ist, was
Hekataios sagt, und es manchmal an Anerkennung fehlen
läßt, setzte er dessen Werk in großem Format und in echt
wissenschaftlichem Forschungsgeist fort. Doch war auch
Herodot vom Epos und von der Tragödie tief beeindruckt und
verwendete manche ihrer Methoden, aber nur deshalb, weil
seiner Meinung nach die Ereignisse sich so abgespielt hatten,
und wir haben keinen Grund anzunehmen, daß er sich im
Wesentlichen geirrt hätte. Genauso wie Hekataios lernte er
viel auf seinen ausgedehnten Reisen, und die Beobachtung
ägyptischer Sitten und Legenden verschafften ihm eine bemerkenswerte Selbständigkeit und einen weiten Horizont.
Ihn interessierte so gut wie alles, was die Menschen betrifft;
seine geschichtlichen Werke sind ein reicher Schatz an Mit-
teilungen über viele Einzelheiten menschlicher Lebensweise.
Wenn ihn das einerseits veranlaßte, gewisse griechische Ansprüche mit skeptischem Blick zu betrachten, ermöglichte es
ihm auch, sein eigenes Volk besser zu verstehen, wie das nur
einem Menschen gelingt, der über äußere Vergleichsmaß-
stäbe verfügt. In seinen Augen hatten die »Barbaren« viele
interessante Seiten, und er gab sich nicht damit zufrieden,
sie als Ungeheuer oder Mißgeburten zu betrachten, sondern
behauptete, es sei die Sonnenhitze, welche die Gesichter

schwärzt und die Schädel hart macht. Er bemühte sich sogar, gewisse Regeln aufzustellen, nach denen physische Typen und Kategorien sich klassifizieren ließen; so zum Beispiel unterscheiden sich nach Herodot die Argippäer von ihren Nachbarn, den Skythen, dadurch, daß sie zwar ebenso gekleidet wie die Skythen gehen, jedoch kahlköpfig, stupsnäsig und bärtig sind, eine andere Sprache sprechen und sich zum Unterschied von den Skythen von Baumfrüchten nähren. Er basierte seine Beobachtungen auf ein System der *physis* (Natur) und des *nomos* (Sitte). Das bedeutet erstens, daß jede Gegend ihre eigenen natürlichen Bedingungen hat – und zweitens, daß die Sitten und Gebräuche je nach den Anforderungen der Umgebung wechseln. Auf diese Weise erklärte er die Unterschiede, welche die Griechen nicht ohne Geringschätzung zwischen sich und den Ägyptern konstatierten, und fand es sogar »natürlich«, wenn gewisse indische Stämme ihre toten Eltern verzehrten; denn, wie Pindar sagt, »das Herkommen herrscht über alle«. Aber er wußte, daß auch Sitten nicht unwandelbar sind und daß sie sich unter geänderten Bedingungen gleichfalls ändern können.

Seine große Erfahrung prädestinierte Herodot zu einer natürlichen Aufgeschlossenheit. Obwohl er manche Geschichten ablehnt, weil sie ihm unwahrscheinlich vorkommen, und andere oft nur mit größter Vorsicht behandelt, ist es bezeichnend für ihn, daß er zuweilen eine Geschichte ausführlich wiedergibt, der er selber skeptisch gegenübersteht. Ein auffallendes Beispiel dafür ist die Umsegelung Afrikas durch die von dem Pharao Necho ausgesandten Phönizier. Die von ihm angeführten Einzelheiten, wenn zum Beispiel erzählt wird, daß an einem bestimmten Punkt die Sonne »rechter Hand aufging«, bekräftigen den Wahrheitsgehalt des Berichtes. Wenn er erst einmal das Gefühl hatte, sich

auf ein Thema zu verstehen, schrak er nicht vor Spekulationen zurück, die man in so ziemlich jedem Jahrhundert der
christlichen Zeitrechnung vor dem 19. für unzulässig gehalten haben würde. Am bemerkenswertesten ist sein Gefühl
für die Dauer historischer und vorgeschichtlicher Zeiträume.
Er war durch keinerlei Schöpfungsdogma gebunden; als er
die alluvialen Ablagerungen des Nils im ägyptischen Delta
sah, verglich er sie mit fünf ähnlichen Fällen im Ägäischen
Meer und meint zum Schluß, wenn der Nil seine Richtung
änderte und ins Rote Meer flösse, würde er es nach zehn-
oder zwanzigtausend Jahren mit Schlamm gefüllt haben.
Er war tatsächlich der Ansicht, daß »im Laufe der Zeit alles
geschehen könne«, und es war diese Bereitwilligkeit, neue
Tatsachen zu akzeptieren und ihre Bedeutung zu erfassen,
die ihn zu einem echten Wissenschaftler machte.

In der darauffolgenden Generation hat Thukydides (etwa
460 bis etwa 400 v. Chr.) seine Geschichte des Peloponnesischen Krieges geschrieben. In mancher Hinsicht die Anti-
these des Herodot, ist er zugleich sein Erbe und Nachfolger.
Bei ihm reift die neue Wissenschaft der Geschichtsschreibung
heran, indem sie sich immer mehr spezialisiert, und er richtete
sein besonderes Augenmerk auf die sogenannte politische
Geschichte. Wenn das bedeutet, daß ihm die wache Neugier
und die Ausführlichkeit Herodots fehlen, heißt das aber
zugleich, daß seine Haltung kritischer ist und daß ihm mehr
daran liegt, auch in den kleinsten Einzelheiten den wahren
Sachverhalt festzustellen. Er befragte Augenzeugen neuerer
Geschehnisse und ging an die früheren Perioden mit scharfem, kritischem Verstand heran. Von den ersteren sagt er:

> »Ich habe es mir zum Grundsatz gemacht, nicht die erstbeste
> Geschichte, die mir begegnet, niederzuschreiben, und mich nicht
> einmal von meinen eigenen allgemeinen Eindrücken leiten zu

lassen. Entweder war ich selber bei den von mir geschilderten
Ereignissen anwesend, oder ich habe sie aus dem Mund von
Augenzeugen gehört, deren Berichte ich möglichst gründlich
überprüft habe. Oft war die Wahrheit nicht leicht zu finden:
Verschiedene Augenzeugen haben von ein und demselben Er-
eignis verschiedene Berichte geliefert, entweder weil sie für die
eine oder die andere Partei eingenommen, oder aber weil ihre
Erinnerungen lückenhaft waren.«

Und von den letzteren:

»Wir dürfen statt dessen behaupten, nur die klarsten Beweise
verwendet und Schlußfolgerungen gezogen zu haben, die einigermaßen exakt sind, in Anbetracht dessen, daß wir es mit der Geschichte des Altertums zu tun haben.«

Als seine oberste Pflicht betrachtete Thukydides die sorgfältige Prüfung des Beweismaterials und die Feststellung von
Tatsachen. Erst nachdem er das getan hatte, war er gewillt,
auf die ihm eigene strenge und kühle Art Theorien vorzu-
schlagen.

Ähnlich wie Herodot, aber auf andere Weise, verdankt Thukydides so manches der ärztlichen Wissenschaft. An die Geschichte des Peloponnesischen Krieges geht er mit einer fast
klinischen Exaktheit heran, analysiert zuerst Athen in seiner
Blüte und sodann die verschiedenen Gebrechen, die seinen
Charakter verdarben und zu seinem Sturz führten. Er macht
das zum größten Teil indirekt, indem er die Ideen darstellt,
welche das Denken der wichtigsten zeitgenössischen Staats-
männer und Politiker beherrschten, und sodann zeigt, welche
Ergebnisse diese Ideen in der Praxis gezeitigt haben. Doch
obgleich seine Methode eine indirekte ist, ist sie die Methode
der Wissenschaft, zumindest der politischen Wissenschaft im
strengsten Sinne des Wortes. Er behauptet nicht, daß sein
Werk die Menschen befähigen wird, die Zukunft vorauszu-

sagen, aber er weiß, daß das Studium seines Werkes ihnen
helfen wird, die Ereignisse besser zu verstehen; und zuweilen kommt er mit einer abstrakten Analyse wie der des
Klassenkampfes, von der er allerdings behauptet, daß sie
auf die meisten Bedingungen zutreffe, unter denen Klassen-
kämpfe entstehen. Er beschäftigt sich nur mit den Handlungen der Menschen und räumt übernatürlichen Kräften keinerlei Spielraum ein, weder den Göttern noch den Wechsel-
fällen des Schicksals, noch anderen Einflüssen. Obgleich er
sich zu religiösen Dingen wenig äußert, dürfte er wohl kaum
ein frommer Mann gewesen sein; auf jeden Fall hat er jede
Art von Aberglauben verachtet. Seine wissenschaftliche Schulung zeigt sich darin, daß er dem Verstand eine überragende
Bedeutung zumißt. Für ihn ist er die erste Eigenschaft, die
ein Staatsmann haben muß, und die verschiedenen politischen
Führer Athens beurteilt er nach dem Grad ihrer Verstandes-
gaben. Seiner Meinung nach entsprangen die von Kleon ge-
forderten barbarischen Maßnahmen oder die Grausamkei-
ten der Athener auf Melos einem unzulänglichen Urteils-
vermögen und waren aus diesem Grund um so gefährlicher.
Allerdings hatte auch er seine persönlichen Idiosynkrasien; er
wußte sehr gut, daß Religion und Moral für die Wohlfahrt
eines Staatswesens notwendig sind, aber er sah ein, daß sie
allein nicht genügten. Ja, es ist schwer, ihn nicht der Ironie
zu verdächtigen, wenn er sein Urteil über Nikias fällt, welcher dem athenischen Heer den einzigen Fluchtweg aus Syrakus dadurch versperrte, daß er den Rückzug hinauszögerte,
um der Gefahr einer drohenden Sonnenfinsternis auszuwei-
chen: »Ein Mann, der von allen Hellenen meiner Zeit am
wenigsten ein so klägliches Ende verdient hat, da sein ganzes
Leben dem Studium und der Ausübung der Tugend geweiht
war.« Diese Anschauungsweise entspricht jedoch einer tiefen

Überzeugung. Die moralische Lauterkeit des Thukydides ist ebenso groß wie die geistige, und seine Liebe zu den besten Dingen, die Athen kennzeichneten, verleihen seiner leidenschaftslosen Wißbegier eine besondere Tiefe. Seinem Respekt für die Wahrheit entsprach sein Respekt für bestimmte moralische Eigenschaften, besonders wenn sie staatsbürgerlicher oder sozialer Art sind, und er ist ein leuchtendes Beispiel für das Vermögen der Griechen, strenge Sittengesetze zu befolgen, ohne zu verlangen, daß übernatürliche Kräfte sie sanktionierten. Bei ihm, wie bei den Pionieren der Medizin, ist die sichtbare Welt auf den Platz stolz, den sie einnimmt, und bedarf geeigneter Forschungsmethoden, aber sein eifriges Interesse für diese sichtbare Welt schwächt in keiner Weise sein Gefühl für die Bedeutung dessen, was er studiert, oder für die ernsten Probleme, die er mit so unbestechlicher Sachlichkeit analysiert.

Obwohl die griechische Wissenschaft und Philosophie anfangs die Verbündeten der Religion waren, kam der Zeitpunkt, da dieses Bündnis nicht mehr so leicht aufrechtzuerhalten war. Allmählich zeigte sich, daß die wissenschaftliche Erklärung der Phänomene mit der religiösen Erklärung in Widerspruch geraten konnte, und es bedurfte einiger Geschicklichkeit, um eine Krise zu vermeiden. Die Physiker der Frühzeit gingen an das Problem recht gelassen heran; so zum Beispiel ein hippokratischer Autor, der das Wesen der Epilepsie, des sogenannten »heiligen Übels«, erörterte:

»Dieses Übel, das man als heilig bezeichnet, entspringt den gleichen Ursachen wie alle anderen Krankheiten, den Dingen, die aus dem Körper ausgehen und in ihn eingehen; der Kälte, der Sonne und dem unsteten Wechsel der Winde. Solcherlei Dinge sind göttlichen Wesens. Es ist also nicht nötig, diesem Übel einen besonderen Platz einzuräumen und es als himmlischer zu betrachten denn andere. Alle sind sie menschlich, und alle sind sie himmlisch. Ein jedes hat sein eigenes Wesen und seine eigene Kraft, keines ist hoffnungslos oder der Behandlung unzugänglich.«

Obgleich wir hier mit Recht eine leise Ironie wittern mögen, besteht kein Grund zu bezweifeln, daß solche Formulierungen akzeptiert worden sind. Man war ja der Meinung, daß die Götter allgegenwärtig seien und ihr Walten sich überall offenbare; also konnte eine Krankheit sowohl göttlichen wie menschlichen Ursprungs sein. Etwas komplizierter ist der Fall des Herodot, der fest überzeugt war, daß die Götter das Denken und Tun der Menschen beeinflussen, gleichzeitig aber an streng wissenschaftlicher Forschung interessiert war und, soweit es sich um die leblose Natur handelte, nur wissenschaftliche Erklärungen gelten ließ. Sobald Religion und Wissenschaft zueinander in Widerspruch gerieten, brachte auch er es fertig, dem Problem aus dem Weg zu gehen. Als er eine thessalische Legende erwähnt, der zufolge die Schlucht, durch die der Fluß Peneus ins Meer fließt, von Poseidon gegraben worden sei, sagt er: »Die Geschichte ist plausibel, und wer der Meinung ist, daß Poseidon die Erde erbeben läßt und daß die durch Erdbeben hervorgerufenen Klüfte das Werk dieses Gottes sind, muß diese Gebirgsschlucht dem Poseidon zuschreiben. Denn mir schien sie das Ergebnis eines Erdbebens zu sein.« Durch dieses geschickte Manöver vermied er es, bei Religion oder Wissenschaft Anstoß zu erregen. Es gelang ihm, beide gelten zu lassen, zwar unter gewissen Vorbehalten, jedoch ohne offene Kampfansage.

Das wurde in dem Augenblick schwieriger, da Wissenschaft und Philosophie ihr Augenmerk auf die Götter richteten und sie auf verschiedene Arten zu erklären versuchten. Je gründlicher eine Theorie war, desto schwieriger war es, die

Götter einzufügen. Demokrit, der sie de facto aus dem Welt-
regime entfernt, schloß insofern einen Kompromiß, als er
sie in eine Art seelischer Phänomene verwandelte, die auf
irgendeine Weise Glück oder Unglück bringen können. Prodikos ging noch weiter und meinte, alle natürlichen Dinge,
auf denen das Leben beruht, würden als Gottheiten betrachtet und demgemäß verehrt. Auch das untergräbt den Glauben, da es die Götter zu rein physischen Kräften degradiert
und ihr Tätigkeitsgebiet erheblich einschränkt. Eine dritte,
noch destruktivere Auffassung war die des Kritias (etwa
460–403 v. Chr.), der eine Figur in einem Stück sagen läßt,
die Götter seien die Erfindung eines großen Lehrmeisters,
der die Menschen einschüchtern wollte, damit sie sich den
Gesetzen fügten, und deshalb behauptete, Blitz und Donner
seien das Werk der Götter:

> Mit solch gefürchteten Schrecken umzingelte er sie,
> und schlau mit einem einzigen Worte gab er den Göttern
> eine Wohnstatt, die ihnen wohl ziemte.
> So beseitigte er die Rechtlosigkeit durch das Gesetz.

Wenn solche Ansichten möglich waren, ist es nicht erstaunlich, daß Protagoras seinen eigenen Standpunkt folgendermaßen zusammenfaßt: »Was die Götter betrifft, so kann ich
nicht feststellen, ob sie existieren oder nicht, oder auch nur,
wie sie aussehen. Denn diesem Wissen steht vieles im Wege –
die Unklarheit des Problems und die Kürze des Menschenlebens.« Obgleich die griechische Philosophie anfangs einen
durchaus religiösen und sogar frommen Anstrich hatte,
wurde sie gerade durch die innere Konsequenz und die Wahr-
heitsliebe sehr oft zum Agnostizismus oder Skeptizismus gezwungen, und der Durchschnittsbürger befürchtete, sie könnte
zu einer Gefahr für die Gesellschaft werden.

Wenngleich sehr viele Griechen diese Entwicklung mit Arg-
wohn betrachtet haben mögen, gereicht es ihrer politischen
Toleranz zur Ehre, daß sie nicht allzu streng gegen deren
Bannerträger vorgingen. Ja, der Angriff auf die irreligiösen
Folgerungen der Naturwissenschaften setzte erst ein, als der
Peloponnesische Krieg das Selbstvertrauen zu untergraben
begonnen hatte und der Aberglaube neue Nahrung erhielt.
Außerdem dürfen wir vermuten, daß politische Motive da-
hintersteckten. Als die Gegner des Perikles ihn angreifen
wollten, bestand einer ihrer Schachzüge darin, den Anaxagoras zu attackieren, der nicht nur erklärt hatte, der Mond
bestehe aus Erdreich und die Sonne sei ein weißglühendes
Felsstück, größer als der Peloponnes, sondern außerdem die
wahren Ursachen der Sonnen- und Mondfinsternisse festgestellt hatte. Eine zweifelhafte Gestalt, ein Seher namens
Diophites, setzte ein Dekret durch: »Wer nicht an die göttlichen Dinge glaubt, oder wer in seinen Lehren erklären will,
was am Himmel vorgeht«, sei vor Gericht zu stellen. Anaxagoras wurde angeklagt und verurteilt; zum Glück gelang es
ihm, nach Lampsakos zu entkommen, wo er friedlich und
hoch geehrt sein Leben zu Ende lebte. Es war das auch nicht
der einzige Fall solcher Unterdrückungsmaßnahmen. Dia-
goras, Protagoras und möglicherweise auch Euripides wurden
unter ähnlichen Beschuldigungen vor Gericht gestellt; aber der
berüchtigtste Prozeß fand nach Kriegsende statt, als Sokrates
verurteilt und hingerichtet wurde. Die Anklage war sehr geschickt formuliert und behauptete, »er anerkenne nicht die
vom Staate anerkannten Götter, sondern wolle neue Gottheiten einführen«. Dahinter steckten politische Gründe. Sokrates war mit Kritias befreundet gewesen, der als einer der
Dreißig Athen nach der Niederlage im Jahre 404 v. Chr. mit
unbarmherziger Brutalität regierte. Die eigentliche Anklage

aber nützte weitverbreitete Vorurteile aus: »Es gibt da einen gewissen Sokrates, einen weisen Mann, der untersucht hat, was am Himmel vorgeht, sowie alles, was sich in den Tiefen der Erde begibt.« Leider enthielt das ein Körnchen Wahrheit. In seiner Jugend hatte Sokrates sich für Naturphänomene interessiert und war dafür im Jahre 423 v. Chr. von Aristophanes in seinen »Wolken« angeprangert worden: Dort lehren die Schüler des Sokrates, daß Zeus nicht existiere und daß seine Herrschermacht auf Dinos, den Wirbelwind, übergegangen sei, und daß Regen, Donner und Blitz nicht vom Himmelsgott, sondern von ungehörigen Störungen im Gewölk herstammten. Die erste Hälfte der Anklage gegen Sokrates konnte sich also auf eine populäre Travestie seiner Ansichten stützen. Die zweite Hälfte war nicht weniger schwerwiegend und berief sich auf das »himmlische Zeichen«, von dem Sokrates behauptete, es habe sein Leben entscheidend beeinflußt und sei von keinem bestimmten Gott gesandt worden. Die geschickte Kombination zweier Anschuldigungen, die jede für sich nicht völlig unbegründet war, genügte in der erregten Stimmung der Zeit, um ein Todesurteil zu erwirken. Zweifellos hat Sokrates sich durch die Art seiner Verteidigung gegen eine Anklage, die er nicht ernst nehmen konnte, selber nicht eben genützt, aber es ist eine seltsame Ironie, daß er, ein aufrichtig religiöser Mann, für eine Wissenschaft, auf die er keinen Wert mehr legte, den Märtyrertod erleiden mußte.

Der Gegensatz zwischen Wissenschaft und Religion wurde durch den nicht weniger ernsten Konflikt zwischen Naturwissenschaft und Philosophie ergänzt. Die alte Kombination, die in der Vergangenheit für beide so sehr vorteilhaft gewesen war, zerbrach an der grundlegenden Frage nach dem Wesen und den Möglichkeiten der Erkenntnis. Während die Naturwissenschaft ihr System auf den Funktionen der Sinne

Großer, reich verzierter Bronzekrater (Höhe 1,64 m), der 1953 beim Dorf Vix
in Frankreich (Châtillon-sur-Seine) gefunden wurde und aus Tarent stammt.
Um 520 v. Chr. Châtillon-sur-Seine, Musée archéologique.

Oben: Aphrodite auf einem Schwan. Schale des Pistoxenes-Malers. Um
460 v. Chr. London, Britisches Museum.
Unten: Eos trägt den toten Memnon. Schale aus Duris. Anfang des
5. Jhs. v. Chr. Paris, Louvre.

begründete, mit deren Erforschung sie sich begnügte, war die Philosophie der Meinung, man dürfe sich nicht auf die Sinne verlassen; sie bieten keine feste Grundlage des Wissens. Einerseits leugnete ein Verfasser medizinischer Schriften rundweg die Gültigkeit abstrakter Argumente: »Rein terminologische Schlußfolgerungen können nicht fruchtbringend sein – nur solche, die sich auf erwiesene Tatsachen stützen. Denn Behauptung und Gerede sind trügerisch und verräterisch. Deshalb muß man auch bei Verallgemeinerungen an den Tatsachen festhalten und sich unentwegt mit diesen beschäftigen, will man jenes einsatzbereite und unfehlbare Können erwerben, welches wir als die Heilkunst bezeichnen.« Andrerseits hatte die Philosophie seit jeher behauptet, ihr Gegenstand, die Wirklichkeit, sei nur durch das Denken erforschbar. Über das Wesen dieser Wirklichkeit konnte man verschiedener Ansicht sein; wurde jedoch ihre Entwicklung der Philosophie verneint, konnte sie kaum bestehen. Offenbar reichten die Sinneswahrnehmungen oder »Tatsachen« nicht aus. Das Problem, das sich hier ergab, wurde von Gorgias (etwa 483–376 v. Chr.) erkannt, welcher erklärte, die durch die Sinne wahrnehmbaren Gegenstände seien ebenso unwirklich wie die Gegenstände der Erkenntnis, weil beide sich nicht nur mit dem Sein, sondern auch mit dem Nichtsein beschäftigten, und es sei unmöglich, zwischen ihnen eine Unterscheidung zu treffen. Es folgert daraus, daß nichts existiere; sollte jedoch etwas existieren, könnten wir es nicht erkennen; und könnten wir es sogar erkennen, wären wir außerstande, es anderen mitzuteilen. Manches daran ist paradox, und gegen den Begriff des Nichtseins ließe sich allerlei einwenden, aber die Fragestellung verlangte eine Antwort, da sie zu verstehen gab, daß die Methoden der Philosophie, wenn man sie bis an ihre Grenzen vorantrieb, die Philosophie selber unmöglich

machten. Protagoras versuchte einen Ausweg zu finden. Er
lehrte, der »Mensch ist das Maß aller Dinge«, und die Dinge
sind das, was sie scheinen. Eine solche Theorie mußte logischer-
weise zum Solipsismus und einer endlosen Reihe isolierter,
privater Universa führen, deren Bewohner sich nicht meitein-
ander verständigen können. Ende des 5. Jahrhunderts waren
die guten Beziehungen zwischen Philosophie und Naturwissenschaft in eine Krise geraten, und es sah so aus, als könnten
sie nie mehr wiederhergestellt werden.
Platon fiel im 4. Jahrhundert die Aufgabe zu, mit heroischer
Anstrengung an den Versuch heranzugehen, die Wunden
zu heilen. Das majestätische Gebäude seiner Philosophie, das
er Stück für Stück im Laufe eines langen Lebens aufgebaut
hat, zielte darauf ab, die Möglichkeit des Wissens zu beweisen und den Sinneswahrnehmungen einen Platz zuzuordnen.
Er sah, daß genauso, wie sich in der Mathematik aus gewissen
Prämissen gewisse Schlußfolgerungen ergeben, auch in der
Philosophie aus gegebenen Prämissen mit gleicher Zwangs-
läufigkeit Argumente abgeleitet werden können. Er unterschied, wie das schon vor ihm andere getan hatten, zwischen
Sein und Werden, aber im Gegensatz zu den Naturwissen-
schaftlern behauptete er, daß das Sein real und das einzige
Objekt der Erkenntnis, das Werden hingegen, das vom Sein
abhängt, reine Erscheinung und das Objekt unbestimmter
Vermutungen sei. In seinen Augen besteht die Wirklichkeit
aus Idealformen, die gleichzeitig logische Verallgemeinerungen, die der Verstand begreifen kann, und einzigartige
»Ideen« sind, die eine fast mystische Andacht hervorzurufen
vermögen. Um seine »Formen« zu begründen, rief er, vielleicht indirekt, aber ganz eindeutig, die Religion zu Hilfe
und behauptete, unsere Kenntnis der Formen beruhe auf
Erinnerungen aus einem früheren Dasein. Das kann de facto

nur bedeuten, daß unser Wissen um diese Formen angeboren ist; auf jedem Fall aber kommt es nicht von den Sinnen. Obgleich das platonische System die Zweifel an der Möglichkeit der Erkenntnis beseitigte, versetzte es der Wissenschaft einen harten Schlag. Es besagte, daß Beobachtung und Experiment dem A-priori-Denken zu weichen hätten. Platon selber war dermaßen von dem Begriff eines rationalen Universums besessen, daß er es für möglich hielt, dessen Gefüge so zu bestimmen, wie seiner Meinung nach der Schöpfer es hätte konstruieren müssen. Auf seiner Suche nach Gewißheit versäumte er zu berücksichtigen, daß wir uns in vielen Dingen nicht mehr erhoffen dürfen als eine vernünftige Annahme, und daß solche Axiome wertvoller sein können als jede dogmatische Behauptung.

Aber Mathematik, Philosophie und Naturwissenschaft der Griechen haben sowohl die Wirren des Peloponnesischen Krieges als auch Platons Gegenreformationen überlebt und standen noch weitere vier bis fünf Jahrhunderte in voller Blüte. Dies ist wahrhaft ein Zeugnis für das solide Fundament, auf dem sie ruhten, und für den Anreiz, den ihre Probleme nach wie vor für die Menschen hatten. Ständig aber ging der Kampf weiter zwischen den alten experimentellen und den von Platon kanonisierten Methoden, daß die Erkenntnis unabhängig von der experimentellen Erfahrung gewonnen werden könne; und im großen und ganzen trug Platons Schule den Sieg davon. Obgleich die Biologie und ihre tapfere Verbündete, die Medizin, mindestens bis zu den Tagen Galens (129–199 n. Chr.) die Rechte des Experimentes verteidigten, galt mit der Zeit auf anderen Forschungsgebieten das abstrakte Denken für ehrenvoller als die empirische Wissenschaft. Obgleich Archimedes Kriegsmaschinen für die Verteidigung von Syrakus konstruierte und

auf dem Gebiet der angewandten Mathematik erstaunliche
Entdeckungen machte, maß er diesen Entdeckungen nur
geringe Bedeutung bei und wollte sie nicht einmal schriftlich niederlegen. Die griechische Mathematik, die mit rein
praktischen Tendenzen begonnen hatte, wurde immer abstrakter, während ihre Gewandtheit und ihre Schönheit sich
vervollkommneten. Die Philosophie behielt den Kontakt
mit der Welt des Handelns, und bei Epikur bildet die Atomtheorie gleichzeitig eine moralische Richtschnur, aber der
wissenschaftlichen Forschung war sie wenig förderlich, und zuletzt wich der Materialismus einer Welt transzendentaler Abstraktionen. Schließlich streckte sogar die Medizin die Waffen
und zog der Untersuchung des menschlichen Körpers die Spe-
kulation vor. Das liegt nun freilich außerhalb unseres Rahmens, bildet aber einen guten Kommentar zu der Geschichte
der Mathematik, Philosophie und Wissenschaft in der klassischen Zeit. Damals lag die Stärke der Wissenschaft in der
Beschäftigung mit der sichtbaren Welt, in der sie unvergängliche Prinzipien zu finden trachteten, und man kann es ihnen
wohl kaum zum Vorwurf machen, wenn sie Fragen stellten,
die so wichtig und so schwierig waren, daß spätere Generationen den Prinzipien mehr Aufmerksamkeit schenkten als
den Phänomenen, die sie erklären sollten.

EPILOG

Im 7. und 6. Jahrhundert hatte die griechische Zivilisation sehr vieles der Mannigfaltigkeit und Selbständigkeit rivalisierender Stadtstaaten zu verdanken, von denen jeder seinen eigenen bedeutsamen Beitrag zu den »köstlichen Dingen von Hellas«, wie Pindar sie nennt, zu leisten wünschte. Wenn auch die Leistungen einem grundlegenden Schema folgten, war nach außen die Vielfalt um so bunter und wurde durch lokale Besonderheiten nur noch bereichert. Dieses kulturelle Gleichgewicht wurde durch eine politische Machtbalance ergänzt und eigentlich aufrechterhalten: Kein einzelner Staat war stark genug, um die anderen zu beherrschen oder ernsthaft in die Lebensweise seiner Nachbarn einzugreifen. Im 5. Jahrhundert trat eine drastische Änderung ein. Nach dem Sieg über Persien zerfiel der griechische Staatenbund in zwei große Lager, das eine von Sparta und das andere von Athen geführt. Während Sparta das alte aristokratische Landleben in seiner Abneigung gegen politische Neuerungen und geistige Abenteuer repräsentierte, vertrat Athen das neue, auf Handel und Handwerk beruhende demokratische Ideal und begrüßte jede Neuerung als ein willkommenes Mittel, um seiner überschäumenden Vitalität freien Lauf zu lassen. Beide Lager betrachteten einander voller Angst, Arg-

wohn und Eifersucht, und von Zeit zu Zeit kam es zu kriegerischen Auseinandersetzungen. In dieser unbehaglichen Situation zog Sparta sich auf seine uralten Traditionen zurück,
und dadurch, daß es Sittenstrenge und Vaterlandsliebe über
alles andere setzte, büßte es viel von seiner früheren Anmut
ein. Athen, von Ehrgeiz beflügelt und fest überzeugt, auch
die höchsten Ziele erreichen zu können, begünstigte neue
Strömungen in Kunst und Wissenschaft und vereinigte in
seiner Hand die zahlreichen verschiedenartigen Fäden griechischer Zivilisation. Um die Mitte des 5. Jahrhunderts läßt
kein anderer griechischer Staat sich an Macht, Kraft und Originalität mit Athen vergleichen. Zu dieser Zeit vereinigte
Athen in nahezu vollkommenem Maß alle Kräfte, die den
Griechen eine einzigartige Stellung unter den Völkern geschenkt hatten und ihrem Weltbild und ihren Sitten ein besonderes Gepräge verliehen. Was das für die Athener selber
bedeutete, geht aus einem Gesang hervor, den Euripides im
Jahre 431 v. Chr. kurz vor dem Ausbruch des Peloponnesischen Krieges geschrieben hat:

Von alters her lächelt den Söhnen des Erechtheus das Glück.
Kinder gesegneter Götter,
in einem heiligen und unbefleckten Lande geboren,
zehren sie von erhabener Weisheit,
ewiglich voller Anmut wandelnd unter dem hellsten der Himmel,
wo einstmals, so wird uns berichtet, die heiligen Neun,
die Pierischen Musen,
die goldhaarige Harmonia schufen.
Aus den ruhig dahinfließenden Wassern des Kephaisos, heißt es,
füllt Aphrodite den Krug,
und über die Lande haucht sie
den süßen, sanften Atem der Winde.
Ewiglich krönt sie ihr Haar

mit einem duftenden Rosenkranz.
Ihre Liebesgötter entsendet sie, daß sie thronen zu
                                                seiten der Weisheit
und mit ihr im Bunde allerlei Vortreffliches wirken.

Die Athener waren überzeugt, die Götter hätten sie voll
Großmut mit ihren herrlichsten Gaben überschüttet und
Athen verkörpere die edelsten Schätze der griechischen Zivilisation. Athen war tatsächlich das »Hellas im Hellas«, wie
Thukydides es in seinem Nachruf auf Euripides nennt.
Ein solches Gefühl der Macht führte leicht zu der Überzeugung, eine Mission zu haben, und viele Athener dürften dem
Perikles recht gegeben haben, als er sagte: »Unsere Stadt ist
die Lehrmeisterin Griechenlands.« Ein Teil dieser Erziehung
geschah mit friedlichen Mitteln, durch anspornendes Beispiel
und großzügige Hilfe. Nicht alle aber fügten sich ohne weiteres diesen Angeboten, und dort, wo die athenische Zivilisation nicht freiwillig übernommen wurde, wurden manchmal
brutale Zwangsmittel angewendet. Das athenische Imperium
bot seinen Mitgliedern zahlreiche Vorteile; seine Politik aber,
die dem Selbstvertrauen und dem Glauben an die demokratischen Ideale entsprang, mußte bei allen, die solche Ideale
verabscheuten, Mißtrauen, Furcht und Haß erwecken. Das
Wachstum athenischer Macht und athenischen Reichtums
führte zuletzt zu dem langwierigen Peloponnesischen Krieg
zwischen Athen und Sparta, die beide durch eine gewaltige
Schar von Verbündeten unterstützt wurden. Als Thukydides
die Geschichte dieses Krieges zu schreiben begann, erklärte
er, die Ereignisse dieses Krieges seien der »Überlieferung
an die Nachwelt würdiger als die irgendeines anderen Krieges zuvor«. Er hatte recht: Dieser Krieg war der Todeskampf
des alten Griechenland. Nach seiner Beendigung war nicht
nur Athen besiegt, sondern auch der Gegner völlig erschöpft.

Für die Athener war die endgültige Niederlage etwas, das sie
nie für möglich gehalten hätten. In den Jahren 459–454
v. Chr. war ihre Expedition nach Ägypten katastrophal gescheitert, aber das hatte sie nicht daran gehindert, in Griechenland eine aktive, aggressive Politik fortzusetzen. Der
Zusammenbruch im Jahre 404 v. Chr. war etwas anderes.
Tüchtigkeit und Glück, Athens Leitsterne und Beschützer,
ließen es nun im Stich, und es stand seinen Gegnern wehrlos
gegenüber. Als im Jahre 413 v. Chr. das athenische Heer bei
Syrakus vernichtet worden war, hatte Euripides einen Nachruf auf die Gefallenen verfaßt: »Acht Siege haben diese
Männer über Syrakus erfochten, solange die Gunst der Götter gleichmäßig auf beide Seiten verteilt war.« Nun aber war
die Gunst der Götter ungleich verteilt; diese Erkenntnis versetzte Athen in Angst und Schuldbewußtsein und rief die
Erinnerung an früher verübtes Unrecht wach. Als im Sommer des Jahres 405 v. Chr. Athen bei Aigospotamoi seine
Flotte verlor, wurde die Lage hoffnungslos. Die Botschaft
wurde von der Galeere Páralos gebracht, und Xenophon berichtet, wie die Hiobsbotschaft von Mund zu Mund lief, und
wie sodann an den langen Mauern von Piräus bis Athen ein
Jammergeschrei emporstieg: »In dieser Nacht hat keiner
geschlafen. Sie beweinten nicht nur die Toten, sondern weit
mehr noch sich selber, da sie befürchteten, das gleiche erdulden zu müssen, das sie den Einwohnern von Melos, den
spartanischen Kolonisten, angetan hatten, als sie diese durch
eine Belagerung in die Knie zwangen, auch den Einwohnern
von Histiaia und Skione und Torone und Ägina und noch
vielen anderen Griechen.« Das Unvorstellbare war geschehen. Die Athener fühlten sich gleichzeitig von den Göttern
verlassen und von den Menschen gehaßt, die nach Rache
schrien und auch imstande waren, Rache zu üben.

Auf den ersten Blick könnte es scheinen, als hätte der
Niedergang Athens in dem Jahre 404 ein Gegengewicht in
neuen und kraftvollen Strömungen gefunden, die keineswegs
auf einen Verfall der Kräfte oder der Unternehmungslust
hindeuten. Indessen versank die Poesie, die früher einmal die
Seele athenischer Größe gewesen war, entweder in grobe
Sinnlichkeit oder weichlichen Charme. Die Bildhauerei aber
sollte in Skopas und Praxiteles Meister finden, die den
Darstellungen menschlicher Körper eine neue Frische verliehen und den Eindruck lebenden Fleisches auf eine Weise
zu vermitteln vermochten, wie es ihren Vorläufern nie gelungen war. Die Rhetorik wurde beinahe zu einer schönen
Kunst und schuf Meisterwerke, die jahrhundertelang ihrer
Sprache, ihrer Rhythmen und ihres Satzbaues wegen studiert
wurden. Die Mathematik setzte ihren majestätischen Sieges-
zug fort, als Eudoxos (408–365 v. Chr.) die allgemeine
Theorie der Proportion und sein Schüler Menaichmos den
Kegelschnitt entdeckte. Der größte Triumph dieses Zeitalters aber war die Entfaltung der Philosophie. Platon und
Aristoteles bemächtigten sich sämtlicher philosophischen und
wissenschaftlichen Resultate, unterzogen sie einer tiefschürfenden Kritik und schufen eigene Systeme von gewaltigem
Format. Platon behandelte die philosophischen Probleme
mit bis dahin beispielloser Gründlichkeit und Konsequenz;
auch heute noch müssen wir die unübertreffliche Kraft bewundern, mit der er eine wichtige Frage nach der anderen
formuliert und seine Erörterungen in einer wunderbar klaren, ebenmäßigen und lebendigen Sprache präsentiert. Von all
den zahlreichen Antworten, welche die Menschen auf die
Frage nach dem Wesen der Wirklichkeit und der Erkenntnis
gefunden haben, hat die seine das anhaltendste Echo gefunden. Aristoteles hat etwas anderes versucht. Mit seinem

enzyklopädischen Streben, das gesamte Wissen seiner Zeit
systematisch zu ordnen und durch eigene bemerkenswerte
Entdeckungen zu bereichern, hat er nicht nur wertvolle Beiträge zur Metaphysik und Logik geleistet, sondern auch die
medizinische Forschung des vorangegangenen Jahrhunderts
zu einer rein wissenschaftlichen Biologie ausgebaut und über
ethische Probleme eines der wenigen Bücher geschrieben, die
man nicht ungestraft übersehen darf. Dank seiner doppelten
Leistung nimmt das 4. Jahrhundert einen Ehrenplatz in der
menschlichen Geistesgeschichte ein; aber weder in Athen
noch auch anderwärts in Griechenland konnten diese neuen
Triumphe restlos das ersetzen, was verlorengegangen war.
Hinter der eindrucksvollen Fassade macht sich ein unver-
kennbarer Rückgang der früheren Vitalität und Zuversicht
bemerkbar, eine Tendenz, vieles anzuzweifeln, das früher
selbstverständlich war, und die Scheu vor Aufgaben, die keine
unmittelbaren Ergebnisse zeitigten. Der geistige Schwung,
der die Zierde des 5. Jahrhunderts gewesen war, wich einer
Art Beschämung; vieles, das man früher angestrebt und geehrt hatte, wurde nun schuldbewußt verworfen. Obgleich
sowohl das Trauerspiel wie die Komödie weiterlebten, ähnelten sie keineswegs mehr den alten Vorbildern. Die Tragödie,
die ihren Ehrgeiz darein gesetzt hatte, eine nationale Kunst
zu sein und im Namen des ganzen Volkes aufzutreten, wurde
zu einem fast privaten, engbegrenzten, rein ästhetischen
Zeitvertreib, den man mit delikater Manieriertheit pflegte.
In der Komödie versuchte sogar Aristophanes, der noch im
Jahre 405 v. Chr. all seine alte Phantasie und seinen großartigen Überschwang in den »Fröschen« ausgebreitet hatte,
im Jahre 391 mit den »Ekklesiazusai« den Mangel an Inspiration durch kalte, gekünstelte Obszönität wiedergutzu-
machen, die gar keine Ähnlichkeit mehr mit seiner früheren

lustigen Derbheit hat. Noch viel schwerwiegender war der Umstand, daß die Philosophen, die sich um die Lehren der Geschichte bemühten, einmütig das Perikleische Zeitalter als verhängnisvoll betrachteten. Wenn Platon nach Sünden-böcken für den Verfall Athens sucht, nennt er nicht die kor-rupten Demagogen, die auf Perikles folgten, sondern The-mistokles, Kimon und Perikles selbst und klagt: »Sie haben die Stadt mit Häfen und Werften und Mauern und Tributen angefüllt statt mit Rechtschaffenheit und Mäßigung.« Da wird die Vergangenheit in Bausch und Bogen abgetan, die Welt, in die Platon selber hineingeboren worden war und in der seine Familie eine hervorragende Rolle gespielt hatte. In seiner frühen Jugend hatte er den Fall Athens miterlebt, und die bittere Erinnerung daran verfolgte ihn sein Leben lang. Er konnte nur dadurch Frieden finden, daß er die Männer verurteilte, die zuviel gewollt hatten und am Ende gescheitert waren, und entwarf Herrschaftssysteme, in denen eine solche Politik nicht mehr möglich sein würde. Aristoteles ist auch nicht viel großmütiger. In seinen Augen bedeutete das Wachs-tum der Demokratie in Athen unter Ephialtes und Perikles die Machtübernahme durch den tyrannischen Pöbel, dessen Führer er für wertlose Demagogen hielt. Sowohl er wie Pla-ton leugneten die Größe des perikleischen Athen und wiesen sein Grundprinzip zurück, daß man seinen Bürgern auch die wichtigsten Entschlüsse anheimstellen dürfe, weil sie freie und vernünftige Männer seien.

Nach dem Tod Alexanders im Jahre 323 v. Chr. traten die Risse und Mängel der griechischen Zivilisation immer deut-licher zutage. Das hellenistische Zeitalter, das nun seinen Anfang nahm, machte zwar insofern große Fortschritte, als es barbarischen Völkern griechische Sitten brachte, und es war auch in den schönen Künsten und in den Wissenschaften

keineswegs unfruchtbar. Aber noch stärker als das 4. Jahrhundert litt es unter dem Mangel an Selbstvertrauen; es
fehlte der feste Mittelpunkt, auf den man sich hätte verlassen
können. Die alte Religion entartete entweder zu einem star-
ren Ritual oder zu einem Rationalismus, der den Göttern
das Geheimnisvolle und beinahe die Göttlichkeit raubte.
Neue Wellen des Aberglaubens fegten über die Welt hin,
und in ihrem Trubel verloren die Griechen den Sinn für das
besondere Verhältnis zwischen dem Menschen und seinen
Göttern.

Einerseits rissen hellenistische Monarchen göttliche Titel und
Ehren an sich. Es liegt etwas von großartiger Unverschämtheit in dem von Antiochos Epiphanes (etwa 205–164 v. Chr.)
im Tempelhof zu Jerusalem eingeführten Kult der »Greuel
der Verwüstung« wie auch in der Behauptung dieses Antiochos, Jehova sei identisch mit Zeus, und er, der »offenbarte«
Gott, verkörpere beide in seiner Person. Auch über den letzten Stunden der Kleopatra liegt ein wahrhaft heroischer
Glanz, da sie ihre königlichen Gewänder anzieht und die
Aspis, die Botin des Sonnengottes Ra, an die Brust drückt,
damit sie im Tod mit ihrem Vater vereint werde. Doch
können auch diese stolzen Beispiele uns nicht darüber hinweg-
täuschen, daß die göttlichen Ehren, die man den Königen
und Königinnen erwies, der griechischen Auffassung vom
Menschen kraß widersprachen.

Demgegenüber steht die verbreitete Auffassung, man könne
sich jede Mühe ersparen und alle Verantwortung den Göttern in die Schuhe schieben, vor allem mit Hilfe astro-
logischer Spekulationen. Die Vorstellung, das Leben eines
Menschen sei von der Wiege bis zum Grab durch die Stern-
konstellation bei seiner Geburt vorausbestimmt, stammte
aus dem Orient und stand in schroffstem Gegensatz zu der

griechischen Überzeugung von menschlicher Willensfreiheit. Aber im Gefühl der Niederlage begrüßten die Griechen diese Vorstellung: Wenn alles vorausbestimmt ist, hat es keinen Sinn, gegen die Sterne anzukämpfen. Da war es nun viel bequemer, sie zu studieren und abzuwarten, was kommen wird. Man ist darauf gefaßt, man kann es leichter hinnehmen. Die Verherrlichung der Könige und die Astrologie haben, jede auf ihre Art, der alten Religion den Todesstoß versetzt und eine Götterdämmerung heraufbeschworen.

Der allmähliche Verfall der hellenistischen Welt beleuchtet durch seine Kontrastwirkung die Größe des Zeitalters, das ihr vorangegangen war. Vom 8. Jahrhundert an bis fast zum Ende des 5. Jahrhunderts entwickelten die Griechen ihre Kultur mit einer beispiellosen Schnelligkeit und Leistungskraft. Die Ergebnisse sind so eindrucksvoll, daß wir gern gewisse Anzeichen übersehen, die uns sagen müßten, daß das Gebäude nicht immer auf festen Fundamenten geruht hat. Gerade das schnelle Wachstum erschwerte die Anpassung gewisser Änderungen an die bestehenden Gebräuche und Gewohnheiten. In der Religion konnte die Vorherrschaft der olympischen Götter niemals ganz die Kulte und religiösen Anschauungen verdrängen, die einer älteren und erdgebundeneren Denkweise angehört hatten. In der Politik ließ der Übergang von der Monarchie zur Adelsherrschaft immer noch die Möglichkeit offen, daß ehrgeizige Abenteurer, wenn auch nicht den Titel, so doch die Macht eines Königs an sich rissen, und der Übergang von der Aristokratie zur Demokratie ließ selbst in den demokratischsten Staaten soziale Gruppen weiterbestehen, die vor nichts zurückschreckten, um verlorene Privilegien wiederzuerobern. Die Erweiterung der Grenzen durch Eroberungszüge oder Kolonisierung ließen oft unter den Opfern einen schwelenden Groll zurück, der sich bei der ersten günstigen Gelegenheit gewaltsam Luft machte. Außerdem erforderte die Zivilisation, von der die Griechen träumten, mit ihrer Liebe zum Müßiggang und zum Reichtum, der die Muße erst ermöglicht, auch ein reiches Land. Doch bei zahlreichen Unternehmungen wurden sie durch ihre Armut behindert, und die meisten Volksgruppen waren dem Verhungern so nahe, daß selbst die kleinste Störung der wirtschaftlichen Verhältnisse zum raschen Untergang führen konnte. Athen wurde schließlich deshalb von Sparta besiegt, weil es ohne die Getreidezufuhr vom Schwarzen Meer her nicht existieren konnte; als diese Zufuhr durch die Vernichtung der athenischen Flotte abgeschnitten wurde, blieb nichts übrig, als die Waffen zu strecken. Das bedeutete außerdem, daß der Krieg, wenn er nicht mehr nur ein gelegentlicher Zeitvertreib war und, wie der Peloponnesische Krieg, viele Jahre dauerte, beide Lager erschöpft und fast unrettbar verarmt zurückließ. Auch die Stellung Griechenlands im Mittelmeerraum war durchaus nicht gesichert. An Bevölkerungszahl konnte es sich nie mit den ungeheuren asiatischen Monarchien vergleichen, und es war ein reines Glück, daß diese im 8. und 7. Jahrhundert allzusehr damit beschäftigt waren, einander zu bekriegen, als daß sie auf den Gedanken gekommen wären, über Griechenland herzufallen. Als Persien sich sodann unter Dareios und Xerxes in Bewegung zu setzen begann, bedurfte es der größten Anstrengung eines geeinten Griechenlands, um sich zu behaupten, und auch später noch war die persische Gefahr stets so real, daß es unklug gewesen wäre, sie zu übersehen. Die griechische Zivilisation stand wirklich auf recht schwankenden Füßen. Wenn sie fortleben und blühen wollte, mußte sie sowohl ihr eigenes Gleichgewicht als auch die Schutzwehr gegen auswärtige Feinde aufrechterhalten.

Aias trägt seinen gefallenen Freund Achilleus aus dem Felde. Amphora
des Exekias. Um 540 v. Chr. München, Staatl. Antikensammlungen.

Oben: Herakles besiegt den Erymanthischen Eber. Attische Amphora. Um 510 v. Chr.
Würzburg, Martin-von-Wagner-Museum.
Unten: Apollon (rechts) versucht, dem davoneilenden Herakles den geraubten Dreifuß zu
entreißen. Amphora. Um 530 v. Chr. Berlin, Staatl. Museen Preuß. Kulturbesitz.

Auf diesen nicht allzu festen Fundamenten fußte der Lebens-
stil der Griechen, dessen Hauptzüge ein Gleichgewicht erkennen lassen, das reiche Früchte trägt, aber allzu leicht ins
Wanken gerät und, wenn es zusammenbricht, in seinem
Sturz allzu große Werte mit sich reißt. Die Vielfalt in der
Einheit, welche der griechischen Politik ihr Gepräge gab und
die Individualität und den Unternehmungsgeist der einzelnen Staaten förderte, brach zusammen, sobald die eine oder
andere Macht das Übergewicht über ihre Nachbarn erhielt
und sie in ihrer Initiative behinderte. Der persönliche Ehrenkodex, der dem Staat zugute kam und die Menschen zu
heldenmütiger Hingabe und Aufopferung anspornte, konnte
sich, wenn verletzter Stolz ihn mit Bitterkeit erfüllte, gegen
den Staat kehren und unberechenbaren Schaden stiften. Die
Götter mit ihrer Doppelstellung als Kraftquellen und Sittenrichter mußten oft dazu herhalten, den einen Faktor gegen
den anderen auszuspielen, und büßten dabei viel von ihrer
Autorität und Würde ein. Der Begriff des Guten, sei es im
guten Menschen, sei es im guten Leben, der auf so geglückte
Weise viele Dinge in sich vereint, die der Mensch liebt und
verehrt, mochte in Zeiten der Krise oder Niederlage zusam-
menschrumpfen, so daß nur noch ein Teilbegriff zurückblieb.
Für Diogenes (etwa 400 bis etwa 325 v. Chr.) spielt nur noch
die Tugend eine Rolle, während Tradition, Religion, Bürger-
treue, Familiensinn, Reichtum und Ehre alle miteinander
zugunsten einer Rückkehr zur primitiven Natur verworfen
werden. Die schönen Künste, in denen Vernunft und Gefühl
zu einem einzigen, befriedigenden Zweck zusammenwirk-
ten, sahen den Geltungsbereich der einen oder anderen
Kunstart eingeschränkt, und zuletzt entweder in steriler
Enge oder üppiger Unordnung enden. Die Naturwissenschaften, die ursprünglich in keinem grundsätzlichen Gegen-

satz zur Religion standen und zuweilen eine Haltung einnahmen, die fast religiösen Charakter trug, mochten, wenn
die Religion zu große Ansprüche stellte, sich gegen sie wenden und eine Gegenoffensive einleiten, in deren Verlauf sie
sich weigerten, über den sichtbaren Bereich hinaus irgend
etwas für existent zu halten. Sogar die Philosophie, die so
lange blühte, wie sie von der Annahme ausging, die Welt des
Seins und die Welt des Werdens stünden zueinander in Beziehung, geriet schließlich in eine Sackgasse, als sie behauptete,
nur die eine oder die andere Welt könne glaubhaft sein. Es
gereicht den Griechen zu unvergänglicher Ehre und war die
Hauptquelle ihres Einflusses und ihres Ruhms, daß sie etwa
drei Jahrhunderte lang dieses heikle Gleichgewicht aufrechtzuerhalten und auf ihm das stolze Gebäude ihrer Leistungen
zu errichten vermochten. Jede Veränderung war riskant,
aber solange die Griechen ihr Selbstvertrauen behielten,
wurden diese Gefahren überwunden, und die Zivilisation
befestigte mit sicherem Stilgefühl und mit Zuversicht ihre
neu errungenen Positionen.
Im Mittelpunkt dieses Kräftegleichgewichtes, dicht mit ihm
verwoben und in fast allen seinen Verzweigungen verwurzelt, gab es etwas, das die einzelnen Teile zusammenhielt
und dem Ganzen einen Sinn verlieh: Die Auffassung von
der Menschennatur und von dem Platz, der dem Menschen
in der Summe aller Dinge zukommt. In keinem Punkt waren
die Griechen mutiger oder vernünftiger als in ihrer Ein-
schätzung des Menschen, seiner Grenzen, seiner Möglichkeiten und seines Wertes. Sie unterschieden sich grundlegend
von ihren asiatischen Zeitgenossen, deren Meinung nach
die Masse unwichtig war im Vergleich zu den Gottkönigen,
denen sklavisch zu dienen Bestimmung sei, und von den
Ägyptern, die der Überzeugung waren, das Erdenleben sei

nur das triviale Vorspiel des wunderlich ewigen Lebens im
Grabe. Die Griechen hatten erkannt, daß der Mensch an
sich Achtung verdiene; gleichzeitig gaben sie sich damit zufrieden, diese Achtung in dem einzigen Leben zu erkämpfen,
von dem wir Kenntnis besitzen. Trotzdem waren sie sich
darüber im klaren, daß der Sinn menschlicher Gesittung
durch Kräfte bestimmt sei, die außerhalb ihrer Grenzen
liegen, daß der Mensch nicht allein im Weltall lebe und
sich nicht von den Mächten lösen könne, die über und
unter ihm walten. Wenn er einerseits den Göttern und
andererseits den Tieren gleicht, muß er das einfach zur
Kenntnis nehmen und möglichst viel Nutzen daraus ziehen.
Obwohl er seine besondere Natur hat, die weder die des
Gottes noch die des Tieres ist, kann sie nicht zur Gänze nur
von ihren eigenen Kräften zehren, sondern muß über ihre
Grenzen hinausblicken, um zu sehen, was sie anzustreben
und was sie zu vermeiden habe. Dieses Bewußtsein, daß es
Dimensionen gebe, die außerhalb der menschlichen Sphäre
liegen, war den Griechen in Fleisch und Blut übergegangen.
Obwohl sie keinen einzigen Mythos von der Erschaffung des
Menschen besaßen, stimmten die meisten Mythen darin überein, daß er aus Erde geformt worden und daß seine Erschaffung das Werk der Götter gewesen sei. Damit war seine
Zwischenstellung symbolisiert. Seine Aufstiegsmöglichkeiten
aber spiegeln sich im Mythos von Prometheus wider, der
dem Menschen die Lebenskunst beibringt und ihn aus seiner
ersten Verwirrung und Unwissenheit befreit, in der er
»eines Schattens Traum« war. Die Griechen waren sich ihres
Ursprunges bewußt, sahen jedoch in ihm die Aufforderung,
ungeahnte Möglichkeiten zu entwickeln. Sie empfanden das
Bedürfnis nach einer äußerlichen Kraft, die ihnen helfen
sollte, sich ihrer Bestimmung als würdig zu erweisen.

Dieser Wunsch nach einer anderen Dimension, die jenseits
der allgemein anerkannten menschlichen Sphäre liegt, wider-
spricht der These des Protagoras, daß »der Mensch das Maß
aller Dinge« sei. Wenn Protagoras behauptet, der Mensch
könne nichts anderes erkennen als sich selbst und forme alles
nach seinen eigenen Begriffen und Gefühlen, schafft er damit
stillschweigend den Sinn für das »Jenseits« ab, der dem griechischen Denken Antrieb und Richtung gab. Bevor Protagoras die alte Zuversicht untergrub, war man allgemein der
Ansicht, der Mensch sei keineswegs der Mittelpunkt des Alls
und von einer unendlichen Sphäre umgeben, die er nie erkennen kann, sondern vielmehr Teil eines größeren, umfassenderen Systems. Diese Überzeugung war für die Griechen
sowohl trostreich als auch ein Ansporn – trostreich, weil
sie sich nicht verlassen und allein in einer undurchdringlichen
Finsternis fühlten –, ein Ansporn, weil das Bemühen, dieses
»Jenseits« zu erfassen, ungeahnte Kräfte in ihnen entfesselte.
Zuerst mußte man es – das war selbstverständlich – bei den
Göttern suchen. Was immer auch die Götter für das religiöse
Erlebnis des Individuums bedeutet haben mögen, so spielten
sie auf jeden Fall eine große Rolle im allgemeinen Denk-
prozeß, indem sie zu verstehen gaben, daß außerhalb des
Menschen noch andere Kräfte existierten, größer als er und
nicht ganz zu begreifen, aber doch soweit faßbar, daß er den
Wunsch empfinden kann, ihnen irgendwie zu gleichen, ihre
Hilfe und Leitung möglichst oft in Anspruch zu nehmen,
ihr Interesse für sein Tun und Lassen mit einzukalkulieren
und sich ihnen in dem Maß zu nähern, wie seine begrenzten
Fähigkeiten und Möglichkeiten es gestatten. Am deutlichsten
macht diese Überzeugung sich in der Dichtkunst und in der
Bildhauerei bemerkbar. So wie Aischylos und Sophokles an
Hand ihrer dramatischen Handlungsabläufe zeigen, daß die

Taten der Menschen einen besonderen Sinn haben, weil sie
mit einer himmlischen Welt verknüpft sind, so zeigen uns
die Skulpturen in Olympia und am Parthenon, wie Kraft
und Freude ihr höchstes Ausmaß erreichen, wenn die Götter
uns gnädig sind. Für den einfachen Bürger mußte das bedeuten, daß er, wenn er auch nur ein Mensch ist, durch
sein Wissen um die Götter und im Vertrauen auf ihren
Beistand alle möglichen Leistungen vollbringen könne, die
zu meistern er sonst nicht den Mut und die Fähigkeit besitzen würde. Durch diese andere Dimension wurde das
lästige Gefühl der Unterlegenheit, das die Menschen verfolgt,
herabgemindert, wenn nicht gar beseitigt: Nun sah man
vielerlei Möglichkeiten, den Handlungsbereich und die eigene
Persönlichkeit zu erweitern. Obgleich die Griechen wußten,
daß sie nicht den ehernen Himmel erstürmen könnten, waren
sie sich seiner Nähe bewußt und auch des Kontrastes, des An-
sporns, den seine Nähe ihnen gab.

Die Götter forderten den Menschen heraus, mit ihnen nach
Kräften zu wetteifern, dies auch in Belangen, die weit über
den Alltag und das eigene Ich hinausgehen. Indem die Griechen die Geheimnisse zu ergründen versuchten, von denen
sie umgeben waren, fanden sie sich zu neuen Gedanken und
Taten angeregt, und die meisten neuen Wissenszweige deuteten auf Möglichkeiten hin, die außerhalb der besonderen
Sphäre des Menschen liegen. Manchen Menschen schenkten
die *Wissenschaften* jene Erweiterung des Gesichtskreises,
welche andere durch die Religion erhielten, und die Ergebnisse waren nicht weniger fruchtbar. Die Erforschung der
physis, des Wesens der Dinge, führte zu einer immer groß-
zügigeren Auffassung von der Kraft des Menschen und von
seiner Fähigkeit, die Natur seinen eigenen Zwecken anzupassen. Ja, der Begriff der Natur an sich, dunkel freilich

und schwer zu fassen, aber stets gegenwärtig und mächtig,
konnte eine besondere religiöse Atmosphäre schaffen, mit all
den Stimulantien, die sie umfaßt. Das medizinische Studium
beschränkte sich nicht darauf, Heilmittel gegen Krankheiten
zu finden, sondern schuf den Begriff des Menschen als eines
Geschöpfes, das in einem physischen Milieu lebt, welches
er zwar nicht ganz beherrschen, aber zu seinem eigenen
Wohle ausnützen kann. In der Mathematik bedeutet der
Glaube an die Zahl eine transzendentale Ordnung, die zu
studieren nicht nur Freude macht, sondern auch das Gefühl
verleiht, man habe hinter dem flüchtigen Schein der Dinge
etwas Festes und Dauerhaftes gefunden. Die Lehren der
Geometrie lassen sich in der Baukunst und in den Kompositionen der Bildhauerei und der Malerei in Werke von Menschenhand umsetzen, und der Mensch, der das bewerkstelligt,
erreicht über den üblichen Bereich der Sinne hinaus eine
höhere Warte. Dasselbe gilt für die Philosophie. Als Anaxagoras seine Theorie entwickelte, die den Menschengeist als
den Urgrund aller Dinge betrachtet, öffnete er das Tor für
noch umfassendere Spekulationen: »Der Menschengeist hat
Macht über alle Dinge, die da leben, die großen wie die
kleinen. Der Menschengeist hat Macht über den gesamten
Kreislauf, so daß er zu kreisen begann. Und zuerst fing er zu
kreisen an aus einem kleinen Anfang, aber der neue Kreislauf umfaßt einen weiteren Bereich und wird einen immer
weiteren umfassen.« Wenn hinter den Phänomenen eine so
entwicklungsfähige Macht verborgen lag, durfte man mit
Recht schließen, daß sie auch in den Menschen wirksam sei
und sie zu neuen Leistungen ansporne. Es kam nicht darauf
an, wo die Griechen diesen äußeren Faktor fanden, solange
sie ihn nur überhaupt fanden; und in ihrer großen Zeit ver-
ließen sie sich darauf, daß diese Macht ihnen helfen würde,

sich neue Ziele zu setzen und neue Fähigkeiten zu entwickeln. Man könnte meinen, daß im 4. Jahrhundert diese äußere Dimension keineswegs verlorengegangen sei. Platons »Formen« sind ihr Äquivalent, und sein Gott, mag er noch so fern und verschwommen sein, trägt unleugbar göttliche Züge. Aristoteles' Begriff vom beschaulichen Leben ist um so eindrucksvoller, als er seinen Ursprung in das göttliche Wesen verlegt und von den Menschen sagt, »wir müssen uns, soweit wir können, unsterblich machen«. Die Auffassung der Mathematiker von der »Form« war genauso exakt und klar wie die entsprechenden Auffassungen im 5. Jahrhundert. Man hätte erwarten dürfen, daß auch in dieser Epoche die Griechen nach wie vor der Überzeugung gewesen wären, daß jenseits ihrer besonderen menschlichen Sphäre andere Bereiche liegen, die einem größeren System angehören, aber sich nicht durchaus ihrem Zugriff entziehen. Aber es kam anders. Im großen und ganzen wurden die bedeutenden geistigen Leistungen des 4. Jahrhunderts in einer verfeinerten Atmosphäre des reinen Denkens vollzogen. Obwohl die Mathematiker nie das Interesse an der Astronomie verloren und großartige Abstecher in die Mechanik unternahmen, neigten sie dazu, ihre Forschungen als Teile eines in sich geschlossenen Systems zu betrachten, das recht wenig Beziehung zu dem Leben des Alltags oder dem Wunsch nach menschlicher Tätigkeit hatte. Indem Aristoteles behauptete, Gott widme die ganze Ewigkeit dem reinen Denken, schuf er eine Kluft zwischen Gott und der Menschenwelt, und wenn er ihn auch als ein Vorbild hinstellte, dem der eine oder andere zu folgen sich bemühen könnte, blieb ein solches Bemühen auf einige wenige Auserwählte beschränkt und war kein Trost für die vielen, die ein Ideal gebraucht hätten, das ihren Bedürfnissen besser entsprach. Obgleich Platon behauptet, die sichtbare Welt sei von

den Idealformen abhängig, zeigt er uns nicht, wie das vor
sich geht, und es bedeutet ihm auch weniger als die Formen
selbst. Auf verschiedenartige Weise trugen die großen Denker
dazu bei, das Universum zu zerschlagen, in welchem die
Griechen früher einmal sich daran erfreuen konnten, daß
eine niedrigere Ordnung der Dinge durch eine höhere er-
leuchtet wird, und in der sie sich stets der Hoffnung hatten
hingeben dürfen, daß es möglich sei, die hergebrachten Grenzen in einer unvorhergesehenen Richtung zu überschreiten.
Als diese höhere Ordnung auf sich selbst bezogen oder einigen
wenigen Auserwählten vorbehalten wurde, büßte sie vieles
von ihrem früheren belebenden Einfluß ein. Nun wurde
betont, der Alltagsmensch müsse sich auf seine eigenen Erfahrungen verlassen und nicht über sie hinausstreben. Statt
den gesamten Umkreis menschlicher Tätigkeit zu erweitern,
beschränkten ihn die neuen Spekulationen auf eine Welt, in
deren Mittelpunkt der Mensch stand, und zerstörten das
Bewußtsein einer übergeordneten Dimension, welche dem
griechischen Weltbild besonderen Glanz verliehen hatte.
Die Postulate, die dem Denken und dem Tun der Griechen
einen so gewaltigen Antrieb gaben, waren ihrem Persönlichkeitsbegriff angepaßt. Die Griechen hielten es für durchaus
natürlich, daß Verstand und Gefühl Hand in Hand gehen.
Die Gefühle allein flößten ihnen kein Mißtrauen ein, und
obgleich sie wußten, daß sie einen Menschen ins Unglück
stürzen können, ließ sich das gleiche auch von seiner Vernunft behaupten, und das tragische Weltbild beruht ja auch
wirklich auf den verhängnisvollen Irrtümern und Fehlurtei-
len der Menschen. Wenn der Mensch seinem Verstand gestattete, dem Gefühl zu gehorchen, ohne sich gleichzeitig
täuschen und zu übereilten Handlungen hinreißen zu lassen,
dann benahm er sich so, wie ein gesundes Geschöpf sich zu

benehmen hat. Genauso wie man einen Menschen, der nur
aus emotionalen Beweggründen handelte, Maßlosigkeit oder
Inkonsequenz vorwerfen konnte, so hatte ein Mensch, der
nur seinen kühlen Berechnungen folgte, etwas Unmensch-
liches an sich, und man mußte befürchten, daß er sowohl
andere schädigen als auch seine eigenen Ziele verfehlen würde.
Die größte Weisheit lag in einer richtig ausgeglichenen Persönlichkeit, in welcher keine der beiden Seiten auf Kosten
der anderen triumphieren durfte. Was das bedeutete, wird
aus der Rolle ersichtlich, die man dem *eros* zubilligte. Dieser
Begriff gilt in erster Linie der Liebe, erstreckt aber seinen
Sinn weit über den physischen Trieb hinaus auf zahlreiche
Formen geistiger und seelischer Leidenschaft. Für Parmenides
ist er das Kind der Notwendigkeit und die Kraft, die den
Menschen am Leben erhält, für Demokrit das Streben nach
schönen Dingen, für Euripides die künstlerische Inspiration,
für Perikles das, was brave Bürger für ihre Stadt empfinden,
für Sokrates das Streben nach edlen Zielen im Denken und
Handeln. Diese verschiedenen Formen des *eros* stimmen darin
miteinander überein, daß sie in ihm eine Macht sehen, welche
die Menschen veranlaßt, sich ganz einzusetzen, ungewöhnliche Leistungen anzustreben, den Verstand arbeiten zu lassen
und ihm jene Harmonie des Daseins zu schenken, welche der
Springquell schöpferischer Bemühungen ist. Der Eros beseitigt nicht nur viele Zweifel und Bedenken: Dadurch, daß
er die gesamten Fähigkeiten des Menschen auf einen bestimmten Punkt konzentriert, schärft er seinen Blick und bereichert
sein Verständnis. Wenn die gesammelte Kraft der Menschennatur sich einheitlich geltend macht, dann sehen wir den
vollen Menschen vor uns, und kein Grieche aus der großen
Zeit würde bestritten haben, daß das der richtige und natürliche Weg sei.

Freilich klingt das alles recht einfach und würde auch einfach sein, wenn nicht im 4. Jahrhundert und in den späteren Jahrhunderten die Philosophen sich bemüht hätten,
das menschliche Ich zu zerstückeln oder zumindest einige
seiner tätigen Glieder einem zentralen Prinzip unterzu-
ordnen, das nicht mehr das Gepräge allumfassender Harmonie trägt. Wenn Platon sämtliche Empfindungen, mit
Ausnahme des berechtigten Stolzes, als bloße Gelüste klassi-
fiziert und erklärt, sie seien von Natur aus der Vernunft
feindlich gesinnt und müßten ihr untergeordnet werden,
beraubte er die Vernunft ihrer hauptsächlichen Kraftquelle
und bereitete den Weg für jene Verhärtung und Erstarrung
des geistigen Lebens, die den rein philosophischen Aspekt
kennzeichnet. Als der von seinem Begründer Zeno (335 bis
263 v. Chr.) geführte Stoizismus behauptete, es komme auf
nichts an als auf die Tugend, und die Tugend bestehe darin,
sich den Zwecken des Kosmos zu fügen, schob er alle Empfindungen, sogar das Mitleid, beiseite, weil sie die seelische
Gelassenheit stören, die das Ziel des Denkens und Lebens
sein sollte. Der Stoizismus mag seine Märtyrer und Pflicht-
menschen hervorgebracht haben, schwerlich aber voll ausge-
bildete Menschen. Ebenso mochte Epikur (341 bis 270 v. Chr),
wenn er sagte, wichtig sei nur das Streben nach Glück, und
das Glück liege in der Einfachheit, in der Liebe und darin,
daß man sich von den öffentlichen Angelegenheiten zurückzieht, im Privatleben eine gewisse fromme Stille gefördert
haben, aber er ließ alle jene Empfindungen außer acht, die
ihre Erfüllung in sozialen oder schöpferischen Bemühungen
finden. Wenn wir richtig begreifen wollen, was diese neuen
psychologischen und ethischen Systeme bedeuteten, brauchen
wir nur einen typischen Platoniker oder Stoiker oder Epiku-
räer nicht etwa mit Homers hemmungslosen und dennoch

balancierten Helden, sondern nur mit irgendeiner typischen
Gestalt aus dem 5. Jahrhundert zu vergleichen. Was wir vermissen, ist die starke, instinktive Reaktion auf die Ereignisse,
das Regulativ einer Theorie, die dem Menschen vorschreibt.
was er zu tun habe, das Wechselspiel aller seiner Fähigkeiten
in einem weiten Tatenbereich. Solange die Griechen an die
Einheit des Seins glaubten und sie gegen jeden Versuch verteidigten, das Ich zu entstellen oder zu verzerren, gingen
sie an ihre Probleme mit konzentrierten Kräften heran und
mit all dem Schwung, den die entfesselte Energie verleiht.
Das war es denn auch, was ihrer Kunst die Tiefe und Fülle
geschenkt hat: Vernunft und Gefühl sind unzertrennlich.
Auf die gleiche Weise konnten sie in vielen Sphären des
tätigen Lebens auch ihren leidenschaftlichsten Überzeugungen ein rationales Gepräge geben, das sie zugleich einleuch-
tend und anwendbar machte.
Die griechische Zivilisation entsprang letzten Endes dem
Glauben an den besonderen Wert der menschlichen Persönlichkeit. Die Griechen sahen im Menschen nicht ein verderb-
tes und gefallenes Wesen. Obgleich manche ihrer Legenden,
die vielleicht aus dem Orient stammen, von einem weit-
zurückliegenden Goldenen Zeitalter berichten, welches durch
einen geheimnisvollen Prozeß des Verfalls zugrunde gegangen sei, waren sie nicht der Meinung, die Menschen späterer
Zeiten müßten sich die Schuld an seinem Verschwinden zuschreiben. Sofern sie den Begriff der Sünde anerkannten –
und die Art, wie sie ein Vergehen gegen die Götter betrachteten, läßt sich schwerlich anders bezeichnen als mit dem
Wort »Sünde« –, waren sie durchaus nicht der Ansicht, der
Mensch sei von Anfang an durch einen Sündenfall korrumpiert worden, und setzten ihre Hoffnung auch nicht auf ein
künftiges Heil. Sie sahen im Menschen eine beispiellose Er-

scheinung, ein Geschöpf, dessen gewaltige Erfindungen und Taten Staunen und Ehrfurcht erregen mußten. Sophokles ist ihr Wortführer, wenn er einen Chor singen läßt:

> Vieles Gewaltige lebt, und nichts
> ist gewaltiger als der Mensch.

Früher waren sie davon überzeugt gewesen, einige besonders begabte Menschen seien buchstäblich die Söhne von Göttern, deren göttliche Eigenschaften sie geerbt haben, und andere seien zumindest den Göttern gleich. Noch im 5. Jahrhundert behaupteten manche Adelsgeschlechter, von Heroen wie dem Aiakos und daher von Zeus abzustammen, und Pindar betrachtete es als ein Zeichen ihres himmlischen Geblütes, daß sie bei den Wettkämpfen den Sieg davontragen. Aber das war eine ganz spezielle aristokratische Auffassung, die fast gar nichts mit dem gewöhnlichen Begriff menschlicher Würde und menschlicher Möglichkeiten zu tun hatte. Entscheidend war der Glaube, der Mensch verdiene Achtung, weil etwas Einzigartiges in ihm liegt, und er dürfe das unbestreitbare Recht in Anspruch nehmen, sich sein Los selber zu formen.

Dieser Begriff fand noch eine weitere Anwendung in dem teleologischen Konzept, daß, da der Mensch eine bestimmte Natur besitze, diese Natur sich in bestimmten Zielen erfülle. Mit anderen Worten: So wie alle Dinge dem einen oder anderen Zweck dienen, so hat auch der Mensch im Gefüge des Alls seinen besonderen Zweck und verwirklicht in ihm sein wahres Wesen. Das heißt: Nach bestem Können die *arete*, die angeborene Tugend, die angeborenen Fähigkeiten entfalten. Wie das am besten zu geschehen habe, darüber durfte man mit Recht streiten, und von Homer bis Aristoteles fielen die Antworten sehr verschieden aus. Aber in jedem einzelnen Falle gilt es als unbestreitbar, daß der Mensch einen solchen Zweck besitze, und daß es ein edler, schöner Zweck sei. Dadurch, daß er ihn erfüllt, wird der Mensch in dem umfassenden griechischen Sinne des Wortes »gut«. Im 5. Jahrhundert hatte solch eine Auffassung zwangsläufig ihre sozialen Ausläufer, und die *arete* lag in der vollen Entfaltung des einzelnen im Rahmen der Gesellschaft. Wieder trifft Sophokles den Nagel auf den Kopf, wenn er sagt, der Mensch habe seine besonderen Gaben einem guten Zweck zugeführt und seine menschliche Sonderart entwickelt:

> Auch die Rede und den windesschnellen Gedanken
> hat er sich erworben
> und den Geist, der Städte beherrscht.

Dieses Gefühl für den Wert und die Möglichkeiten der menschlichen Persönlichkeit liegt vielen griechischen Gedankengängen zugrunde. Deshalb auch legten die Griechen so viel Wert auf die Freiheit, da nur der Freie sich richtig ausleben kann, und es war ganz folgerichtig, wenn sie bezweifelten, daß ein Sklave *arete* im eigentlichen Sinne des Wortes besitzen könne, da es ihm ja nicht freistehe, nach eigenem Gutdünken zu handeln. Und in den besten Tagen war der Begriff der *arete* durchaus nicht begrenzt; er umfaßte die meisten Dinge, die der Mensch anstrebt und bewundert. Daraus folgte, daß der Mensch es wirklich verdiene, ermuntert zu werden, und daß die Gesellschaft ihm zu helfen habe, seine Gaben aufs beste auszunützen. Die Götter brauchen solche Hilfe nicht, und die Tiere stehen zu tief: Der Mensch aber ist ein geselliges Wesen, das durch seine Beziehungen zu anderen Menschen sich über den tierischen Zustand erhebt und sich einigermaßen dem der Götter nähert. Gerade weil er kämpft und strebt, darf er besondere Achtung beanspruchen und das Recht, sein eigenes Wesen zu voll-

enden. Obgleich solche Gedankengänge erst dann ausdrücklich formuliert wurden, als Aristoteles sein ethisches System
auf ihnen aufbaute, sind sie schon von der Frühzeit an im
griechischen Denken vorhanden und bilden die Grundlage
seiner wichtigsten Postulate und Schlußfolgerungen.

Der besondere Wert des Menschen hängt von seiner zwiespältigen Stellung angesichts der Götter ab. Einerseits bezieht
er einen großen Teil seiner Kraft von ihnen. Mit den Worten, die Platon dem Protagoras zuschreibt: »Da der Mensch
an den himmlischen Dingen teilhat, war er das erste und
einzige Geschöpf, welches an die Götter glaubte, eben weil
er mit der Gottheit verwandt ist.« Die Griechen mußten
annehmen, daß die Eigenschaften, die der Mensch in seinem
Kampf um höhere Ziele an den Tag legt, auf etwas hindeuten, das jenseits der begrenzten Menschennatur zu finden
sei. Das erklärten sie sich durch seine Verwandtschaft und
seinen Umgang mit den Göttern und durch die Bereitschaft
der Götter, ihn zu erleuchten und ihm zu helfen. Eigenschaften, die wir für rein menschlich halten, galten als zum
Teil himmlischen Ursprungs; wenn sie in höherem Maße als
üblich vorhanden waren, nannte man ihren Besitzer *theios*,
was ursprünglich »göttlich« und niemals weniger als »gott-
ähnlich« bedeutete. Das war nicht Eitelkeit oder Selbstge-
fälligkeit, sondern der ehrliche Versuch, das Beste im Menschen dadurch zu ehren, daß man ihm einen höheren Ursprung zuschrieb. Bis dahin bewegten sich die Griechen recht
zuversichtlich, dann aber machten sie halt: Sie wußten, der
Mensch könne nicht restlos und endgültig den Göttern gleich
werden, weil er dem Tod verfallen ist. Sophokles zählt die
Siege des Menschen über die Natur auf und betont sein
Vermögen, fast mit jeder Krise fertig zu werden; sodann
aber weist er auf das Paradoxon hin:

... Unentrinnbar
findet kein Morgen ihn vor. Vor dem Tode allein
wird keine Befreiung ihm winken,
mag er auch tödlicher Krankheit
auf vielerlei sinnreiche Weise entfliehen.

Wenn das stimmte, mußte der besondere Ruhm des Menschen sich von dem der Götter unterscheiden. Gerade durch seine Ähnlichkeit mit ihnen ist er gezwungen, seine eigene Erfüllung zu suchen, die dem Wesen der Sache nach nicht die gleiche sein kann wie die der Götter. Obgleich sie ihm manchmal gestatten, an ihren Segnungen teilzuhaben, muß er zuletzt seinen Kampf allein kämpfen. Deshalb haben die Griechen, obwohl sie an das göttliche Element im Menschen glaubten, ihm seine eigene *arete* gegeben, welche darin besteht, mit der Menschennatur das Äußerste zu leisten; damit wollten sie durchaus nicht seinen Ruhm beeinträchtigen, sondern waren vielmehr der Meinung, daß er in seiner schönsten Kraftentfaltung Ehren verdiene, beinahe mit göttlichen Ehren vergleichbar, aber von ihnen unabhängig, anders geartet und ihm allein vorbehalten. Er ist weder Tier noch Gott und deshalb seltsam und wunderbar.

Die Götter leben ewig und gehen ohne Ende ihrer Tätigkeit nach, der Mensch aber findet bald und plötzlich sein Ende, und nur wenige Griechen würden es für möglich gehalten haben, daß er nach dem Tod als Gleichberechtigter an der Glückseligkeit der Götter teilhaben dürfe. Die meisten würden angenommen haben, daß das Leben nach dem Tod, falls es überhaupt existiert, wahrscheinlich nicht eine Verlängerung oder eine reichere Abart des Erdenlebens sein würde. Ihrer Meinung nach vollendete sich das menschliche Streben nicht in der Hoffnung auf künftigen Lohn oder auch nur auf erneute Tätigkeit, sondern darin, daß der Mensch, wenn er

etwas wirklich Lohnenswertes geleistet hat, aus dem Zeit-
lichen in einen zeitlosen Zustand verpflanzt wird, in dem
seine *arete* einen festen Platz und unbegrenzte Dauer hat.
Die Griechen haben das nicht sehr deutlich erklärt und sich
über die Konsequenzen nicht weiter den Kopf zerbrochen,
aber es steckt hinter ihren Statuen, den *lekythoi,* ihren Grabschriften, ihren Grabsteinen und vor allem hinter ihren lyrischen Gesängen, die den Menschen auf dem Höhepunkt
seiner Erfolge zeigen und ihm im Gedächtnis der Nachwelt
einen Tempel bauen, dem die Zeit nichts anhaben kann. Der
Mann, dessen man auf solche Weise gedenkt, war für sie der
wahre Mensch, der durch seine Leistungen aus dem wandel-
baren Schema seiner Entwicklung in die endgültige Wirklichkeit übersiedelt. Die Verherrlichung in Monumenten und Gesängen war die Krone menschlicher Laufbahn, hatte aber
keinen Wert, wenn sie nicht durch eigenes Verdienst errungen
worden war. Worauf es ankommt: Der Mensch muß seine
menschliche *arete* erfüllen und sich vollenden, indem er ganz
er selber ist. Das ist sein besonderes, sein einzigartiges Privileg,
wertvoll deshalb, weil es von der vollen Entfaltung der
Fähigkeiten abhängt, die ansonsten sehr leicht brachliegen
und nur durch eine kraftvolle Überzeugung oder durch das
leidenschaftliche Streben nach einem fernen und oft unerreich-
baren Ziel mobilisiert werden können.

In der Morgenröte der griechischen Geschichte weiß Achilles,
daß ihm ein früher Tod bestimmt ist, aber zum Unterschied
von dem babylonischen Helden Gilgamesch, der bis zuletzt
dem Tod zu entrinnen trachtet, fügt er sich in sein Schicksal.
Obgleich in seinen Adern das Blut einer Göttin fließt, und
obgleich er an gewaltiger Kraft alle anderen Menschen über-
trifft, hat er nicht den Ehrgeiz, ein Gott zu werden. Er begnügt sich mit seinem menschlichen Status, der seine beson-

Oben: *Vogelsteller (Nestplünderer) in einem Baumwipfel. Trinkschale
(Durchmesser 43 cm). Um 550 v. Chr. Paris, Louvre.
Unten: Jüngling und Mädchen. Schale des Brygos-Malers. Um
500 v. Chr. Würzburg, Martin-von-Wagner-Museum.*

Artemis füttert einen Schwan. Weißgrundige Lekythos des Pan-Malers
(Firnis-Bemalung, Höhe 37,5 cm). Um 490 v. Chr. Leningrad, Eremitage.

deren Ansprüche stellt und seinen besonderen Ruhm zu
bieten hat. Er verkörpert das heroische Weltbild der Griechen insofern, als er seine wunderbaren Gaben dazu benützt,
die Fülle seiner Mannheit zu verwirklichen. Obgleich er sich
seiner Gaben durchaus bewußt ist, nimmt er mit stolzer
Ergebenheit das tödliche Los hin, das auf ihn wartet:

Siehe den Mann, der ich bin, sowohl stark als auch herrlichen
Anblicks.
Groß war der Vater, der mich gezeugt, eine Göttin die Mutter,
doch über mir sind der Tod und die siegenden Mächte des
Schicksals.
Einst wird kommen der Morgen, der Mittag, der dämmernde
Abend,
da ein Mann mir das Leben wird rauben in hitziger Schlacht,
mit dem geschleuderten Speer oder flüchtig entschwirrenden
Pfeil.

Im flammenden Sonnenuntergang der griechischen Geschichte
fühlte Alexander sich als ein zweiter Achilles und eroberte
Länder, von denen kein historischer Achilles jemals etwas
gehört haben konnte. Auf seinem unwiderstehlichen Vormarsch von Sieg zu Sieg wurde er keineswegs verlegen, als
ein ägyptisches Orakel ihn als Ammon, den Sohn des Zeus,
begrüßte, und später, nachdem er im Genuß beispielloser
Macht geschwelgt hatte, befahl er den griechischen Städten,
ihm göttliche Ehren zu erweisen. Ebenso wie Achilles starb
er jung, nachdem er weit mehr geleistet hatte, als irgendein
anderer Mensch hätte leisten können. Sein Ruhm sollte jahrhundertelang die Phantasie Europas und Asiens begeistern.
Damit aber, daß er, mit welchen privaten Vorbehalten auch
immer, forderte, als ein Gott zu gelten, verleugnete Alexander sein griechisches Erbe. Eine Legende aus späterer Zeit
– und wahrscheinlich handelt es sich wirklich nur um eine

Legende – berichtet: Als er zu Babylon krank lag und wußte, er müsse sterben, sei er um Mitternacht auf allen vieren hinausgekrochen, um sich im Euphrat zu ertränken, in der Hoffnung, sein Leichnam würde spurlos verschwinden und die Menschen würden ihn für wahrhaft unsterblich halten. Der Versuch mißglückt. Seine Frau trägt ihn auf das Sterbebett zurück, und alle wissen, daß er nur ein Mensch war. Die Geschichte ist ein Mythos mit einer moralischen Pointe. Der einzigartige Glanz der Griechen liegt darin beschlossen, daß sie bei all ihrem Sinn für die göttlichen Eigenschaften des Menschen und seine Verwandtschaft mit den Göttern wußten, er sei kein Gott und könne kein Gott sein: Ihnen genügte – und sie waren stolz darauf –, daß er in sich selbst den Ruhm der Vollendung finde und bereit sei, für ihn zu leben und zu sterben.

THRAKIEN

Aigai

Pella

MAKEDONIEN

Amphipolis

Thasos

Methone
Pydna

CHALKIDIKE

Spartolos   *Olynthos*

ELIMEIA

Poteideia

PERRHAIBIA

Skyone

MAGNESIA

Larisa

EPIRUS

THESSALIEN

Pherai

Sybota-
Inseln

Pharsalos

Pagasai

Ambrakia

DOLOPIEN PHTHIOTIS

Anaktorion

Oreos

Skyros

Leukas

AKARNANIEN

Herakleia
Tracheia

Stratos

Thermo-
pylen

ÖSTL.
LOKRIS

E
U
B

Opus

ÄTOLIEN

Delphi

PHOKIS

BÖOTIEN

Chalkis
Eritrea

Ithaka

Kalydon

WEST-LOKRIS

Naupaktos

Theben

Delion

Helike

Plataiai

Dekeleia

Kephallenia

ACHAIA

ATTIKA

Megara

Sikyon

Athen

ELIS

Elis

Korinth

Salamis Piräus

Olympia

ARKADIEN

Argos

Aigina

Keos

Zakynthos

Mantineia

PELOPONNES

Tegea

Thyrea

Kythnos

ARGOS

Seriphos

MESSENIEN

Sparta

LAKONIEN

Pylos

Sphakteria

Methone

Gytheion

Melos

IONISCHES MEER

Kythera

GRIECHENLAND
404 v. Chr.
Maßstab 1:3 000 000
0   25   50   75   100 km

KRETISCHES
MEER

Vor Christus

um 3000 v. Chr.	Älteste Burgen von Troja (entdeckt 1871 von Schliemann)
2000	Erste Einwanderungswelle
1600–1500	Frühmykenische Periode: Palast in Mykene und Tiryns
1500–1400	Mittelmykenische Periode: Kuppelgräber, Löwentor; Kreta wird von Griechenland aus erobert
1400–1150	Spätmykenische Periode: kretisch-mykenische Mischkultur: Argolis, Attika, Böotien
nach 1250	Zerstörung Trojas
um 1200	Wanderzüge der illyrischen »Seevölker« im Mittelmeer. Untergang der mykenischen Kultur
1100–900	Dorische Wanderung. Die Dorer lassen sich am Ägäischen Meer nieder, erobern Korinth. Entstehung des Stadtstaates
um 1000	Die Ionier, von den Dorern vom griechischen Festland vertrieben, besiedeln die Westküste Kleinasiens und die Ägäischen Inseln. Gründen in Kleinasien 12 Städte, die sich später zum ionischen Bund zusammenschließen. Die äolischen Böoter verdrängen die Urbevölkerung Böotiens
um 950	Einigung Attikas. Kleinkunst und Keramik im »Geometrischen Stil« (bis um 800)
um 900	Die Dorer gründen Korinth. Gründung Spartas. Griechische Siedlungen in Kleinasien. Beginn der Kunst im »Archaischen Stil«
um 800	Griechische Siedlungen in Süditalien, Sizilien und Spanien. Auf dem um 1100 von den Dorern besetzten Kreta entstehen mehrere rivalisierende Stadtstaaten (67 v. Chr. von Rom erobert). »Ilias« (Epos vom Kampf um Troja) und »Odyssee« (Die Irrfahrten des Odysseus) des sagenhaften blinden Dichters Homer (geboren in Smyrna?) entstehen; beide Epen in Hexametern
776	Erste Olympiade. Gesetzgebung des Lykurg im dorischen Sparta

750–550	Griechische Siedlungen an den Küsten des Mittelmeeres und des Schwarzen Meeres u. a.: Syrakus (735), Tarent (708), Gela (690), Selinunt (628), Byzanz, Massilia (Marseille), Kyrene. Blütezeit in Ionien und Milet
748	In Korinth wird das Königtum gestürzt und die Wahlmonarchie der 200 Bakchiaden-Familie eingeführt. Blütezeit Korinths, bis 582 v. Chr. die Oligarchie eingeführt wird
740–720	Erster Messenischer Krieg
735	Messina gegründet
730	Sparta erlangt die Vorherrschaft in Griechenland durch die Unterwerfung Messeniens (erst 480 v. Chr. wird Athen gleich mächtig)
um 700	Die Griechen gründen Trapezunt am Schwarzen Meer. Hesiod, griechischer Dichter aus Böotien, schreibt »Theogonie« (Entstehungsgeschichte der Götter und der Welt), »Werke und Tage«, »Schild des Herakles«. Hesiod unterscheidet fünf Zeitalter: das goldene oder saturnische (das paradiesische), das silberne (üppig und gottlos), das eherne (das der Künste und Kriege), das heroische (zeitweiser Aufstieg), das menschliche oder eiserne (die Gegenwart als das schlechteste). Er nennt die neun Musen: Klio (Geschichte), Euterpe (Lyrik), Thalia (Komödie), Melpomene (Tragödie), Terpsichore (Tanz), Erato (Liebesdichtung), Polyhymnia (ernster Gesang), Urania (Sternkunde), Kalliope (erzählende Dichtung)
um 690	In der griechischen Religion gewinnen die Kulte des Apollon, Dionysos, der Mysterien (Geheimlehren, z. B. die orphische) und das Delphische Orakel wachsende Bedeutung
um 670	Kallinos, frühester bekannter Lyriker. Die höchsten olympischen Götter der Griechen sind zu dieser Zeit: Zeus, Hera, Apollon, Artemis, Ares, Athena, Aphrodite, Hephaistos, Hermes, Poseidon, Demeter, Hestia
660–640	Zweiter Messenischer Krieg
um 640	Solon, Staatsmann und Gesetzgeber Athens, geboren (gestorben um 560)
624	Niederwerfung der Messenier; Thales von Milet geboren, ionischer Naturphilosoph (gestorben 544) Erste schriftliche Gesetzgebung in Athen durch Drakon (Drakonische Gesetze)
um 620	Koläos von Samos durchfährt als erster die Säulen des Herakles (Straße von Gibraltar)

611	Anaximander geboren, griechischer Philosoph aus Milet (gestorben um 546)
um 600	Steintempel auf der Akropolis in Athen. Beginn des dorischen Baustils (Höhepunkt um 500). Erste lebensgroße Frauenstandbilder im archaischen Stil. Naturphilosophie der Vorsokratiker (bis um 450). Alkaios, adliger Dichter von Lesbos, schreibt politische Gedichte, Liebeslieder und Trinklieder. Sappho von Lesbos, größte griechische Dichterin, verfaßte Natur- und Liebeslyrik
594	Rechtserneuerung durch Solon in Athen (Aufhebung der Schuldsklaverei, Begrenzung des Grundbesitzes)
586	Anaximenes geboren, griechischer Naturphilosoph aus Milet (gestorben 526)
582	Aristokratische Verfassung in Korinth. Pythische Spiele in Delphi
580	Pythagoras geboren, griechischer Philosoph und Wissenschaftler aus Samos (gestorben um 496). Anakreon geboren, griechischer Dichter (gestorben um 495)
um 570	Kalbträger von der Akropolis, Athen, Akropolis-Museum (s. S. 110)
570	Xenophanes geboren, griechischer Philosoph (gestorben um 480)
um 561	Kroisos (Krösus), letzter König von Lydien, unterwirft die griechischen Städte in Kleinasien (außer Milet)
560	Peisistratos, Tyrann von Athen (gestorben 528), ihm folgen seine Söhne Hippias und Hipparch
um 550	Gründung des Peloponnesischen Bundes unter Führung Spartas
534	Erste Tragödienaufführung in Athen (Thespis)
514/510	Vertreibung des Hippias in Athen, Wiederherstellung der Demokratie
508/507	Verfassungsreform des Kleisthenes in Athen
um 500	Der Bildhauer Phidias geboren. Perikles, athenischer Staatsmann, geboren
500–449	Zeit der Perserkriege
500–494	Aufstand der ionischen Griechen Kleinasiens
um 496	Der Dichter Sophokles geboren (gestorben 406)
494	Milet von den Persern zerstört
493	Themistokles läßt in Athen eine Flotte bauen und begründet somit die attische Seemacht. Piräus wird Hafen Athens

490	Athener unter Miltiades besiegen die Perser in der Schlacht bei Marathon. Empedokles geboren, Philosoph (gestorben 430)
485–466	Gelon und Hieron I., Tyrannen von Syrakus
485	Tod Darius' I., Xerxes persischer König, Rüstung gegen Hellas, Protagoras aus Abdera (Thrakien) geboren (gestorben um 415)
484	Der Tragödiendichter Euripides geboren (gestorben 406)
480	Kriegszug des Perserkönigs Xerxes gegen Griechenland Schlacht an den Thermopylen: 300 Spartaner unter König Leonidas verteidigen den Paß gegen die Perser. Zerstörung der Akropolis in Athen durch die Perser. Angriff der Karthager auf die griechischen Städte. Die Karthager unter Hamilkar werden bei Himera von Gelon von Syrakus und Theron von Agrigent besiegt. Seeschlacht bei Salamis
479	Schlacht bei Platää: Sieg der Griechen über die Perser
477	Attisch-delischer (erster attischer) Seebund
472	Aufführung der »Perser« (Trilogie), des ältesten erhaltenen Dramas von Aischylos
470	Sokrates geboren
465	See- und Landsieg der Griechen über die Perser am Eurymedon
464–455	Heloten-Aufstand in Messenien (3. Messenischer Krieg)
464	Erdbeben in Sparta
461	Scherbengericht verbannt, Perikles löst das Bündnis mit Sparta, läßt die Lange Mauer von Athen zum Piräus bauen und vermag dadurch Athen zu Lande unangreifbar zu machen
um 460	Hippokrates geboren, Arzt (gestorben 377). Bronzestatue des Poseidon von Kap Artemision (Athen, Nationalmuseum); sogenannter Ludovisischer Thron (Rom, Thermenmuseum)
458	»Orestie« von Aischylos
456	Aischylos stirbt in Gela (auf Sizilien)
451	Kämpfe zwischen Athen und Sparta
449	Schlacht bei Salamis (auf Zypern): Die Athener besiegen die Perser. Ende der Perserkriege
446	30jähriger Friede zwischen Athen und Sparta
448–432	Baubeginn und Vollendung des Parthenon auf der Akropolis in Athen

444	Der »Sophist« Protagoras von Abdera zum ersten Male in Athen: »Der Mensch ist das Maß aller Dinge.« (Geboren um 485, gestorben um 415)
443–429	Strategie des Perikles
440	»Antigone« von Sophokles
437	Prozeß wegen Vergehen gegen die Staatsreligion gegen Phidias
436	Beginn des Baus der Propyläen von Mnesikles
um 435–400	Sokrates lehrt in Athen
431–404	Der Peloponnesische Krieg: Archidamischer Krieg 431–421; Sizilischer Krieg 415–413; Dekeleischer Krieg 413–404
um 430	Herodots Geschichtswerk entstanden
429	Pest in Athen, Perikles stirbt
424	Die Athener fallen in Böotien ein, werden bei Delion geschlagen (Sokrates wird von Alkibiades gerettet)
423	»Die Wolken« von Aristophanes
421	Der Friede des Nikias unterbricht für kurze Zeit den Peloponnesischen Krieg »Der Friede« von Aristophanes
um 420–380	Demokrit, Philosoph
418	Fortgang des Peloponnesischen Krieges
415	Mißglückter Feldzug Athens nach dem Getreideland Sizilien (Syrakus, bis 413) zunächst unter Alkibiades, der, in Abwesenheit verurteilt, zu den Spartanern übergeht: Abfall zahlreicher athenischer Bundesgenossen »Die Troerinnen« des Euripides
414	»Die Vögel« des Aristophanes
413	Das Landheer der Athener in Sizilien vernichtet
um 413	»Elektra« des Sophokles und postum 401 aufgeführt »Ödipus auf Kolonos«
412	»Helena« des Euripides
411	Der mit Athen ausgesöhnte Alkibiades besiegt die Spartaner und Perser. Verfassungsänderung in Athen. Oligarchischer Staatsstreich in Athen gescheitert. »Lysistrata« des Aristophanes
410	Grabrelief der Hegeso (Athen, Nationalmuseum)
409	»Philoktetes« des Sophokles
408	»Orestes« des Euripides
407	Heimkehr des Alkibiades nach Athen
407/06	Euripides gestorben

406   Attischer Seesieg bei den Arginusen
           Sophokles gestorben. »Iphigenie in Aulis« von Euripides

405   Seeschlacht bei Aigospotamoi: die athenische Flotte von der
           spartanischen vernichtet
           Übergabe Athens durch Hunger erzwungen. Friedensbedin-
           gungen: Schleifung der Festung Piräus und der Langen
           Mauer, Anerkennung der Hegemonie Spartas, Verzicht auf
           die Herrschaft im Seebundreich, Auslieferung der Kriegs-
           schiffe, Einführung der Oligarchie von 30 Vornehmen
           »Die Frösche« des Aristophanes

405–371   Vorherrschaft Spartas über Griechenland

404–403   Herrschaft der Dreißig in Athen

401   Zug der zehntausend unter Xenophon

um 400   Entstehung des Geschichtswerks des Thukydides

um 400–360 Platon, Xenophon, Antisthenes, Phaidon u. a. entwickeln
           den philosophischen Dialog

Bibliographie

1. Allgemeine Nachschlagewerke

C. Daremberg und E. Saglio (Hrsg.), *Dictionnaire des antiquités grecques et romaines*, 5 Bde., Paris 1877—1919.
Der Kleine Pauly, Lexikon der Antike, hrsg. v. K. Ziegler u. W. Sontheimer, 1964 ff. (bisher Bd. 1—4).
Lexikon der Alten Welt, 1965.
F. Lübker, *Reallexikon des klassischen Altertums*, hrsg. v. J. Geffcken und E. Ziebarth, [8]1914.
The Oxford Classical Dictionary, Oxford 1949 (mehrere Nachdr.).
W. Pauly, G. Wissowa u. a. (Hrsg.), *Realenzyclopädie der classischen Altertumswissenschaft*, 1893 ff.

2. Politische Geschichte

K. J. Beloch, *Griechische Geschichte*, 4 Bde., [2]1912-1927.
H. Bengtson, *Griechische Geschichte*, [4]1969 (Handbuch der Altertumswissenschaft, Bd. 3/4).
G. Busolt, *Griechische Staatskunde*, 2 Bde., 1920—1926 (Nachdr. 1972; Handbuch der Altertumswissenschaft, Bd. 4/1).
H. Berve, *Griechische Geschichte*, 3 Bde., 1951—1952.
The Cambridge Ancient History, Bd. 3—9, London 1925—1932.
V. Ehrenberg, *Der Staat der Griechen*, 2 Bde., [2]1957—1958.
G. Glotz, *Histoire grecque*, Bd. 1—2 [4]1948; Bd. 3 1936; Bd. 4/1 [2]1945.
N. G. L. Hammond, *A History of Greece to 322 B. C.*, Oxford [2]1963.
E. Meyer, *Geschichte des Altertums*, Bd. 2—5, 1893—1902; zul. hrsg. v. H. E. Stier 1931—1958.
Propyläen Weltgeschichte, Bd. 3, 1962.
F. Schachermeyr, *Griechische Geschichte*, 1960.
E. C. Welskopf, *Hellenische Poleis. Krise — Wandlung — Wirkung*, 4 Bde., 1974.

3. Religion und Mythologie

O. Gruppe, *Griechische Mythologie und Religionsgeschichte*, 1906 (in: Handbuch der Altertumswissenschaft, Bd. 5/2).
H. Hunger, *Lexikon der griechischen und römischen Mythologie*, [5]1959.
K. Kerényi, *Die Mythologie der Griechen*, 2 Bde., [2]1966.

O. Kern, *Die Religion der Griechen*, 3 Bde., 1926—1938.

W. Nestle, *Griechische Religiosität*, 3 Bde., 1930—1934.

M. P. Nilsson, *Geschichte der griechischen Religion*, Bd. 1 ³1967; Bd. 2 ²1961.

W. F. Otto, *Die Götter Griechenlands*, ⁴1956.

L. Preller, *Griechische Mythologie*, bearb. v. C. Robert, Bd. 1, ⁵1964.

H. Rahner, *Griechische Mythen in christlicher Deutung*, ²1957.

R. v. Ranke-Graves, *Griechische Mythologie*, 2 Bde., 1960 (engl. The Greek Myths, 1955).

W. H. Roscher, *Ausführliches Lexikon der griechischen und römischen Mythologie*, 6 Bde., 1884—1937.

H. J. Rose, *Griechische Mythologie*, ²1961 (engl. A Handbook of Greek Mythology, London 1955).

S. Reinach, *Cultes, mythes et religions*, 5 Bde., Paris 1905—1923.

U. v. Wilamowitz-Moellendorff, *Der Glaube der Hellenen*, 2 Bde., ³1959.

4. *Literatur und Philosophie*

J. W. H. Atkins, *Literary Criticism in Antiquity*, 2 Bde., London ²1952.

G. Bernagozzi, *La storiografia greca dai logografi ad Erodoto*, Bologna 1961.

E. Bethe, *Die griechische Dichtung*, 1928 (in: Handbuch der Literaturwissenschaft, Hg. O. Walzel).

E. Bignone, *Il libro della letteratura greca*, Florenz ⁵1945.

F. Blass, *Die attische Beredsamkeit*, 3 Bde., ²1887—1898.

C. M. Bowra, *Early Greek Elegists*, Cambridge ²1959.

Ders., *Greek Lyric Poetry. From Alcman to Simonides*, Oxford ²1961.

E. H. Bunbury, *A History of Ancient Geography Among the Greeks and Romans*, 2 Bde., New York ²1959.

J. B. Bury, *Ancient Greek Historians*, London 1958.

H. Fränkel, *Dichtung und Philosophie des frühen Griechentums*, ²1962.

Ders., *Wege und Formen frühgriechischen Denkens*, ²1960 (Aufsätze).

K. v. Fritz, *Antike und moderne Tragödie*, 1962 (Aufsätze).

J. Geffcken, *Griechische Literaturgeschichte*, 2 Bde., 1926—1934.

W. K. C. Guthrie, *A History of Greek Philosophy*, 3 Bde., Cambridge 1962—1969.

C. del Grande, *Storia della letteratura greca*, Neapel ⁸1950.

M. Hadas, *A History of Greek Literature*, New York 1950.

R. Helm, *Der antike Roman*, ²1956.

W. Jaeger, *Paideia. Die Formung des griechischen Menschen*, Bd. 1, ⁴1959; Bd. 2 und 3 ³1959.

Ders., *Die Theologie der frühen griechischen Denker*, 1953.

W. Kranz, *Geschichte der griechischen Literatur*, ³1958 (Sammlung Dieterich, 42).

A. Lesky, *Geschichte der griechischen Literatur*, ³1971.

G. Misch, *Geschichte der Autobiographie*, Bd. 1: *Das Altertum*, 2 Tle., ³1949—1950.

G. Murray, *The Literature of Ancient Greece*, Chicago ³1956.

W. Nestle, *Geschichte der griechischen Literatur*, Bd. 1, ³1961, Hg. W. Liebrich; Bd. 2 ²1950 (Sammlung Göschen, 70 und 557).

Ders., *Vom Mythos zum Logos. Die Selbstentfaltung des griechischen Denkens von Homer bis auf die Sophistik und Sokrates*, 1940.

E. Norden, *Die antike Kunstprosa*, 2 Bde., ³1915; ⁵1958 (Neudr. der 3. Aufl.).

G. Norwood, *Greek Comedy*, Boston 1932.

H. Patzer, *Die Anfänge der griechischen Tragödie*, 1962.

A. W. Pickard-Cambridge, *Dithyramb, Tragedy and Comedy*, Oxford 1927.

M. Pohlenz, *Die griechische Tragödie*, 2 Bde., ²1954.

Ders., *Die Stoa. Geschichte einer geistigen Bewegung*, Bd. 1, 1948; Bd. 2 ²1955.

K. Praechter, *Die Philosophie des Altertums* (in F. Überweg, *Grundriß der Geschichte der Philosophie*, Bd. 1), ¹³1953 (Neudr. der 12. Aufl. 1926).

E. Rohde, *Der griechische Roman und seine Vorläufer*, ³1914; ⁴1960 (Neudr. der 3. Aufl.).

H. J. Rose, *A Handbook of Greek Literature from Homer to the Age of Lucian*, London ⁴1956.

W. Schmid und O. Stählin, *Geschichte der griechischen Literatur*, 2 Bde. in 7 Tln., 1920—1948 (Bd. 1, Tl. 1—5, 1929—1948; Bd. 2, Tl. 1 und 2, ⁶1920—1924, ist Neubearbeitung von W. v. Christ, *Geschichte der griechischen Literatur*, 2 Bde., 1888; in Handbuch der Altertumswissenschaft, Bd. 7).

T. Sinko, *Literatura grecka*, 3 Bde., Krakau 1931—1954.

B. Snell, *Die Entdeckung des Geistes. Studien zur Entstehung des europäischen Denkens bei den Griechen*, ³1955 (Aufsätze).

S. J. Sobolevskij, B. V. Gornung u. a., *Istorija grečeskoj literatury*, Bd. 1, Moskau 1946.

W. Totok, *Handbuch der Geschichte der Philosophie*, Bd. 1: *Altertum*, 1964.

M. Treu, *Von Homer zur Lyrik*, 1955 (Zetemata, 12).

T. B. L. Webster, *Von Mykene bis Homer. Anfänge griechischer Literatur und Kunst im Lichte von Linear B*, 1960.

U. v. Wilamowitz-Moellendorff, *Die griechische Literatur des Altertums*, ³1912 (in: Die Kultur der Gegenwart, Bd. 1, 8).

E. Zeller, *Die Philosophie der Griechen in ihrer geschichtlichen Entwicklung*, 2 Bde., letzter Nachdr. 1963.

5. Allgemeine Kultur- und Geistesgeschichte. Kunst und Naturwissenschaft

J. D. Beazley, *Attic Red-figure Vase-painters*, London 1942.
Ders., *Attic Black-figure Vase-painters*, London 1956.
J. D. Beazley und B. Ashmole, *Greek Sculpture and Painting*, Cambridge 1966.
O. Becker, *Das mathematische Denken der Antike*, 1957.
M. Bieber, *The History of the Greek and Roman Theatre*, Princeton ²1961.
J. Burckhardt, *Griechische Kulturgeschichte*, 4 Bde., 1898—1902 (mehrere Nachdrucke).
E. Buschor, *Die Plastik der Griechen*, ²1958.
M. Cary und E. H. Warmington, *Die Entdeckung der Antike*, 1966 (engl.: *The Ancient Explorers*, 1963).
J. Charbonneaux, R. Martin, F. Villard, *Das archaische Griechenland*, 1969.
Dies., *Das klassische Griechenland*, 1971.
P. Demargue, *Die Geburt der griechischen Kunst*, 1965.
W. B. Dinsmoor, *The Architecture of Ancient Greece*, London ³1950.
W. Dörpfeld und E. Reisch, *Das griechische Theater*, Athen 1896.
Th. Georgiades, *Musik und Rhythmus bei den Griechen*, 1958.
A. v. Gerkan, *Griechische Städteanlagen*, 1924.
T. L. Heath, *A History of Greek Mathematics*, Oxford 1921.
J. L. Heiberg, *Geschichte der Mathematik und Naturwissenschaften im Altertum*, 1925 (in: Handbuch der Altertumswissenschaften, Bd. 5/1/2; Nachdr. 1960).
W. Kraiker, *Die Malerei der Griechen*, 1958.
H. Licht, *Sittengeschichte Griechenlands*, 3 Bde., 1925—1928.
E. A. Lippmann, *Musical Thought in Ancient Greece*, New York 1964.
H.-I. Marrou, *Geschichte der Erziehung im klassischen Altertum*, hrsg. v. R. Harder, 1957.
W. Otto und R. Herbig (Hrsg.), *Handbuch der Archäologie*, 1939 ff. (in: Handbuch der Altertumswissenschaft, Bd. 6).
H. Plommer, *Ancient and Classical Architecture*, London 1956.
R. v. Pöhlmann, *Geschichte der sozialen Frage und des Sozialismus in der antiken Welt*, 2 Bde., ³1925.
L. Radermacher, *Weinen und Lachen. Studien über antikes Lebensgefühl*, 1947.
G. M. A. Richter, *The Portraits of the Greeks*, 3 Bde., London 1965.
Ders., *Handbuch der griechischen Kunst*, 1966.
G. Rodenwaldt, *Die Kunst der Antike*, ³1938.
Ders., *Griechische Tempel*, ²1951.
A. v. Salis, *Die Kunst der Griechen*, ²1922.
S. Sambursky, *Das physikalische Weltbild der Griechen*, 1965.
G. de Santillana, *The Origins of Scientific Thought*, Chicago 1961 (ern. NY 1964).

G. Sarton, *A History of Science*, 2 Bde., Cambridge (Mass.) 1959.
B. L. van der Waerden, *Erwachende Wissenschaft*, 1956.
T. B. L. Webster, *Greek Theatre Production*, London 1956.
F. Weege, *Der Tanz in der Antike*, 1926.
E. Wolf, *Griechisches Rechtsdenken*, 3 Bde., 1950—1956.
H. J. Wolff, *Beiträge zur Rechtsgeschichte Altgriechenlands*, 1961.

Abbildungsverzeichnis